COLLECTION
DES MÉMOIRES

RÉLATIFS

A L'HISTOIRE DE FRANCE.

MÉMOIRES DU COMTE DE FORBIN, TOME II.
MÉMOIRES DE DUGUAY-TROUIN.

DE L'IMPRIMERIE DE DECOURCHANT.

COLLECTION
DES MÉMOIRES

RELATIFS

A L'HISTOIRE DE FRANCE,

DEPUIS L'AVÈNEMENT DE HENRI IV JUSQU'A LA PAIX DE PARIS
CONCLUE EN 1763;

AVEC DES NOTICES SUR CHAQUE AUTEUR,
ET DES OBSERVATIONS SUR CHAQUE OUVRAGE,

PAR MESSIEURS
A. PETITOT ET MONMERQUÉ.

TOME LXXV.

PARIS,
FOUCAULT, LIBRAIRE, RUE DE SORBONNE, N° 9.
1829.

MÉMOIRES
DU
COMTE DE FORBIN.

SECONDE PARTIE.

[1690] L'année d'après, c'est-à-dire en 1690, je fus nommé pour aller à Rochefort commander un vaisseau du Roi, qu'on nommoit *le Fidèle*. Je menai mon navire à Brest, où étoit le rendez-vous de l'armée, qui devoit être commandée par M. le maréchal de Tourville. La flotte étoit entrée dans la Manche depuis quelques jours, lorsque nous rencontrâmes l'armée des ennemis à la hauteur de l'île de Wight. Notre armée étoit de beaucoup supérieure à la leur : les deux flottes des Anglais et des Hollandais, jointes ensemble, ne faisoient que cinquante-huit vaisseaux de ligne, tandis que nous en avions quatre-vingts.

M. de Tourville fit le signal pour mettre l'armée en bataille. Les ennemis vinrent nous attaquer : le combat fut opiniâtre, il y périt bien du monde; et quoique les Anglais semblassent prendre moins de part à cette action que les Hollandais, on peut dire que, pendant plus de trois heures qu'elle dura, les deux armées témoignèrent beaucoup de valeur, et se signalèrent de part et d'autre par des exploits qui méritoient d'avoir place dans l'histoire. Je les rapporterois volontiers; mais je dois me souvenir que ce sont simplement mes Mémoires que j'écris, et nullement tout ce qui s'est passé de mémorable dans les différentes actions où j'ai pu me trouver.

Cependant, pour dire en peu de mots quelque chose de celle-ci, les ennemis eurent du pire, et leur flotte fut incomparablement plus endommagée que la nôtre. Il y eut peu de leurs vaisseaux qui ne fussent mis en très-mauvais état; un très-grand nombre n'avoit presque plus ni voiles ni mâts : enfin c'en étoit fait de leur armée, si leur habileté, qui leur fit prendre à propos l'unique parti qui leur restoit, ne les eût tirés d'embarras.

Comme ils se voyoient perdus, ils mouillèrent à quelque distance de nous, sans voiles, et rangés en bataille. La connoissance que j'avois de la Manche me fit comprendre qu'ils étoient à l'ancre : je vis bientôt ce qui les faisoit manœuvrer de cette sorte. Je le dis à mes officiers; et comme on m'avoit fait répétiteur des signaux, je voulus faire le signal pour faire mouiller l'armée : car nous ne pouvions rendre inutile leur manœuvre qu'en mouillant nous-mêmes à notre tour, pour empêcher que le jusant, ou retour de la marée, ne fît dériver la flotte, et, en nous éloignant des ennemis, ne nous empêchât de profiter de l'avantage que nous avions sur eux.

Les sieurs de Moisé et Choiseul (celui-là même qui avoit été esclave à Alger, et dont j'ai raconté l'aventure en parlant du second bombardement de cette ville), tous deux mes lieutenans, me firent changer de résolution, et me représentèrent qu'il ne me convenoit pas de redresser le général : nous ne mouillâmes donc pas. Notre flotte fut emportée par la marée, comme les ennemis l'avoient prévu; et, profitant de l'éloignement où nous étions, ils se sauvèrent pendant la nuit, sans autre perte que celle d'un seul vaisseau, qui, se trouvant sans ancre, dériva sur nous, et fut pris. Nous poursuivîmes leur flotte pendant quelque temps, mais avec peu de succès: ils étoient trop éloignés, et la plupart eurent gagné les ports d'Angleterre et de Hollande avant que nous fussions à portée de les joindre. Deux de leurs vaisseaux anglais allèrent s'échouer sur leurs côtes: nous les obligeâmes de se brûler eux-mêmes. Tout le reste gagna les dunes, et se sauva.

Pour ma part, je poursuivis un vice-amiral hollandais à trois ponts: il étoit démâté de son grand mât. Je le laissai échouer devant un petit port de la Manche, et je me hâtai d'en venir donner avis à M. de Tourville. Il m'ordonna d'aller trouver le marquis de Villette, lieutenant général, et d'amener avec moi un brûlot de la division de l'arrière-garde du corps de bataille, pour aller brûler ce vaisseau. M. de Villette donna ordre à M. de Riberet de me suivre. Nous fûmes ensemble en vue du bâtiment échoué. Je ne sais quels ordres particuliers Riberet pouvoit avoir; mais il s'en retourna, et ramena le brûlot avec lui. Je ne laissai pas de poursuivre ma pointe: je fis signal au brûlot de venir me joindre; mais comme je n'étois pas l'ancien, il ne voulut pas obéir.

Le chevalier de Saint-Olerf, lieutenant de vaisseau, qui commandoit la chaloupe que M. de Villette m'avoit donnée pour cette exécution, alloit devant moi en sondant, pour savoir au juste la quantité d'eau dont

1.

j'avois besoin pour approcher. Le vaisseau échoué tira plusieurs coups de canon et de fusil : je fis signal à la chaloupe de revenir, afin qu'elle ne demeurât pas plus long-temps en danger. Ne pouvant rien exécuter sans brûlot, je revins joindre l'armée, qui alla mouiller à la rade de Chef-de-Bris, devant le Havre-de-Grâce. Peu de jours après, M. de Relingue fut détaché pour aller croiser dans le Nord. Je fus de cette escadre ; mais les mauvais temps continuels nous obligèrent bientôt de retourner à Dunkerque, où l'escadre désarma.

Nous reçûmes à peu près dans ce temps-là la triste nouvelle de la mort de M. le marquis de Seignelay. Ce fut une perte considérable pour la marine, qu'il avoit portée bien haut, et qu'il auroit sans doute perfectionnée davantage, s'il n'avoit été enlevé au milieu de sa course. En mon particulier, je perdis considérablement à sa mort : ce ministre m'avoit toujours honoré de sa protection ; et j'ai autant à me louer de lui, que j'ai à me plaindre de son successeur. Cependant, pour ne parler que de M. de Seignelay, on peut dire qu'ayant été formé par un père infatigable, et d'une capacité consommée, la France a eu peu de ministres si actifs, si laborieux et si vigilans que lui ; que s'il donna une partie de son temps à ses plaisirs, ce fut sans préjudice de ses devoirs, qu'il avoit toujours présens, et qu'il ne laissa jamais en arrière.

Outre mille excellentes qualités qui dans le commerce particulier le faisoient estimer de tous ceux qui l'approchoient comme ministre, il fut plein de zèle pour le service de son maître, jaloux de l'honneur de la nation, dont la gloire lui étoit extrêmement à cœur, et sincère ami du mérite, qu'il ne laissa jamais languir dans l'obscurité quand il le connut. Je me persuade que le lecteur me passera cette petite digression, et qu'il ne trouvera pas mauvais que, pour satisfaire à ma reconnoissance, je me sois pour un moment écarté de ma narration.

M. de Pontchartrain, contrôleur général des finances, fut mis à la place de M. de Seignelay. Ce nouveau ministre ne fit aucun changement dans la marine. Peu après, la cour ordonna la construction de trois nouveaux vaisseaux : je fus chargé de la direction d'un des trois, qu'on nomma *la Perle*.

La saison des armemens étant venue, il y avoit ordre d'armer à Dunkerque huit gros vaisseaux : je fus nommé pour monter *la Perle*. L'armement se fit, et l'escadre étoit prête à mettre à la voile ; mais elle ne put jamais sortir du port. Les ennemis, avertis de cet armement, et de celui de plusieurs corsaires particuliers, parurent avec quarante navires, et fermèrent le passage de la rade.

Le peu d'apparence qu'il y avoit de nous mettre en mer de toute la campagne me donna lieu de dresser un nouveau projet d'armement pour le compte du Roi. Je communiquai mes vues à Bart : après les avoir mûrement examinées entre nous, il convint qu'elles ne pouvoient être que très-profitables, et il consentit volontiers que le tout fût envoyé à la cour sous son nom.

[1691] J'écrivis donc au ministre : je lui mandai que l'armement destiné pour la campagne étant devenu inutile par le séjour de la flotte ennemie à l'entrée de la rade, puisqu'il étoit impossible que de gros vaisseaux comme les nôtres, qui ne pourroient sortir qu'en plein jour et passer par des défilés, se hasardassent à quitter le port sans se mettre évidemment dans le danger d'être pris; je lui mandai, dis-je, que les choses étant dans cette situation, il sembloit convenable que, pour ne laisser pas les ennemis entièrement maîtres de la mer, la cour consentît à armer une escadre de petits bâtimens, qui seroient montés par des capitaines que je nommai, et du nombre desquels je me mis; qu'au premier vent favorable nous sortirions sans difficulté, et sans courir aucun risque, en passant par les intervalles des ennemis, d'où ayant gagné la pleine mer, nous irions dans le Nord interrompre leur commerce, qu'ils faisoient avec trop de tranquillité.

Le ministre goûta d'abord ce projet, et l'on commença à travailler à l'armement. Il étoit déjà assez avancé, lorsque Bart reçut de la cour une lettre très-désobligeante, par laquelle M. de Pontchartrain lui reprochoit qu'il avoit engagé très mal à propos le Roi dans une dépense qui n'aboutiroit à rien; que le projet qu'il avoit envoyé étoit impossible dans l'exécution, et qu'il avoit surpris la cour, sans quoi elle n'auroit jamais consenti à une entreprise chimérique, et si mal digérée. Il poursuivoit en ajoutant mille choses désagréables, et finissoit enfin en lui défendant de continuer.

La jalousie de quelques officiers malintentionnés avoit procuré à Bart ce chagrin. Piqués de la permission qu'il avoit obtenue, et des avantages qui lui en reviendroient si elle avoit lieu, ils avoient écrit à la cour tout ce qu'ils avoient voulu ; et le ministre, qui n'avoit pas encore une connoissance parfaite de la marine, ayant ajouté foi à leurs impostures, avoit écrit cette lettre dans les premiers mouvemens où son indignation l'avoit jeté.

Bart, tout intrépide qu'il étoit, en fut si intimidé, qu'il vint me trouver, et m'abordant avec un air consterné, me dit, avec son mauvais français : « Vous être « cause de ça. — M. Bart, lui répondis-je, vous ne « connoissez pas encore votre bonne fortune : ne sa-« vez-vous pas aussi bien que moi que notre projet est « faisable, et que nous l'exécuterons en dépit des en-« vieux, si la cour veut y donner les mains? Je m'en « vais, si vous voulez, répondre pour vous au ministre : « je lui manderai que quand vous avez proposé cet ar-« mement vous en avez cru l'exécution non-seulement « possible, mais très-facile; que vous l'avez regardé « comme profitable au Roi, et nuisible à ses ennemis; « que ceux qui ont voulu dire ou écrire que vous « proposiez une chimère sont ou ignorans, ou malin-« tentionnés. J'ajouterai que vous demandez en grâce « qu'on prenne quelque confiance en vous, et que « vous vous chargez de tous les événemens qui regar-« dent la sortie de la rade. Je suis persuadé que, sur « cette lettre, le ministre changera d'avis, et que nous « aurons ordre de continuer. » L'événement répondit à ce que j'avois prévu : M. de Pontchartrain fut détrompé, et écrivit à Bart d'une manière très-obligeante, en lui ordonnant de poursuivre.

L'armement étoit presque fini, lorsqu'un malheur qui me survint retarda notre départ de quelques jours. J'avois fait assigner devant le bailli de Dunkerque un bourgeois qui me devoit cinq cents livres : après bien des longueurs qu'il m'avoit fallu essuyer, il avoit été enfin condamné à me payer dans huit jours.

Dans cet intervalle, l'ayant rencontré dans les rues, il eut la hardiesse de m'attaquer de paroles, et de me chanter mille injures. Je ne fus jamais trop endurant de mon naturel : choqué de tous ses mauvais discours, j'allai à lui, et je lui donnai quelques coups de canne. Ce traitement ne fit que le rendre plus furieux; et élevant la voix en présence de tous les passans, il n'y eut sorte d'insolence qu'il ne vomît contre moi. Quelques officiers de la garnison qui se trouvèrent présens en furent si indignés, que, ne pouvant se retenir, ils lui tombèrent sur le corps, et l'étrillèrent si bien qu'il fut dans un moment tout couvert de sang. J'appréhendai qu'ils ne l'assommassent; ce qui m'obligea à me mettre entre deux, et à les prier de cesser.

Cependant mon homme porta plainte : il trouva moyen de faire écrire cette aventure à M. de Louvois, qui en informa Sa Majesté, à qui on fit entendre bien des faussetés. Il y eut ordre de m'arrêter, et de me conduire dans la citadelle de Calais, où je demeurai trois semaines, pendant lesquelles je reçus toutes sortes de bons traitemens de M. de Laubanie, qui y commandoit.

A peine fus-je dans ma prison, que je me mis en devoir de me justifier à la cour. J'écrivis au ministre et à Bontemps : ce dernier s'employa pour moi avec tant de vivacité, qu'il obtint mon élargissement, à condition toutefois qu'étant conduit par le commandant de la marine, j'irois chez le bourgeois de Dunkerque, à qui je demanderois pardon.

Il fallut en passer par là. Cet ordre fut exécuté à la lettre. Le bourgeois me reçut avec une arrogance insupportable, et en me donnant à entendre bien clairement que je n'aurois jamais un sou de mes cinq cents livres. C'est ainsi que quelques coups de canne que je lui avois donnés furent cause de ma prison, de la soumission qu'il fallut lui faire, et de la perte de mon argent, que ce fripon retint, et que je ne voulus jamais lui redemander, de peur qu'un emportement semblable au premier ne me fît tomber dans un plus grand embarras.

Cette malheureuse affaire étant terminée, et l'armement achevé, nous mîmes à la voile pendant la nuit. Nous passâmes sans obstacle par les intervalles des ennemis, et nous allâmes si bien, qu'au point du jour nous fûmes hors de leur vue. Nous aperçûmes, sur le soir, quatre voiles qui faisoient la même route que nous. Bart prétendit d'abord que c'étoit quatre vaisseaux ennemis qui avoient été détachés du blocus, pour nous poursuivre.

Pour moi, je jugeai tout autrement : je lui fis remarquer qu'ayant fait force de voiles pendant toute la nuit avec des vaisseaux légers, et espalmés de frais, et qu'ayant été dès le point du jour hors de la vue des ennemis sans avoir rien vu qui nous poursuivît, il n'étoit pas possible qu'après avoir fait route pendant tout le jour avec autant de vitesse que la nuit précédente, nous fussions joints sur le soir par des vaisseaux qui étoient beaucoup moins légers que les nôtres. Il reconnut que j'avois raison, et convint que ces vaisseaux ne pouvoient être que des marchands.

Le bâtiment que je montois étoit le meilleur voilier de l'escadre : il fut arrêté que j'irois à eux. Je les joignis dans la nuit; je mis un fanal pour signal, et je tirai un coup de canon. Je m'approchai jusqu'à la portée de la voix de celui qui me parut être le commandant; nous nous parlâmes : il se trouva que c'étoit un vaisseau de guerre anglais qui escortoit les trois autres, qui étoient marchands. Je me donnai à eux pour Anglais. Le capitaine me fit dire qu'ils venoient d'Ouwatal, et qu'ils alloient en Moscovie : pour moi, je lui fis crier que je venois de Flessingue. Il me crut sur ma parole. Je le tins de près toute la nuit : au point du jour, ayant mis pavillon blanc, je l'abordai, et je l'enlevai après un léger combat. Ce navire étoit de quarante-quatre pièces de canon : le mien n'en avoit que trente-deux. Je ne perdis que six hommes dans cette action : l'Anglais en perdit quarante. Pour les autres trois bâtimens, ils furent enlevés sans difficulté, et presque sans coup férir.

Les instructions que Bart avoit reçues de la cour lui ordonnoient de brûler toutes les prises qu'il feroit; mais l'intendant de Dunkerque, qui avoit en vue ses intérêts, lui avoit modifié ses ordres, en lui faisant entendre que quoique, conformément aux intentions de la cour, il fallût brûler toutes les prises, cela pourtant ne devoit pas avoir lieu dans les prises considérables, qu'il falloit conserver.

En conséquence de cette explication, il lui avoit donné un commissaire, avec ordre de lui remettre les prises d'une certaine valeur, et de l'en charger. Comme les quatre vaisseaux que nous venions d'emporter valoient plus de trois millions, après les avoir amarinés, nous les fîmes escorter par une frégate de l'escadre, qui devoit les conduire au port de Bergen en Norwége, dans le royaume de Danemarck, avec qui nous étions en paix.

Deux jours après, nous rencontrâmes la flotte des pêcheurs de harengs, escortés d'un vaisseau de guerre hollandais. Nous ne balançâmes pas à les attaquer : j'enlevai le vaisseau de guerre, et tout le reste fut pris. Après avoir reçu les équipages dans nos bords, nous brûlâmes tous ces bâtimens, qui étoient de peu de valeur, et nous débarquâmes peu après les prisonniers sur les côtes d'Angleterre.

A quelques jours de là, comme nous étions sur les côtes d'Ecosse, je proposai à Bart de faire une descente, et de brûler quelques villages qui étoient à vue, parmi lesquels il y avoit un très-beau château. Cette expédition me parut d'autant plus convenable, que vraisemblablement elle devoit faire du bruit dans le pays, et donneroit de la réputation à l'escadre. Bart approuva ma proposition, et me laissa toute la conduite de cette affaire.

Après avoir mis pied à terre, je fis retrancher vingt-cinq hommes dans un endroit propre à couvrir les chaloupes et les canots, et à favoriser la retraite, en cas que je fusse repoussé par les ennemis. Je m'avançai ensuite dans les terres à la tête de tout mon monde, et je commençai mon attaque. Les villages furent brûlés et pillés, aussi bien que le château, auquel j'eus grand regret; car je connus, par les ornemens qui avoient été enlevés à la chapelle, que la maison appartenoit à un catholique romain.

Au bruit de cette expédition, les Ecossais, qui s'étoient assemblés des environs, formèrent à la hâte un petit corps de cavalerie, et un autre corps d'infanterie, le tout assez mal ordonné. Informé de cette démarche des ennemis, je me retirai en bon ordre. La cavalerie ennemie voulut nous poursuivre, et s'approcher de la marine; mais l'officier retranché ayant fait une décharge sur eux, les obligea de se retirer. Je ne perdis qu'un seul homme dans cette expédition : encore ne périt-il que par son trop d'avarice, car s'étant chargé de butin au-delà de ce qu'il pouvoit en porter, il resta derrière, et fut tué par la cavalerie, qui l'atteignit.

Avant que de quitter ces côtes, nous fîmes encore plusieurs autres prises de pêcheurs, que nous brûlâmes. Un matin, ayant découvert un vaisseau hollandais, je me détachai pour aller lui donner la chasse. Le mauvais temps me prit, et me sépara tellement de l'escadre, qu'il ne fut plus en mon pouvoir de la rejoindre. Je fis route pour le rendez-vous : en chemin faisant, je brûlai quatre bâtimens anglais, et j'arrivai comme j'étois à la fin de mes vivres.

L'escadre m'avoit devancé de quelques jours. Je trouvai les choses, en débarquant, dans le plus pauvre état du monde : M. Bart, sans s'embarrasser de rien, faisoit bombance dans un cabaret, d'où il ne bougeoit presque plus. Le gouverneur, qui ne le prenoit que pour un corsaire particulier, en faisoit si peu de cas, qu'il lui avoit enlevé les prises que nous avions faites au commencement de la campagne ; en sorte qu'elles avoient été remises entre les mains des Danois, sans que Bart se fût mis en peine de faire la moindre opposition.

Outré de l'indolence qu'il témoignoit, je lui représentai vivement l'indignité qu'il y avoit à souffrir un traitement si honteux; et étant allé de ce pas chez le gouverneur, qui entendoit le français, et qui le parloit fort bien : « Monsieur, lui dis-je d'un air assez

« vif, de quel droit et par quelle autorité vous êtes-
« vous emparé des prises que les vaisseaux du Roi
« ont faites? » Le gouverneur s'excusa, en disant qu'il
avoit ignoré que ces vaisseaux appartinssent au roi de
France, et qu'il ne les avoit pris que pour des corsaires particuliers; que, du reste, ce n'étoit pas lui
qui en étoit saisi, et que c'étoit à l'intendant à qui il
falloit s'adresser.

Sur cette réponse, je me rendis chez l'intendant,
qui, après m'avoir écouté, me renvoya froidement au
gouverneur. Je vis bien où tout leur manége tendoit;
et m'adressant à Bart : « Puisqu'on se moque de nous,
« lui dis-je, c'est à nous à nous faire justice. » Sur-le-
champ nous armâmes les chaloupes et les canots, et
étant venus à bord des prises, nous en chassâmes les
Danois qui les gardoient.

Ce coup étoit un peu hardi : j'en écrivis incessamment à M. de Pruneviaux, ambassadeur du Roi auprès de Sa Majesté Danoise. Je fus bien aise de prévenir ce ministre, afin qu'au cas qu'on lui fît des plaintes,
il pût répondre que nous n'avions fait cette violence
aux Danois que parce qu'ils avoient refusé eux-mêmes
de nous faire justice, après la leur avoir demandée.

Dès que nous fûmes maîtres de nos bâtimens, nous
en fîmes la visite. Je vis bientôt qu'on les avoit fort
allégés, par le pillage qui en avoit été fait. Sur quoi
je dis à Bart qu'avant que d'ôter les scellés, j'étois d'a-
vis qu'on fît venir tous les écrivains et le commissaire,
pour faire en leur présence un verbal sur l'état des
prises, et un inventaire de tout ce qu'elles conte-
noient.

Ce conseil fut suivi. Nous trouvâmes que tout avoit

été pillé à moitié; peu ou presque point de ballots qui n'eussent été ouverts. Dans la recherche qui fut faite, le commissaire ayant été reconnu coupable, fut arrêté, et mis aux fers; et le capitaine de la frégate qui avoit escorté les bâtimens fut mis aux arrêts, car il n'étoit pas non plus hors de tout soupçon.

Cependant nous n'avions presque plus de vivres : nous en attendions tous les jours de France, lorsque nous eûmes avis qu'un bâtiment parti de Brest pour nous en apporter avoit été pris par les Flessinguois. Dans cette fâcheuse situation, n'ayant pas à beaucoup près tout l'argent qu'il auroit fallu pour pourvoir l'escadre, Bart voulut écrire en France, et demander qu'on fît partir un second bâtiment.

« Ce que vous projetez, lui dis-je, ne sauroit avoir « lieu : songez que la saison est déjà fort avancée, et « qu'avant que les vivres soient en état de venir, les « gelées empêcheront la sortie du port. L'unique parti « qu'il y ait à prendre, c'est de nous évertuer, et de « chercher à faire ici toutes les provisions qui nous « manquent. » Bart reconnut que j'avois raison. Nous vendîmes une des prises que nous avions faites; et en ayant retiré de l'argent comptant, tous les fours furent employés à faire du biscuit, les brasseurs à faire de la bière; et les uns et les autres, qui se prévaloient de notre besoin, nous firent payer tout au double.

M. de Pruneviaux, qui avoit reçu mes lettres, n'attendit pas qu'on fît des plaintes sur notre sujet : il prévint la cour, et se plaignit lui-même à Sa Majesté Danoise du traitement que nous avions reçu dans ses ports. Ce prince fit écrire des lettres fulminantes au gouverneur, qui, ne pouvant dissimuler son déplai-

sir, vint chez moi, les larmes aux yeux, me prier de le disculper auprès de son maître; « sans quoi, ajouta-
« t-il, je suis perdu sans ressource. — Monsieur, lui
« répondis-je, il n'est pas en mon pouvoir de me dé-
« dire de ce que j'ai écrit contre vous, d'autant mieux
« que vous savez bien que je n'ai écrit que la vérité.
« Tout ce que je puis faire pour votre service, c'est
« d'écrire en votre faveur, supposé que vous en usiez
« mieux à l'avenir. »

La manière haute dont j'avois parlé à l'intendant et au gouverneur; les réprimandes que celui-ci avoit reçues de la cour à mon occasion; un équipage assez brillant, et, sur toute chose, un habit bleu que je portois brodé en or, de fort bon goût, et fort riche; tout cela ensemble mit dans la tête des habitans de Bergen qu'il falloit que je fusse fils naturel du roi de France. Ces bonnes gens, assez grossiers, et peu accoutumés à voir des officiers qui fissent de la dépense, se prévinrent si fort sur ce sujet, qu'il auroit été difficile de les détromper.

Je les laissai dans leur erreur, puisque je n'avois rien fait pour la faire naître, et qu'elle servoit à me donner de la réputation et du crédit. Bart, tout occupé à se divertir, ne m'envioit ni l'un ni l'autre. C'étoit sur moi que rouloient tous les détails, et j'étois chargé de toutes les affaires de l'escadre, sans qu'il voulût se donner le moindre soin.

Tandis que les vivres se faisoient, deux de nos officiers étant un soir au cabaret, y firent mille désordres. La garde bourgeoise accourut au bruit, les saisit, et les conduisit au corps-de-garde. Un de ces messieurs, pour se moquer d'eux, détacha sa culotte, et leur montra le derrière. Les bourgeois, piqués d'une raillerie si insultante, se jetèrent sur lui, lui lièrent les bras derrière le dos, et, après lui avoir ôté son épée, l'assommèrent presque de coups de bâtons.

Je fus informé de cette aventure un moment après qu'elle fut arrivée. Je dis à Bart que c'étoit à lui à réclamer ces officiers, et à les demander au bourgmestre, car le gouverneur n'avoit nulle inspection sur cette garde. Bart n'en voulut rien faire : sur son refus, je me mis en devoir d'y aller moi-même. Je mis mon habit bleu, sous lequel ils me considéroient davantage; et je me rendis au corps-de-garde, suivi de deux grands laquais.

Quand je parus, tous les bourgeois se mirent en haie sous les armes. Je leur parlai avec hauteur, et les menaçai de les faire tous pendre, pour avoir osé mettre la main sur un officier du Roi. Ils s'excusèrent le mieux qu'il leur fut possible. Je fis rendre les épées; et ayant fait détacher l'officier, qui fut fort honteux de l'état où je le trouvai (car sa culotte étoit encore à bas), je l'emmenai avec moi chez le bourgmestre, à qui je demandai justice de tout ce qui venoit de se passer.

Ce magistrat, qui étoit fort sage, me répondit qu'il étoit bien fâché de n'avoir pas assez d'autorité sur les bourgeois pour me donner la satisfaction que je souhaitois; mais qu'il me prioit de faire attention que les officiers étoient en faute pour être sortis dans la nuit, contre l'usage du pays; que la garde, qui n'étoit établie que pour maintenir le bon ordre, n'avoit pu, sans manquer à son devoir, s'empêcher de les arrêter, les ayant surpris à faire du bruit dans un cabaret; et que s'ils avoient été maltraités, ce n'étoit qu'après avoir insulté la garde d'une manière fort outrageante. Il ajouta qu'en son particulier il étoit tout-à-fait mortifié de ce qui étoit arrivé; mais que le mal étant sans remède, il me prioit de tout excuser.

Je me rendis à ses raisons, qui me parurent bonnes; et dans le fond je ne fus pas trop fâché que ces deux étourdis demeurassent sans satisfaction, puisqu'ils avoient assez bien mérité le traitement qu'ils avoient reçu.

Ayant achevé de faire nos vivres, l'équipage se rembarqua, et nous mîmes à la voile avec nos prises. A quelques jours de la partance, je voulus donner la chasse à un corsaire flessinguois : je fus pris d'un brouillard, et peu après d'un mauvais temps qui me sépara de l'escadre. Les vents contraires, qui me retinrent en mer plus qu'il ne falloit, me réduisirent bientôt à la famine : je me trouvois dans la nécessité ou de mourir de faim, ou d'aller me vendre aux ennemis. Pendant huit jours, mon équipage fut réduit à deux onces de pain. Enfin, après avoir bien souffert, j'arrivai à Dunkerque, où, pour m'achever, je trouvai un ordre du Roi par lequel il m'étoit enjoint d'aller à la cour rendre compte de ma conduite.

Bart, qui étoit arrivé quelques jours auparavant, avoit reçu le même ordre, et m'attendoit pour délibérer sur la manière dont nous nous conduirions. Ce mécontentement que la cour sembloit témoigner venoit des mauvais offices que l'intendant Patoulet nous avoit rendus. Nous découvrîmes que le commissaire, qui ne nous avoit été donné que pour moyenner à l'intendant l'occasion de s'approprier une partie des prises, lui avoit écrit contre nous, et s'étoit plaint de ce que Bart, qui ne se conduisoit que par mon conseil, l'avoit fait mettre aux fers, de peur qu'il ne fût témoin de toutes nos voleries. Sur ces relations, l'intendant s'étoit plaint lui-même au ministre, et avoit enchéri sur tout ce que le commissaire lui avoit écrit.

Nous arrêtâmes que, sans témoigner le moindre mécontentement, je prendrois la poste pour la cour; que Bart me suivroit à petites journées, et qu'étant arrivé à Paris, il ne verroit personne avant que de m'avoir parlé. Cette détermination prise, je partis le lendemain de mon arrivée à Dunkerque, et je fus me présenter à M. de Pontchartrain, à qui je justifiai si pleinement la conduite que nous avions tenue, que le ministre, qui avoit été prévenu contre nous, se rendit à la vérité, et déclara qu'il étoit content de tout ce que nous avions fait. J'allai ensuite saluer le Roi, qui me reçut parfaitement bien.

Bart arriva peu de jours après : il fut reçu beaucoup mieux qu'il ne méritoit, car il n'avoit presque point de part à tout ce qui avoit été fait. Cependant, en récompense de la campagne, on lui donna mille écus de gratification, le tout parce qu'il portoit le titre de commandant; et moi, qui avois été chargé de tout l'embarras, je n'eus rien; ce qui me mortifia très-fort.

Comme Bart avoit beaucoup de réputation, toute la cour souhaitoit de le voir. Je l'introduisois partout; sur quoi les plaisans disoient en badinant : « Allons « voir le chevalier de Forbin, qui mène l'ours; » et, à dire le vrai, ils n'avoient pas tout-à-fait tort. Bart avoit fort peu de génie : il ne savoit ni lire ni écrire, quoiqu'il eût appris à mettre son nom. Il étoit de Dunkerque : de simple pêcheur, s'étant fait connoître par ses actions, sans protecteur, et sans autre appui que lui-même, il s'éleva, en passant par tous les degrés de la marine, jusqu'à devenir chef d'escadre. Il étoit de haute taille, robuste, bien fait de corps, quoique d'un air grossier; il parloit peu, et mal : du reste, très-propre pour une action hardie, mais absolument incapable d'un projet un peu étendu.

Comme j'avois sur le cœur de n'avoir point eu de récompense ensuite d'une campagne pendant laquelle j'avois certainement bien servi, je souhaitois fort que M. de Pontchartrain fût instruit de la part que j'y avois, soit par rapport au projet, soit par rapport à l'exécution. Je priai Bart de l'en informer. Je comptois qu'il me rendroit ce service, d'autant plus volontiers que je lui en avois rendu un semblable après notre prison de Plymouth : mais, soit bêtise, soit timidité, il ne dit jamais un seul mot en ma faveur.

Ce procédé, qui me choqua plus que tout le reste, me fit songer à prendre des mesures pour ne retourner plus à Dunkerque; car je ne voulois plus avoir à servir sous un homme avec qui il falloit faire toutes les fonctions, les écritures, les signaux et les projets, tandis qu'il en retiroit seul tout l'honneur et tout le profit. Je déclarai sur cela mes sentimens à mes amis du bureau de la marine, et je les priai de faire en sorte qu'on me mît au département de Brest; ce qui me fut accordé.

Pendant tout le temps que je passai à la cour, je me rendois régulièrement tous les jours chez Monseigneur, qui tenoit un fort grand jeu dans les appartemens que le Roi avoit établis à Versailles. Je fus mis de cette partie : j'y passois les après-dînées à jouer, et j'y gagnai plus de deux mille louis, ce qui me fit d'abord grand plaisir : mais j'eus bientôt lieu d'y avoir regret; car le Roi, qui étoit informé fort exactement de tout ce qui se passoit dans cette partie, demanda à Bontemps pourquoi il souffroit que je jouasse si gros jeu.

Il n'en fallut pas davantage pour m'attirer une forte réprimande. L'amitié que Bontempsa voit pour moi, et les services qu'il m'avoit rendus, le mettoient en droit de me dire tout ce qu'il vouloit. Il me parla si vivement, en présence de M. de Fourville et du chevalier de Betomas, tous deux mes amis particuliers, que je lui promis de ne jouer plus à l'avenir si gros jeu. Je lui tins parole; et, pour n'être pas tenté de lui en manquer, je fus à Paris, où je jouai quelquefois; mais je n'y fus pas si heureux qu'à Versailles.

[1692] Je me rendis à Brest un peu avant la fin de l'hiver. On m'y donna, pour la seconde fois, le commandement du vaisseau nommé *la Perle.* Quelque temps avant le départ de l'armée, nous fûmes détachés, le sieur d'Ivry, capitaine de vaisseau, et moi, pour aller à Saint-Malo escorter plusieurs vaisseaux marchands que le Roi avoit destinés à aller embarquer des troupes à La Hogue, pour le service du roi Jacques, qui devoit passer en Angleterre.

Ce point étoit pourtant encore secret; et tous les raisonnemens qu'on en faisoit ne portoient que sur des conjectures qui pouvoient être fausses, et sur lesquelles la cour ne s'étoit pas encore expliquée. Nous avions mené notre convoi jusqu'à l'endroit qui nous avoit été marqué, et nous retournions sur nos pas, lorsque nous fûmes obligés de mouiller devant le

Havre-de-Grâce, pour couvrir la sortie d'un vaisseau de guerre qu'on y avoit construit.

Ce port a cela d'incommode, que, manquant de fond, on n'y sauroit mettre les gros navires en mer qu'après les avoir déchargés de tous leurs canons. Nous étions donc devant le Havre, lorsque je reçus dès le point du jour un billet de M. de Louvigny, dont voici les propres paroles : *Quarante-cinq navires ennemis sont mouillés le long de la côte, à cinq lieues de vous : sauve qui peut !* Sur ce billet, dont je donnai avis à ma conserve (1), je mis à la voile sur-le-champ, et je me sauvai. Les ennemis me virent, mais ils me laissèrent aller paisiblement, et sans me chasser.

En continuant ma route pour Brest, je rencontrai un petit bâtiment français qui m'assura être sorti du port avec l'armée du Roi, commandée par le maréchal de Tourville. Instruit par le pilote de ce bâtiment de la route que l'armée avoit prise, je fis voile de ce côté, et je la joignis en effet dès le soir même. Je me hâtai d'aller rendre compte au général de l'avis que j'avois reçu de l'intendant du Havre, et je restai joint au corps de l'armée, où je trouvai mon poste marqué.

Les vues de la cour, et le projet d'une descente en Angleterre, n'étoient plus ignorés de personne : le roi Jacques s'étoit même déjà rendu à La Hogue, où il attendoit, pour s'embarquer à la tête d'une armée de plus de vingt mille hommes, le succès d'une bataille contre les Anglais, que M. de Tourville avoit ordre de donner, et de hasarder même s'il le falloit.

---

(1) *Conserve :* Vaisseau qui en accompagne un autre, pour le secourir ou en être secouru.

Il étoit nécessaire de risquer ce coup pour assurer la descente, qui ne pouvoit avoir d'autre obstacle que l'armée des ennemis.

Il est hors de doute que s'ils avoient eu du pire (ce qui vraisemblablement seroit arrivé si l'on avoit empêché la jonction des flottes ennemies), ce projet de descente, qui échoua par l'échec que notre armée reçut, auroit pu donner bien de l'inquiétude et de l'exercice aux Anglais : mais les vents contraires qui régnèrent pendant trois semaines, et qui nous empêchèrent d'avancer, donnèrent le temps aux ennemis de se réunir ; en sorte qu'au lieu de quarante-cinq vaisseaux qu'on leur comptoit, il se trouva qu'après leur jonction ils montoient au nombre de quatre-vingt-seize.

Les vents étant devenus plus favorables, l'armée du Roi rentra dans la Manche. Je fus détaché pour la découverte. Je rencontrai la flotte des ennemis par le travers du Havre-de-Grâce : ils me donnèrent tout le loisir de les bien examiner. Je tirai mon canon, et je fis, selon mes ordres, les signaux pour marquer le nombre de leurs vaisseaux. Nonobstant leur supériorité, le maréchal, qui, comme j'ai déjà dit, avoit ordre d'attaquer, fort ou foible, mit le signal du combat. Je pris mon poste, qui étoit le troisième navire du corps de bataille près l'amiral.

Les ennemis nous attendoient en bon ordre, et nous laissèrent approcher tant que nous voulûmes. On combattit d'abord avec beaucoup de vigueur, et même avec quelque avantage de notre part ; mais le vent, qui dès le commencement de l'action étoit favorable aux vaisseaux du Roi, changea tout à coup, et devint favorable aux ennemis. Pour profiter de cet avantage, leur avant-garde doubla notre armée, et la mit ainsi entre deux feux. Comme ils étoient de beaucoup supérieurs en nombre (car nous n'avions en tout que quarante-quatre vaisseaux), il est hors de doute que toute l'armée étoit perdue dès-lors, s'ils avoient manœuvré à propos; mais leur lenteur à attaquer leur fit manquer l'occasion.

La marée, la nuit, et un brouillard qui survint, obligèrent M. de Tourville à jeter l'ancre. Ceux des ennemis qui avoient doublé notre armée ne mouillèrent point, mais se laissèrent dériver par les courans, et à la faveur du brouillard passèrent par nos intervalles, d'où ils furent rejoindre le corps de l'armée; ce qui donna lieu à un nouveau combat plus sanglant que le premier. Mon vaisseau fut criblé de coups de canon; je fus abordé par un brûlot, dont je me délivrai enfin, mais non pas sans beaucoup de peine. J'y perdis bien du monde, et j'y fus moi-même blessé grièvement au genou.

Cet orage de canonnades, dont j'avois été si incommodé, ne finit que sur les onze heures du soir. Malgré ma blessure, qui étoit fort douloureuse, je me radoubai pendant toute la nuit, pour être en état de combattre le lendemain; car il étoit évident qu'il faudroit encore en venir aux mains. Quoiqu'il me manquât plus d'un tiers de mon équipage, qui étoit des meilleurs de l'armée, je me trouvai encore en état de défense. Dès le point du jour, M. de Tourville fit les signaux pour appareiller : je le suivis. Toute la flotte étoit tellement dispersée, que le général ne trouva que six vaisseaux auprès de lui : tout le reste ne pouvoit être aperçu, à cause de l'épaisseur du brouillard.

Dans cet intervalle, le major général Raymondis, qui étoit dans l'amiral, où il avoit été dangereusement blessé au genou, souhaita de me parler, et demanda si le chevalier de Forbin n'étoit point à vue. J'allai à bord du général, où je trouvai mon ami dans un état à faire pitié : il me communiqua quelques affaires domestiques (car il y avoit à craindre pour sa vie), et me pria d'aller à bord de M. d'Anfreville, prendre un chirurgien en qui il avoit confiance. Tandis que je m'acquittois de cette commission, le brouillard se dissipoit : toute l'armée se rassembla, les ennemis nous suivirent, et se rangèrent devant nous en bataille.

La marée contraire qui survint obligea l'armée du Roi à jeter l'ancre : les ennemis furent contraints de faire la même manœuvre. Comme les allées et les venues que j'avois été obligé de faire pour obliger Raymondis m'avoient tenu quelque temps, mon vaisseau, qui ne put regagner son poste, se trouva le plus près des ennemis. J'avois derrière moi un vice-amiral hollandais, mouillé à la portée du canon. Nous restâmes ainsi tout le jour dans l'inaction.

Sur le soir, il parut une flotte d'une quarantaine de vaisseaux : c'étoient des marchands qu'un vaisseau du Roi escortoit, et menoit au Havre-de-Grâce. Les Anglais, qui les virent aussi bien que nous, crurent que c'étoit la flotte de M. le comte d'Estrées, qui venoit de Provence pour joindre notre armée ; ce qui fut cause qu'ils se mirent en bataille, comptant qu'on iroit les attaquer de nouveau. Ils passèrent dans cette attente jusqu'assez avant dans la nuit ; mais le jour étant venu, nous vîmes qu'ils s'étoient éloignés d'environ sept lieues.

Si nous avions profité, à notre tour, de l'occasion qui s'offroit comme d'elle-même, cette fausse démarche des ennemis auroit donné à l'armée du Roi tout le temps nécessaire pour se sauver : mais nous ne tirâmes aucun avantage de leur faute, et je n'ai jamais pu comprendre sur quelle raison le général prit le parti d'aller mouiller à l'entrée du ras Blanchard, au lieu de se retirer tout-à-fait, puisqu'il se trouvoit entièrement hors d'état de rien entreprendre.

Enfin un incident auquel l'on ne s'attendoit pas perdit tout : les ancres de l'amiral et de plusieurs autres vaisseaux chassèrent, en sorte que la marée les jeta sur les ennemis. M. de Tourville, qui se vit perdu, ne voulant pas commettre toute l'armée, qui se disposoit à suivre, et qui auroit été infailliblement ou enlevée, ou coulée à fond, ôta son pavillon de général. M. de Panetier, chef d'escadre, arbora le pavillon de ralliement ; ce qui sauva le reste de la flotte.

Ceux qui suivirent le sort du général allèrent échouer à La Hogue, où quatorze de nos plus beaux vaisseaux de guerre furent malheureusement brûlés. Je sauvai le mien, quoique percé de tous côtés ; et, suivant le reste de l'armée, qui n'étoit pas en meilleur état, nous entrâmes dans la rade de Saint-Malo, où, après m'être radoubé, et avoir formé un nouvel équipage, je sortis avec quatre autres navires, deux desquels firent route pour la Méditerranée. Pour moi, j'eus ordre, avec les sieurs Désoges et d'Ivry, de croiser à l'entrée de la Manche.

Nous étions déjà en mer depuis quelques jours, lorsque nous aperçûmes une flotte hollandaise qui venoit de Portugal : elle étoit escortée de deux vaisseaux de cinquante-deux pièces de canon. Nous l'attaquâmes. J'abordai le commandant, et je le pris : Desogès et d'Ivry prirent l'autre. Outre le commandant, j'enlevai encore trois flûtes chargées de sel. Je mis tous les matelots que j'avois pris dans un de ces trois bâtimens, que je renvoyai ; et je menai à Brest les deux vaisseaux de guerre et les deux flûtes qui me restoient.

Sur les avis qu'on avoit reçus dans ce port qu'il y avoit des corsaires flessinguois qui tenoient la mer, le maréchal d'Estrées, qui commandoit dans la place, m'ordonna de sortir encore, et d'aller croiser sur les parages de Belle-Ile. J'y fus ; mais ne voyant personne, après y avoir resté quelque temps, je retournai à Brest, où je trouvai prisonnier l'Ostendois, parent de Bart, qui avoit facilité notre évasion de Plymouth.

M. de Franc, capitaine de vaisseau, l'avoit pris comme il conduisoit une barque pour le compte de quelques marchands. J'appris qu'à ma considération on lui avoit fait d'abord toutes sortes de bons traitemens ; mais l'intendant à qui il avoit été remis n'avoit pas eu les mêmes égards, et l'avoit envoyé dans les prisons. Ce pauvre patron m'avoit trop bien servi à Plymouth pour ne pas m'intéresser pour lui de tout mon pouvoir. J'allai chez M. d'Estrées, et je le priai de me confier ce prisonnier, dont je lui répondois. M. le maréchal, qui vouloit me faire plaisir, le fit tirer des prisons, et me le remit.

Dès que ce bon homme m'aperçut, il se jeta à mon cou, m'embrassa, et pleura de joie. Je l'amenai dans mon bord, où je lui fis bonne chère. J'écrivis ce même jour à M. de Pontchartrain pour lui demander la liberté d'un homme à qui j'étois redevable de la mienne. Ce ministre eut la bonté de m'accorder au-delà de ce que je lui demandois ; car outre la liberté qu'il accordoit à mon pilote, il lui permettoit de racheter son bâtiment à très-bas prix : mais le patron n'usa pas de cette dernière grâce, disant que le bâtiment ni la cargaison n'étoient point à lui, et qu'il ne savoit pas si ceux à qui ils appartenoient étoient dans la volonté de les racheter. Dès qu'il se vit libre, il se mit en état de se retirer. Comme il alloit partir, je lui fis présent de dix louis d'or, outre les quatre cents écus que j'avois eu soin de faire compter à sa femme, après ma sortie de Plymouth.

[1693] La blessure que j'avois reçue au genou dans le dernier combat ne guérissoit point : la mer l'empêchoit de se fermer ; et la campagne étant d'ailleurs finie, je demandai qu'il me fût permis de désarmer, et de me retirer pour quelque temps. Sur la permission que j'en obtins, je pris la route de Provence, où je retournai avec plaisir, tant pour y revoir ma famille, que je n'avois pas vue depuis long-temps, que pour y régler quelques petites affaires domestiques qui avoient besoin de ma présence.

A l'ouverture de la campagne, je retournai à Brest, pour y monter encore *la Perle*. L'armée du Roi, composée de soixante-et-quinze vaisseaux de guerre, commandée par M. le maréchal de Tourville, fit route pour le détroit de Gibraltar, où M. le comte d'Estrées, qui venoit de Provence avec vingt autres vaisseaux, devoit se joindre à nous. Nous mouillâmes à la rade de Lagos, sur les côtes de Portugal. Je fus commandé pour la découverte, avec ordre de bien examiner ce qui se présenteroit ; en sorte que si j'apercevois un grand nombre de vaisseaux, je tâchasse de reconnoître si ce seroit une flotte marchande, ou l'armée des ennemis.

Trois autres capitaines furent détachés avec moi pour le même sujet. Nous partîmes tous quatre. Nous reconnûmes, quelques jours après, la flotte marchande des ennemis : elle étoit composée de plus de cent cinquante voiles. Après nous être bien assurés que nous ne nous trompions pas, nous nous hâtâmes de rejoindre l'armée, pour rapporter à l'amiral ce que nous avions découvert, l'assurant que ce n'étoit qu'une flotte marchande, et nullement l'armée ennemie. Sur cette nouvelle, il fit appareiller ; et ayant fait faire vent arrière je ne sais pourquoi, il s'éloigna de plus de dix lieues.

Le lendemain, toute l'armée reconnut la flotte. Le général fit donner la chasse : mais les ennemis profitèrent de l'avantage du vent, que notre manœuvre de la veille nous avoit fait perdre, et s'enfuirent ; en sorte que nous ne leur fîmes que très-peu de mal. On leur prit pourtant deux vaisseaux de guerre de soixante pièces de canon ; et une trentaine de leurs vaisseaux marchands qui s'étoient échoués sur les côtes de Portugal y furent brûlés. J'en brûlai trois pour ma part, et j'en pris un quatrième : il ne leur en coûta pas davantage. Ils furent certainement bien heureux d'en sortir à si bon marché, puisque, sans la fausse démarche dont j'ai parlé il n'y a qu'un moment, toute leur flotte auroit été enlevée.

Après cette expédition, l'armée passa le détroit, et

entra dans la Méditerranée, où nous joignîmes M. le comte d'Estrées. Peu après, nous nous séparâmes. M. d'Estrées, avec la moitié de l'armée, passa le détroit, et vint désarmer à Brest; M. de Tourville fit route pour Toulon, et y désarma aussi. J'avois suivi M. de Tourville. Comme la blessure que j'avois au genou ne guérissoit pas, les médecins me conseillèrent d'aller prendre les bains de Digne. Ils me furent si salutaires, que j'en revins parfaitement guéri, ou peu s'en fallut.

Je passai le reste de cette année à Toulon, où je reçus ordre, sur la fin de l'hiver [1694], d'aller à Bayonne, pour y commander la marine.

M. le duc de Gramont, gouverneur de cette place, me combla de civilités: il voulut que je logeasse dans la ville; et après m'avoir dit fort obligeamment qu'il ne vouloit pas que je mangeasse ailleurs que chez lui, il marqua ma place à sa table, qui fut déterminée à son côté gauche.

En recevant ordre d'aller à Bayonne, j'en avois reçu un particulier par lequel il m'étoit défendu (je ne sais pourquoi) d'obéir au duc. Je tins ce dernier ordre fort secret; mais quelque temps après mon arrivée, sur un bruit qui se répandit que les ennemis devoient faire une descente à Saint-Jean-de-Luz, comme je vis que vingt-cinq ou trente officiers que j'avois sous mes ordres pour assembler et commander les matelots sur les côtes ne pourroient jamais remplir leur fonction si la mésintelligence régnoit entre le gouverneur et moi, j'allai le trouver dans son cabinet; et lui ayant montré l'ordre de la cour, qui, dans les circonstances présentes, étoit tout-à-fait opposé au service de Sa

Majesté, nous arrêtâmes que nous nous conduirions pour le présent de la manière que la cour l'auroit ordonné, si elle avoit prévu la situation où nous nous trouvions.

Cette délibération prise, je me mis sous les ordres du duc, aussi bien que tous mes officiers de marine. M. de Gramont, plein de zèle pour son maître, m'embrassa tendrement, et me fit son lieutenant général sur les côtes, où nous eûmes bientôt assemblé bon nombre de matelots de milice, et dressé quantité de batteries, qui devoient être commandées par les officiers que j'avois sous moi. Mais tous ces apprêts furent inutiles : nous attendîmes long-temps les ennemis ; personne ne parut ; et tous les bruits de descente s'étant dissipés, nous congédiâmes tout ce monde, dont nous n'avions plus affaire.

Cependant je jugeai à propos d'informer la cour de la démarche que j'avois faite en communiquant au duc les ordres que j'avois reçus. J'appréhendois fort que ma conduite ne fût pas approuvée, car les ministres veulent être obéis à la lettre. J'exagérai donc autant qu'il me fut possible tout ce qu'il y avoit de fâcheux dans la situation où nous nous étions trouvés, et combien il importoit au service de Sa Majesté que je m'écartasse de mes instructions. La cour approuva ma conduite ; mais on me manda que ce que j'avois fait n'étoit bon que pour cette fois seulement.

[1695] La campagne d'après, c'est-à-dire en 1695, je retournai à Toulon, où l'on me donna le commandement d'une batterie de vingt-cinq pièces de canon. Il fallut se contenter de cet emploi, n'y en ayant pas dans le port de plus considérable pour les officiers; car l'armée ennemie, qui étoit passée dans la Méditerranée, étant en état d'empêcher la sortie des vaisseaux, le Roi n'en avoit armé aucun.

Peu de temps après mon arrivée, je perdis mon frère aîné, capitaine de vaisseau. Sa mort m'affligea sensiblement: nous nous étions toujours tendrement aimés. Il fallut pourtant dans la suite se consoler de cette perte, comme on se console tous les jours de tant d'autres fâcheux accidens dont toute la vie est semée.

Sur les avis certains que l'armée des ennemis s'étoit retirée, on me donna le commandement d'un vaisseau nommé *le Marquis;* on me joignit à M. Pallas, capitaine de vaisseau, et nous fûmes destinés à favoriser le commerce, et à donner la chasse aux Flessinguois, qui le désoloient depuis quelque temps. Nous eûmes d'abord ordre de mener une flotte marchande en Levant. En partant, je reçus dans mon bord le bailli de Saint-Vian, accompagné de douze chevaliers qui souhaitoient de passer à Malte. Pallas, à qui il s'étoit d'abord adressé, avoit refusé, par un pur caprice, de les recevoir. Lorsque nous fûmes à Malte, je les débarquai, et je fis tirer quelques coups de canon pour leur faire honneur. Pallas, piqué de ce que j'avois reçu ces messieurs après qu'il les avoit refusés, m'en fit quelques plaintes, qui cessèrent bientôt quand il vit que je me mettois en état de lui faire part des rafraîchissemens que le bailli m'envoyoit, en reconnoissance du service que je lui avois rendu.

De Malte, nous conduisîmes nos marchands jusqu'à l'entrée de l'Archipel. Etant auprès de Cérigo, nous vîmes paroître une voile qui faisoit route sur nous:

comme elle étoit fort au vent, nous convînmes, Pallas et moi, que nous ferions d'abord semblant de fuir ; que la nuit étant venue, nous relèverions ce bâtiment, et que le premier qui le découvriroit tireroit un coup de canon, et mettroit un feu pour signal.

Je fus plus heureux que mon camarade : je trouvai le vaisseau, et je fis le signal dont nous étions convenus. Comme je voulus approcher de ce navire pour lui parler, il tira sur moi. Pallas, qui étoit venu au signal que j'avois fait, voulut aussi s'approcher pour parler ; mais pour toute réponse il reçut une bordée de coups de canon, et une décharge de mousqueterie : il riposta. Dans cet intervalle, ayant encore voulu m'approcher d'un peu plus près, je reçus même traitement que Pallas, auquel je répondis comme il avoit fait.

Nous bataillâmes ainsi pendant deux heures, sans savoir contre qui : ce vaisseau, qui étoit fort gros, tiroit quantité de coups de canon, et faisoit un fort grand feu de mousqueterie. Sur tout cela, nous jugeâmes que ce pouvoit bien être un vaisseau de guerre. Nous nous parlâmes avec Pallas ; mais ne sachant, au bout du compte, à qui nous avions affaire, nous résolûmes de le garder à vue toute la nuit. Ce navire marchoit fort mal. Comme je voulus le serrer de près (car la nuit étoit fort obscure, et j'appréhendois toujours qu'il n'échappât), il tira sur moi : je lui répondis de toute ma bordée, ce qui le rendit sage jusqu'au matin.

Tout ce temps, qui se passa en paix, fut employé de part et d'autre à nous radouber. Dès que le jour parut, nous vîmes que nous nous étions battus contre un gros navire à trois ponts, qui arbora un pavillon hollandais. M'étant approché de Pallas : « Monsieur, « lui dis-je, je connois les Hollandais : si nous nous « amusons à canonner, nous nous battrons jusques à « demain, sans que nous soyons plus avancés qu'au « commencement : l'unique parti que nous ayons à « prendre, c'est d'aborder. En qualité de comman- « dant, vous avez droit de commencer ; mais, à votre « défaut, je le ferai. » Pallas me répondit que la mer étoit trop grosse, et rendroit l'abordage trop périlleux ; mais que nous n'avions qu'à continuer nos canonnades, et que le vaisseau, qui étoit déjà fort endommagé, ne se défendroit pas encore long-temps. Je déférai à cet avis, quoique je ne le crusse pas le meilleur. Le combat recommença tout de nouveau, et dura plus de deux grandes heures, sans qu'il y eût encore rien de décidé.

Tandis que nous perdions ainsi le temps à nous cribler de part et d'autre, la sentinelle découvrit quatre vaisseaux sous le vent qui venoient à nous, et deux autres vaisseaux au-dessus du vent, qui venoient aussi au bruit du canon. A cette vue, Pallas quitta le combat, et fit le signal pour me parler.

J'avois été trop maltraité pour lâcher prise si facilement. Outre près de quatre-vingts hommes d'équipage que j'avois perdus, j'avois moi-même failli à être emporté par trois boulets de canon, dont le premier avoit enlevé la poche de ma culotte jusqu'à la doublure ; le second, qui avoit passé entre mes jambes, avoit effleuré mon bas ; et le troisième avoit emporté le nœud de ma perruque. Piqué d'avoir couru inutilement tous ces risques, sans trop m'embarrasser du signal, je dis à mes officiers de se préparer pour l'abordage, et que j'irois parler à Pallas quand le vaisseau seroit pris.

Je fis aussitôt porter sur l'ennemi. L'abordage se fit: il y eut encore des morts, car le vaisseau se défendit vigoureusement pendant quelque temps; mais enfin n'en pouvant plus, il se rendit. Pallas, me voyant le maître, vint à moi; et sur ce que les quatre vaisseaux qui étoient sous le vent venoient toujours à nous à toutes voiles, et paroissoient être des vaisseaux de guerre, il concluoit qu'il falloit brûler cette prise, puisque nous n'avions point d'autre moyen pour nous empêcher nous-mêmes d'être pris.

Le vaisseau dont je venois de me rendre maître étoit déjà amariné, et je savois, par le rapport que le capitaine m'en avoit fait, que la cargaison valoit plus de deux millions. Je répondis à Pallas que je n'étois pas tout-à-fait de son sentiment; qu'avant que d'en venir à une extrémité si fâcheuse, il falloit au moins attendre d'être attaqués; que je me chargeois de l'événement, et que, s'il en étoit besoin, nous serions toujours assez à temps à brûler. Je lui représentai ensuite que les vaisseaux du Roi ne risquoient rien; qu'ils étoient très-bons voiliers, et qu'il nous seroit toujours fort aisé de nous sauver, si le cas le demandoit.

Pallas, peu satisfait de ma réponse, se retira, et m'envoya un moment après un de ses officiers, avec ordre de brûler incessamment ce vaisseau. Je renvoyai l'officier, que je ne voulois presque pas écouter : « Allez, monsieur, lui dis-je; dites à M. Pallas « que je lui désobéis dans cette occasion, persuadé « que je suis que le service du Roi le demande ainsi. »

Pendant cette contestation, les vaisseaux qui avoient

été découverts avançoient toujours vers nous; les deux bâtimens qui étoient venus au bruit du canon s'approchèrent à demi-lieue au vent, mirent pavillon blanc, et tirèrent un coup de canon. Pallas répondit en tirant aussi un coup de canon, et arbora le pavillon de France. A cette vue, les deux navires s'enfuirent. Je reconnus à leur manœuvre que c'étoient deux petits corsaires turcs ou flessinguois. Les quatre autres navires qui étoient sur le vent en voyant le pavillon du Roi commencèrent à parler entre eux, et peu après continuèrent leur route.

Pallas, qui persistoit toujours à vouloir que ce fussent des Anglais (car, il faut dire la vérité, ils paroissoient tels à leur fabrique), m'envoya un dernier ordre de brûler la prise. Pour le coup, je m'en moquai ouvertement; et m'adressant à celui qui le portoit :
« M. Pallas, lui dis-je, se moque de vous et de moi.
« Mais retournez à bord, et dites-lui que les vaisseaux
« de guerre ne s'amusent point à parlementer quand
« il s'agit de combattre. Je reconnois que ces navires
« paroissent, par leur fabrique, des vaisseaux de guerre
« anglais; mais, par leur manœuvre, je suis persuadé
« que ce ne sont que des marchands qui ne songent
« qu'à faire leur route, et qui, loin de venir à nous,
« s'estiment heureux que nous n'allions pas les atta-
« quer nous-mêmes. Du reste, dites à M. Pallas que
« notre prise étant toute délabrée et sans gouvernail,
« il vienne, et qu'il amène ses charpentiers, afin de la
« mettre en état d'être sauvée. »

Pallas se rendit enfin à mes raisons. Il vint à moi : nous radoubâmes ce vaisseau tellement quellement, et nous lui donnâmes la remorque jusqu'à l'île de Céphalonie, où nous le laissâmes, car il n'étoit pas possible de le mener en France dans l'état où il étoit, c'est-à-dire sans mât et sans gouvernail. J'y laissai un officier, avec trente hommes pour le garder.

Ce vaisseau, quoiqu'à trois ponts, n'étoit qu'un marchand : il portoit soixante-huit pièces de canon, et deux cent soixante hommes d'équipage, tant soldats que matelots. Il venoit de Smyrne : sa cargaison avoit coûté cinq cent soixante mille piastres, sans compter les marchandises de contrebande qu'il avoit embarquées. Il devoit passer à Livourne, et de là à Amsterdam.

Parmi les prisonniers que nous fîmes, il se trouva une jeune femme d'environ dix-huit ans : c'étoit une des plus belles personnes que j'aie vues de ma vie : elle étoit de Genève. La peur l'avoit tellement saisie, que, n'en pouvant plus, elle s'étoit cachée ; en sorte qu'on fut quelque temps à la trouver. Quand je la vis paroître tout en larmes, sa beauté, et l'état pitoyable où elle étoit, me touchèrent. Je la rassurai le mieux qu'il me fut possible ; je lui promis qu'il ne lui arriveroit aucun mal. Je fis chercher son mari, et je leur fis donner une chambre en particulier.

Un moment après, quelques matelots vinrent m'avertir que cette femme avoit dans sa coiffure des perles et des pierreries de grand prix, qui lui avoient été confiées par des juifs qui étoient embarqués avec elle. Ils ajoutèrent que je ne devois pas négliger cet avis ; qu'il y avoit à faire une capture considérable ; et qu'ils s'étonnoient que je n'eusse pas déjà donné les ordres convenables sur ce sujet. A ces mots, les regardant avec quelque sorte d'indignation : « Si elle a des pier-

« reries considérables dans sa coiffure, leur dis-je,
« c'est sa bonne fortune, ou la bonne fortune de ceux
« qui les lui ont confiées. Quant à moi, apprenez, ma-
« rauds, qu'un homme de ma sorte est incapable des
« bassesses que vous avez la hardiesse de me propo-
« ser. » Quand nous fûmes arrivés à Céphalonie, nous
renvoyâmes nos prisonniers, et la huguenote avec.

Le pays où nous étions me rappela l'idée de M. Constance. J'avois oublié depuis long-temps tout ce qu'il m'avoit donné à souffrir à Siam; et ses malheurs lui avoient tellement rendu mon amitié (car je ne l'avois pas toujours haï), qu'après sa mort, dont je fus véritablement touché, je ne souhaitai rien tant que de faire plaisir à sa famille.

J'en demandai des nouvelles : on me dit qu'il lui restoit un frère au village de La Custode. Je fus le chercher dès le lendemain de notre arrivée; et après lui avoir fait civilité, je lui appris qu'il y avoit à Paris des sommes très-considérables que M. Constance y avoit envoyées par le père Tachard, dans le voyage qu'il y fit au retour de M. de Chaumont.

J'étois très-bien informé de cet article, car M. Constance lui-même m'en avoit fait confidence pendant le temps de notre amitié; ce qui prouve parfaitement ce que j'ai déjà dit ailleurs, que ce ministre, dans l'établissement qu'il fit des Français à Bancok, n'avoit autre vue que de s'attirer la protection de la France, où il comptoit même de se retirer, supposé que la situation de ses affaires l'y obligeât.

Son frère, persuadé par ce que je lui avois dit, se détermina à passer en France. Je le reçus dans mon bord, où je lui fis toutes les amitiés imaginables. Il fut à Paris, il y retira de très-grosses sommes : mais, comme s'il eût été arrêté que je ne recevrois jamais que des ingratitudes de la part de cette famille, il partit, et retourna dans son pays, non-seulement sans me remercier, mais même sans me faire l'honneur de me venir voir..

En partant de Céphalonie, nous fîmes route pour Malte, où nous devions prendre une vingtaine de vaisseaux marchands, qui nous attendoient pour les escorter. J'y reçus dans mon bord le bailli de La Vieuville, et avec lui vingt-six chevaliers qui me demandèrent passage. A quinze lieues de Malte, deux corsaires flessinguois s'approchèrent de la flotte : nous leur donnâmes la chasse, et j'en pris un. Les équipages dépouillèrent tous les prisonniers, selon la coutume. Alors le bailli, homme d'une piété bien au-dessus du commun, voulant donner un exemple de charité à tous ces jeunes chevaliers qu'il menoit, fit une quête où il mit beaucoup du sien, et de l'argent qu'il ramassa habilla tous ces pauvres gens.

En continuant notre route, comme nous passions sur les travers du cap de Poule, je chassai pendant assez long-temps un bâtiment que je crus d'abord corsaire. L'ayant serré d'un peu plus près, il se trouva que c'étoit un vénitien que j'avois vu à Céphalonie. Je me doutai qu'il étoit chargé pour le compte des Anglais. Dans cette pensée, je résolus de l'obliger à recevoir dans son bord les prisonniers flessinguois dont je m'étois chargé dans le dernier abordage, et dont j'étois fort incommodé, car ils alloient au nombre de cent vingt; et quoique je ne fusse pas assuré si la cargaison du vénitien appartenoit véritablement aux Anglais, je crus que mon doute suffisoit sinon pour l'attaquer et pour le prendre, au moins pour en exiger le service que je m'étois proposé.

Je lui déclarai donc que s'il ne se mettoit pas en état de recevoir dans son bord un certain nombre de prisonniers flessinguois que j'avois, il pouvoit se préparer à en venir aux mains. La peur qu'il eut d'être pris et mené en France le fit consentir à tout ce que je voulus.

Outre les cent vingt Flessinguois dont je souhaitois de me débarrasser, j'avois encore trente matelots hollandais de la grande prise, que je m'étois réservés pour fortifier mon équipage; car, comme j'ai dit, j'avois perdu quatre-vingts hommes dans le combat, et j'en avois laissé trente à Céphalonie, pour y garder le vaisseau que j'avois pris. Je n'avois plus besoin de ces trente matelots hollandais: je voulus aussi me défaire d'eux, et les faire passer sur le vaisseau vénitien.

Lorsqu'ils surent la résolution où j'étois, ils se jetèrent tous à mes pieds; et, me priant de les garder avec moi, et de les distinguer des Flessinguois, qu'ils appeloient des voleurs et des écumeurs de mer, ils me témoignèrent si vivement le regret qu'ils avoient d'être confondus avec des gens de cette sorte, que, charmé de leur probité, je les retins, et je les menai à Toulon.

En rejoignant Pallas, je me gardai bien de lui dire que je m'étois défait de mes Flessinguois; car il n'auroit pas manqué de m'embarrasser encore de la moitié des siens. Nous continuâmes ainsi notre route, sans que je lui parlasse de rien.

Quand nous fûmes à Toulon, il débarqua ses prisonniers; et me demanda pourquoi je ne débarquois pas les miens. Je lui déclarai alors la manière dont je m'en étois débarrassé; ce qui le fit sourire, reconnoissant que je n'avois pas eu tort de la lui cacher.

En arrivant à Toulon, Pallas eut ordre d'armer deux flûtes, et de retourner à Céphalonie, pour y prendre la cargaison de la prise que nous y avions laissée. Pour moi, ma mission fut d'aller incessamment devant Alger, pour obliger ces corsaires à garder la paix; car, ensuite des engagemens qu'ils avoient pris avec l'amiral Russel, ils avoient commencé à donner quelques sujets de plainte contre eux.

J'étois en état de mettre à la voile après m'être radoubé, lorsque j'eus ordre de remettre mon vaisseau au chevalier Du Palé, et de passer à Constantinople M. de Ferriol, ambassadeur du Roi à la Porte. Cet ordre me mortifia extrêmement; car m'enlever ainsi mon vaisseau pour me donner une commission qui n'aboutissoit à rien, c'étoit, à proprement parler, me mettre sur le pavé. Piqué de la conduite qu'on tenoit avec moi, surtout après une campagne qui me faisoit quelque honneur, et qui étoit avantageuse au Roi, je me plaignis au ministre, à qui je représentai que j'avois assez bien servi pour n'avoir pas dû m'attendre à un pareil traitement.

Outre cette lettre, j'écrivis encore à Bontemps: je lui exposai combien j'étois sensible à l'affront que je recevois, l'injustice dont on usoit à mon égard, et la honte qui m'en reviendroit, étant inouï dans la marine qu'on démontât un capitaine, à moins qu'il n'eût manqué à son devoir. Bontemps, toujours plus vif quand il s'agissoit de me faire plaisir, informa Sa Majesté du tort qu'on me faisoit. Le Roi en fut surpris, et voulut savoir du ministre les raisons pour lesquelles il en usoit ainsi à mon égard.

La vérité est que le ministre ignoroit ce changement, qui s'étoit fait dans le bureau, parce que tel avoit été le bon plaisir des commis. Cependant, pour ne pas donner à entendre qu'il négligeoit des détails dans lesquels il devoit entrer, il répondit, sans paroître embarrassé, que, n'ayant aucun sujet de plainte contre moi, on ne m'avoit pas ôté mon vaisseau pour me mortifier, et que, bien loin de vouloir me faire de la peine, il m'avoit destiné le commandement de deux navires, afin que quelque chose commençât à rouler sur moi.

S'étant ainsi tiré d'embarras, il ne fut plus question du voyage de Constantinople. J'eus ordre d'armer deux vaisseaux, de croiser dans la Méditerranée, de couvrir le commerce, et de donner la chasse aux corsaires ennemis. L'armement se fit avec beaucoup de peine, car on avoit déjà pris tous les matelots pour l'armement général. Cependant je vins à bout du mien; et, malgré mille petits incidens qui me retardèrent quelque peu, je fus pourtant encore assez tôt en état de me mettre en mer. Mes deux vaisseaux étoient de cinquante pièces de canon : le second étoit monté par le comte de Hautefort. L'instruction particulière que j'avois reçue du ministre portoit de mouiller devant Alger, pour engager ces barbares à conserver la paix. D'Alger, j'avois ordre de me rendre à Céphalonie, pour escorter la prise, et les deux flûtes qui l'accompagnoient.

[1696] Je fis dans ma course, à peu près sur la hauteur de Majorque, une prise anglaise assez considérable, que j'envoyai à Toulon; et, continuant ma mission, je fus me présenter devant Alger, où plusieurs pauvres esclaves chrétiens vinrent pendant la nuit se réfugier dans mon bord. Ils y arrivèrent plus morts que vifs ; car comme j'étois peu avancé dans la rade, il leur avoit fallu nager bien long-temps.

Parmi un plus grand nombre de leurs camarades qui avoient voulu les suivre, les uns s'étoient noyés, et les autres crioient de toutes leurs forces, en demandant du secours d'une manière à faire pitié.

Je ne savois comment faire pour les sauver : mon embarras venoit de ce qu'il est défendu, par différens traités de paix avec les Algériens, d'envoyer des chaloupes pour favoriser la fuite de leurs esclaves.

Je ne voulois pourtant pas laisser périr ceux-ci. Afin donc de leur donner du secours sans paroître contrevenir aux traités, je fis embarquer dans mon canot quatre cents brasses de cordes : j'ordonnai au patron de filer sur ce cordage aux endroits où il entendoit crier ; et, au cas qu'il fût découvert par des chaloupes turques (ce qui pouvoit bien arriver, ces barbares, toujours attentifs à empêcher la fuite de leurs esclaves, voltigeant continuellement dans la rade), je lui ordonnai de mettre les avirons dans le canot, et de se hâler sur l'amarre qu'il avoit, tandis que je ferois tirer de même du bord.

Ce que j'avois prévu arriva. Les chaloupes turques aperçurent le canot, et lui donnèrent la chasse. Le patron, qui avoit déjà reçu dans son bord plusieurs de ces malheureux, se voyant découvert, fit, suivant ses instructions, la manœuvre que je lui avois ordonnée, et se hâla au bord du vaisseau, d'où l'on tiroit à grand'force. Le canot voloit. Les Turcs, quoiqu'ils ramassent à toute outrance, ne purent jamais le joindre : ils le suivirent pourtant jusques à bord, ne pouvant comprendre comment il pouvoit se faire qu'un bâtiment qui ne nageoit point allât plus vite qu'eux.

Ils se plaignirent à moi de ce que, contre les traités, ma chaloupe avoit enlevé plusieurs de leurs esclaves. Je leur répondis qu'ils se trompoient; que ma chaloupe étoit à bord sans avoir été en mer, comme il étoit bien aisé de le vérifier. Ils ne prirent pas le change, et ils persistèrent toujours à dire qu'ils l'avoient vue : « A telles enseignes, ajoutoient-ils, qu'elle « alloit comme le vent, quoiqu'elle ne nageât point. » Alors, tournant la chose en plaisanterie : « Il faut, leur « dis-je, que ce soit quelque gros poisson que vous « ayez vu; car vous savez aussi bien que moi qu'une « chaloupe ne sauroit aller sans aviron. » La discussion n'alla pas pour lors plus avant, et les chaloupes s'en retournèrent.

Au point du jour, la garde découvrit un esclave nageant à nous, environ à une lieue du vaisseau. Je fis sur-le-champ armer la chaloupe, et j'ordonnai au patron de tirer vers ce malheureux. Il le trouva n'en pouvant plus : il avoit nagé pendant plus de dix lieues, tant l'amour de la liberté a de force sur les hommes, et tant elle est capable de leur faire entreprendre des choses extraordinaires. Il est hors de doute que ce pauvre chrétien auroit succombé sous l'effort, sans une cuirasse de liége qu'il avoit sur l'estomac, et des calebasses sous les aisselles.

Cependant il y avoit de grandes plaintes à Alger contre moi : plusieurs des principaux s'étoient tumultueusement assemblés chez le consul français, qui, pour leur donner quelque sorte de satisfaction, m'envoya le drogman ou interprète, suivi de quelques-uns d'entre eux, qui vinrent à bord pour réclamer leurs esclaves.

Sur la proposition qu'ils me firent de les leur rendre, je leur répondis que je n'en avois aucun; mais que quand même quelques-uns d'entre eux seroient en effet venus se retirer dans mon bord, ils ne devoient pas attendre que je les leur relâchasse; qu'ils n'ignoroient pas que les vaisseaux de roi étoient partout des asyles si sacrés, que ceux même d'entre les Turcs qui étoient esclaves parmi les chrétiens recouvroient leur liberté, lorsqu'ils étoient assez heureux pour les aborder; que, de ma part, ils savoient bien que, pour ne faire de la peine à personne, je n'avois pas été à terre, et que j'avois même affecté de ne m'avancer pas dans la rade; que du reste, puisqu'ils étoient si sensibles à la perte qu'ils avoient faite, c'étoit à eux à la prévenir en y prenant garde, puisqu'ils savoient fort bien que rien au monde n'est plus naturel à l'homme que l'amour de la liberté, et qu'il est toujours en état de tout entreprendre pour la recouvrer. Quoiqu'ils eussent beaucoup de peine de se payer de mes raisons, il fallut pourtant en passer par là.

Un des Turcs qui étoient venus à bord, m'adressant la parole, me demanda si un de ses esclaves qui lui manquoit ne seroit point parmi ceux qui s'étoient réfugiés chez moi. Je lui répondis que je ne pouvois lui donner aucun éclaircissement sur ce point, et que je ne savois rien de ce qu'il me demandoit.

Il me répliqua en son patois : « Tu me réponds « comme une faucille. Parle-moi droit, et me dis si « mon esclave est dans ton bord. S'il s'est retiré dans « ton vaisseau, je n'en suis pas fâché, c'est sa bonne « fortune : mais dis-le-moi si tu le sais, je ne le cher- « cherai plus. » Je lui protestai que je n'en savois rien; qu'à la vérité j'avois entendu crier autour du vaisseau des hommes qui demandoient du secours ; mais que n'ayant pas osé envoyer ma chaloupe, pour ne pas contrevenir aux défenses, ils pouvoient bien s'être noyés, ou être retournés à terre. Ce Turc parut se contenter de ma réponse, et s'en alla.

Le lendemain, je mis à la voile, et je fis route pour Céphalonie. Nous étions vers le milieu du canal des îles de Majorque et de Sardaigne, lorsque nous découvrîmes une petite voile latine qui n'étoit pas fort éloignée. Après lui avoir donné la chasse pendant quelque temps, nous la joignîmes. C'étoit un petit corsaire d'Alger avec treize hommes d'équipage, que le mauvais temps avoit débusqué des côtes de Catalogne.

Je reçus le corsaire à bord; je visitai sa patente, et je lui demandai où il alloit. Il me répondit : « Je n'en « sais rien. — Quoi ! lui répliquai-je, tu vas à la mer, « et tu ne sais pas naviguer? » Le corsaire me répondit qu'il savoit que la partie du midi étoit la côte de Barbarie, et le nord la terre des chrétiens; et qu'il ne lui en falloit pas davantage.

Je donnai la remorque à ce petit bâtiment, et je promis au corsaire de le mener jusques aux terres de Barbarie. « Je le veux bien, me dit-il; mais aupara- « vant j'ai une grâce à te demander. — De quoi s'agit- « il? lui répliquai-je. — Tu peux m'accorder facile-

« ment ce que je souhaite, repartit-il : aide-moi, pour
« l'amour de Dieu, à prendre des chrétiens. » Je ris
de sa simplicité, et je lui répondis que sa demande
n'étoit pas juste, puisqu'il ne m'aideroit pas lui-même
à prendre des Turcs, si je l'en priois.

Ce pauvre misérable avoit plus de dix ulcères sur
le corps. Il fut assez simple pour s'imaginer que mon
chirurgien pourroit le guérir sur-le-champ : dans cette
belle persuasion, il me pria encore, pour l'amour de
Dieu, de le faire guérir. Sa grossièreté me fit pitié.
Quand il eut bien mangé, lui et tous ses matelots, ils
furent quelque temps à parler entre eux, et à délibérer sur ce qu'ils avoient à faire; après quoi, se défiant sans doute de moi, ils me demandèrent la permission de s'en aller. Je la leur accordai avec plaisir.

Comme ils furent embarqués dans leur petit bâtiment, ils crièrent qu'on larguât l'amarre (1); leur dessein étoit d'enlever le grelin. On leur cria de larguer eux-mêmes. Le cordage n'étant pas à eux, ils le lâchèrent; mais ce ne fut qu'avec peine, tant les Algériens ont d'inclination à voler. Le vent étoit assez fort, et la mer grosse : ils se repentirent bientôt d'avoir négligé le secours que je leur avois offert, et ils demandèrent de retourner à bord; mais je ne voulus plus d'eux, et ayant fait force de voiles, nous les perdîmes bientôt de vue.

Pendant la nuit il se forma tout à coup un temps très-noir, accompagné d'éclairs et de tonnerres épouvantables. Dans la crainte d'une grande tourmente dont

(1) *Ils crièrent qu'on larguât l'amarre; leur dessein étoit d'enlever le grelin :* Ils crièrent qu'on lâchât le grelin, ou petit câble à l'aide duquel ils étoient remorqués, et qu'ils avoient l'intention de voler.

nous étions menacés, je fis serrer toutes les voiles. Nous vîmes sur le vaisseau plus de trente feux Saint-Elme : il y en avoit un entre autres, sur le haut de la girouette du grand mât, qui avoit plus d'un pied et demi de hauteur. J'envoyai un matelot pour le descendre : quand cet homme fut en haut, il cria que ce feu faisoit un bruit semblable à celui de la poudre qu'on allume après l'avoir mouillée. Je lui ordonnai d'enlever la girouette, et de venir; mais à peine l'eut-il ôtée de place, que le feu la quitta, et alla se poser sur le bout du mât, sans qu'il fût possible de l'en retirer. Il y resta assez long-temps, jusqu'à ce qu'il se consuma peu à peu. La menace de la tourmente n'eut d'autre suite qu'une grosse pluie qui dura quelques heures, après laquelle le beau temps revint.

En passant devant Malte, je demandai des nouvelles de M. Pallas : il n'y avoit point paru. Je continuai ma route, et j'arrivai à Céphalonie trois jours après qu'il en fut parti. Me voyant hors d'espoir de le joindre, je fis route pour aller croiser devant le phare de Messine. Je choisis ces parages préférablement à tout autre, parce que les vaisseaux marchands ennemis qui font le commerce du Levant à Livourne prenoient leur route par cet endroit.

Comme j'étois sur les côtes de la Calabre, je rencontrai deux corsaires majorquins, l'un de vingt-quatre pièces de canon, et l'autre de huit. Je mis pavillon anglais, et je leur donnai la chasse pendant quelque temps. Ils virent bientôt qu'ils ne pouvoient s'empêcher d'être pris : pour se tirer de ce mauvais pas, ils allèrent mouiller sous la ville de Roccella, dans le royaume de Naples. Je m'approchai d'eux autant que le fond me le permit; j'arborai le pavillon de France, et je me mis à les canonner. La ville, de son côté, se mit en devoir de les défendre avec quelques mauvais canons; mais je fis sur les corsaires un si grand feu, que, ne pouvant plus le soutenir, ils furent obligés d'abandonner leurs bâtimens, après les avoir échoués. Tout l'équipage se sauva.

A peine furent-ils loin, que huit Turcs de Tripoli, que les corsaires avoient pris sur une barque française, et qui étoient demeurés à bord, arborèrent le pavillon blanc. La chaloupe et le canot furent à eux, et se rendirent maîtres des deux navires, où ils ne trouvèrent, outre les Turcs, que des morts, quelques blessés, et un moine vêtu de blanc.

Tandis que tout ceci se passoit, le peuple, qui avoit pris parti pour les Majorquins, s'étoit assemblé dans le port, où il paroissoit sous les armes. Leur vue me fit quelque peine. Je voulois, à la vérité, conserver mes prises, à quelque prix que ce fût; mais j'aurois été bien aise de n'avoir plus à combattre après m'en être rendu maître. Dans cette situation, il me parut que je ne pouvois rien faire de mieux que d'envoyer à terre faire des propositions de paix.

Je choisis le moine pour cette ambassade. Il eut ordre d'aller dire de ma part aux habitans que ce n'étoit pas à eux qu'on en vouloit; que je ne prétendois autre chose que de retenir les deux vaisseaux dont je m'étois déjà rendu maître; qu'il étoit étrange qu'ils prissent les armes pour défendre des corsaires qui, bien loin de mériter leur protection, ne devoient être regardés que comme des voleurs publics; que, du reste, s'ils persistoient à les protéger, n'étant pas moi-même, à beaucoup près, résolu de céder, je serois réduit à bombarder et à canonner leur ville. Le moine s'acquitta à merveille de sa commission. Il se fit une espèce de trêve, pendant laquelle nous travaillâmes toute la nuit à alléger ces deux bâtimens, afin de les déchouer.

Le lendemain, sur les dix heures du matin, il parut une barque qui venoit du côté de Messine, faisant route sur la ville. L'envie de m'emparer de ce bâtiment, sans être obligé de lui donner la chasse, me fit mettre pavillon anglais. Cette barque donna à plein dans le panneau : elle mit de son côté la bannière espagnole, et approcha sans se défier le moins du monde. A la vérité, tout concourut à la tromper : car quelle apparence qu'elle pût me regarder comme Français, en voyant deux navires mouillés sous la ville avec tant de tranquillité?

Elle envoya pourtant à bord sa chaloupe, armée de vingt-cinq hommes, pour me reconnoître. La voyant approcher, je préparai une bonne mousqueterie, et je mis un bonnet à l'anglaise. Du plus loin que la chaloupe put se faire entendre, elle se mit à crier : « Quelle nouvelle? — Bonne, lui répondis-je; à bord! » La chaloupe, qui ne se défioit de rien, approcha, et fut enlevée sans difficulté.

La barque, qui étoit à bonne vue, reconnoissant le piége, revira de bord pour se sauver. Comme je m'attendois à cette manœuvre, je fis tirer dessus : le second coup de canon donna par malheur dans la sainte-barbe, mit le feu aux poudres, et fit sauter le bâtiment. Ce fut un spectacle bien pitoyable que de voir tous ces hommes en l'air, qui un moment après retombant à demi brûlés, avec des éclats du bâtiment mis en pièces, couvrirent la mer de débris et de morts.

Je n'avois par malheur à bord ni ma chaloupe ni mon canot, qui étoient occupés à la garde des deux corsaires échoués. A leur place, j'armai au plus tôt la chaloupe que je venois de prendre ; je l'envoyai dans l'endroit où la barque avoit sauté, et je fus assez heureux pour sauver encore sept hommes à demi brûlés, parmi lesquels il se trouva un Français.

Ce bâtiment venoit de Naples : il avoit armé en course, et portoit cent trente hommes d'équipage. Quand mes deux corsaires furent déchoués, je fis brûler une barque marchande que j'avois prise dans cette rade ; je mis ensuite à la voile, et je retournai à Malte, où j'appris que Pallas avoit passé avec son convoi.

Je n'avois pas été en mer assez long-temps pour consumer tous mes vivres. La saison d'ailleurs n'étant pas encore fort avancée, je résolus d'aller croiser sur le Cap-Corse, comptant qu'il y auroit quelque coup à faire, ou tout au moins que j'en chasserois les corsaires ennemis. Après y avoir resté quelque temps sans apercevoir une seule barque, comme je poussois vers les côtes de Barbarie, j'aperçus, par le travers du cap Bon, trois vaisseaux, à qui je donnai la chasse.

Je reconnus bientôt à leurs voilures qu'ils étoient français. Alors, pour empêcher que la peur ne les obligeât à s'échouer (car ils ne pouvoient pas se tirer d'affaire autrement), je quittai la chasse, et j'envoyai mon canot pour les rassurer. Ils vinrent, se joignirent à moi avec joie, et me dirent qu'il y avoit derrière eux neuf autres vaisseaux français richement chargés.

Ces parages sont très-dangereux pour les marchands :

je voulus mettre ceux-ci à couvert d'insulte autant qu'il me seroit possible. Pour cet effet, je détachai le comte de Hautefort avec les deux corsaires que j'avois pris : il fut à leur rencontre. Peu après, cette flotte me joignit. Je la mis sous mon escorte, et nous allâmes mouiller devant Biserte, où je leur donnai à tous des signaux.

Avant que de mettre à la voile, j'appelai les Turcs que j'avois trouvés sur les corsaires majorquins, et je leur dis que quoiqu'ils eussent été pris sur un bâtiment ennemi, comme nous étions en paix avec le royaume de Tripoli, et qu'ils m'assuroient avoir été pris eux-mêmes par les Majorquins sur un bâtiment français, j'allois, s'ils le vouloient, les faire mettre à terre dans un pays où ils retrouveroient et leur liberté, et l'exercice de leur religion. Mon but étoit de leur faire connoître par là que les Français étoient de bonne foi, qu'ils observoient exactement les traités, et qu'ils étoient gens à reconnoître leurs amis partout où ils les trouvoient.

Ces huit Turcs, touchés de la grâce que je leur faisois, se jetèrent à mes pieds, qu'ils baisèrent plusieurs fois, en me souhaitant, dans leur baragouin, toutes sortes de bénédictions. Je les menai moi-même à l'aga, je leur donnai une piastre à chacun ; après quoi je les rendis à cet officier en présence de tous ses soldats, qui, charmés de la générosité française, témoignèrent beaucoup de satisfaction de leur exactitude à observer les traités.

Ces pauvres Turcs, qui étoient à demi nus, furent habillés dès le lendemain par la charité de leurs compatriotes. Quant à moi, je fus ravi, comme j'ai dit, de pouvoir en même temps donner à ces barbares une bonne idée de la nation, et d'épargner à la cour la dépense qu'il auroit fallu faire pour renvoyer ces prisonniers dans leur pays; ce qui étoit inévitable, n'ayant été pris sur les corsaires majorquins que parce qu'ils avoient été pris auparavant sur une barque française. Ma conduite fit beaucoup de plaisir au ministre, qui me témoigna m'en savoir bon gré.

De Biserte; je menai mon convoi à Marseille, où nous débarquâmes heureusement. L'arrivée de la flotte, qui portoit plus de dix millions, fit si grand plaisir aux négocians, qu'en reconnoissance du service que je leur avois rendu, la chambre du commerce délibéra de me faire présent de deux mille livres, que je n'acceptai que par honneur, et après en avoir obtenu la permission du ministre.

Quoique les eaux de Digne, ainsi que j'ai déjà dit, m'eussent guéri de la blessure que j'avois reçue au combat de La Hogue, il m'en étoit pourtant resté une douleur dans la cuisse, dont j'étois de temps en temps fort incommodé. Je demandai à la cour la permission de rester quelque temps à terre pour me faire guérir. M. de Pontchartrain me répondit d'une manière fort obligeante, en m'accordant ce que je souhaitois, à condition toutefois que, dès que je serois en état de servir, je lui en donnerois avis.

Voici une lettre que je reçus de M. Phelipeaux sur ce même sujet, peu après la réponse de M. de Pontchartrain :

« Mon père a dû vous marquer, monsieur, com-
« bien le Roi est content de votre conduite, et du zèle

« que vous avez fait paroître pour son service. Je suis
« très-fâché de votre indisposition ; je souhaite qu'elle
« ne vous empêche pas de retourner à la mer. Cepen-
« dant il ne faut pas que vous preniez trop sur vous.

« *Signé* Phelipeaux. »

[1697] Quand je fus guéri de mon indisposition, j'en donnai avis au ministre, qui me donna le commandement d'un vaisseau nommé l'*Heureux Retour*. Peu après, je reçus ordre de suivre M. le comte d'Estrées, qui devoit commander l'armée navale destinée pour le siége de Barcelone, dont M. le duc de Vendôme étoit chargé. Ce siége, également mémorable et par la vigueur de nos attaques, et par la vigueur des sorties que les ennemis firent sur nous, fût très-long ; ce qui obligea d'abord M. de Vendôme de faire descendre des canonniers de notre marine, avec des officiers pour les commander. Peu après, il en tira tous les soldats, dont il forma un bataillon qui montoit à son tour la tranchée, comme les troupes de terre.

Je m'étois d'abord rendu auprès du comte Du Luc, qui commandoit un des bataillons des galères. Un matin, M. le bailli de Noailles, qui devoit commander la tranchée en qualité de lieutenant général, avoit fait préparer un grand déjeûner pour les officiers. Nous étions déjà à table, à l'abri du couvent des Capucins, lorsqu'une bombe tirée de la ville vint tomber à quinze pas de l'endroit où nous mangions. Dans l'instant, tous ces messieurs se couchèrent ventre à terre, en attendant que la bombe eût crevé.

J'allois me coucher comme les autres, lorsque je remarquai qu'elle étoit tombée dans une terre molle, où elle s'étoit fort enfoncée. Voyant qu'il n'y avoit rien à risquer, je me remis tranquillement à table sans qu'ils s'en aperçussent, et je continuai à manger comme s'il n'eût été question de rien. Tous ces messieurs furent assez surpris, en se relevant, de voir que je n'avois pas changé de situation. Je commençai à badiner sur leur précaution inutile, et tout le reste du repas se passa en plaisanteries sur ce sujet.

Cependant la ville, qui étoit fort pressée, se rendit enfin sous une capitulation fort honorable, dont je ne rapporterai pas le détail, parce qu'il n'est pas de mon sujet. Les troupes de marine se rembarquèrent peu après, et je fus commandé pour la découverte.

Je rencontrai, assez près des côtes de Catalogne, un bâtiment espagnol chargé de minimes. Ces bons pères, qui venoient d'élire leur général dans une ville d'Espagne, étoient au nombre de près de trois cents. Quoiqu'ils eussent des passe-ports, je les menai à M. d'Estrées, qui, me regardant : « Que diable veux-tu donc « que je fasse de tous ces minimes? me dit-il en riant. « Nous n'aurions pas assez d'huile dans l'armée pour « les nourrir pendant deux jours. » Sur cela, il m'ordonna de les renvoyer au plus vite, en disant que c'auroit été une belle prise pour les Algériens.

Peu après, la flotte étant venue désarmer à Toulon, M. le maréchal d'Estrées me fit monter un vaisseau nommé *le Trident,* avec ordre d'aller à Gênes et à Livourne prendre sous mon escorte les bâtimens marchands que j'y trouverois, et de les mener en France. Mon voyage ne fut que de huit jours. Pour ne pas perdre de temps, je restai sous voile devant Gênes, où j'envoyai mon canot avec une lettre pour le consul français, par laquelle je lui demandois s'il n'y avoit rien à faire pour le service du Roi : il me répondit qu'il n'y avoit rien à faire pour le présent.

De Gênes, je continuai ma route, et je me rendis à Toulon, où je reçus un ordre du Roi pour monter un autre vaisseau nommé *le Sérieux* : c'étoit le plus fin voilier de la marine. M. d'Estrées, qui me donna cet ordre, avoit reçu en même temps un autre ordre de faire armer *le Vigilant,* et de le faire monter par le sieur Bidau, capitaine de vaisseau.

Comme Bidau étoit mon ancien, et que son vaisseau étoit moins considérable que celui qu'on m'avoit donné, il n'oublia rien pour faire changer cette destination. Il en parut si jaloux, que, désespérant de venir à bout de son dessein par lui-même, il travailla sourdement, et fit agir des femmes, qui manœuvrèrent si à propos, qu'elles lui rendirent le comte d'Estrées favorable.

Ce seigneur voulut m'obliger plusieurs fois à consentir de moi-même à un échange : enfin, après plusieurs discussions qui ne nous mirent pas d'accord, la cour, qui voulut donner quelque satisfaction à M. d'Estrées, fit elle-même le changement auquel je n'avois jamais voulu consentir, et me donna encore *le Trident* à monter, avec ordre d'aller escorter quelques marchands jusque sur le cap Bon, et d'aller ensuite devant Barcelone recevoir des ordres de M. de Vendôme.

Je partis pour ma mission : à mon arrivée devant Barcelone, je trouvai les ordres de la cour, par lesquels, en conséquence de la paix générale, défenses m'étoient faites d'arrêter aucuns bâtimens étrangers. Il m'étoit encore ordonné de passer en Sardaigne, d'y annoncer la paix au vice-roi, et de me tenir sur ces parages pour en faire retirer les corsaires ennemis. En exécution de cet ordre, je me rendis à Cagliari, où deux corsaires majorquins désarmèrent, ensuite de la nouvelle que je leur donnai de la paix.

Non loin de là, comme j'étois à peu près par le travers de l'île de Saint-Pierre, le tonnerre donna dans mon vaisseau environ sur les quatre heures du matin. Le coup fut si terrible, qu'il fit crier les poules et les moutons. Quand le jour fut venu, nous trouvâmes sur l'avant un matelot qui s'appeloit Marin, assis roide mort, ayant les yeux ouverts, et tout le corps dans une attitude si naturelle, qu'il paroissoit être en vie. Après l'avoir fait visiter sans qu'on lui trouvât la moindre contusion sur le corps, je le fis ouvrir. Ses entrailles ne parurent aucunement altérées : sans doute que le feu du tonnerre l'avoit étouffé sur-le-champ.

Etant encore dans cette mer, je tuai d'un coup de fusil un gros poisson que les pêcheurs appellent monge. Il pesoit plus de quatre-vingts quintaux : mes domestiques en firent fondre la graisse, de laquelle ils tirèrent deux barils d'huile, qu'ils vendirent à Toulon cinquante francs.

Quelques jours après, étant mouillé, avec quelques autres bâtimens français, dans le golfe de Palmos, toujours sur les côtes de Sardaigne, l'un des capitaines, appelé Richard, fut, avec son canot à la voile, pour lever des filets qu'il avoit tendus. Le canot renversa : sur-le-champ je fis mettre le mien en mer, pour aller incessamment leur donner secours. Personne ne se noya; mais le capitaine fut si effrayé, qu'il eut bien de la peine à en revenir. Je restai sur ces parages jusqu'à ce que M. de Franc, capitaine de vaisseau, m'apporta l'ordre de venir désarmer à Toulon, où étant arrivé peu de jours après, je me retirai chez moi pour y prendre quelque repos.

[1698] Tandis que je recommençois à me refaire de tant de fatigues, je reçus de la cour une lettre d'autant plus désagréable, que j'avois moins de sujet de l'attendre. Ce n'étoit que reproches, auxquels je fus fort sensible, parce que je savois bien que je ne les méritois pas. Le ministre se plaignoit de ce que le consul de Gênes ayant voulu acheter quatre Turcs d'Alger, je l'en avois empêché. Il ajoutoit, d'une manière fort aigre, que ce n'étoit point à moi de me mêler de ce trafic; que c'étoit là l'affaire de l'intendant des galères, et non la mienne; et qu'il trouvoit fort mauvais la liberté que je m'étois donnée en cette occasion.

Il se plaignoit encore de ce qu'ayant eu ordre d'aller à Alger prendre M. Dussaut, envoyé du Roi, je n'avois point obéi, et j'étois venu au contraire désarmer mon vaisseau, comme s'il n'avoit été question de rien; que la diligence avec laquelle j'avois désarmé donnoit assez à entendre que j'avois été bien aise de m'épargner cette course; que Sa Majesté étoit si offensée de la conduite que j'avois tenue à ce sujet, que, voulant punir mon peu d'exactitude à exécuter les ordres que j'avois reçus, elle m'ordonnoit d'armer incessamment le même vaisseau avec le même équipage, ajoutant que si j'apportois tant soit peu de retardement, ou si je faisois naître la moindre difficulté à remonter *le Trident,* il en donnoit le commandement à M. le baron des Adrets.

Toutes ces plaintes n'avoient pas le moindre fondement. Je répondis au ministre que je trouvois le consul de Gênes bien hardi d'avoir osé avancer une telle imposture; que non-seulement je ne l'avois pas traversé dans ses marchés, mais que j'avois toujours ignoré qu'il eût eu la pensée d'acheter des Turcs; qu'en un mot, je n'avois jamais eu, ni de près ni de loin, aucun commerce ni aucune relation avec lui. Et, pour ne laisser à la cour aucune difficulté sur ce point, après avoir raconté dans ma lettre la manière dont je m'étois comporté devant Gênes, lorsque j'y avois passé par ordre de M. d'Estrées, j'envoyai en original la lettre que j'avois reçue du consul, par où il étoit aisé de voir de quoi il avoit été question entre nous. Je finissois cet article en suppliant le ministre de punir l'imposteur qui avoit osé lui écrire tant de faussetés.

Quant au second chef, je vis bien que les tracasseries de Bidau pouvoient avoir donné lieu, au moins en partie, aux conjectures du ministre: cependant rien au monde n'étoit plus faux que sa pensée; car quoique j'eusse défendu mes droits au sujet du *Sérieux,* que j'avois ordre de monter, il m'étoit assez indifférent, dans le fond, de monter quelque vaisseau qu'on me donnât.

Sur cet article, je répondis qu'à l'égard de l'ordre auquel il me reprochoit de n'avoir pas obéi, j'osois l'assurer que je n'en avois jamais eu de connoissance; et, pour me mieux justifier, je lui mandai les extraits de tous les ordres que j'avois reçus de la cour et de M. d'Estrées, dans lesquels il n'étoit fait mention en aucune sorte d'aller à Alger.

Enfin, sur ma diligence à désarmer, je lui écrivis

que je n'en avois usé ainsi que pour épargner de la dépense au Roi; et que tous les désarmemens que j'avois faits dans ma vie n'avoient jamais duré plus de trois jours, comme M. de Vauvray, intendant, et Le Vasseur, ordonnateur, pourroient lui témoigner.

Quoique ma lettre ne produisît pas tout l'effet que j'en attendois, elle me disculpa en partie des accusations qui avoient été formées contre moi. J'en reçus une réponse du ministre, par laquelle il me disoit qu'ayant découvert mon innocence au sujet du consul de Gênes, il lui avoit fait une forte réprimande, et lui avoit reproché vivement son imposture.

Mais, après avoir loué mon zèle pour le service du Roi, et ma diligence dans les désarmemens, il ajoutoit qu'il me trouvoit trop hardi d'oser nier l'ordre que j'avois reçu d'aller à Alger pour y prendre M. Dussaut, qui m'y attendoit depuis long-temps. Et, pour me mettre hors de réplique sur ce point, il joignit à la lettre qu'il m'envoyoit un extrait de l'ordre qui avoit été expédié dans le bureau de la marine.

Fâché de ce que le ministre paroissoit encore douter de ma sincérité, je lui récrivis qu'il n'étoit sorte de punition dont je ne fusse digne, si, après avoir reçu l'ordre dont il s'agissoit, et après avoir refusé de l'exécuter, j'avois encore l'effronterie d'assurer que je ne l'avois point reçu : mais que je le priois de remarquer que cet ordre avoit été expédié pendant le siége de Barcelone; que ce siége ayant tiré en longueur, et que celui à qui les expéditions de la cour étoient adressées ayant besoin de tout son monde, il pouvoit fort bien être arrivé que, par oubli ou autrement, il ne m'eût parlé de rien; que quant à moi, je le priois d'être persuadé que je n'avois jamais eu la moindre connoissance de ses intentions sur ce sujet.

En réponse de ma lettre, je reçus du ministre la lettre suivante :

« J'ai ôté de mon esprit, monsieur, toutes les inexé-
« cutions dont je vous avois cru coupable. Le Roi est
« fort content de vos services : partez pour Alger, allez
« prendre le sieur Dussaut, qui vous y attend. Vous
« ferez, de la part du Roi, au nouveau roi d'Alger un
« compliment sur son élection, tel que M. Dussaut
« vous le dictera. »

Peu après avoir reçu cette lettre, je fis voile pour Alger, où je fus reçu en qualité d'ambassadeur extraordinaire. Je complimentai le Roi. Ce prince, qui, sans talens, de simple maréchal ferrant qu'il étoit, avoit été élevé, par le pur caprice d'une populace grossière et ignorante, à la dignité de souverain, étoit lui-même le plus grossier de tous les hommes. Toute la réponse qu'il me fit se réduisit à ce peu de mots : « Soyez le bienvenu, et le très-bienvenu. »

De l'audience du Roi, je fus conduit au divan, où je trouvai l'aga des janissaires et les autres bachas assemblés. Ce ministre, plus puissant que le roi qu'il détrône, et à qui il fait couper la tête quand il lui plaît, répondit fort bien en langue turque au compliment que je lui avois fait : c'étoit un renégat français. Pendant la conversation, où nous parlâmes toujours bon français, on me présenta du café; on en servit à l'aga, et au reste de l'assemblée : en un mot, j'y reçus toutes les civilités possibles du ministre, qui me parut autant délié que le Roi m'avoit paru stupide et grossier. Au sortir du divan, j'allai dîner chez M. Dussaut, où je reçus les présens du roi d'Alger, qui consistoient en douze poules et deux agneaux. Après le repas, je me rembarquai; et, deux jours après, M. Dussaut s'étant rendu à bord, nous fîmes route pour Toulon, d'où, après avoir désarmé, je me retirai chez moi pour y jouir de la paix, comme tout le reste du royaume.

[1699] Après un séjour de quelques mois, le défaut d'emploi me laissa le maître de mes actions. Je pris la poste pour Paris, où je souhaitois d'aller faire ma cour. En arrivant à Versailles, comme j'étois extrêmement fatigué, je voulus boire de l'eau tiède pour me désaltérer. Le chevalier de La Rongère, qui étoit avec moi, en but aussi par compagnie. Je ne sais si cette eau étoit gâtée : il falloit bien que la chose fût ainsi, puisque trois heures après nous fûmes pris, le chevalier et moi, d'une fièvre très-violente, accompagnée de symptômes fort fâcheux.

Le cardinal de Janson me voyant dans cet état, fit atteler son carrosse, et me conduisit lui-même à Paris. Le premier ordre qu'il donna en arrivant fut d'appeler son médecin, qui, selon la coutume et le style ordinaire de la Faculté, débuta par m'ordonner la saignée. Je n'étois pas autrement disposé à lui obéir. Le cardinal s'approcha de mon lit, et voulut me faire entendre raison; mais je suppliai cette Eminence de me laisser en liberté, l'assurant que, sans avoir recours à ce remède, auquel je n'avois nulle confiance, je serois guéri dès le lendemain.

Le cardinal, qui me trouva inflexible sur cet article, sortit, et emmena le médecin, qui dit en se retirant que les gens de mer étoient un peu extraordinaires, et qu'ils avoient des volontés ; mais qu'on seroit bientôt obligé d'envoyer chez lui une seconde fois ; que, bien loin de guérir, je tomberois en frénésie, ma fièvre étant trop violente pour n'entraîner pas quelque chose de plus fâcheux.

Quand je fus seul dans ma chambre, j'envoyai chercher de l'eau de la Seine au-dessus et au-dessous de Paris. Celle du dessus de Paris devoit me servir pour boire, et celle du dessous pour prendre des lavemens. J'avalai quantité de cette eau, qu'on avoit eu soin de faire tiédir, et je me fis donner lavement sur lavement ; si bien qu'en moins de dix heures la fièvre cessa entièrement.

Le lendemain, je fus chez le cardinal, où je trouvai le médecin qui m'avoit visité la veille. Surpris de me trouver debout et sans fièvre, il me demanda quel remède j'avois fait pour guérir si tôt : « Il ne m'a fallu « que de l'eau, lui répondis-je. » Je lui expliquai ensuite la manière dont je m'en étois servi. Il avoua ingénument que ce remède devoit être bon, puisque les suites en étoient si heureuses ; et ensuite, badinant en homme d'esprit, il me pria de ne donner ma recette à personne, pour ne pas réduire la Faculté à mourir de faim.

Le chevalier de La Rongère, à qui l'eau avoit donné la fièvre tout comme à moi, voulut prendre une route différente de la mienne, et se mit bonnement entre les mains des médecins, qui, après avoir bien raisonné sur son mal, le saignèrent, le purgèrent, et le tuèrent.

Quelque temps après cette maladie, le Roi fit dans la marine une promotion de chevaliers de Saint-Louis.

Je fus du nombre de ceux qui eurent part aux grâces. Sa Majesté voulut me distinguer honorablement, et me tirer de la foule, en me recevant tout seul dans sa chambre, avec les cérémonies accoutumées.

[1700] Sur ces entrefaites, le Pape vint à mourir, et les cardinaux se préparèrent pour aller à Rome. Le cardinal de Janson avoit le secret de la cour. Le Roi, qui vouloit donner à cette Eminence tous les agrémens possibles, avoit ordonné au ministre de la marine de ne donner le commandement des galères qui devoient porter les cardinaux qu'aux parens du cardinal de Janson. Le ministre m'envoya appeler pour avoir leur nom, et m'ordonna de me rendre incessamment à Toulon pour armer deux bâtimens de charge, qui devoient transporter à Civita-Vecchia les équipages de Leurs Eminences.

Je ne pus partir de Paris que quelques jours après le départ des cardinaux de Janson et de Coaslin. En arrivant à Lyon, j'y trouvai bon nombre d'abbés de la cour, entre autres l'abbé de Lamoignon, fils du président, et l'abbé Mansard. Tous ces messieurs alloient à Rome à la suite des cardinaux, et devoient s'embarquer sur les galères.

Nous partîmes de Lyon tous ensemble sur deux bateaux, l'un desquels étoit destiné pour les domestiques et pour les hardes; l'autre étoit pour les maîtres. Pour moi, je voulus embarquer ma malle avec moi, et je ne voulus pas non plus que mon valet me quittât. En entrant dans la barque, je me chargeai de faire la fonction de pilote. Quand nous fûmes à Avignon, deux gardes de la douane vinrent visiter les hardes. Nos messieurs, choqués du compliment, et le prenant sur un ton d'autorité qui ne convenoit pas, maltraitèrent les gardes en paroles, et les menacèrent de les faire jeter dans l'eau : ceux-ci, sans s'embarrasser de tous ces discours, commandèrent au patron de passer de l'autre côté de la rivière, où étoit le bureau, et où le tout pouvoit être visité à loisir.

Comme je vis que le meilleur parti étoit de faire honnêteté à ces messieurs, je leur présentai mes clefs, les priant de m'expédier le plus tôt qu'il se pourroit, et de me permettre de continuer ma route. Cette civilité leur fit plaisir; et, sans vouloir regarder rien de ce qui m'appartenoit, ils me dirent qu'ils n'en demandoient pas davantage, et que j'étois le maître de faire emporter mes malles quand je le jugerois à propos.

Sur cela, je mis pied à terre, où ayant trouvé une voiture prête, je continuai ma route pour Marseille, non sans m'être quelque peu moqué auparavant de mes compagnons de voyage, à qui leur fierté hors de propos avoit si mal réussi; car étant à Marseille, j'appris qu'ils avoient eu beaucoup de peine à ravoir leurs hardes, et qu'elles auroient été plus d'un mois dans le bureau, sans les mouvemens que le marquis de Velleron, neveu du cardinal de Janson, se donna pour les faire relâcher.

Le jour que j'arrivai à Marseille, M. Arnoux, intendant des galères, donnoit un magnifique repas aux cardinaux de Janson et de Coaslin : ma sœur et quelques autres dames y étoient invitées. Un religieux espagnol nommé à l'archevêché de Cagliari, fort connu du cardinal de Janson, qu'il avoit vu autrefois à Rome, et à qui il étoit allé rendre visite dès le matin, devoit être aussi de ce repas. Le cardinal, qui l'y avoit invité, avoit prié ma sœur de se mettre à côté de ce prélat, et d'en prendre soin. Elle y travailla si bien, que l'ayant placé entre elle et une autre dame, à force de lui porter des santés et de lui donner des goguettes, ce bon archevêque, peu accoutumé aux manières et au vin de France, s'enivra.

Le cardinal, qui s'aperçut de l'état où elles avoient mis ce bon homme, suoit à grosses gouttes, lorsque j'entrai heureusement dans la salle pour le tirer d'embarras. « Mon cher cousin, me dit-il tout bas, ces co« quines de femmes sont cause de ce que vous voyez : « mais, je vous en prie, ayez soin de ce pauvre ar« chevêque, et ne l'abandonnez point. »

Le repas étoit fort avancé. L'archevêque se retira de table : je le conduisis hors de la salle, où l'ayant fait mettre dans une chaise à porteur, je ne le quittai point que je ne l'eusse ramené dans son auberge. Ce pauvre homme, qui étoit encore en état de connoître les petits services que je lui rendois, m'en témoigna toute la reconnoissance possible.

Le lendemain, en prenant congé de lui : « Mon« seigneur, lui dis-je, je suis homme de mer, à qui « les voyages coûtent peu : vous pouvez compter que « j'aurai un jour l'honneur de vous aller faire la révé« rence dans votre palais. » Il me protesta que je ne saurois lui faire plus de plaisir, et que si ce bonheur lui arrivoit, j'aurois lieu d'être content des amitiés que je recevrois de lui. Après avoir pris congé des cardinaux, je me rendis à Toulon, où je fis armer les deux bâtimens destinés à porter les équipages. Ils mirent peu de jours après à la voile, et firent route selon leur destination.

A peu près dans ce temps-là, le Roi fit armer à Toulon trois vaisseaux, pour aller à Cadix joindre le marquis de Relingue, qui avoit armé à Brest six navires. Cette escadre, composée de neuf vaisseaux de guerre, avoit ordre de soutenir le commerce contre les corsaires algériens. Je fus nommé pour monter *le Téméraire*. Le marquis de Villars, frère du maréchal de Villars, commandoit l'escadre. Nous fîmes route pour Cadix.

En chemin faisant, je chassai, par le travers de Malaga, cinq corsaires algériens, que je fis venir à l'obéissance recevoir les ordres. On leur demanda de quel droit ils portoient le pavillon blanc, attendu que, par les traités, il leur est spécialement défendu de s'en servir : ils s'excusèrent, en disant que leur pavillon blanc étoit le pavillon de Portugal, et non celui de France. Sur cette excuse, qui n'étoit qu'un pur mensonge, mais dont on voulut bien se payer, il leur fut permis de se retirer.

Ils étoient environ à une lieue de nous, lorsqu'un de leurs esclaves, qui étoit chrétien, se jeta en mer, et se mit à nager vers mon bord. La mer étoit fort calme : il nagea quelque temps, sans qu'on songeât à lui ; mais le corsaire, qui l'aperçut peu après, mit sa chaloupe en mer pour le venir prendre. Tout cela ne fut pourtant pas si tôt fait. Comme l'esclave comprit qu'on avoit pris garde à sa fuite, il se mit à crier de toute sa force, en me demandant du secours. Je lui envoyai mon canot, qui, arrivant avant la chaloupe, prit l'esclave, et le conduisit à bord.

La chaloupe vint aussitôt le réclamer. J'eus beau lui dire mille bonnes raisons pour lui faire comprendre que je ne devois pas rendre cet homme, il ne me fut jamais possible de les lui faire goûter : elle persistoit toujours à redemander son esclave. Lassé de tant d'importunités, je lui fis crier de se retirer ; sans quoi j'allois lui faire tirer dessus. Cette menace l'effraya, et, sans se le faire dire davantage, elle regagna son bord.

A peine fut-elle arrivée, que le corsaire alluma un feu à fleur d'eau. Je demandai à l'esclave ce que ce pouvoit être : il m'assura que c'étoit le signal dont ils étoient convenus entre eux, et qu'ils avoient coutume de faire quand ils avoient quelque chose d'importance à se communiquer. Cet avis me fit tenir sur mes gardes ; une partie de l'équipage passa la nuit sous les armes : mais personne ne parut. Peu après, nous arrivâmes à Cadix, où nous joignîmes M. de Relingue, qui m'ordonna d'aller, du côté de Gibraltar et de Malaga, croiser sur les corsaires salins, mahométans du royaume de Maroc.

Mes instructions portoient de ne prendre que sur eux, et il m'étoit particulièrement ordonné de faire toutes les civilités imaginables aux Espagnols. Ma mission ne produisit autre fruit que d'empêcher les ennemis de paroître. Je n'aperçus pas un seul de leurs bâtimens pendant tout le temps que je fus sur ma croisière.

Tout ce qui me restoit à faire pour remplir mes instructions, c'étoit de faire civilité aux Espagnols. Je n'y manquai pas : je donnai à manger tous les jours dans mon bord à tous ceux qui me paroissoient être de quelque distinction. Il ne m'en coûtoit pas beaucoup, quoique je les traitasse avec splendeur en gras et en maigre. Mes chasseurs me tuoient du gibier plus que je n'en pouvois consumer ; et pour le poisson, il y est si abondant qu'on l'a presque pour rien.

Tandis que j'étois sur les côtes de Malaga, le gouverneur d'un fort nommé Matassar, que les Espagnols ont en Afrique, me fit prier de le recevoir dans mon bord, et de le passer dans son gouvernement, lui et sa famille. Je lui accordai fort volontiers ce qu'il demandoit. C'étoit un homme avancé en âge : il s'embarqua avec sa femme, et huit autres femmes ou de sa suite, ou femmes de quelques officiers subalternes qui alloient joindre leurs maris. Je leur fis, selon les ordres que j'en avois, toutes les civilités possibles, et en particulier à la femme du gouverneur, à qui je cédai ma chambre.

Cette bonne dame me sut si bon gré de ma politesse, qu'en reconnoissance elle me fit offrir plus qu'elle ne me devoit ; mais, outre qu'elle étoit laide et fort maigre, lui sachant à la jambe certaine incommodité assez commune à ceux de sa nation, je la remerciai, en colorant mon refus sous le prétexte spécieux de ne vouloir pas violer l'hospitalité, ni faire tort à mon hôte, qui paroissoit honnête homme.

Il étoit tel en effet. Avant que d'aller à terre, il voulut faire des gratifications considérables à mes domestiques ; ce que je ne voulus jamais permettre. La générosité de ce refus, qui n'est pas fort en usage en Espagne, le charma : il me fit mille remercîmens accompagnés de grandes démonstrations d'amitié, qui me parurent assez sincères. Je suis persuadé qu'il m'auroit su encore bien plus de gré, s'il avoit été informé de la manière dont je m'étois comporté avec sa femme.

En revenant sur ma croisière, j'eus ordre de retourner à Cadix pour y joindre M. de Relingue, qui vouloit fortifier son escadre, et se mettre en état de se défendre, s'il en étoit besoin, contre l'amiral d'Espagne, qui devoit arriver de Biscaye.

Il y avoit à craindre que ce vaisseau, qui ne salue jamais personne en entrant dans ce port, ne voulût exiger de nous le salut, comme il a coutume de l'exiger des autres nations. M. de Relingue, qui étoit résolu de ne se relâcher en rien sur cet article, et de ne point saluer, si on ne lui promettoit auparavant de lui rendre le salut, fut bien aise de m'avoir auprès de lui, supposé qu'il fallût combattre; mais il n'en fut pas question. L'amiral entra dans le pontal, et il fut salué à l'ordinaire de toutes les autres nations : pour nous, nous ne saluâmes pas, et l'on ne fit aucune difficulté sur ce point.

Les choses s'étant passées ainsi à l'amiable, je revins sur ma croisière. Ce ne fut pas pour long-temps. La saison étoit déjà fort avancée : ainsi je rejoignis l'escadre, et nous fîmes route pour Toulon, où l'on désarma. En arrivant, nous apprîmes tout à la fois et l'avénement du duc d'Anjou à la couronne d'Espagne, et la guerre avec l'Empereur, à l'occasion de laquelle les vaisseaux du Roi commençoient à embarquer des troupes, qui devoient être transportées dans le Milanais.

Tandis que ce transport se continuoit, je demeurai à Toulon sans emploi. Cette inaction fut la source de la malheureuse affaire dont je vais parler : comme elle n'a été pour moi qu'une longue suite de déplaisirs, j'aurois souhaité de tout mon cœur de n'en rien dire, pour m'épargner le chagrin de repasser sur des choses que je ne saurois trop oublier.

Mais le moyen de taire une aventure qui a fait tant de bruit dans la province? et comment s'y prendre pour faire agréer au public ce silence, dans un ouvrage surtout où je lui rends compte de mes moindres actions? Ne pouvant donc éviter de faire entrer dans ces Mémoires une aventure si connue, j'en parlerai le plus brièvement que je pourrai; et si j'ai le désagrément de rappeler une histoire qui ne m'a donné que du chagrin, je me dédommagerai en quelque sorte de ce que ce souvenir peut avoir de fâcheux, en apprenant au public et l'injustice de ceux qui me poursuivoient, et la protection constante que je trouvai auprès de mes juges.

L'oisiveté où je vivois à Toulon, ainsi que je viens de dire, m'avoit donné occasion de voir quelquefois une demoiselle connue par bien des galanteries qui, à la vérité, ne la déshonoroient pas encore à un certain point, mais qui, sans lui faire tort, suffisoient pour la faire regarder comme n'étant pas incapable d'une foiblesse. Je ne fus pas long-temps sans m'apercevoir qu'elle étoit en effet très-foible. Je ne veux point chercher ici à excuser ma conduite, ni dissimuler le tort que je puis avoir : je reconnois de bonne foi que c'étoit à moi à être plus sage qu'elle, surtout après avoir vérifié bien clairement que je n'étois pas le seul qu'elle honoroit de ses bonnes grâces.

Toutefois je ne pris pas ce parti; et comme je n'avois que peu ou point de passion, ne me piquant pas de délicatesse sur ce dernier point, notre commerce continua encore pendant quelques mois, sans qu'il m'en coûtât autre chose que mon argent. Ce n'étoit pourtant pas là, à beaucoup près, tout ce que la demoiselle se proposoit : j'appris qu'elle portoit ses vues plus loin, et que, mettant à plus haut prix les faveurs que j'en recevois, elle étoit résolue de m'accuser en crime de rapt.

Cette nouvelle me déconcerta ; et quoique tout notre petit commerce fût assez secret, et qu'on n'eût à produire contre moi ni lettres ni promesse (car je n'en avois jamais fait, ni par écrit ni autrement), je ne laissai pourtant pas de craindre un éclat dont les suites ne pouvoient m'être que très-fâcheuses.

Pour les prévenir, je n'oubliai rien de tout ce que je crus capable de détourner un dessein dont la seule menace m'inquiétoit déjà si fort. Je parlai à la mère et à la fille ; je représentai à celle-ci le tort qu'elle se feroit dans le monde, le décri où elle alloit tomber, la honte et tous les chagrins qu'elle en recevroit, et le tout à pure perte, puisque j'étois bien résolu de ne l'épouser jamais, quoi qu'il pût en arriver.

Toutes mes raisons ne firent aucune impression sur son esprit. Pour ne laisser rien en arrière, voyant que mes premières démarches avoient été sans effet, je résolus de m'ouvrir à M. l'évêque de ***. Je comptois que sa médiation pourroit m'être utile, et je me flattois que ce prélat s'intéresseroit pour moi, d'autant plus volontiers que j'avois toujours reçu de lui toutes sortes de civilités, et qu'il avoit paru même quelquefois prendre assez de part à ce qui me regardoit.

Je le trouvai en effet très-disposé à me faire plaisir. « Je n'ai, me dit-il, aucune attenance ni avec la « mère ni avec la fille ; mais faites en sorte qu'elles se

« rendent chez moi, et je vous promets de faire tout
« ce qui sera en mon pouvoir pour leur faire changer
« de résolution. » Au sortir de l'évêché, je me rendis
chez madame Pallas, femme du capitaine dont j'ai si
souvent parlé : je lui confiai tout mon secret, et je la
priai d'aller chez mademoiselle de ***, et de tâcher
d'amener adroitement à l'évêché la mère et la fille.

Comme madame Pallas avoit quelque relation dans
cette famille, il lui fut aisé de les persuader. Elles
se rendirent donc toutes trois chez l'évêque; mais ne
pouvant convenir de plusieurs faits, on fut obligé de
m'envoyer chercher. Il se passa dans cette occasion
une scène des plus fâcheuses pour la demoiselle : je ne
pus me dispenser de divulguer bien des choses capables de la faire rougir, et qui la réduisirent vingt fois
au point de ne savoir que répondre.

L'évêque, qui vit la mère et la fille dans l'embarras, les prit en particulier, et les fit passer dans une
chambre voisine. Ils y eurent ensemble une longue
conversation dont j'ai toujours ignoré le détail, et
après laquelle il vint me dire qu'il voyoit fort bien
que ces femmes avoient pris leur dernière résolution; qu'il n'y avoit pas d'apparence de les faire changer; qu'il y avoit fait de son mieux, sans pouvoir
rien obtenir; et que pour moi, il ne croyoit pas que
j'eusse d'autre parti à prendre que d'aller incessamment à Aix pour y conférer avec mes amis, tandis
qu'il tâcheroit de trouver quelque prétexte de suspendre toutes choses au moins encore pour quelques
jours, afin de me donner le temps de prévenir le
coup, supposé qu'il fût encore possible de l'éviter.

Je me rendis donc à Aix; j'y vis tous ceux que je

crus pouvoir m'être de quelque utilité, et j'en rapportai des lettres de recommandation pour le juge de Toulon. A mon retour, j'allai tout empressé chez l'évêque, pour l'informer du succès de mon voyage. Je trouvai les choses dans une situation bien différente de celle où je les avois laissées. Ce prélat étoit tout-à-fait changé à mon égard : il me reçut avec un froid à glacer. Je ne sais ce qui s'étoit passé pendant mon absence ; mais il me devint dans la suite aussi contraire qu'il avoit paru m'être favorable dans les commencemens.

Enfin la demoiselle porta sa plainte. Par malheur pour elle, elle ne parla pas avec assez de circonspection ; et son trop de vivacité lui fit dire bien des choses qu'elle auroit dû taire, si elle avoit connu ses véritables intérêts. Cependant, comme il ne lui suffisoit pas d'avoir donné plainte contre moi, et qu'il lui falloit encore justifier ce qu'elle avoit exposé, elle ne se trouva pas peu embarrassée, car elle n'avoit des preuves d'aucune espèce.

J'ai déjà remarqué que notre commerce avoit été assez secret, et que je n'avois jamais fait de promesses, ni verbalement, ni par écrit. La demoiselle s'étoit, à la vérité, déclarée enceinte ; mais ce fait étoit encore fort incertain, et les chirurgiens n'en convenoient pas. Dans cette situation, ne sachant de quel côté se tourner, elle s'avisa d'un moyen qui m'intrigua d'abord assez, mais dont je tirai parti dans la suite en le faisant tourner à mon avantage. Pour entendre ce point, il faut rappeler un fait dont j'ai oublié de parler d'abord.

Dès que j'avois su le projet d'accusation formé contre

moi, je m'étois adressé au moine qui avoit été autrefois confesseur de la demoiselle. Je m'étois imaginé d'abord mal à propos que ce bon père pourroit avoir retenu quelque reste d'autorité auprès d'elle, et qu'elle déféreroit à ses avis; mais il y avoit déjà long-temps qu'il n'étoit plus question de confesseur. Il eut beau parler, tous ses discours ne purent rien; et tout ce que je gagnai à cette fausse démarche, ce fut de donner à ma partie des armes contre moi : car, dans la nécessité où elle étoit de fournir des preuves, faisant attention que ce moine et madame Pallas, tous deux informés de l'affaire, pouvoient lui donner tout ce qu'elle souhaitoit, elle entreprit de les engager à déposer en sa faveur.

Comme ils étoient tous deux liés par un inviolable secret qu'ils m'avoient promis (car je ne leur avois parlé qu'avec précaution), ils rejetèrent bien loin les premières propositions qu'on leur fit. Alors ma partie, sans s'écarter de son but, voyant qu'elle ne viendroit jamais à bout de son dessein si elle n'employoit la force ouverte, fit tant auprès de l'évêque, qui la favorisoit en tout, qu'elle obligea ce prélat à publier un monitoire dans toutes les formes, pour contraindre tous ceux qui auroient quelque connoissance de cette affaire à venir déclarer ce qu'ils en savoient.

Sur cet incident, madame Pallas, après avoir pris son conseil, crut ne devoir pas s'embarrasser de ces censures, dont elle ne se croyoit point liée. Il n'en fut pas ainsi du religieux, qu'il ne fut jamais possible de retenir, et qui, déférant aveuglément aux volontés du prélat, n'eut pas honte de rendre public ce qui ne lui avoit été confié que sous le secret de la confession.

Cette conduite donna lieu à bien des discours qui furent tenus sur son compte, et que je ne veux point appuyer ici, persuadé que je suis qu'il n'y avoit que de la calomnie dans tout ce qu'on publia sur ce sujet. Mais, sans vouloir flétrir la mémoire de ce bon père, que je n'attaque point, je dirai que ses confrères, indignés de sa démarche, lui en firent une affaire si sérieuse, qu'il en tomba malade de déplaisir, et mourut trois jours après m'avoir été confronté.

Pour tirer quelque parti du monitoire qui avoit été publié, je m'adressai à un bon nombre de mes amis que je savois être instruits de bien des choses qui ne faisoient pas trop d'honneur à la demoiselle, et je les priai d'aller dire ce qu'ils en savoient. Je les trouvai très-disposés à faire ce que je souhaitois. Ils furent se présenter au grand vicaire; mais il refusa opiniâtrément de les entendre, sous prétexte que le monitoire, qui n'avoit été publié que contre moi, ne devoit point tourner à mon avantage.

Outré d'une partialité si marquée, et qui m'étoit si nuisible, je fus le trouver avec des témoins; et lui ayant déclaré que, s'il persistoit dans ses refus, je le prenois lui-même à partie, il fut si intimidé de mes menaces, qu'il reçut toutes les dépositions qu'on voulut lui faire.

Nous en étions là, et je continuois à me défendre, lorsqu'une nouvelle affaire plus fâcheuse que la première, surtout par le mauvais tour qu'on lui donna, vint me mettre dans l'état le plus terrible où je me sois trouvé de ma vie. Voici, dans la vérité, comment le tout se passa.

Un soir, à l'entrée de la nuit, comme je sortois de

chez moi pour aller chez un procureur à qui j'avois à parler de mon affaire, le chevalier de Ginest, capitaine de frégate, mon ancien ami, vint me trouver, pour me représenter le tort que j'avois de m'exposer avec quelque sorte de témérité, en sortant comme je faisois seul, dans la nuit, et presque sans armes, dans un temps où j'avois une affaire fâcheuse sur les bras. Il me dit que cette conduite que je tenois, et dont il s'étoit aperçu dès le commencement de mon affaire, lui avoit toujours fait de la peine, et l'engageoit à m'apporter une paire de pistolets, qu'il tira en effet de sa poche, et qu'il me présenta, en me priant de les porter.

Il poursuivit, en disant que je devois faire attention que la personne dont il s'agissoit avoit trois frères dans Toulon, l'un desquels étoit officier, et les deux autres gardes-marines; qu'ils avoient tous trois des camarades; que, dans le désespoir où ma résistance les réduisoit, on devoit se défier de tout; que quoiqu'ils eussent été jusques alors braves gens, il étoit à craindre que le désir d'avoir satisfaction ne les obligeât à m'attaquer avec avantage. Enfin, comme s'il eût été prophète : « Croyez-moi, me dit-il, ne faites pas difficulté de « prendre ces armes. Que sait-on? peut-être en aurez- « vous affaire plus tôt que vous ne croyez. »

Je n'avois jamais porté de pistolets : cependant le chevalier me pressa si fort, que je me laissai persuader. Je fus bien heureux d'avoir déféré à ses avis, non qu'il y eût à craindre du côté des parens de la demoiselle, qui étoient pleins d'honneur, et incapables d'une mauvaise action (car quoique le chevalier de Ginest eût paru s'expliquer à moi d'une manière moins avantageuse à leur égard, on ne doit regarder tout ce qu'il me dit que comme l'effet d'une bonne amitié qui s'alarme facilement, et qui, dans de certaines circonstances, se fait quelquefois des peines qui n'ont pas le moindre fondement); mais mon bonheur fut en ce qu'un des pistolets qu'il me donna, et que je mis dans ma poche, me servit, comme on va voir, à me tirer un moment après d'un de ces dangers où l'on se trouve quelquefois engagé, sans qu'il soit possible à la prudence humaine de les prévenir.

Après que le chevalier m'eut quitté, je sortis pour me rendre où j'avois dessein d'aller. Je trouvai que mon procureur étoit lui-même sorti pour aller à la promenade : nous étions en été, et il faisoit grand chaud. Sur ce que ses gens me dirent qu'il seroit bientôt de retour, je m'assis, en l'attendant dans la rue, sur un banc de pierre qui étoit à côté de la porte.

Un moment après, deux ânes qu'un petit garçon conduisoit à l'abreuvoir vinrent se vautrer devant moi. Comme ils me jetoient de la poussière dans les yeux, je poussai le petit garçon avec le bout de ma canne, en lui disant : « Chasse tes ânes. » Cet enfant continua son chemin, et s'en alla sans se plaindre le moins du monde. Un demi-quart-d'heure après, je vis venir un gros et grand homme en caleçon, menant un petit garçon par la main, qui lui dit, en me désignant avec le doigt : « C'est celui-là qui m'a battu. » Sur cela, l'homme m'adressant la parole : « Nourris-tu cet en-« fant, me dit-il, pour avoir droit de le battre? »

Quoique l'insolence avec laquelle ce maraud me parloit méritât d'être réprimée, je gagnai pourtant sur moi de lui parler avec modération. Je me contentai de lui répondre que je ne savois ce qu'il vouloit dire ; que j'avois assez d'autres affaires en tête sans songer à battre personne, et que je le priois de me laisser en paix. Cet homme, que mon honnêteté devoit satisfaire, n'en devint que plus insolent, et, me disant que cette affaire ne passeroit pas ainsi, me déchargea sur la tête un grand coup de poing qui fit tomber à terre mon chapeau et ma perruque.

Dans le premier mouvement de colère où cet emportement me jeta, je voulus tirer mon épée pour la mettre dans le corps de ce brutal : il ne m'en donna pas le temps. Comme il étoit plus fort et plus vigoureux que moi, il me ceignit, me jeta par terre, me mit un genou sur le ventre, et d'une main m'étouffoit en me tenant par la gorge, tandis qu'il me déchargeoit de l'autre de grands coups de poing sur le nez. Dans cette situation, je me ressouvins que j'avois un pistolet dans ma poche : je le sortis, et je le tirai dans le ventre de ce misérable, qui m'écrasoit. Dès qu'il eut reçu le coup, il me laissa, en criant : « Je suis « mort. »

Je ne fus pas plus tôt libre, que je ramassai ma perruque et mon chapeau, et je me sauvai le plus vite que je pus, comptant de n'avoir été reconnu de personne, car il étoit nuit ; et quoique la rue fût pleine de gens qui prenoient le frais, et qu'il se fût ramassé un grand monde autour de nous, personne n'ayant apporté de la lumière, il étoit difficile que, dans le trouble, on m'eût suffisamment démêlé pour pouvoir assurer que c'étoit moi.

Je pensois vrai, et je n'avois en effet été reconnu de personne. Pour me débarrasser de la populace qui me suivoit, je me jetai dans la maison de l'intendant, qui étoit ouverte : je ne fis que la traverser, et j'en sortis sur-le-champ par une autre porte qui répondoit dans une autre rue. Par malheur pour moi, une malheureuse servante qui étoit dans la maison me reconnut, à la lueur d'un fanal dont l'entrée étoit éclairée. Il n'en fallut pas davantage : toute la ville sut dans l'instant que je venois de tuer le nommé Vidal, boulanger.

Le commandant de Toulon, mon ami particulier, fit tout ce qu'il put pour faire cesser ce bruit; mais il n'en fut pas le maître : le public s'obstina à m'accuser, tellement que le juge ne put pas se dispenser d'informer contre les meurtriers. Sur la déposition de la servante, je fus décrété de prise de corps. Ainsi il me fallut songer à sortir incessamment de la ville, où je n'étois plus en sûreté.

Mes amis, et principalement M. de Vauvray et le commandant, s'intéressèrent pour accommoder cette affaire. Ils tirèrent du boulanger, qui étoit mourant, une déclaration authentique par laquelle, me rendant justice, il reconnoissoit qu'il avoit été l'agresseur, et que je n'avois fait que me défendre. Il déclara qu'il me pardonnoit sa mort, comme il me prioit de lui pardonner l'insulte qu'il m'avoit faite; qu'il m'avoit battu sans me connoître, et qu'enfin sa brutalité toute seule étoit la cause du malheur qui lui étoit arrivé.

Il mourut deux jours après avoir fait cette déclaration. Sa veuve et ses enfans déclarèrent, de leur côté, qu'ils ne vouloient faire aucune poursuite contre moi; et j'en fus quitte à leur égard pour quatre mille livres de dédommagement, que je leur donnai. Avec ces pièces, je comptois d'obtenir fort facilement des lettres de grâce. J'envoyai le tout à M. l'archevêque d'Aix, qui étoit pour lors à Paris : il se joignit au marquis de Janson, et ils furent tous deux chez M. le chancelier, où ils trouvèrent les esprits dans une étrange situation sur mon sujet.

Un ami d'importance, qui servoit la demoiselle en question, et qui l'appuyoit de tout son crédit, avoit gagné les devans. Il avoit écrit au ministre de la marine que le boulanger que j'avois tué étoit un témoin qui devoit déposer contre moi dans une affaire que j'avois en crime de rapt; qu'appréhendant les suites de cette déposition, sur laquelle je ne pouvois éviter d'être condamné, j'étois entré en plein jour dans la boutique de ce misérable, où je l'avois indignement assassiné d'un coup de pistolet; que j'avois acheté à prix d'argent la déclaration qu'il avoit faite en ma faveur; et que tout le reste de la procédure, qui tendoit à me disculper, n'étoit tel que par la connivence d'un juge gagné, et qui avoit voulu me favoriser.

Cette calomnie étoit grossière, et sautoit aux yeux; car, au bout du compte, si le boulanger avoit dû déposer contre moi dans un temps où je ne lui avois fait ni bien ni mal, quelle apparence qu'il m'eût épargné, et qu'il eût fait des déclarations en ma faveur, après que j'avois été l'assassiner chez lui? Cependant, quelque visible que fût l'imposture, M. de Pontchartrain y ajouta foi ; et croyant bonnement tout ce qu'on lui avoit écrit, il étoit allé trouver M. le chancelier, lui avoit exagéré toute la noirceur de ce crime, et combien il importoit à la sûreté publique qu'il ne demeurât pas impuni.

Telles étoient les dispositions de la cour sur mon sujet, lorsque l'archevêque d'Aix et le marquis de Janson se présentèrent, comme j'ai dit, pour demander des lettres de grâce. M. le chancelier, prévenu par tout ce que son fils lui avoit dit, les refusa, en disant qu'il n'étoit pas en son pouvoir de les accorder; qu'il en étoit bien fâché, mais qu'il n'y avoit en France que le Roi seul à qui il appartînt d'accorder de semblables grâces; qu'on pouvoit s'adresser à Sa Majesté; que pour lui, il n'y mettroit point d'obstacle, et qu'il exécuteroit tout ce qu'il plairoit au Roi d'ordonner; mais qu'il ne pouvoit rien de lui-même, et sans un ordre exprès de Sa Majesté.

Ces messieurs n'ayant pas jugé à propos d'aller en droiture au Roi, je reçus pour réponse que je n'avois rien à attendre de la cour, et que je devois penser sérieusement à mes affaires.

Il ne m'est pas possible d'exprimer ici l'état affreux où ces nouvelles me jetèrent. J'en fus d'abord accablé au point d'en paroître assez peu touché; mais peu après, envisageant d'un coup d'œil tout ce qu'elles avoient d'affreux, la perte de tous mes services, la nécessité de sortir du royaume, la honte que la calomnie répandoit sur moi, le triomphe de mes ennemis, et cent autres choses toutes plus affligeantes les unes que les autres, j'en fus si frappé, que je ne comprends pas comment je ne succombai point à la douleur.

Toutefois, comme si ce n'eût point été encore assez, j'apprenois tous les jours à la campagne, où je m'étois retiré, que la demoiselle qui m'avoit accusé, se prévalant de la nécessité où j'étois de me cacher, redoubloit ses poursuites pour me faire condamner par défaut.

Je compris pour lors, mieux que je n'avois fait encore, ce que c'est que la perte d'un bon ami. Si M. Bontemps avoit été en vie, tous ces embarras m'auroient infiniment moins inquiété; mais il étoit mort, et j'avois perdu dans sa personne l'ami sur lequel je pouvois le plus compter, et qui auroit pu me rendre le plus de services.

Il ne me restoit d'autre parti à prendre, dans la triste situation où j'étois, que de sortir incessamment du royaume. Je songeai donc à régler mes affaires, et à me retirer au plus vite : cependant, pour ne paroître pas avouer par mon silence les calomnies dont on m'avoit chargé, je crus qu'il convenoit d'écrire en cour. Voici la lettre que j'envoyai au ministre :

« Monseigneur, si ma mauvaise conduite m'avoit
« attiré votre disgrâce et les malheurs où je suis
« tombé, j'en serois inconsolable. Jugez de la situa-
« tion où je dois être lorsque j'envisage que, sans y
« avoir contribué en rien, je ne dois toute cette foule
« de maux qu'à la malice de mes ennemis. Dans l'état
« terrible où elle me réduit, peu s'en faut que je ne
« me laisse aller au désespoir : je n'en ferai pourtant
« rien, et je soutiendrai mon infortune en homme de
« cœur. Toutefois, avant que de me retirer, puisqu'il
« ne me reste rien de mieux à faire, j'aurai l'honneur
« de prendre congé de vous. Je suis, etc. »

Cette lettre produisit au-delà de ce que j'en attendois. M. de Pontchartrain l'ayant communiquée à son père : « Mon fils, lui dit M. le chancelier, par cette
« lettre, le chevalier de Forbin vous déclare qu'il se
« dispose à se retirer hors du royaume : et qui sait s'il

« ne passera pas chez les ennemis? Ce congé qu'il
« veut prendre de vous avant son départ, ce sera quel-
« que action d'éclat qu'il ne manquera pas de faire.
« Nous le connoissons tous : il est brave homme, bon
« officier, et d'une famille considérable. Si le Roi ve-
« noit à savoir que le chevalier eût passé chez les en-
« nemis, il pourroit en demander la raison : on ne
« manqueroit pas de répondre que c'est moi qui en
« suis la cause, pour lui avoir refusé des lettres de
« grâce qu'on accorderoit à un laquais, vu les infor-
« mations : car, au bout du compte, de quoi s'agit-il?
« Vous n'avez que des lettres d'avis qui ne prouvent
« rien, tandis qu'il a en sa faveur une procédure qui
« le justifie pleinement.

« Croyez-moi, ne nous chargeons pas des suites de
« cette affaire : nous n'avons que trop d'envieux et
« trop d'ennemis, sans en chercher de nouveaux. Tâ-
« chons de faire bonne justice, et laissons courir le
« reste.

« Pour n'avoir point à répondre de cet événement,
« envoyons les informations, les lettres particulières,
« et les grâces en blanc, à M. Le Bret, premier prési-
« dent et intendant en Provence. Il est sage, habile et
« équitable : il faut lui mander qu'il examine à fond
« cette affaire, et qu'il accorde la grâce, s'il le juge à
« propos. De cette sorte, quoi qu'il arrive, nous se-
« rons entièrement disculpés. »

Le sieur de La Touche, premier commis de M. de
Pontchartrain, et mon ami particulier, informé de
tout ce qui s'étoit passé entre le ministre et le chancelier, m'écrivit de me garder bien de me retirer; que
mes lettres de grâce avoient été envoyées à M. Le

Bret; que véritablement il lui étoit défendu de me les donner, sans avoir auparavant examiné si j'étois dans un cas assez favorable pour les obtenir; mais que, n'étant pas possible que j'eusse commis une action aussi noire que celle qu'on m'imputoit, il y auroit lieu de croire que j'aurois de lui toute sorte de satisfaction.

Il continuoit, en me disant que je ne devois rien oublier pour lui faire connoître mon innocence, et la malice de mes ennemis; et, après m'avoir redit plusieurs fois que je ne pouvois trop me procurer de protection auprès de ce magistrat, désormais maître de ma destinée, il finissoit en m'apprenant tout le détail que j'ai rapporté ci-dessus.

Cet avis me fit changer toutes mes résolutions. Je ne songeai plus à me retirer, et je ne m'occupai que des moyens de me rendre M. Le Bret favorable. J'engageai M. de Fourville, gouverneur de Marseille, et M. de Villeneuve, mon allié, à s'intéresser pour moi. Ils étoient tous deux amis intimes de l'intendant, et ils agirent avec vigueur auprès de lui, quoique ce dernier eût paru d'abord faire quelque difficulté, attendu que, dans le meurtre dont il s'agissoit, je m'étois servi d'un pistolet, arme dont l'usage est défendu dans le royaume. Mais je lui fis entendre que puisqu'on ne faisoit pas difficulté de porter des pistolets dans les voyages, et de s'en servir quand il en étoit besoin, on ne devoit pas trouver étrange que j'en eusse porté pour me défendre, ayant sur les bras une malheureuse affaire, à l'occasion de laquelle il pouvoit y avoir à craindre que mes ennemis ne me jouassent quelque mauvais tour. Je lui représentai enfin qu'il devoit faire attention que je ne m'en étois servi que dans la dernière extrémité ; et que si je n'en avois pas eu dans la triste conjoncture où je m'étois trouvé, j'aurois été infailliblement assommé par un malotru.

Quelle que fût la vivacité avec laquelle ces messieurs s'intéressèrent pour moi, M. le premier président, qui vouloit savoir par lui-même de quoi il étoit question, sans s'en rapporter ni à l'un ni à l'autre, envoya secrètement sur les lieux pour être informé de la vérité du fait, qui s'étant trouvée conforme aux informations qui avoient été envoyées à la cour, ce magistrat me remit mes lettres de grâce, accompagnant cet acte de justice de mille témoignages de bonté et de bienveillance, qui ne se sont jamais démenties dans la suite.

Monsieur son fils, qui lui a succédé dans ses emplois, et qui le remplace aujourd'hui si dignement, a toujours continué d'avoir pour moi les mêmes égards ; en sorte que je croirois manquer de reconnoissance, si je laissois échapper l'occasion de publier ici les services importans que j'ai reçus de sa famille : Je n'en dirai pas davantage pour le présent : j'aurai à revenir sur ce point, comme on verra par ce qui me reste à dire.

Je ne fus pas plus tôt débarrassé de cette malheureuse affaire, que je revins à Toulon, où mon absence laissoit à mes ennemis le champ libre depuis trop longtemps. Je ne rapporterai point ici toutes les chicanes et tous les mauvais procédés qu'il me fallut essuyer, outre que le détail en seroit long et ennuyeux. Je me démêlai assez facilement de tout ce qu'on entreprit contre moi.

Le seul point qui me fit de la peine fut l'invincible

opiniâtreté de la demoiselle en question, qui persistoit toujours à dire qu'elle étoit grosse. Il n'en étoit rien, et je le savois sûrement. Cependant elle assuroit si fort le contraire, marquant même à peu près le temps où elle devoit accoucher, que je ne savois plus qu'en croire, lorsqu'une servante qu'elle avoit, et que j'avois su mettre dans mes intérêts en la pensionnant exactement, vint me dire que sa maîtresse avoit gagné, moyennant quelque peu d'argent, une femme enceinte qui devoit lui envoyer son enfant d'abord qu'elle auroit accouché, et que c'étoit cet enfant qu'on devoit produire comme le mien.

L'avis étoit trop important pour le négliger. La femme qui devoit remettre l'enfant, effrayée par la menace que je lui fis de la faire pendre si elle ne me disoit la vérité, avoua tout, en me demandant pardon. Je lui promis qu'il ne lui arriveroit aucun mal, pourvu qu'elle vînt sur-le-champ déclarer devant le juge ce qu'elle venoit de m'avouer. Elle n'en fit pas difficulté. Sur quoi, pour n'être plus exposé à pareils inconvéniens, je présentai une requête, ensuite de laquelle il fut ordonné que la demoiselle étant en travail seroit obligée d'appeler le médecin et le chirurgien qui lui furent nommés, pour être témoins de son accouchement. Cette précaution la déconcerta entièrement, et dès-lors il ne fut plus parlé de grossesse.

J'étois ainsi occupé à éluder tous les mauvais tours qu'on me faisoit, et à poursuivre le jugement de mon procès, lorsque nous reçûmes ordre, le sieur Clairon et moi, de monter, moi une frégate de seize canons, et lui une de huit, et de partir incessamment de Toulon pour aller croiser dans le golfe Adriatique.

L'avénement de Philippe v à la couronne d'Espagne ayant donné lieu, ainsi que nous avons dit, à la guerre entre la France et l'Empire, le prince Eugène, à la tête des Impériaux, avoit fait passer une grande armée en Italie, pour s'opposer aux troupes que nous avions dans le Milanais. Comme il manquoit de tout, le pays ne lui donnant pas de quoi faire subsister son armée, il n'auroit pas pu y tenir long-temps, sans les secours qu'il recevoit journellement, et qui lui venoient principalement de la Croatie, appartenant à l'Empereur; et en particulier des villes de Fiume, Trieste, Bucari et Seigna, situées sur le bord de la mer Adriatique. C'étoit pour empêcher ces secours qu'on m'envoyoit croiser dans le golfe.

Cette commission étoit dangereuse, et très-difficile à exécuter; car quoique, d'une part, la cour voulût absolument empêcher une communication qui étoit si profitable aux ennemis, elle vouloit néanmoins ménager la délicatesse des Vénitiens, qui jusques alors n'avoient point pris de part à la guerre, et qui s'étoient toujours déclarés pour la neutralité, quelque instance que les Impériaux leur eussent faite pour les engager à prendre parti avec eux.

Cependant, d'un autre côté, il étoit hors de doute que les Vénitiens, qui se prétendent souverains de la mer Adriatique, ne verroient qu'avec peine, dans l'étendue de leur domination, les vaisseaux du Roi entreprendre contre une puissance avec qui la République étoit en paix, et qu'elle favorisoit secrètement.

Dans cette difficulté de servir le Roi sans blesser la délicatesse des Vénitiens, le ministre m'avoit envoyé des instructions si restreintes, que, pour peu que je m'en écartasse, j'avois tout à craindre, ou de la cour, ou des Vénitiens eux-mêmes, si je tombois entre leurs mains. Mon frère, à qui je communiquai l'ordre que j'avois reçu, me conseilla de ne point accepter cette commission, et de me tirer d'intrigue en prétextant quelque maladie.

Pour moi, j'en jugeai tout autrement; et je me chargeai de la commission avec d'autant plus de plaisir, que je crus qu'elle pouvoit me faire honneur; qu'elle contribueroit à ma fortune; ou tout au moins qu'en me donnant le moyen de reprendre mes premières occupations, elle suspendroit pour quelque temps les chagrins où le malheur de mes affaires me plongeoit depuis près d'un an.

[1701] Je partis donc avec ma conserve, pour aller, selon mes instructions, mouiller à Brindes, dans le royaume de Naples, à l'entrée de la mer Adriatique, où je devois prendre le pavillon espagnol; car il m'étoit défendu de paroître dans le golfe autrement que sous le pavillon d'Espagne.

Le mauvais temps, qui depuis mon départ ne me quitta plus, me sépara assez tôt du sieur Clairon. Les vents étoient si contraires, que je fus trois semaines depuis Toulon jusqu'à la hauteur de Sardaigne. Enfin, ne pouvant résister à la mer, qui étoit fort grosse, je fus contraint de relâcher à Cagliari.

J'envoyai à terre mon lieutenant faire compliment au vice-roi et à l'archevêque, à qui j'envoyai dire que le chevalier de Forbin venoit tenir la parole qu'il lui avoit donnée à Marseille. Ce bon prélat eut une joie extrême de me savoir à la rade, et m'envoya faire compliment, aussi bien que le vice-roi.

Le lendemain, je fus à terre. J'allai visiter le vice-roi et l'archevêque. Ce dernier, après m'avoir donné sept à huit bénédictions, m'embrassa tendrement, et m'arrêta à dîner. Le repas étoit magnifique, et auroit été sans doute excellent pour un Espagnol; mais il étoit difficile qu'un Français le trouvât bon. Je mangeai pourtant, car il falloit dîner.

L'archevêque me dit que, sous peine d'excommunication, il vouloit que je mangeasse chez lui pendant tout le temps que je serois sous la ville. « Je le veux « bien, monseigneur, lui répondis-je; mais à condition « que je serai moi-même votre cuisinier. » Il y consentit. Je dirigeai en effet sa cuisine, et nous fîmes très-bonne chère pendant six jours que je demeurai dans le port. Le prélat trouvoit le cuisinier français beaucoup meilleur que l'espagnol. En partant, il m'envoya à bord toutes sortes de rafraîchissemens, et m'accabla encore de bénédictions, dont, à dire vrai, en ce temps-là je ne faisois pas tant de cas que des provisions.

De Cagliari, je continuai ma route. Le vent contraire m'ayant repris vers le cap Passaro, sur les côtes de Sicile, je fus obligé de chercher un asyle, et d'y mouiller. On vint m'avertir pendant la nuit qu'il paroissoit un nouveau soleil dans le ciel. Je montai sur le pont, et je vis effectivement un grand feu qui brûloit en l'air, et qui éclairoit assez pour pouvoir lire une lettre. Quoique le vent fût très-violent, ce météore ne branloit point : il brûla environ pendant deux heures, et disparut, en s'éteignant peu à peu.

Les pilotes, les matelots et tout l'équipage, effrayés, le regardèrent comme la marque infaillible d'une tempête dont nous étions menacés. Il ne fut jamais possible de les tirer de là : j'eus beau leur dire que ce feu ne pouvoit être formé que par des exhalaisons du mont Gibel, dont nous étions fort près, il n'y eut jamais moyen de les persuader, et ils ne revinrent de leur terreur que lorsque nous fûmes devant Brindes, où nous arrivâmes sans que notre navigation eût été troublée autrement que par le vent contraire, contre lequel nous eûmes toujours à lutter.

En arrivant, j'arborai le pavillon de France, et je tirai un coup de canon. A ce signal, le gouverneur de la citadelle, don Louis de Ferreira, qui m'attendoit depuis quelques jours, vint à bord, et m'apporta deux pavillons espagnols, qu'on lui avoit envoyés de Naples pour me remettre. J'écrivis le lendemain au marquis de Bidache, gouverneur de la province, pour lui faire savoir mon arrivée. Nous avions à conférer ensemble. Il m'assigna le rendez-vous à quatre lieues de Brindes. Je lui fis part de mes instructions : il me donna plusieurs avis qui me furent utiles dans la suite. Enfin, après avoir bien examiné toutes choses, nous convînmes du service que j'avois à rendre, et des secours que je pouvois tirer de lui.

Tout étant ainsi réglé, je vins coucher dans mon bord ; car nous étions dans la saison où l'on ne peut découcher en Italie sans danger. J'amenai avec moi un pilote pratique du golfe, et je me disposois à aller remplir ma mission, lorsque je vis arriver deux frégates du Roi que M. le comte d'Estrées avoit fait partir de Naples, avec ordre de venir me joindre, et de m'obéir.

Une de ces frégates, commandée par M. de Beaucaire, étoit de dix pièces de canon; et l'autre, commandée par M. de Fougis, en avoit douze. L'une et l'autre ayant besoin de vivres et de radoub, je les laissai à Brindes, et je fis voile pour Durazzo, port de mer appartenant au Grand Seigneur. J'y trouvai le sieur Clairon, qui commandoit ma conserve.

Lorsque je partis de Toulon, la cour m'avoit assuré que, par le moyen du consul français, je tirerois de Durazzo tous les vivres nécessaires à l'escadre : mais le pays étoit si ruiné, qu'à peine pouvoit-on me fournir du pain pour le journalier; ce qui m'obligea à faire voile, et à commencer à croiser.

J'étois à peine entré dans le golfe, que le mauvais temps me contraignit à aller mouiller à Courchoula, place dépendante de la république de Raguse. Pendant le séjour que j'y fis, le frère quêteur d'un couvent d'observantins vint à bord me demander la charité : il étoit Provençal, et s'appeloit Sabattier. Je lui donnai l'aumône très-abondamment; ensuite, m'entretenant avec lui, je m'informai s'il y avoit beaucoup de gibier du côté de son couvent : « Beaucoup, me dit-il. — Hé
« bien! mon frère, lui répliquai-je, puisque le vent
« contraire continue, et que je ne saurois partir, je
« vais envoyer des gens à terre pour chasser. Je ferai
« pêcher ici, et j'irai demain dîner chez vous. »

En effet, le lendemain je fis partir mon cuisinier et mon maître d'hôtel, pour aller préparer le dîner. Les chasseurs ne tuèrent pas beaucoup de gibier, mais la pêche nous donna quantité d'excellens poissons.

En arrivant au couvent, je trouvai tous les moines à la porte qui m'attendoient, le supérieur à la tête. Ils me conduisirent d'abord à l'église, où l'on dit une messe pendant laquelle le quêteur, qui étoit venu à bord, posa un bassin auprès de moi. Je vis bien quelle étoit sa pensée : la première aumône que je lui avois faite la veille l'avoit mis en goût, et il ne doutoit pas que je ne versasse dans le bassin aussi abondamment que dans sa besace ; mais il se trompoit, et je fus bien aise de tromper moi-même son avidité.

La messe étant achevée, comme je ne mettois rien dans le bassin, le frère s'approcha de moi, et avec un air fort dévot me dit : « Monsieur, nous avons ici une « madone de grands miracles, surtout pour ceux qui « voyagent sur mer : ne seriez-vous pas bien aise d'y « faire votre prière ? » Il comptoit que ce second moyen lui réussiroit mieux que le premier : mais j'en savois plus que lui. « Hé bien, mon frère, lui répon- « dis-je, je serai ravi de la voir. »

Sur cela, il ouvrit une espèce de niche à deux battans d'environ un pied et demi, où il y avoit en effet une statue de la Vierge tenant l'enfant Jésus entre ses bras. Je mis un genou à terre, et après avoir prié un moment je me relevai. « Voilà qui suffit, lui dis- « je, mon frère, d'un air assez froid et moqueur : vous « pouvez refermer votre armoire quand vous jugerez « à propos. » Le pauvre frère, tout honteux, baissa la tête, et ferma sa niche sans mot dire.

De l'église, nous allâmes tous ensemble au réfectoire, où nous trouvâmes un fort grand repas. On y mangea bien, on y but encore mieux ; car les moines ne s'en font pas faute, surtout quand il ne leur en coûte rien.

Le beau temps étant venu, je mis à la voile. Quelques jours après, je pris une barque appartenant aux sujets de l'Empereur, et je la brûlai.

J'avois déjà reconnu assez clairement ce que c'étoit que le service où l'on m'avoit envoyé. Le marquis de Bidache m'en avoit dit quelque chose; mais je vis bientôt par moi-même, dès mon entrée dans le golfe, que nous serions la dupe des Vénitiens, et que je ne ferois pas de grands progrès si je me bornois, selon mes instructions, à ne prendre que sur les Impériaux. Cependant je dissimulai, et je me conformai quelque temps encore, sans mot dire, aux ordres que j'avois reçus.

J'appris, à mesure que j'avançois dans le golfe, qu'il y avoit, à quelques lieues de l'endroit où j'étois, un fameux château à quatre tours, nommé Potrée, appartenant à l'Empereur. Ce château, à ce qu'on me fit entendre, servoit de magasin ou d'entrepôt aux ennemis, et étoit plein de toutes sortes de munitions de bouche et de guerre destinées pour le prince Eugène. A l'armée encore plus que partout ailleurs, surtout lorsqu'on est en pays suspect, on ne doit pas croire trop légèrement tout ce qu'on nous dit. L'avis qu'on m'avoit donné étoit faux : cependant, comme si j'avois été bien assuré du fait, je résolus d'aller brûler cette place, comptant de ne pouvoir rien faire de mieux pour le service du Roi.

Pour conduire mon entreprise avec moins de bruit, je laissai, dans un port appartenant aux Vénitiens, la frégate du sieur Clairon, avec dix hommes seulement pour la garder; et l'ayant reçu dans mon bord, lui et tout le reste de son équipage, je partis pour mon expédition. Je fus fort surpris, en arrivant, de ne trouver dans le château ni les vivres ni les munitions dont on m'avoit parlé. C'étoit une mauvaise place abandonnée, que je parcourus d'un bout à l'autre, et dans laquelle je ne trouvai personne.

Comme je vis que j'avois reçu un faux avis, je me doutai de quelque chose, et je commençai à craindre pour la frégate, que j'avois laissée avec si peu de monde. Je renvoyai donc incessamment le sieur Clairon, qui s'embarqua dans son canot avec tout son équipage.

Ma peur n'avoit été que trop bien fondée. Clairon ne retrouva plus sa frégate dans l'endroit où il l'avoit laissée : elle avoit été obligée de se sauver, pour ne pas tomber entre les mains des Impériaux, qui avoient voulu s'en saisir. Comme il vouloit la rejoindre incessamment, ayant appris la route qu'elle avoit tenue, il la suivit, et aborda une petite île qui appartenoit aux Vénitiens. Ceci se passoit un dimanche matin : il crut ne rien hasarder en abandonnant son canot pour aller, lui et tout son monde, entendre la messe; mais il lui en coûta cher.

Quelques heures avant qu'il abordât, les Impériaux qui avoient suivi la frégate avoient abordé de l'autre côté de l'île. Peu après l'arrivée de Clairon, ils furent avertis par les Vénitiens que les Français étant à la messe sans armes, et ne se défiant de rien, ils les mettroient facilement en pièces, s'ils venoient les attaquer. Les Impériaux profitèrent de l'avis, attaquèrent nos gens, tuèrent Clairon, et la plus grande partie de son équipage fut massacrée; il n'en échappa que bien peu. Une bonne femme en sauva six, qu'elle cacha dans un four; presque tout le reste périt; et les ennemis se saisirent du canot, qu'ils emmenèrent avec quatre prisonniers blessés, qu'ils firent esclaves. Pour la frégate, elle s'étoit sauvée à Ancône, où elle étoit en sûreté, ce port appartenant au Pape.

Ces nouvelles, que j'appris peu après, m'affligèrent sensiblement. Je me rendis à l'île de Querché, où j'allai demander satisfaction au gouverneur. Je me plaignis à lui avec d'autant plus de hauteur, que je n'étois que trop bien fondé à demander raison d'un assassinat commis dans les terres de la République, au milieu d'un village bien peuplé, sans que personne se fût mis en état de donner le moindre secours aux Français.

Comme on ne me répondit pas de la manière que je souhaitois, je résolus d'aller à Venise porter mes plaintes à l'ambassadeur de France, que j'étois d'ailleurs bien aise de voir, et à qui j'avois beaucoup d'autres choses à communiquer. Pour ce sujet, je me fis donner une patente de santé; et ayant tiré du côté de Venise, j'entrai dans le port de Kiosa, où, après avoir changé d'habit, je m'embarquai dans un petit bateau, et je me rendis à la ville, qui n'est éloignée de ce port que de douze lieues.

En arrivant, je fus conduit au bureau de santé : on m'y retint plus de trois heures, en me faisant débarquer et rembarquer plus de dix fois. Je croyois qu'ils ne finiroient jamais : ils m'accablèrent de questions, auxquelles je répondois toujours que j'étois officier du Roi, et que j'avois à parler à l'ambassadeur de France. Après bien des longueurs, on me permit enfin d'entrer. Je me rendis chez l'ambassadeur : c'étoit le comte de Charmont. Je le trouvai jouant à l'hombre avec le nonce du Pape et l'ambassadeur de Malte.

Quand le jeu fut fini (ce qui ne fut pas si tôt fait),

j'annonçai à cette Excellence l'aventure des Français, et la mort du sieur Clairon. Je trouvai qu'il en étoit déjà informé. Je lui parlai ensuite de ma mission, sur laquelle je lui représentai qu'elle seroit fort infructueuse, s'il falloit que je continuasse à me régler sur des instructions aussi restreintes que celles qu'on m'avoit envoyées de la cour; que le mal auquel on vouloit remédier étoit beaucoup moins causé par les sujets de l'Empereur que par les Vénitiens eux-mêmes, qui servoient l'Empereur sous leur propre pavillon; que, sans leur secours, les Impériaux n'auroient ni assez de bâtimens ni assez de matelots pour porter au prince Eugène tous les convois qu'il recevoit tous les jours; et qu'ainsi il falloit ou qu'on me donnât des instructions moins limitées, en me permettant de prendre sur les Vénitiens lorsqu'ils seroient surpris favorisant les ennemis, ou que je demeurasse inutile dans le golfe, et sans y rendre le moindre service.

L'ambassadeur, après m'avoir bien écouté, me répondit qu'il n'étoit pas en son pouvoir de toucher aux ordres que la cour avoit donnés. Cependant, comme il reconnoissoit que j'avois raison, il me dit qu'il falloit en conférer avec l'ambassadeur d'Espagne et le cardinal d'Estrées. Cette Eminence, au sortir du conclave après la création de Clément XI, avoit eu ordre de se rendre à Venise, et d'y rester, principalement pour faire observer la neutralité aux Vénitiens.

Le lendemain, les deux ambassadeurs se rendirent chez le cardinal. Je leur exposai encore ce que j'avois dit le jour d'auparavant à l'ambassadeur de France; je leur montrai mes instructions; et je leur fis voir clairement que, tant que je serois obligé de m'y conformer, il me seroit impossible d'exécuter ce que la cour attendoit de moi.

Le cardinal, offensé de ce que je ne m'étois pas d'abord adressé à lui, trompé d'ailleurs par les belles paroles des Vénitiens (car ils l'amusoient depuis long-temps, et sous les plus beaux dehors du monde lui faisoient entendre tout ce qu'ils vouloient), me dit, avec un air de hauteur, que je me mêlois de trop de choses; que c'étoit à moi à agir conformément à mes instructions, sans en demander davantage; que la cour avoit des vues dans lesquelles il ne m'étoit pas permis d'entrer; et que, n'ayant pas d'autre avis à leur donner, j'avois fait, en me rendant à Venise, un voyage assez inutile. Du reste, que je devois savoir que c'étoit à lui qu'il falloit s'adresser à l'avenir quand il y auroit quelque chose de nouveau, puisque c'étoit sur lui que rouloient toutes les négociations.

Ainsi se termina cette conférence, au sortir de laquelle ayant témoigné à l'ambassadeur de France combien j'avois peu de lieu d'être satisfait du cardinal, l'ambassadeur leva les épaules, en me répondant : « Je « sais que vous avez raison ; mais le mal est sans re- « mède. »

Pour n'avoir rien à me reprocher, je donnai incessamment avis à la cour et de la conduite des Vénitiens, et de tout ce qui venoit de se passer entre le cardinal et moi. Je sortis ensuite de Venise, et je retournai dans mon bord. A peine fus-je arrivé à Querché, où j'avois laissé ma frégate, que les Vénitiens, qui ne me voyoient pas avec plaisir dans le golfe, m'obligèrent de sortir du port. Dès-lors l'ordre fut donné de me refuser l'entrée dans tous les ports de la République.

Ce procédé m'irrita, et je résolus de m'en venger, si j'en avois jamais occasion.

A peu près dans ce temps-là, messieurs de Beaucaire et de Fougis se rendirent auprès de moi. Je leur donnai des instructions, je leur assignai des croisières, et nous fûmes nous poster sur les parages par où les Impériaux devoient passer.

Quelques jours après, le sieur de Fougis prit un bâtiment, qu'il brûla. Ce fut le seul qui eût paru depuis que nous avions pris nos postes; et, dans le fond, il n'étoit pas nécessaire que les Impériaux en fissent partir davantage, les Vénitiens étant plus que suffisans pour porter tous les secours qu'on vouloit faire passer.

Tandis que nous nous consumions ainsi inutilement, et à ne rien faire, je me trouvai un peu embarrassé par rapport aux vivres, qui commençoient à nous manquer. J'ai déjà dit qu'il n'en falloit point espérer ni de Brindes ni de Duras : j'écrivis à Rome au cardinal de Janson, pour le prier de me faire faire à Ancône mille quintaux de biscuit. Ce secours, qui me fut envoyé à propos, l'argent que je recevois de temps en temps de M. l'ambassadeur, et mon industrie, firent que je ne manquai jamais de rien.

Il ne me restoit plus qu'à fortifier mon équipage, qui avoit toujours été un peu foible. Les autres frégates manquoient aussi de monde. M. l'ambassadeur y pourvut encore en m'envoyant soixante déserteurs français, bons soldats qui s'étoient retirés aux environs de Venise, et que je distribuai sur les vaisseaux d'escadre, après en avoir retenu pour moi ce qu'il me falloit.

Comme tous les ports de la République nous étoient fermés, l'escadre étoit obligée de mouiller tous les soirs, pour se garantir des coups de vent qui règnent ordinairement sur la mer Adriatique. Outre que cette manœuvre nous fatiguoit, nous étions encore harcelés toutes les nuits par plusieurs bâtimens à rames que les ennemis avoient armés de Ouscos ou Saignans, peuplés belliqueux, et qui nous suivoient partout; ce qui étoit cause que nous passions presque toutes les nuits sous les armes.

Un jour, ayant à faire du bois, je mis à terre cinquante hommes dans une île appartenant aux Vénitiens. Je donnai à l'officier des instructions convenables; mais il ne les suivit pas, et alla donner en désordre dans une embuscade de ces Saignans. Ils lui blessèrent ou tuèrent vingt-deux hommes, firent treize prisonniers; et, sans le canon que je fis tirer, ils auroient pris la chaloupe. Ce malheureux échec me mortifia beaucoup, et fut cause que je chassai l'officier, que je ne voulus plus voir, et que je n'employai désormais que pour aller à Ancône prendre des vivres pour les besoins de l'escadre.

Jusques ici mon séjour dans le golfe n'avoit été d'aucune utilité au Roi. Tous nos exploits se terminoient à la prise du bâtiment impérial dont j'ai parlé ci-dessus, et à celle de deux barques siciliennes chargées de sel, qui alloient aux ennemis. Elles avoient été enlevées par le sieur de Beaucaire, qui, s'en étant rendu maître, avoit mouillé à l'ordinaire à l'entrée de la nuit, lorsqu'il fut si vigoureusement attaqué par les Saignans, qui vouloient ravoir leurs barques, qu'il fut obligé de couper ses câbles.

7.

Il se défendit pourtant, et manœuvra si à propos, qu'à l'aide d'un peu de vent il sauva les prises. J'arrivai quatre heures après, au bruit du canon. Je donnai la chasse aux ennemis, qui s'enfuirent à force de rames; et j'envoyai les deux barques à Ancône, où le sel fut vendu au profit du Roi.

Voilà à quoi se réduisoit tout ce que nous avions fait jusqu'alors. J'en étois d'autant plus indigné, qu'il se présentoit tous les jours plus d'occasions de faire de la peine aux ennemis, et que je ne voyois point de moyens de faire entendre à la cour combien il étoit nécessaire de réformer les instructions qu'on m'avoit données.

Ce n'est pas que, sans m'écarter de ces mêmes instructions, il n'y eût d'autres services à rendre dans le golfe. Je m'étois déjà aperçu que les ports de l'Empereur étant dégarnis de troupes, et mal fortifiés, il n'étoit pas bien difficile de les incommoder beaucoup, et à peu de frais : j'avois même déjà pris des mesures pour entreprendre quelque chose de ce côté, supposé que je n'eusse rien de mieux à faire à l'avenir ; et en conséquence j'avois demandé un renfort de troupes au vice-roi de Naples. Mais, outre que ce projet ne pouvoit pas avoir lieu pour le présent, parce que je ne me croyois pas assez fort, ce n'étoit pas là principalement le sujet pour lequel j'étois envoyé; et il me sembloit qu'il seroit plus profitable au Roi de continuer ma mission sur mes croisières, pourvu qu'on me donnât des instructions moins resserrées.

J'écrivis donc sur ce sujet au cardinal d'Estrées et à l'ambassadeur ; et après leur avoir exposé tout de nouveau la mauvaise foi des Vénitiens, qui, sous prétexte de neutralité, servoient les ennemis de tout leur pouvoir, et à découvert, je le priois de me permettre de prendre sur les Vénitiens mêmes que je trouverois en faute : et comme je prévoyois fort bien qu'on ne m'accorderoit pas ce point, j'insistai pour qu'ils fissent du moins en sorte que la République donnât à l'avenir des patentes pour la navigation du golfe, afin que je pusse distinguer les ennemis de ceux qui ne l'étoient pas.

Pour entendre ce point, il faut savoir que les Vénitiens, qui se prétendent, ainsi que nous avons dit, souverains de la mer Adriatique, ne donnent jamais de patentes à ceux de leurs bâtimens dont la navigation ne s'étend pas au-delà du golfe.

Quelque juste que fût ma demande par rapport aux circonstances où nous nous trouvions, la République, qui d'un côté vouloit favoriser l'Empereur, mais qui ne vouloit pas paroître contrevenir à la neutralité, ne voulut jamais entendre à ce que je demandois ; car elle prévit fort bien que, si elle faisoit tant que de donner des patentes, il faudroit qu'elle empêchât de tout son pouvoir ceux de ses sujets qui en auroient pris de continuer les transports dont nous nous plaignions, sans quoi son intelligence avec les Impériaux paroîtroit à découvert ; et que pour les autres qui auroient été trouvés sans passe-port, ils seroient exposés à être enlevés toutes les fois qu'ils voudroient se mettre en mer.

Elle refusa donc absolument tout ce qu'on lui demandoit, et se défendit sur ce qu'il n'étoit pas convenable qu'elle dérogeât elle-même à ses propres droits. Ainsi mes lettres furent sans effet, et l'on me répondit que je n'avois qu'à continuer ma mission, sans me mêler d'aucune autre affaire. Indigné de cette réponse, et lassé du misérable service auquel elle me condamnoit, je résolus, quoi qu'il pût en arriver, de hasarder quelque chose, dans la pensée que la cour ne trouveroit peut-être pas mauvais que je me renfermasse un peu moins dans mes instructions.

Quelque lieu que j'eusse de me plaindre des Vénitiens, j'avois observé jusqu'alors de les ménager autant qu'il m'avoit été possible. Il est vrai que, comme ils n'avoient jamais de patentes, j'arrêtois tout ce que je trouvois de leurs bâtimens ; mais les patrons ne manquant pas de me déclarer qu'ils étoient chargés pour le compte de la République, et qu'ils alloient dans quelqu'une de leurs villes, je n'avois fait d'abord aucune difficulté de les relâcher.

Il est vrai encore qu'ayant reconnu dans la suite qu'ils me trompoient, je m'étois rendu un peu plus difficile, et que, ne voulant plus m'en fier tout-à-fait à leur parole, j'avois pris le parti de les conduire moi-même à la ville où ils m'avoient dit aller, pour savoir du podestat s'ils avoient accusé juste : mais quoique j'eusse vérifié bien clairement que les podestats eux-mêmes, de concert avec les patrons, s'accordoient à me tromper, j'avois pourtant, sur leur parole, fait semblant de croire ce qu'ils me disoient, et j'avois toujours laissé en paix les bâtimens arrêtés.

Enfin, lassé de tant de mauvaise foi, je ne voulois plus être leur dupe, et je me hasardai, comme j'ai dit, à faire jeter dans la mer quelques provisions de bouche et de guerre que je trouvai sur certains bâtimens qui, par leur réponse, me parurent plus suspects que les autres. Je ne touchai pourtant ni aux hommes ni aux barques, que je renvoyai sans leur faire le moindre mal.

Ces ménagemens n'empêchèrent pas ceux à qui les bâtimens appartenoient de faire de grandes plaintes contre moi. Fâchés de voir interrompre un commerce qui leur étoit d'un si grand profit, ils s'en allèrent criant hautement dans Venise, et se plaignant de la violence que je leur avois faite dans leurs propres mers. Le sénat, offensé de ma conduite, prit l'affaire en main, et fit des plaintes à l'ambassadeur, qui, intimidé par les menaces qui lui furent faites, écrivit fortement à la cour, à qui il donna à entendre que si je continuois, il y avoit à craindre que mon imprudence ne causât une rupture entre les deux puissances.

La cour vouloit, dans le fond, ménager la République : mais informée, et par tout ce que j'avois écrit, et par tout ce qu'elle en avoit appris d'ailleurs, de la manœuvre des Vénitiens, et convaincue que, si on leur laissoit faire, la neutralité telle qu'ils l'observoient ne porteroit guère moins de préjudice qu'une guerre ouverte, elle prit, comme je me l'étois imaginé, le parti de me laisser agir de moi-même : en sorte qu'elle répondit à l'ambassadeur en désapprouvant hautement ce que j'avois fait, mais sans me faire le moindre reproche, ni m'envoyer ordre de discontinuer.

Cette conduite, qui, en me laissant le maître de mes actions, approuvoit tacitement tout ce qui s'étoit passé, m'encouragea non-seulement à continuer, mais encore à aller plus loin. Dès-lors ce fut peu pour moi de jeter en mer tout ce qui me sembloit suspect : je me saisis des bâtimens mêmes, et je commençai par en brûler neuf à dix.

Les clameurs redoublèrent bientôt à Venise : je ne m'en embarrassois pas beaucoup. Je vengeois le Roi de la mauvaise foi des Vénitiens, je vengeois le massacre de Clairon, et de tout son équipage misérablement égorgé, et je me vengeois moi-même de toutes les duretés que j'avois eu à essuyer : il n'en falloit pas tant pour m'animer. Aussi allois-je grand train : il n'étoit pas jusqu'à la plus petite barque qui ne fût arrêtée.

Dans un seul coup, j'arrêtai près de quatre-vingts bâtimens qui alloient à Trieste, et que je savois être destinés pour le transport d'un gros convoi qui devoit partir incessamment. Je voulus d'abord les brûler : néanmoins, après y avoir mieux réfléchi, je ne trouvai pas à propos de me charger tout-à-fait d'un coup si hardi, et qui ne pouvoit que faire un très-grand éclat; ce qui fit qu'en donnant avis au cardinal d'Estrées de ce que je venois de faire, je lui demandai ses ordres pour aller plus avant.

Cette Eminence me répondit, à l'ordinaire, que je me mêlois de trop de choses, et que j'eusse à relâcher mes prises. Il fallut obéir : je le fis avec regret, et n'y pouvant rien de plus, après avoir informé la cour de ce qui se passoit. Sur l'avis certain que je reçus que ces bâtimens que je venois de relâcher étoient entrés dans le port de Trieste, d'où ils devoient bientôt sortir chargés de munitions de bouche et de guerre, et d'un nombre considérable de soldats qu'on vouloit transporter dans l'armée du prince Eugène, j'allai, accompagné de mes deux frégates, croiser devant la place, que je bloquai de telle sorte que rien n'en pouvoit sortir sans être arrêté.

Pendant le séjour que j'y fis, je reçus de nouvelles réponses de la cour : quoiqu'on m'y parlât de bien des choses, on ne me disoit pas un seul mot du procédé que j'avois tenu avec les Vénitiens. Ce silence me fit grand plaisir; et si ces lettres me fussent venues un peu plus tôt, je n'aurois pas consulté le cardinal sur ce que j'avois à faire des bâtimens arrêtés.

Ayant donc tout lieu de comprendre de plus en plus qu'on ne désapprouvoit pas ce que j'avois fait jusqu'alors, j'en tirai des conséquences pour l'avenir, et je me mis à brûler tous les bâtimens vénitiens suspects que je pouvois attraper sans abandonner mon blocus. Cette conduite donna lieu à de nouvelles plaintes contre moi : je m'y étois bien attendu. L'ambassadeur écrivit de nouveau à la cour : on lui fit la même réponse que la première fois, et toujours sans que je reçusse le moindre reproche sur ce qui s'étoit passé.

Cependant l'armée du prince Eugène avoit grand besoin de secours. Depuis que je m'étois mis à brûler, elle n'en recevoit que bien peu ; et le blocus de Trieste, qui tenoit renfermé le convoi, ôtoit tout espoir d'en attendre au moins de quelque temps, lorsque l'ambassadeur de l'Empereur à Venise, qui vouloit dégager tous ces bâtimens à quelque prix que ce fût, s'avisa de faire travailler en secret à l'armement d'un vaisseau anglais de cinquante pièces de canon, qui se trouvoit par hasard dans le port.

Ce bâtiment devoit venir m'attaquer à mesure que le secours sortiroit de Trieste, sous l'escorte d'une frégate de vingt-six canons qui devoit se joindre à lui, si le besoin le requéroit.

Ayant eu avis de ce projet (car j'avois des espions à Venise qui m'avertissoient à point nommé de tout ce qui se passoit), j'écrivis encore au cardinal d'Estrées, à qui je représentai tout le tort que cet armement alloit faire au service de Sa Majesté; que je n'avois que seize canons dans mon bord, et deux petites frégates de dix et de douze; que les deux bâtimens étant de beaucoup supérieurs aux miens, ils me chasseroient du golfe tant qu'ils voudroient, après quoi il leur seroit libre de porter au prince Eugène tous les secours qu'ils jugeroient à propos : mais que, si Son Eminence vouloit me le permettre, je m'engageois à les prévenir, et à aller brûler ce vaisseau dans le port, quand même il seroit sous Saint-Marc. Le cardinal méprisa l'avis que je lui donnois, et m'écrivant toujours sur le même ton, m'ordonna de faire ma mission, sans m'embarrasser de ce qui se faisoit dans Venise.

Peu après cette réponse, l'ambassadeur, qui avoit eu avis aussi bien que moi de l'armement qu'on continuoit, en parla au cardinal. Cette Eminence commença à ouvrir les yeux, et, de concert avec l'ambassadeur, porta ses plaintes au sénat, qui répondit : « Faites retirer le chevalier de Forbin de nos mers, et « nous nous chargeons d'empêcher les Impériaux de « porter des secours au prince Eugène. » Sur ces offres, qu'on accepta sans doute trop légèrement, le cardinal dépêcha un courrier à la cour, et demanda des ordres sur mon sujet.

Tandis que tout ceci se passoit, j'eus avis que le Roi, qui étoit content de mes services, et qui craignoit que les ennemis ne vinssent s'opposer à moi avec des forces supérieures, avoit fait faire un gros armement à Toulon, commandé par M. le comte de Toulouse, avec ordre de n'aller d'abord que jusqu'à Messine, mais d'entrer dans le golfe, supposé que je ne fusse pas assez fort.

Je répondis à ces nouvelles, dont je fus informé et par la cour et par M. l'amiral, qu'à moins que les ennemis n'empruntassent des forces étrangères, je serois assez fort moi-même pour tout ce qu'il y avoit à faire, pourvu que l'on m'envoyât une frégate de cinquante ou soixante pièces de canon. Je n'avois, en effet, besoin de rien autre; car j'avois déjà demandé au vice-roi de Naples, avec qui j'avois toujours entretenu correspondance, des galiotes à rames, pour les opposer à celles des ennemis.

Sur ces entrefaites, le cardinal d'Estrées reçut, par le retour de son courrier, un ordre pour me faire retirer du golfe. La cour, sur ce que cette Eminence et l'ambassadeur avoient écrit, croyant que les Vénitiens seroient à l'avenir de meilleure foi que par le passé, avoit voulu donner cette satisfaction à la République. J'eus donc ordre de me rendre à Brindes avec mon escadre, et d'y attendre en patience des nouvelles du cardinal, à qui il m'étoit ordonné d'obéir aveuglément.

En faisant route pour Brindes, je passai par Ancône, où j'arrêtai les comptes des vivres qui m'avoient été fournis. Je n'y étois que depuis deux jours, lorsque je reçus un courrier du cardinal, qui me rappeloit dans le golfe.

Les Vénitiens, d'accord avec les ministres de l'Empereur, n'avoient souhaité mon éloignement, comme j'ai remarqué en son lieu, que pour dégager le convoi que je tenois renfermé dans Trieste : de manière que, trois jours après mon départ, les Impériaux ayant fait entrer dans le port plusieurs bateaux chargés de soldats et de matelots, en avoient formé l'équipage du vaisseau anglais, qui ayant arboré sur-le-champ le pavillon et la flamme de l'Empereur, avoit salué l'amiral de Venise, qui lui avoit rendu le salut; après quoi l'Anglais étoit sorti du port, et avoit fait route du côté de Trieste.

Ce procédé avoit enfin ouvert les yeux au cardinal, qui, indigné de se voir jouer, se transporta au sénat, où il se plaignit amèrement de la République, et de son manque de parole. Mais il en eut peu de satisfaction : toute la réponse qu'on lui fit fut de dire que l'ambassadeur de Sa Majesté Impériale avoit fait cet armement dans leur port, et qu'on n'avoit pu l'empêcher.

Ce fut sur cette réponse que le cardinal, outré de voir la France si indignement méprisée, et de se voir lui-même trompé avec si peu de ménagement, m'avoit dépêché ce courrier, avec ordre de retourner sur-le-champ dans le golfe, et d'aller prendre ou brûler le vaisseau anglais que l'Empereur avoit fait armer.

Ce projet ne pouvoit plus être exécuté. Je répondis au cardinal que je le priois de faire attention que je n'avois plus avec moi les deux frégates qui étoient déjà à Brindes, et que mon vaisseau ne portoit que seize canons; qu'avec si peu de forces on ne pouvoit enlever un vaisseau de cinquante canons, et de plus de trois cents hommes d'équipage; que s'il vouloit cependant que je hasardasse ce coup, je ne balancerois pas à obéir, selon les ordres que j'en avois : mais que je le suppliois d'avoir la bonté de m'en envoyer l'ordre par écrit; que pour lors je tâcherois de l'exécuter de mon mieux, et que le Seigneur feroit le reste. Le cardinal, qui sentit la difficulté aussi bien que moi, me répondit qu'il n'étoit ni homme de guerre ni homme de mer, et qu'il me laissoit la liberté de faire tout ce que je jugerois convenable au service du Roi.

Mes comptes étant finis à Ancône, je fis route pour Brindes, où je reçus le lendemain de mon arrivée un second courrier du cardinal, qui m'ordonnoit de rentrer dans le golfe au plus vite, et de brûler tous les bâtimens vénitiens que je trouverois sans patentes. Si cet ordre fût venu dans les commencemens, l'armée du prince Eugène n'y auroit pas trouvé son compte : cependant, quoique tardif, il ne laissa pas de l'incommoder.

Je me disposois à obéir, quand je vis arriver la frégate que j'avois demandée. Ce bâtiment étoit commandé par M. de Resson-Deschiens, et portoit bonne provision de bombes et de bombardiers. Je renvoyai aussitôt en France la frégate de M. de Beaucaire, et celle du pauvre Clairon, qui avoient besoin l'une et l'autre d'un gros radoub; et ayant remis à M. Deschiens celle que je montois, je travaillai avec toute la diligence possible pour me disposer à rentrer incessamment dans le golfe.

Pendant le séjour que je fis à Brindes, l'évêque vint me faire visite : je fus le visiter à mon tour dès le lendemain. Ce prélat n'exerçoit point encore ses fonctions, parce qu'il n'avoit pas reçu ses bulles, qu'on ne devoit lui expédier qu'après que le roi d'Espagne auroit reconnu, en qualité de roi de Naples, la redevance du Pape.

Pendant la conversation, un frère lai vint se présenter à l'évêque, et lui porta plainte de la part de l'abbesse d'un couvent de religieuses de la ville. Elle demandoit justice d'un procédé assez violent du grand vicaire, qui avoit fait défenses, sous peine d'excommunication à tous particuliers, de quelque état et condition qu'ils fussent, d'entrer dans les parloirs du monastère. L'évêque répondit qu'il n'avoit aucune part à cette ordonnance, qui lui paroissoit excéder; mais que n'ayant point encore de bulles, et par conséquent point de juridiction dans le diocèse, il ne pouvoit rien contre le grand vicaire.

Je fus curieux de savoir quels pouvoient être les motifs d'une conduite qui sembloit en effet trop rigoureuse; et m'adressant à l'évêque : « Allons voir, « monseigneur, lui dis-je, de quoi il s'agit. Cette ex- « communication ne vous regarde pas sans doute; et « quant à moi, qui ne suis pas du diocèse, je ne dois « pas la craindre. » A ce mot, le prélat sourit; et ayant fait atteler son carrosse, nous nous rendîmes au monastère. L'abbesse et toute la communauté firent leur plainte. Jamais tel vacarme; elles vouloient parler toutes à la fois : le pauvre évêque n'avoit pas peu à faire à les entendre.

Tandis qu'il tâchoit de les radoucir, en leur promettant de leur donner satisfaction lorsqu'il en auroit le pouvoir, je parlois en particulier à une des religieuses, qui, me parlant ingénument, m'avoua sans façon que le grand vicaire, amoureux d'une de leurs dames qui ne vouloit point de lui, n'avoit fait cette défense que pour éloigner un jeune cavalier qu'on lui préféroit, et dont il étoit extrêmement jaloux.

Je ris de bon cœur de la bizarrerie de ce procédé, qui alloit jusqu'à employer les censures de l'Eglise pour se débarrasser d'un rival; et m'étant approché de l'abbesse : « Madame, lui dis-je en badinant, si ce « grand vicaire continue à vous maltraiter, faites-le-« moi savoir : je lancerai une bombe dans sa maison, « et je le coulerai à fond. »

Là dessus, je pris le papier où étoit écrite la défense; et l'ayant mis en pièces, la conversation se tourna en plaisanteries contre le grand vicaire, qui à l'âge de soixante ans s'avisoit d'être amoureux, et de défendre, sous peine d'excommunication, de lui préférer un jeune homme de condition, plein d'esprit, et bien fait. Après avoir continué quelque temps sur ce ton, je m'en retournai avec l'évêque, ne comptant pas que cette aventure pût jamais me donner le moindre chagrin : mais il en arriva autrement, comme on verra dans la suite.

La veille de mon départ de Brindes, un pilote français vint me demander à acheter les deux barques que le sieur de Beaucaire avoit prises, et qui étoient à Ancône, où je les avois envoyées. J'avois besoin d'argent, et je fus ravi de cette occasion, qui se présentoit d'elle-même. Nous arrêtâmes notre marché à six mille livres, qui me furent comptées le lendemain. Après ce marché fait, le pilote me demanda un passeport pour pouvoir les sortir du golfe : je crus ne pas devoir le lui refuser, ce qui me fit une nouvelle affaire auprès de M. l'amiral; mais je m'en tirai heureusement.

En conséquence des ordres que j'avois reçus, je remis à la voile avec mon vaisseau de cinquante canons, suivi de la frégate que je montois auparavant, et dont j'avois remis le commandement à M. Deschiens. Les raisons qui m'avoient empêché d'aller brûler le vaisseau anglais, selon l'ordre que le cardinal d'Estrées m'en avoit donné, ne subsistoient plus depuis l'arrivée du sieur Deschiens. Je résolus donc de donner à Son Eminence la satisfaction qu'il sembloit avoir si fort à cœur. Ainsi ma principale vue, en rentrant dans le golfe, fut de chercher ce bâtiment, de l'attaquer et de le brûler, quelque part que je le trouvasse; bien résolu pourtant, en chemin faisant, de ne point faire de grâce à tout ce que je trouverois de Vénitiens sans patentes.

Je ne manquai pas d'occasions de les inquiéter bientôt. Il n'y avoit pas plus de deux jours que j'étois en mer, lorsque je surpris un convoi conduit par les Impériaux et les Vénitiens, qui ne me croyoient pas si près d'eux. Je les attaquai, et je leur enlevai huit bâtimens chargés de vingt-cinq à trente mille charges de blé, que j'envoyai à Brindes, pour en faire la débite au profit du Roi.

Comme mes ordres pour brûler tous les Vénitiens que je trouverois sans patentes étoient précis, je commençai à faire grand feu : il ne se passoit pas un seul jour qu'il n'y eût quelque nouvelle expédition. Sans parler des barques moins considérables, je leur brûlai d'abord en différentes occasions plus de vingt-cinq bâtimens, dont je fis dépouiller les équipages par mes matelots, qui, charmés de ces captures, venoient me demander de temps en temps si nous ne brûlerions plus.

Outre ces vingt-cinq bâtimens, je rencontrai un vaisseau vénitien de cinquante pièces de canon, qui alloit à Bucari, ville de la domination de l'Empereur. Ce bâtiment avoit une belle et bonne patente de la République : ainsi je ne pouvois rien entreprendre contre lui sans excéder mes ordres, et sans commettre une hostilité qui, dans d'autres circonstances, auroit pu avoir des suites fâcheuses.

Cependant, comme je savois très-certainement que ce vaisseau n'alloit à Bucari que pour y fortifier son équipage d'une centaine de soldats qui lui manquoient, et qu'après cela il devoit venir se joindre au vaisseau anglais pour me faire quitter le golfe, je crus qu'il étoit du service du Roi de commencer par brûler celui-ci, sans m'embarrasser de ce qui pouvoit en arriver.

Je m'en rendis donc le maître ; et après avoir fait dépouiller tout l'équipage, que je renvoyai dans sa propre chaloupe, sans en retenir qu'un seul matelot, que je fis prisonnier dans le dessein de m'en servir en temps et lieu, je fis mettre le feu au vaisseau, me chargeant ainsi de l'événement dans un point où je crus qu'il étoit essentiel de me mettre au-dessus de mes règles.

L'incendie que je faisois avoit tellement alarmé les Vénitiens, qu'ils n'osoient plus se mettre en mer : le vaisseau anglais lui-même, informé de ma dernière expédition, étoit rentré dans le port, de peur d'être pris, ou d'être obligé de combattre. J'étois pourtant résolu de ne lui faire point de quartier, et de tout tenter pour venir à bout de le brûler. Dans ce dessein, je m'informois, de tous les bâtimens que j'arrêtois, du lieu où je pourrois le trouver. J'appris de plusieurs endroits qu'il étoit dans le port de Malamocco, où les Vénitiens l'avoient remorqué depuis deux jours avec six piottes, sortes de bâtimens à rames.

Comme je vis qu'il m'étoit désormais impossible de le rencontrer, je résolus d'aller l'attaquer dans le port même, et de le brûler à la barbe des Vénitiens. L'entreprise étoit hardie; mais, outre que le cardinal d'Estrées m'avoit témoigné souhaiter que ce bâtiment pérît, j'étois moi-même bien aise de rabattre un peu l'orgueil du capitaine, qui en partant pour Trieste avoit déclaré hautement qu'il alloit rendre libre la navigation du golfe, et qu'il se chargeoit de rapporter au sénat les oreilles du chevalier de Forbin.

Le beau temps favorisoit mon entreprise. J'avois pris mes mesures pour n'arriver devant Venise qu'à l'entrée de la nuit, car il m'importoit de n'être pas reconnu. Quand nous fûmes à l'endroit où j'avois résolu de m'arrêter pour disposer tout ce qu'il me falloit pour mon attaque, je fis venir à bord le sieur Deschiens, à qui je communiquai mon dessein.

Il lui parut d'abord si hasardeux, qu'il ne balança pas à le condamner : il me proposa même tant de difficultés, que j'aurois pu en être ébranlé, si je ne les avois pas prévues; mais j'avois eu le temps de songer à tout. « Monsieur, lui dis-je, je hasarde en ceci beau-
« coup moins que vous ne croyez. Je vais attaquer, à
« la vérité, au milieu d'un port un vaisseau entouré
« d'une infinité de bâtimens qui concourroient tous
« volontiers à ma perte : mais aussi faites attention que

« je m'adresse à des gens qui ne songent pas à moi,
« et qui me croient fort éloigné de Venise.

« Je trouverai en arrivant la plupart de ces bâti-
« mens, et le vaisseau même à qui j'en veux, vides de
« soldats et de matelots. Les équipages, qui ne se dé-
« fient de rien, ou dormiront, ou seront à terre à se
« réjouir dans les cabarets. Le vaisseau que je veux
« brûler est dans le port, amarré à quatre amarres, et
« par conséquent hors d'état de manœuvrer pour se
« mettre à couvert d'une surprise. D'ailleurs, quand
« il ne seroit pas tout-à-fait hors de défense, nous
« devons faire peu de cas de son équipage, qui dans
« le fond, et à le bien prendre, ne doit être regardé
« que comme une troupe de gens peu aguerris, et ra-
« massés à la hâte.

« Il n'y a donc pas lieu de douter que je ne puisse
« fort bien venir à bout de mon entreprise, surtout
« personne ne nous ayant reconnus ; car il ne faut pas
« croire qu'on ait pris garde à nous dans un pays où
« il est ordinaire de voir arriver tous les jours des vais-
« seaux aussi considérables que les nôtres.

« Bien plus, quand nous aurions été reconnus,
« ayant affaire à des peuples fainéans, timides, et in-
« capables d'une entreprise tant soit peu hardie, nous
« ne risquerions pas trop à les aller attaquer, puis-
« qu'il ne leur tomberoit jamais dans l'esprit que nous
« puissions avoir la hardiesse ou la témérité (comme
« il leur plaira) d'entrer dans leur port, et d'aller brû-
« ler un vaisseau à la vue de cette prodigieuse quan-
« tité de galéaces, de galères, de galiotes et de bri-
« gantins, sur lesquels ils se reposent. Si je suis assez
« heureux pour que le beau temps continue, je suis

8.

« presque sûr de mon entreprise. D'ailleurs, poursui-
« vis-je, ce vaisseau a trop bien servi nos ennemis :
« il faut qu'il périsse pour l'honneur de la nation. »

Le sieur Deschiens, homme de résolution, et véritablement courageux, goûta toutes ces raisons, et se réduisit à me dire que, puisque j'étois résolu à ne démordre pas de cette entreprise, il me prioit au moins de lui en donner le commandement; qu'une pareille commission ne pouvoit tomber que sur lui, puisque je n'ignorois pas que le commandant ne doit jamais s'exposer sans un extrême besoin. « Je n'ai jamais
« douté, lui dis-je, de votre valeur; mais j'ai trop à
« cœur la réussite du projet dont je viens de m'ouvrir
« à vous, pour m'en reposer sur personne.

« D'ailleurs, si je vous donne le commandement que
« vous souhaitez, et que vous reveniez sans rien faire,
« je croirai avoir lieu de me plaindre; et s'il vous arri-
« voit malencontre (ce qui est très-possible), je serois
« blâmé de vous avoir exposé, tandis que je serois en
« sûreté. Il vaut donc mieux que j'y aille moi-même,
« et que je me charge de l'événement.

« Pour prendre toutes les précautions qui convien-
« nent en pareil cas, et pour ne pas risquer le service
« de Sa Majesté, comme je pourrois être tué, voici les
« instructions que j'ai reçues de la cour, auxquelles
« vous n'aurez qu'à vous conformer. » Je lui marquai pour lors la manière dont il devoit se conduire.

« J'ai demandé, poursuivis-je, au vice-roi de Naples,
« et je lui ai fait demander par le cardinal de Janson,
« douze cents soldats et quatre galères : tout cela
« se prépare à venir. Ma vue, en me procurant ce
« secours, étoit d'attaquer les ports de l'Empereur,

« et de les détruire; car j'ai remarqué il y a long-
« temps qu'ils sont mal fortifiés, et hors de défense.
« Quand vous aurez reçu ce renfort, vous serez le
« maître de vous en servir pour continuer à agir sur
« ce plan, si vous le trouvez convenable : sinon,
« vous vous servirez de ces troupes selon qu'il vous
« paroîtra que les intérêts du Roi le demanderont. En
« attendant, tenez-vous dans mon bord, et attendez-y
« de mes nouvelles. »

Lui ayant ainsi parlé, je fis mettre en mer mes deux chaloupes et un canot. Je choisis tout ce qu'il y avoit de meilleurs hommes dans mon équipage; je leur fis mettre à tous des cocardes blanches au chapeau, afin de pouvoir nous reconnoître quand nous serions à bord de l'ennemi. Je fis ensuite l'établissement de mon attaque, marquant à chacun en particulier ce qu'il avoit à faire, et le poste qu'il devoit occuper quand nous aurions abordé. Tout étant ainsi disposé, je m'embarquai, et nous partîmes, n'ayant en tout dans mes trois petits bâtimens que cinquante hommes, mais valeureux, et capables d'un coup hardi.

La mer étoit calme, l'air pur, et la lune dans son plein : il étoit à peu près minuit quand nous entrâmes dans le port. Le premier objet qui s'offrit d'abord à nous fut un petit bateau, avec deux hommes qui pêchoient. Pour n'être pas reconnu, je fis semblant d'être de l'escorte du vaisseau anglais, dont je leur fis demander des nouvelles en italien, ajoutant, pour les tromper, que nous avions été pris et dépouillés par les Français. A ce mot de Français, ils s'écrièrent tous deux: « Ah ! le chien de chevalier de Forbin ! » Après cette exclamation, ils nous répondirent que le navire étoit plus loin, et que nous n'avions qu'à avancer.

En chemin faisant, je vis venir plus de cent cinquante petites voiles, qui sortoient par un petit vent de terre. Si je n'avois pas connu Venise, cette multitude de bâtimens m'auroit effrayé, et je serois revenu sans rien entreprendre ; mais je savois fort bien que je n'avois rien à appréhender de ce côté-là. En effet, ils continuèrent leur route, et passèrent tous sans mot dire.

Quelque temps après, je rencontrai un autre petit pêcheur, à qui je demandai des nouvelles du vaisseau anglais. Le pêcheur me montra un gros navire, en me disant : « Le voilà. »

Le matelot impérial que j'avois trouvé dans le vaisseau vénitien, et que je n'avois retenu que parce que je comptois de m'en servir dans cette occasion, m'avoit assuré qu'il connoissoit ce navire, pour y être entré plus d'une fois. J'avois embarqué cet homme avec moi ; et, pour en tirer le service que je souhaitois, je lui avois promis la liberté, s'il m'indiquoit le vaisseau : mais aussi je l'avois assuré que je le ferois pendre sur-le-champ, s'il me trompoit. Il me confirma tout ce qu'on venoit de me dire, m'assurant lui-même qu'il étoit sûr de ne point se méprendre, et qu'il reconnoissoit fort bien ce vaisseau à un grand lion doré qu'il apercevoit sur le derrière de la poupe.

Le navire étant ainsi reconnu, quoique d'un peu loin, je marchai en bon ordre, afin de pouvoir commencer l'attaque tous en même temps, et d'un même côté. Nous avancions, lorsque mon maître nocher aperçut, à la faveur du clair de la lune, le petit pêcheur que nous avions rencontré d'abord. Il m'en avertit, et me fit prendre garde que ce bâtiment voguoit vers le navire anglais. J'eus peur qu'il ne nous eût reconnus, et qu'il n'allât donner avis de notre venue. Pour parer ce contre-temps, je fis faire force de rames à mes gens; mais, quelque diligence que je fisse, il me fut impossible de l'empêcher de parler.

Comme j'avois pris les devans (car j'étois éloigné d'une portée de fusil des deux autres bâtimens qui me suivoient), je ne voulus pas perdre de temps à les attendre; et m'adressant à l'équipage : « Allons, ca-
« marades, leur dis-je, abordons toujours! Tandis que
« nous occuperons l'ennemi, nos gens, qui ne sont pas
« loin, viendront à notre secours. »

Nous n'étions plus qu'à deux pas du vaisseau, lorsque la sentinelle cria : « Où va la chaloupe? » Je ne répondis rien, et j'abordai. Je vis, en joignant le navire, que deux sabords de la sainte-barbe étoient ouverts : j'y fis entrer mon maître nocher et deux de ses camarades, qui, s'étant glissés par là, donnèrent l'alarme les premiers. Ils tuèrent d'abord cinq à six hommes, qui se présentèrent à moitié endormis.

Dans le même moment, je montai à bord la baïonnette au bout du fusil, en criant : « Tue, tue! » Tous mes soldats furent se poster à l'endroit que je leur avois désigné. Quand je les vis ainsi dans leur poste, je courus, suivi de quelques-uns des miens, sous le gaillard du derrière, pour aller m'emparer de la grande chambre, où sont ordinairement les armes des vaisseaux de guerre. Quelques malheureux, accourus au bruit sans armes et en chemise, furent massacrés.

Comme nous poursuivions les restes de ces misérables, qui crioient en demandant quartier, je tombai dans l'écoutille (1) qui étoit à l'arrière du grand mât. Mon fusil et l'échelle me retinrent ; mais mon chapeau, ma perruque et mon pistolet allèrent en bas. Dans cet état, je craignis que mes soldats ne me prissent pour un ennemi. Je levai la voix ; et, leur adressant la parole : « Ce n'est rien, leur dis-je ; avancez, « enfans, je suis à vous. »

Ces hommes pleins de valeur, et qui avoient une présence d'esprit merveilleuse, s'avancèrent vers la grande chambre, où je les suivis un moment après. Ils en étoient déjà maîtres lorsque j'arrivai, et avoient tué sept à huit hommes qui avoient voulu leur faire tête. Alors n'y ayant plus personne qui résistât, je mis des sentinelles aux écoutilles, pour empêcher que ceux qui étoient en bas ne montassent sur le pont.

L'officier qui étoit destiné pour attaquer le château du devant s'en étoit aussi emparé. Il ne restoit plus que le capitaine du vaisseau, son gendre, et deux de ses fils, qui s'étoient enfermés dans la chambre du conseil, qu'ils avoient barricadée, et où ils se défendoient. Il étoit important de les y forcer au plus tôt, et avant qu'aucun de tous ces bâtimens dont le port étoit rempli pût venir donner du secours. Je courus donc incessamment de ce côté, suivi de quelques soldats ; et ayant envoyé sur-le-champ un bombardier dans mon canot pour y prendre une hache, des grenades, et une mèche allumée, que j'avois eu la pré-

---

(1) *L'écoutille* : Ouverture quadrangulaire, fermant à volonté, qui est faite dans chaque pont ou plancher, pour communiquer des parties supérieures aux étages inférieurs. Il est question ici de l'une des écoutilles du pont qui couvre le bâtiment, et par laquelle on descend dans l'entre-pont.

caution d'embarquer, j'eus bientôt fait une ouverture dans la cloison. Aux premières grenades que je jetai, le capitaine se rendit, en demandant quartier. Ce fut pour lors que mes deux autres bâtimens abordèrent; en sorte que sans leur secours, et avec vingt hommes seulement, je m'étois déjà rendu maître du vaisseau.

L'officier de l'un des deux bâtimens me dit qu'un coup de mousqueton à trompette que le capitaine avoit tiré de la chambre du conseil lui avoit tué deux hommes, et que trois autres avoient été blessés du même coup. Ce fut là tout ce que je perdis. La plupart des matelots ennemis qui étoient entre les ponts se jetèrent par les sabords dans la mer, et se sauvèrent à la nage : ainsi, dans moins d'une demi-heure je me vis entièrement le maître.

Il ne me restoit plus, pour avoir une satisfaction entière, qu'à mettre le feu. Je fis rompre des planches de coffres; et, avec des chemises soufrées que j'avois apportées exprès, je fis préparer trois feux, que je disposai en différens endroits; après quoi ayant fait chercher mon chapeau, mon pistolet et ma perruque, je fis crier dans le bas du navire qu'il y avoit bon quartier. Il en monta vingt-sept hommes, que je distribuai dans mes deux chaloupes avec le capitaine, ses fils et son gendre. Personne ne paroissant plus, j'allumai moi-même les feux; et quand je vis qu'ils commençoient à gagner le corps du vaisseau, je me rembarquai.

Dans un moment, le navire fut tout embrasé : j'avois le plaisir de le voir brûler en me retirant. Ce spectacle mit l'alarme dans le port; on voyoit de la lumière partout : ce n'étoient que cris dans tous les vaisseaux et dans les maisons. Peu après, le trouble augmenta; car le feu ayant gagné le dedans, les canons chargés à boulets commencèrent à tirer à droite et à gauche avec un fracas horrible. Enfin le feu prenant aux poudres, et mettant en pièces cette masse énorme, fit jouer au milieu du port la plus épouvantable mine qu'il soit possible d'imaginer.

Je retournai dans mon bord, sans avoir été poursuivi de personne. J'y fus reçu aux cris de *vive le Roi!* Tout l'équipage témoigna d'autant plus de joie de mon retour, que le fracas qu'ils avoient entendu dans le port leur avoit donné plus d'inquiétude sur mon sujet.

Les prisonniers ayant été mis dans mon vaisseau, j'affectai de faire toutes les honnêtetés possibles au capitaine; et après m'être plaint à lui avec douceur des discours qu'il avoit tenus sur mon compte : « Mon-
« sieur, lui dis-je, quoiqu'on ait voulu m'assurer que
« vous avez eu dessein de me maltraiter, non-seule-
« ment vous ne recevrez aucun mauvais traitement
« de ma part, mais je veux, sur votre seule parole,
« vous renvoyer à Venise : vous y traiterez avec l'am-
« bassadeur de l'Empereur de l'échange des prison-
« niers; et en cas que vous ne puissiez rien conclure,
« vous reviendrez me joindre ici au bout de deux
« mois. »

Dès qu'il fut jour, j'ordonnai qu'on le mît à terre. Il ne profita pas long-temps de l'honnêteté dont j'avois usé à son égard : il mourut peu de jours après, soit de chagrin, soit que les Vénitiens l'eussent fait empoisonner, comme on en fit courir le bruit je ne sais pourquoi.

Cependant l'alarme étoit dans Venise : les magistrats, en robe de chambre et en pantoufles, s'assemblèrent au Pregadi. L'ambassadeur de France eut peur, et, tout effrayé du tumulte qu'il entendoit, se cantonna dans son palais. Le cardinal d'Estrées, au contraire, triomphoit; car il regardoit ce qui venoit de se passer comme une expédition entreprise pour lui faire plaisir, et qui servoit à le venger amplement de la mauvaise foi et du manque de parole des Vénitiens.

Dans les premiers mouvemens de sa joie, il m'écrivit la lettre du monde la plus gracieuse. L'ambassadeur s'expliquoit sur un ton bien différent; et, après m'avoir accablé de reproches, il ne faisoit pas difficulté de me dire que, pour ma propre gloire, je l'avois exposé, et avec lui tous les Français qui étoient dans Venise, à être assommés par le peuple.

Cette lettre me fit de la peine : je répondis à l'ambassadeur qu'il faisoit beau temps dans son cabinet, où il étoit tranquille et en sûreté, tandis que j'exposois tous les jours ma vie pour la gloire des armes du Roi; que, bien loin de m'attendre aux reproches que je venois de recevoir, j'avois espéré qu'il me sauroit gré d'avoir mortifié une république qui observoit si mal ce qu'elle avoit si souvent et si solennellement promis; que j'étois au désespoir qu'il n'approuvât pas ma dernière action; mais que je la jugeois si utile au service du Roi et à l'honneur de la nation, que si ce vaisseau anglais étoit encore sur pied, je me croirois obligé de tout entreprendre pour le faire périr.

Le lendemain, l'ambassadeur, qui commençoit à n'être plus si effrayé, me récrivit une lettre bien différente de la première : il me fit mille excuses, donna de grandes louanges à tout ce que j'avois fait, et finissoit en me priant d'oublier sa précédente.

Avant que de mettre à terre le capitaine anglais, je lui demandai à combien montoit l'équipage de son vaisseau : il me dit qu'il étoit de trois cent trente hommes, et que si j'avois été l'attaquer le jour précédent, je n'y en aurois peut-être pas trouvé vingt; que je n'y en avois trouvé un si grand nombre que parce que, voulant congédier tout ce monde, il les avoit fait avertir de se rendre à bord, où il y avoit plus de cent hommes lorsque j'étois venu l'attaquer; et que le peu de résistance qu'on m'avoit fait ne venoit que de ce qu'ils n'auroient jamais cru que j'oserois les attaquer dans un port comme celui de Venise, où ils se croyoient à l'abri de toute insulte : leçon importante pour tous les gens de guerre, qui doivent toujours être sur leurs gardes, et craindre, quelque part qu'ils se trouvent, les surprises des ennemis, qui peuvent les attaquer à tout moment, et qui ne demanderoient pas mieux que de les prendre au dépourvu.

Les Vénitiens, irrités de ce qui venoit de se passer, portèrent leurs plaintes au cardinal d'Estrées. Ils lui déclarèrent qu'ils regardoient cette action comme une hostilité intolérable, dont il falloit que la République tirât raison; qu'ils voyoient fort bien qu'on vouloit les pousser à bout; mais qu'ils ne souffriroient jamais, sans témoigner leur ressentiment, que les Français eussent porté la hardiesse jusqu'à venir, sous les yeux du sénat et dans leur port, brûler les vaisseaux de leurs amis et de leurs alliés.

Le cardinal, ravi de pouvoir leur faire une réponse

semblable à celle qu'il en avoit reçue, répondit qu'il n'étoit point homme de guerre, qu'il ignoroit les raisons qui avoient donné lieu à l'expédition dont ils se plaignoient : mais que j'étois à leur vue, et qu'ils pouvoient envoyer à bord tant qu'ils voudroient pour s'éclaircir avec moi; que quant à lui, il n'avoit aucune autre satisfaction à leur donner.

Le sénat, peu content de cette réponse, me députa un noble vénitien, qui se rendit à bord, accompagné du consul français. Je fis au député tout l'accueil possible: Je ne craignois pas d'en faire trop, après ce qui venoit de se passer : outre que je prévoyois fort bien que j'aurois mon tour avant que la conversation finît.

Après les premières civilités, il m'exposa, dans une assez longue plainte, les principaux griefs que le sénat avoit contre moi; me déclara qu'il étoit principalement envoyé pour savoir les raisons sur lesquelles je m'obstinois depuis si long-temps à outrager la République, dont je n'avois pas à me plaindre; qu'il avoit ordre de s'informer des motifs qui m'avoient engagé à inquiéter tout ce que j'avois trouvé de leurs bâtimens dans la mer Adriatique, à en brûler un si grand nombre; et en particulier de s'éclaircir avec moi sur le sujet pour lequel j'étois allé jusque dans leur port brûler, à la vue de Saint-Marc, un vaisseau qui appartenoit à leurs alliés, et qui étoit sous la protection de la République.

Ce discours m'ouvroit un champ trop vaste pour rester court. Après avoir écouté tout ce que le député avoit à me dire : « Monsieur, lui repartis-je, le Roi
« mon maître m'a envoyé dans le golfe pour le bien
« de son service; mais en même temps il a eu si fort

« à cœur les intérêts de votre république, et il a tel-
« lement prétendu la ménager, qu'il m'a défendu de
« paroître autrement que sous le pavillon du roi d'Es-
« pagne, à qui les côtes du royaume de Naples, qui
« font une partie du golfe, appartiennent incontesta-
« blement.

« Mes instructions, qui sont très-sages, ne me per-
« mettent que d'attaquer les ennemis du Roi : aussi ne
« suis-je venu que comme dans un pays ami, croyant
« n'avoir affaire tout au plus qu'aux Impériaux, s'ils
« entreprenoient quelque chose de contraire au ser-
« vice de Sa Majesté.

« Cependant à peine suis-je entré dans le golfe,
« qu'un de mes capitaines et trente hommes de sa suite
« sont assassinés, au sortir de la messe, dans vos pro-
« pres terres, au milieu d'un village appartenant à la
« Seigneurie. Je m'en suis plaint à vos magistrats :
« bien loin de me donner sur ce point la satisfaction
« que je demandois, et que j'avois lieu d'attendre,
« on me ferme l'entrée de tous vos ports, et on m'y
« refuse même de l'eau, tandis que nos ennemis en
« reçoivent toutes sortes de secours.

« Quand après cela j'aurois usé de représailles, on
« n'auroit pas lieu de s'en plaindre. Je ne l'ai pour-
« tant pas fait : au contraire, nonobstant l'irrégularité
« de ce procédé, n'en voulant qu'aux seuls Impériaux,
« j'ai fait prier le sénat de donner des passe-ports à ses
« sujets, dans la crainte où j'étois de les confondre
« avec les ennemis.

« Il étoit d'autant plus raisonnable de me donner
« satisfaction sur ce point, qu'ayant à empêcher les
« secours que l'Empereur envoyoit journellement au

« prince Eugène, et que, ne m'étant pas possible de
« distinguer les Vénitiens des Impériaux autrement
« que par leur passe-port, on ne pouvoit refuser de
« leur en donner sans m'exposer tous les jours à des
« mécomptes également désagréables au Roi mon maî-
« tre, et à la République.

« Il est notoire que le sénat n'a jamais voulu en-
« tendre raison sur ce point, et que toutes mes re-
« montrances ont été inutiles. Il sembloit, après cela,
« que j'étois en droit de prendre indistinctement sur
« les ennemis et sur les Vénitiens : cependant, pour
« ne pas choquer votre délicatesse, je n'ai pas voulu
« user d'un droit que votre conduite me donnoit; et,
« voulant pousser les ménagemens jusqu'à l'excès, je
« me suis donné la peine pendant long-temps de con-
« duire ceux de vos bâtimens que je trouvois chargés
« de vivres et de munitions de guerre dans les villes
« de votre dépendance où ils me disoient aller; et je
« les ai toujours relâchés sans difficulté, lorsque vos
« podestats m'ont assuré que la cargaison appartenoit
« aux Vénitiens.

« La République m'a d'autant plus d'obligation en
« ce point, que je savois fort bien que le magistrat
« me trompoit, puisque je ne manquois jamais d'ap-
« prendre le lendemain, ou le jour d'après, que les
« bâtimens relâchés étoient allés chez les ennemis.
« J'en ai surpris quelques-uns qui étoient dans ce cas.
« Après avoir vérifié leur mensonge, et la connivence
« du magistrat, il auroit été, ce semble, dans l'ordre
« de les brûler : je me suis pourtant contenté de jeter
« les munitions en mer, et j'ai renvoyé et les bâtimens
« et l'équipage, sans leur faire le moindre mal.

« Dans une seule fois, j'ai rencontré quatre-vingt-
« deux bâtimens qui alloient à Trieste. Je les ai lais-
« sés passer, quoiqu'il me fût aisé de les arrêter, et
« quoique je susse fort bien qu'ils n'alloient que pour
« se charger du convoi destiné au prince Eugène; car
« j'avois été averti qu'on ne les envoyoit que pour ce
« sujet.

« Mais voici qui est plus fort que tout le reste. Tan-
« dis que je tenois Trieste bloquée, l'ambassadeur de
« l'Empereur arme dans votre port, et sous les yeux
« du sénat, le vaisseau anglais dont la perte fait au-
« jourd'hui le sujet principal de votre députation.
« Vous n'ignorez pas que les ministres du Roi ont re-
« présenté à vos magistrats qu'ils eussent à empêcher
« cet armement: sur les remontrances qui leur furent
« faites, le sénat donna sa parole que l'Anglais n'ar-
« meroit point, et promit au Roi et à ses ministres
« que, pourvu qu'on me fît sortir du golfe, il se char-
« geoit d'empêcher qu'à l'avenir les Impériaux don-
« nassent du secours au prince Eugène.

« Sur ces belles promesses, le Roi et ses ministres
« m'ordonnent de me retirer : j'obéis. Qu'en est-il ar-
« rivé ? A peine fus-je parti, que le vaisseau anglais
« arbore le pavillon de l'Empereur, et après avoir sa-
« lué votre amiral, qui lui rend le salut, sort du port,
« fait voile pour Trieste, met sous son escorte plus
« de cent bâtimens, les mêmes que j'avois laissés pas-
« ser, et les conduit jusqu'à l'embouchure du Pô,
« chargés du secours dont j'avois empêché la sortie
« pendant si long-temps.

« Les ministres du Roi portent de nouveau leurs
« plaintes au sénat sur ce manque de parole. Toute la

« satisfaction qu'on en obtient se réduit à s'entendre
« répondre froidement qu'on est bien fâché de ce qui
« est arrivé; mais qu'on n'a pu empêcher l'ambassa-
« deur de l'Empereur de faire cet armement.

« Depuis ce temps-là j'ai brûlé, dites-vous, un très-
« grand nombre de bâtimens vénitiens. Cela pourroit
« être, et je n'oserois assurer le contraire; mais ce qu'il
« y a de bien certain, c'est que s'ils avoient eu des pa-
« tentes, comme le sénat a été requis plus d'une fois
« de leur en donner, je les aurois laissés passer, de
« même que plusieurs autres bâtimens qui venoient
« du Levant richement chargés, et que j'ai reconnus,
« à leurs patentes, appartenir à la République.

« Du reste, quand j'aurois brûlé en effet quelques
« Vénitiens que j'aurois surpris donnant du secours aux
« ennemis, malgré les intentions du sénat, y auroit-il
« lieu d'être si fort irrité contre moi, qui en tout cela
« n'aurois fait autre chose dans le fond que de punir
« des contrebandiers, de faux frères et de mauvais su-
« jets? Et pour ce qui est du vaisseau anglais que je
« viens de brûler dans votre port, qu'il me soit permis
« de vous le dire, c'est à la République à me faire des
« remercîmens, et non des reproches, puisque je lui
« ai rendu service en châtiant un insolent qui faisoit
« le maître chez vous, sans que vous pussiez l'en em-
« pêcher. » Ma réponse déconcerta le Vénitien, qui,
n'en demandant pas davantage, prit congé, et s'adressant au consul français : « M. le consul, lui dit-il,
« il m'a fait la réponse d'un Forbin. » Je ne sais si
par cette manière de parler, en faisant allusion à mon
nom, il vouloit dire quelque autre chose que ce qui
se présente naturellement.

Dès ce jour même j'écrivis à la cour, pour donner avis au ministre de ma dernière expédition. Voici la réponse que j'en reçus : « Sa Majesté m'a paru satis-
« faite, monsieur, du succès qu'a eu votre projet, par
« la prise de plusieurs bâtimens. L'action que vous
« avez faite, en brûlant dans le port de Malamocco le
« vaisseau anglais destiné pour le service de l'Empe-
« reur, lui a aussi été très-agréable : elle en a bien
« connu toute la hardiesse, et tout le danger auquel
« vous vous êtes exposé. Elle m'ordonne de vous as-
« surer qu'elle s'en souviendra par rapport aux offi-
« ciers et autres que vous recommanderez, et dont
« vous avez été content; et que vous le serez de l'at-
« tention qu'elle y fera. »

J'avois écrit à Rome au cardinal de Janson sur le même sujet. Il me témoigna que mon attention à lui faire part de mes succès lui avoit fait beaucoup de plaisir; et ensuite, donnant un champ libre à l'amitié qu'il avoit pour moi, il m'écrivit mille choses si obligeantes, qu'il ne me conviendroit pas de les répéter.

L'expédition dont je viens de parler me rendit entièrement maître du golfe. Je remis à la voile, et je continuai à croiser. Peu de jours après, il m'arriva une aventure que je ne dois pas taire, et qui me fit d'autant plus de plaisir, qu'en me donnant lieu de faire respecter les armes du Roi, j'en tirois une ample satisfaction de toutes les avanies que j'avois eues à essuyer de la part des Vénitiens.

Un petit bâtiment que j'envoyois devant moi à la découverte, avec ordre à l'officier de faire venir à bord tout ce qu'il rencontreroit (car je m'étois mis sur le pied de ne laisser asser paucun bâtiment sans le visiter), trouva une piotte où étoit le provéditeur général du golfe. Ce magistrat, un des plus considérables de la République, qui étoit sorti pour exercer quelque fonction de sa charge, étoit pour lors revêtu de toutes les marques de sa dignité.

L'officier français l'ayant abordé, lui commanda de se rendre à bord du chevalier de Forbin. Le général, surpris et tout scandalisé de se voir donner un tel ordre, à lui qui devoit en donner aux autres, répondit à l'officier qu'il eût à se retirer, et lui fit dire que cette piotte portoit Son Excellence monseigneur le provéditeur général du golfe.

Le Français, sans démordre de ses prétentions, et peu touché de la magnificence de ce titre, répliqua brusquement qu'il ne reconnoissoit d'autre général que le chevalier de Forbin; qu'il n'y avoit qu'à obéir; sans quoi il alloit faire tirer sur le bâtiment. Le Vénitien étoit trop sage pour risquer ce coup, obéit, et s'en vint à bord.

L'officier, qui avoit gagné les devans, m'avertit de ce qui se passoit. Ravi de pouvoir mortifier la République dans la personne d'un de ses principaux magistrats, je donnai les ordres convenables, et je me retirai dans ma chambre, pour donner lieu à la comédie que je méditois.

A peine le provéditeur fut à bord, que l'officier de garde lui ordonna de monter. Le Vénitien fit quelques difficultés de le faire, sous prétexte de sa dignité, et demanda à me parler. L'officier lui répondit, selon l'instruction que je lui avois donnée, que Son Excellence monseigneur le chevalier ne faisoit que de passer dans sa chambre, où il étoit allé pour reposer un

9.

moment; et qu'il n'y avoit personne d'assez hardi pour oser l'éveiller, au moins si tôt. Il ajouta qu'il en étoit bien mortifié; mais que, selon ses ordres, devant, sans en excepter aucun, visiter tous les bâtimens qui viendroient à bord, après en avoir fait monter tous les équipages, il supplioit Son Excellence d'avoir pour agréable qu'il s'acquittât de sa commission.

Le général, homme d'esprit, comme le sont presque tous les Vénitiens, comprit fort bien de quoi il étoit question; et voyant la nécessité où il étoit de monter, ne se le fit pas dire davantage. Dès qu'il fut entré, l'officier qui le précédoit, marchant à petit bruit et sur la pointe des pieds, vint gratter à la porte de ma chambre, qu'il entr'ouvrit; et me parlant à demi voix, et comme craignant de me faire de la peine : « Mon- « seigneur, me dit-il, je demande bien pardon à Votre « Excellence d'oser prendre la liberté de l'éveiller; « mais Son Excellence monseigneur le provéditeur « général du golfe..... ».

A ce mot de provéditeur général, je me levai avec précipitation; et me présentant sur la porte de ma chambre, j'y reçus le Vénitien, que je saluai profondément, et à qui je témoignai combien j'étois mortifié que mes officiers l'eussent obligé de venir à bord, et de monter. Je le suppliai de croire que, quelque général que fût l'ordre que j'avois donné, je n'avois pas prétendu qu'il s'étendît jusques à Son Excellence; que mes officiers avoient excédé : mais que je le conjurois de leur pardonner, de n'imputer leur méprise qu'au malheur des temps, qui les obligeoit, et qui me contraignoit moi-même, à faire tous les jours bien des choses que je n'exécutois qu'avec regret.

Le Vénitien répondit, d'un air gracieux, qu'il étoit charmé de l'aventure, puisqu'elle lui procuroit le plaisir de me connoître. Un moment après, on apporta du café, du chocolat, des confitures, et de différentes sortes de vins. Le général goûta de tout.

Nous parlâmes assez long-temps de la situation des affaires. Je me plaignis de la partialité de la République, des mauvais traitemens que j'en recevois tous les jours, et de ce que par ses ordres on me refusoit entrée et rafraîchissemens, jusques à de l'eau, dans tous ses ports; tandis qu'on accordoit tout aux ennemis.

Le Vénitien, aussi habile que poli, me répondit en excusant toujours le sénat, sans pourtant me condamner. Lorsqu'il prit congé, tous mes soldats parurent sous les armes : je fis battre aux champs; et l'équipage ayant crié plusieurs fois *vive le Roi!* je saluai Son Excellence de neuf coups de canon. Je fis part de cette aventure au cardinal d'Estrées et à l'ambassadeur. Ce dernier me répondit que le général se louoit extrêmement de moi, et que je lui avois fort bien doré la pilule.

Ce fut à peu près dans ce temps-là que je reçus des plaintes de M. le comte de Toulouse au sujet des passeports que j'avois donnés au pilote français, à qui j'avois vendu à Brindes les deux barques qui étoient à Ancône. Ces deux bâtimens, qui venoient en France, entrèrent dans Messine : le pilote présenta son passeport. On ne manqua pas de le porter à M. l'amiral, et de lui représenter que je m'arrogeois une autorité qui n'étoit due qu'à lui : mais ce prince, dont j'avois l'honneur d'être connu, démêla bientôt la vérité, et comprit que tout ce que j'en avois fait n'étoit que pour faciliter la vente des bâtimens. Cependant il m'écrivit, et m'ordonna de me justifier.

Il ne me fut pas malaisé de le faire; et mes raisons se trouvant les mêmes que celles qui s'étoient d'abord présentées à son esprit, il y eut égard. Cette affaire n'eut point d'autre suite : j'ai cru pourtant devoir la rapporter, quand ce ne seroit que pour faire voir aux officiers avec combien de circonspection ils doivent se conduire; car à l'armée on ne pardonne rien, surtout en certaine matière, et il ne manque jamais de gens qui, ou par envie ou pour faire leur cour, se font un mérite de vous accuser.

Comme je continuois à brûler tous les bâtimens que je trouvois sans passe-port, les cris et les plaintes ne cessoient pas. Enfin les Vénitiens, fatigués de se voir si malmenés, s'adressèrent encore au cardinal : ils lui firent tant et de si belles promesses, que cette Eminence, continuant à être leur dupe, se laissa encore persuader. Il m'envoya donc ordre de ne plus toucher aux Vénitiens, et de laisser les choses dans l'état où elles étoient lorsque j'étois entré dans le golfe. Sur ce pied, n'ayant plus rien à faire sur mes croisières, je repris le projet dont j'ai parlé ci-devant, et dont je n'avois différé l'exécution que parce que j'avois eu occasion de faire quelque chose de mieux.

J'ai déjà dit plus d'une fois que, dès mon entrée dans le golfe, j'avois reconnu que la plupart des ports de l'Empereur étoient dégarnis de troupes, et très-mal fortifiés. Mon dessein étoit de les détruire, et de bombarder les places qui bordoient la côte. Pour ce sujet, j'avois demandé au vice-roi de Naples douze cents soldats et quatre galères. Ce secours n'étoit point venu ; et quoiqu'il me fût impossible, avec le peu de monde que j'avois, d'exécuter tout le plan que je m'étois formé, je compris pourtant que je pourrois faire quelque chose en attendant ce renfort.

Je résolus de commencer mes expéditions par le bombardement de Trieste. J'accommodai donc incessamment en galiotes à bombes deux bâtimens que j'avois pris sur les ennemis, et j'allai mouiller devant cette place, à la portée du canon. A peine fus-je arrivé, que, pour ne perdre point de temps, j'allai, en compagnie du sieur Deschiens, sonder jusque sous les murailles de la ville, pour reconnoître les lieux, et pour voir comment je disposerois mon attaque.

Quoiqu'on fît pleuvoir sur nous une grêle de coups de canons et de mousqueterie (car il parut sur les remparts plus de six mille hommes bien armés), je n'eus ni morts ni blessés. L'endroit où je devois poster mes bombardes étant reconnu, je les fis avancer à l'entrée de la nuit, et je débutai par faire tirer dans la ville six volées de canon de dix-huit livres de balles. Cette décharge fut si heureuse, qu'elle endommagea plusieurs maisons, et qu'un des boulets emporta l'un des chandeliers qui éclairoient le souper du gouverneur.

Mes bombardes commencèrent un moment après : elles tiroient quatre bombes à la fois, et faisoient un fracas épouvantable. Comme j'avois eu la précaution de mettre dans les bombes des matières combustibles, le feu prit bientôt dans plusieurs quartiers de la ville : elle paroissoit tout embrasée. L'alarme qui se répandit dans un instant y jeta une telle consternation, et la frayeur fut si grande, que tous les habitans s'enfuirent à la campagne avec tant de précipitation, qu'ils ne se donnèrent pas même le loisir d'emporter ce qu'ils avoient de plus précieux.

Il y avoit sur le môle, qui forme comme une espèce de petit pont, une batterie à barbette de quatorze pièces de canon. Ce poste étoit le seul qui pouvoit m'incommoder notablement. Pour prévenir les ennemis (car je ne doutois pas qu'ils ne vinssent m'attaquer par cet endroit), je fis faire de mon canot et de ma chaloupe deux demi-lunes flottantes ; je les couvris de matelas ; je remplis de fusiliers ces deux petits bâtimens, et m'étant embarqué dans l'un des deux, je gagnai de ce côté-là.

A mesure que j'en approchois, je reconnus que le poste étoit abandonné, aussi bien que tout le reste de la ville. Pour profiter de la terreur où étoient les ennemis, je voulois descendre avec une quarantaine de soldats, et tâcher d'entrer dans la place pour achever de la brûler. J'en allai conférer avec le sieur Deschiens, qui étoit occupé à bombarder.

Il me détourna de mon dessein, en me représentant que nous n'avions point de pétard pour faire sauter la porte qui donnoit sur le môle. « D'ailleurs, me dit-
« il, vous avez vu tantôt le nombre des ennemis qui
« ont paru sur les remparts. Vous n'avez que qua-
« rante soldats à leur opposer : si par malheur les
« troupes, remises de leur première frayeur, venoient
« à vous, vous seriez accablé sous le nombre, et vous
« ne manqueriez pas d'y succomber. Croyez-moi,
« soyez content. Nous bombardons ici tout à notre
« aise, sans que personne nous dise mot ; le feu est

« par toute la ville : que pouvez-vous souhaiter da-
« vantage? »

Je me laissai persuader à ces raisons, et je ne fis
rien qui vaille. Si j'avois suivi mon sentiment, je rui-
nois la ville de fond en comble ; car j'appris le lendemain, par les Vénitiens, que tous les habitans étoient
sortis, et que la milice qu'ils avoient assemblée à la
hâte pour les défendre, ayant profité de l'épouvante
des bourgeois, s'étoit sauvée, après avoir pillé tout ce
qu'elle avoit pu enlever.

Après cette expédition, je détachai ma chaloupe,
que j'envoyai à Venise porter mes lettres. Elle étoit
armée de quatre pierriers, deux devant et deux derrière, et n'avoit pour tout équipage que quinze soldats, commandés par le sieur Peinier, enseigne de
marine.

Depuis que j'avois brûlé le vaisseau anglais, les Vénitiens avoient fermé l'entrée de leur port avec des
vaisseaux de guerre et des galères. Dès que ma chaloupe parut à l'entrée du Lido, les galères l'arrêtèrent,
et demandèrent à l'officier où il alloit. Il répondit
qu'il portoit à l'ambassadeur de France des lettres du
chevalier de Forbin.

Je ne sais comment le tout se passa : mais, soit que
l'officier s'expliquât mal, ou que mon nom leur eût fait
peur, ils dépêchèrent un iol pour avertir le sénat de
mon arrivée à la chaîne dans une frégate de quatorze
canons, et de deux cents hommes d'équipage. L'alarme
les avoit tellement saisis, qu'ils faisoient monter des
hommes sur le bout de leurs antennes pour compter
ceux qui étoient dans la chaloupe, qu'ils prenoient
pour un amiral.

Le sénat, effrayé de la nouvelle qu'il venoit de recevoir, député sur-le-champ un noble pour aller porter des plaintes à M. le cardinal d'Estrées, à qui il représenta qu'il voyoit bien qu'on ne prétendoit plus les ménager, et que le chevalier de Forbin n'étoit pas venu sans quelque dessein important, et concerté avec les ministres du Roi.

Le cardinal, pour donner satisfaction au sénat, engagea l'ambassadeur à venir lui-même à bord voir de quoi il s'agissoit, et me faire retirer sur-le-champ. Il vint en effet, et fut fort surpris de ne trouver en arrivant qu'une chaloupe avec trente hommes seulement, tant soldats que matelots; et ayant pris ses lettres, celles qui étoient pour la cour, et celles qui s'adressoient au cardinal, il s'en retourna, en riant bien fort de la terreur panique que ma seule chaloupe avoit répandue dans Venise. Il est vrai qu'on me craignoit si fort dans ce pays, que j'y étois passé en proverbe, et que le souhait ordinaire que les patrons allant en mer s'entre-faisoient les uns les autres étoit de dire, après s'être recommandés à saint Marc : *Iddio ci guardi della bollina* (1), *e del cavalier di Forbino!*

Quatre jours après mon expédition de Trieste, je fus joint par deux galiotes à rames que j'avois demandées à la cour, et par deux brigantins que le vice-roi de Naples m'envoyoit. Ce fut par l'arrivée de ces deux derniers bâtimens que je reçus une lettre du cardinal de Janson, par laquelle il m'apprenoit que le grand vicaire de Brindes avoit fait de grandes plaintes au Pape sur les violences que j'avois faites dans la ville;

---

(1) *Bollina* est une espèce de météore que les matelots regardent comme le présage d'une tempête prochaine.

qu'il se plaignoit en particulier de ce que j'étois allé à main armée enlever une religieuse dans son couvent; que je l'avois retenue plusieurs jours, et que je ne l'avois renvoyée qu'après en avoir indignement abusé.

Dans cette même lettre, il me mandoit qu'il avoit tâché de me disculper autant qu'il lui avoit été possible; qu'il avoit prié Sa Sainteté de suspendre son jugement jusqu'à ce qu'il eût pu m'écrire, et savoir de moi-même de quoi il étoit question; qu'il ne m'avoit jamais connu capable de ces sortes d'excès, et qu'il étoit assuré que je me justifierois facilement du crime dont on m'avoit chargé.

Je répondis à cette Eminence en lui écrivant naïvement ce qui avoit donné lieu à la plainte que l'on avoit faite contre moi, et en le priant de supplier Sa Sainteté de s'en rapporter au témoignage de l'évêque de Brindes, qui certainement me disculperoit des calomnies du grand vicaire. Le Pape, jugeant ce moyen propre à découvrir la vérité, fit écrire à l'évêque, qui dans sa réponse me justifia pleinement: il me fit même beaucoup plus d'honneur que je ne méritois, puisqu'il ne tint pas, à l'information qu'il envoya, qu'on ne me regardât comme un saint.

En réponse des lettres que j'avois écrites à la cour, j'en reçus du ministre de fort obligeantes sur les services que j'avois rendus. « Sa Majesté, m'écrivoit-il, « m'a témoigné être satisfaite de votre conduite, et de « l'application avec laquelle vous mettez en œuvre les « moyens que vous avez de causer du dommage aux « ennemis. » Il ajoutoit que les Vénitiens continuoient à se plaindre de moi, mais qu'on ne faisoit pas grand cas de tout ce qu'ils pouvoient dire; et il finissoit en m'invitant d'aller brûler un château appelé *la Mezzola*, situé sur le Pô, qui servoit de magasin pour les secours de l'armée impériale en Italie.

Par la manière dont il me pressoit sur ce dernier article, il me faisoit assez entendre qu'il avoit cette expédition fort à cœur. Il ne m'en falloit pas tant pour me la faire entreprendre : ravi d'avoir occasion de faire plaisir au ministre, je suspendis mes bombardemens, et j'allai mouiller à l'embouchure du fleuve, d'où, ayant découvert le château à qui il en vouloit, je détachai le sieur Deschiens pour aller le reconnoître, et pour voir si le projet de la cour pouvoit avoir lieu.

On ne pouvoit parvenir jusqu'à la place qu'en passant sur les terres du Pape. Le sieur Deschiens trouva en entrant dans le fleuve un corps-de-garde des troupes de Sa Sainteté. A la première vue des galiotes, les soldats de ce poste prirent la peur, et s'enfuirent. M. Deschiens, qui crut bonnement que le corps-de-garde appartenoit aux ennemis, le fit piller, brûla quelques bateaux qu'il trouva abandonnés, et s'avança pour reconnoître le château.

Cette place étoit flanquée de quatre tours, entourée d'un fossé plein d'eau vive avec un pont-levis, et défendue par une garnison capable de soutenir un siége dans toutes les formes. Il revint m'informer de ce qu'il avoit fait et vu. Sur son rapport, jugeant qu'il n'étoit pas possible d'exécuter ce que le ministre souhaitoit, je fus forcé de tourner mes vues ailleurs; ce qui me mortifia beaucoup, car je compris fort bien que la cour trouveroit mauvais qu'un projet qu'elle avoit paru souhaiter demeurât sans exécution.

Je revins donc à continuer mes bombardemens. Tandis que je me disposois à aller attaquer Fiume, que je voulois traiter de la même manière que Trieste, j'appris que le corps-de-garde que mes gens avoient pillé appartenoit au Pape, aussi bien que les barques qui avoient été brûlées. Cette nouvelle me fit craindre, et avec raison, que le cardinal légat de Ferrare, attaché à l'Empereur, ne prît de là occasion de me faire une affaire auprès de Sa Sainteté.

Pour prévenir ce coup, j'écrivis au cardinal de Janson, et au commandant d'un petit fort qui étoit aux environs, appartenant au Saint-Père. Dans ces deux lettres, je m'excusois sur la méprise de mon officier, causée par la faute du corps-de-garde même. Mes lettres arrivèrent tout à propos : le cardinal de Ferrare avoit pris les devans, et avoit déjà fait des plaintes très-fortes contre moi et contre la nation. Mais le cardinal de Janson pacifia toutes choses, et j'en fus quitte en payant aux soldats quelques paillasses, et quelques couvertures qui avoient été brûlées.

Après cette affaire, qui n'eut pas de suites plus fâcheuses, je remis à la voile, et je tirai du côté de Fiume, où je me rendis vers l'entrée de la nuit. Cette place est située sur le milieu d'une baie fort spacieuse. Avant que de former mon attaque, je résolus, pour plusieurs bonnes raisons qu'il seroit trop long de rapporter, de me rendre maître d'un petit bourg appelé Lourano, entouré de murailles, et distant de deux lieues de la ville.

Je comptois qu'il me seroit d'autant plus aisé de le surprendre, que, selon toutes les apparences, les ennemis ne devoient pas me croire si près d'eux. La nuit, qui commençoit à tomber, étoit propre à favoriser mon entreprise. Je pris mes quatre bâtimens à rames, les canots et une bombarbe, et je tirai du côté de Lourano.

Les Vénitiens, toujours alertes, et qui ne me perdoient pas de vue, m'ayant reconnu je ne sais comment, annoncèrent aussitôt ma venue aux Impériaux, en allumant plusieurs feux de distance à autre. A ce signal, ceux-ci prirent les armes, fermèrent celles de leurs portes qui donnoient dans la campagne, et parurent sur leur rempart, en état de se bien défendre si je venois les attaquer.

Voyant ainsi mon projet découvert, je ne voulus pas m'engager pendant la nuit dans un combat, sans savoir au juste à qui j'avois affaire. En attendant qu'il fût jour, je fis jeter quelques bombes. C'en fut assez pour donner l'alarme : elle fut générale ; on voyoit de tous côtés des lumières qui couroient par la campagne : c'étoient les femmes et les enfans qu'on avoit laissés sortir, et qui fuyoient.

Quand il fut jour, j'aperçus un nombre considérable de gens armés, qui s'étoient postés sur le rivage pour empêcher la descente. Avant que de rien entreprendre, je fus bien aise de savoir ce que c'étoit que ces troupes, et si j'avois à me défendre contre des bourgeois, ou contre des gens de guerre. Pour ce sujet, je m'embarquai dans une piotte, et j'allai droit à eux. Quand je fus à bonne portée, je suivis quelque temps le rivage, pour reconnoître un endroit où je pusse aborder facilement.

Cette troupe me suivit pêle-mêle et sans ordre, tirant sur moi une infinité de coups de fusils : à ces marques, je reconnus bientôt qui ils étoient. Ces bourgeois, qui ne tiroient qu'en tremblant, et qui étoient d'ailleurs maladroits, ne blessèrent personne. Ce qui me surprit dans cette occasion, ce fut la fermeté de mes matelots, qui sans branler, et demeurant toujours debout, essuyèrent toute cette grêle de mousqueterie sans sourciller, et avec un sang froid qui feroit honneur aux plus intrépides.

Dès que j'eus reconnu un endroit propre pour la descente, je retournai vers mes bâtimens, que je rangeai en bataille; et je m'avançai pour attaquer cette bourgeoisie, qui faisoit un corps de plus de quatre cents hommes. A mesure que j'avançois, ils tiroient sur ma petite flotte, mais sans me causer beaucoup de dommage. Quand je fus à la demi-portée du fusil, je fis faire sur cette populace une décharge de canon, de pierriers et de mousqueterie. Une trentaine furent tués : tout le reste prit l'épouvante, et ne songea qu'à fuir.

Personne ne s'opposant plus à la descente, je mis quatre-vingts soldats à terre, et j'ordonnai à l'officier qui les commandoit d'aller attaquer une porte du côté de la campagne, tandis qu'avec mes brigantins et mes galiotes j'attaquerois la porte de la marine. Nous entrâmes lui et moi presque en même temps par la porte que chacun de nous avoit attaquée, et nous nous rendîmes maîtres du bourg.

Mon premier soin fut de poser des corps-de-garde

dans tous les endroits où je les jugeois nécessaires pour prévenir les surprises; après quoi je fis menacer de mettre le feu, si l'on ne se hâtoit de donner une grosse contribution. Tandis que la bourgeoisie délibéroit sur les moyens de se racheter de l'incendie, les matelots qui étoient entrés commencèrent le pillage : les soldats, aussi avides que les matelots, quittèrent leurs postes, et se mirent aussi à piller. Dans un moment, le désordre fut général; et ni mes officiers ni moi-même ne fûmes plus en état d'y apporter du remède.

Dans cette confusion, je craignis que les ennemis, qui ne s'étoient retirés qu'à un demi-quart de lieue, ne vinssent m'attaquer, soutenus par des secours que la ville de Fiume auroit pu leur envoyer. Je ne songeai donc plus qu'à me retirer avec honneur, et à achever mon entreprise, qui jusque là avoit si bien réussi. Pour finir (car il ne falloit plus songer à attendre de contribution), je fis mettre le feu dans presque tous les quartiers. A l'aide d'un petit vent qu'il faisoit, les maisons, qui étoient presque toutes de bois, furent bientôt embrasées : la flamme suivant de l'une à l'autre, l'incendie fut général.

Le feu prit à l'église, qui avoit été pillée comme le reste du bourg, au tabernacle près, auquel personne n'avoit touché. J'y courus, pour faire enlever le saint-sacrement avant que le feu prît à l'autel. En entrant, je vis un matelot qui ouvroit le tabernacle, et qui ayant vu la sainte hostie dans le soleil, et le ciboire, où reposoient plusieurs autres petites hosties consacrées, saisi d'horreur, se prosterna sur l'autel à deux genoux, et cria à haute voix, en joignant les mains : « Mon « Dieu, je vous demande pardon ! je ne croyois pas « que vous fussiez là. » A ces mots s'étant retourné, il me vit derrière lui ; et appréhendant sans doute que je ne le fisse punir, il se sauva à toutes jambes.

Je dis alors à un officier qui m'avoit suivi de prendre une nappe qui étoit restée sur l'autel, d'en envelopper le plus respectueusement qu'il pourroit le soleil et le ciboire, et d'emporter le tout au plus vite dans mon canot ; car le temps pressoit, et l'église commençoit à être enflammée de tous côtés. Le village étoit à demi consumé, lorsque je fis battre la retraite. Tout le monde se retira, à la réserve d'un seul matelot que je perdis je ne sais comment, et dont nous n'eûmes plus de nouvelles.

En arrivant à bord, l'aumônier, en surplis et en étole, vint prendre le saint-sacrement, le posa sur un petit autel qui avoit été dressé exprès, et sur lequel il y eut des bougies qui brûlèrent toute la nuit.

Pour achever de réparer autant qu'il étoit possible la profanation qui avoit été commise dans l'église, d'où je savois qu'on avoit enlevé plusieurs ornemens, et un nombre considérable de vases sacrés, je fis publier un ban, une heure après que nous fûmes à bord, par lequel il étoit enjoint, sous peine de la vie, de rendre avant la nuit à l'aumônier tout ce qui avoit été pillé, soit en ornemens, vases sacrés, et autres effets consacrés au service divin. Dès le soir même, on lui rapporta six calices, six patènes, et vingt ornemens complets, parmi lesquels il y en avoit de très-riches ; en sorte que tout fut rendu, à la réserve de quelques aubes, que les soldats retinrent pour se faire des chemises.

Je me préparois à aller bombarder Fiume, lorsque le consul français de Raguse arriva à bord. Je l'avois vu dans le voyage que j'avois fait à Courchoula. Ce consul étoit allé à Fiume pour quelques affaires particulières. Les magistrats, effrayés de mon expédition de Trieste et de Lourano, et appréhendant d'être traités de la même sorte, l'engagèrent à venir me supplier de ne leur point faire de mal. Cette démarche me fit grand plaisir, parce que je vis bien que l'ambassade aboutiroit à une grosse contribution ; ce qui, au bout du compte, étoit bien plus avantageux au Roi que d'abattre quelques maisons en bombardant.

Pour mieux cacher ma pensée, je répondis au député qu'il étoit bien difficile de lui accorder ce qu'il souhaitoit ; que j'avois des ordres précis de bombarder, et en particulier la ville de Fiume, qu'on vouloit moins ménager que toutes les autres ; que j'en étois bien mortifié, surtout depuis que je savois qu'il s'intéressoit pour cette place ; mais qu'il y auroit tout à craindre pour moi, si je m'avisois de faire grâce : que toutefois à sa considération, et pour lui marquer le cas que les officiers du Roi faisoient de la recommandation d'un consul français, je me hasarderois à prendre sur moi de ne point bombarder, pourvu que la ville, en payant une grosse contribution, me donnât moyen de me justifier à la cour.

Pour n'oublier rien de ce qui pouvoit intimider le consul, je fis allumer devant lui quelques artifices qui brûloient dans l'eau ; je lui fis accroire que les bombes seroient pleines de ces sortes de matières, et que j'allois réduire la ville en cendres, si je commençois une fois, comme je l'avois résolu; que cependant, puisque je leur avois ouvert une voie pour sauver la ville, je ne rétractois pas ma parole; mais qu'on songeât aussi à me faire tenir la contribution dans tout le jour, sans quoi je ne pouvois éviter de passer outre.

Le consul me demanda à quoi je faisois monter la somme que je souhaitois qu'on me donnât : je lui répondis qu'il ne me falloit pas moins de cent mille écus, pour indemniser le Roi d'une partie des frais qu'il avoit été obligé de faire pour l'armement. Ce consul, tout consterné, me répliqua qu'il ne seroit jamais possible que Fiume contribuât une somme si considérable : il me représenta que le pays étoit pauvre, de peu de ressources ; et que si je ne modifiois pas ma demande, les habitans seroient réduits à subir tel sort qu'il me plairoit, faute d'avoir assez d'argent pour se rédimer. Le Ragusois me parla d'une manière si persuasive, que je promis de faire grâce moyennant une contribution de quarante mille écus, et mille sequins de présent qu'on devoit me faire.

Quand cet article eut été ainsi réglé, je dis au consul que mes soldats ayant pillé, la veille, l'église de Lourano, je souhaitois de faire rapporter à Fiume le saint-sacrement, les vases sacrés, et plusieurs autres ornemens qui avoient été enlevés; et que je le priois de faire en sorte que le clergé se rendît en procession le lendemain sur le rivage, pour y recevoir le tout avec la décence qui convenoit. Il se chargea volontiers de cette commission, et me promit de s'en acquitter.

Sur sa parole, dès le lendemain à la pointe du jour, je fis parer mon canot avec un tendelet fort propre : on y dressa un autel, sur lequel on exposa le saint-sacrement. Les aumôniers en surplis s'embarquèrent, et firent route vers la ville, en récitant debout des psaumes, et d'autres prières de l'Eglise.

De peur de quelque surprise de la part des ennemis, je fis escorter le canot de quelques galiotes, ou brigantins à rames. Le sieur Deschiens, que j'avois chargé de la conduite de ces bâtimens, étoit dans le canot avec un tambour. Cette petite flotte alloit ainsi par un temps fort calme, qui, laissant brûler les bougies qu'on avoit posées sur l'autel, donnoit lieu à un spectacle également touchant et nouveau.

Quand elle fut à une certaine distance de la ville, le commandant fit arrêter son escorte, et s'avança seul avec le canot assez près des murailles. Surpris de ne voir personne, il fit battre un appel. Aussitôt on lui répondit par une décharge de mousqueterie, et par une vingtaine de coups de canon à mitraille et à boulets, qui par bonheur ne touchèrent personne. Les aumôniers, qui ne s'attendoient à rien moins, se jetèrent au fond du canot, si épouvantés de l'aubade, qu'il ne fut pas aisé de les faire relever si tôt. Ensuite de cette réception, il n'y avoit pas apparence d'aller plus avant : il fallut retourner sur ses pas ; et l'escadre revint à mon bord, où l'un des aumôniers dit la messe, et consuma les hosties.

Surpris d'un changement si peu attendu, et ne pouvant comprendre sur quel sujet la ville paroissoit dans une situation si différente de la veille, j'en demandai des nouvelles à quelques Vénitiens voisins de l'endroit où j'étois. Ils me dirent que, tandis que le consul traitoit avec moi de la contribution, il étoit arrivé un officier général de l'Empereur, avec ordre d'assembler des corps de milice pour s'opposer aux progrès que je faisois; que ce général n'avoit jamais voulu entendre parler de contribution; qu'il avoit encouragé le peuple, et qu'on avoit travaillé toute la nuit à faire dresser des batteries, et à mettre la ville en défense.

Pour m'assurer par moi-même de la vérité de cet avis, je fus bien aise d'approcher de la place, et de reconnoître si, nonobstant l'arrivée de cet officier, il n'y avoit pas moyen de bombarder. Je sondai aux approches des murailles, et je trouvai quatre-vingts brasses de fond : mais, à la quantité de coups de canon que j'essuyai, je vis qu'il n'étoit pas possible de rien entreprendre. Toutefois avant que de me retirer je fis tirer moi-même quelques volées de canon sur la ville; mais elles ne firent pas grand effet. Ainsi, n'ayant rien de mieux à faire, je résolus de recommencer mes courses comme auparavant.

Avant que de remettre à la voile, j'écrivis au cardinal de Janson au sujet du pillage de l'église de Lourano; et je l'informai de la manière dont ceux de Fiume m'avoient reçu, lorsque je m'étois mis en état de leur faire rendre ce qui avoit été enlevé. Je priai cette Eminence d'en parler au Pape, et de lui demander ses ordres pour cette restitution. Sa Sainteté me sut bon gré du zèle que j'avois témoigné pour la religion : elle eut la bonté de me faire écrire sur cela une lettre fort obligeante, et m'ordonna de faire porter tous ces ornemens à Ancône, pour être remis entre les mains des pères de la Mission, qui auroient soin de les restituer à l'Eglise qui avoit été pillée.

Peu après mon départ de Fiume, il m'arriva de Toulon une frégate commandée par M. de Ligondes. Elle étoit chargée de vivres et de munitions. Par rapport à la saison où nous entrions, ce bâtiment étoit plus propre pour la guerre que celui que je montois ; car nous approchions de l'hiver, auquel temps les gros vaisseaux ne sauroient tenir, surtout dans la mer Adriatique. D'ailleurs, le mien avoit besoin d'être caréné. Je pris donc le parti de m'accommoder de celui-ci, et de renvoyer l'autre en France.

Quelques jours après, je fus à Ancône, pour y arrêter mes comptes avec le consul français, qui avoit fait des avances considérables pour l'escadre ; et je n'oubliai pas de faire porter aux pères de la Mission, conformément aux ordres du Pape, les ornemens et les vases sacrés de l'église de Lourano, dont ces pères eurent la bonté de se charger.

Ancône n'est qu'à quatre lieues de Notre-Dame-de-Lorette. La dévotion que les fidèles ont de tout temps témoignée pour cette sainte chapelle, et tout ce que j'avois ouï dire des richesses qu'on y conserve, me donnèrent envie d'y aller. Des gentilshommes de mes amis me fournirent les voitures et les relais nécessaires pour revenir à bord le même jour. J'arrivai à Lorette de bon matin. Tandis que je me reposois un moment au cabaret, je fus surpris d'y voir venir le gouverneur, que l'officier qui gardoit la porte avoit envoyé avertir de mon arrivée.

Il me dit en m'abordant que, m'ayant su dans la

ville, il s'étoit hâté de me venir rendre ses devoirs; qu'il me prioit de vouloir bien aller chez lui, et qu'il ne souffriroit jamais qu'un homme de ma distinction demeurât au cabaret. Je le remerciai comme je devois des bontés qu'il me témoignoit, mais je le priai instamment de me laisser en liberté, n'ayant que fort peu de temps à demeurer; et sur ce que je lui témoignai que je n'étois venu que dans un esprit de dévotion, et pour voir tout ce qu'on m'avoit dit des magnificences de l'église de Lorette, il m'envoya, un moment après être sorti, deux pères jésuites, un français et un flamand, qui eurent la bonté de m'accompagner partout.

Après avoir entendu la messe, et prié quelque temps devant l'autel de la Vierge, on me fit voir des richesses immenses : un nombre presque infini de pierreries de toute espèce et de toute valeur, une multitude prodigieuse de statues d'argent, de croix, de calices et de ciboires, d'or pour la plupart, enrichis de pierres précieuses; quantité d'ornemens en broderie de perle. En un mot, j'en vis tant et de tant de sortes, que leur nombre et leur magnificence surpassoient de beaucoup l'idée que je m'étois formée.

Tout ce que je trouvai à dire, ce fut une espèce de tribut qu'il falloit payer, à mesure que nous passions d'un endroit à l'autre. J'en dis deux mots au jésuite français. Ce père me répondit qu'il ne falloit pas regarder cela d'un certain œil; que le tribut dont je me plaignois avoit donné lieu plus d'une fois aux mauvaises plaisanteries des libertins, mais que les gens raisonnables ne trouvoient rien dans tout cela qui fût capable de les scandaliser. Et dans le fond il n'avoit pas tout le tort, puisqu'il est juste que ceux qui sont préposés pour montrer ces trésors aux étrangers soient payés de la peine qu'ils prennent, et gagnent au moins de quoi s'entretenir.

[1702] A mon retour à Ancône, je voulus aller visiter le cardinal qui en étoit évêque. J'en parlai au marquis de Benin-Casa, consul français. Il me répondit que cette visite étoit fort à propos; mais qu'il falloit auparavant traiter du cérémonial.

Comme j'étois peu fait aux usages d'Italie, je lui demandai de quel cérémonial il me parloit. « Je veux, « lui dis-je, rendre tout simplement mes devoirs à « M. le cardinal : il n'y a qu'à savoir de cette Emi- « nence si ma visite lui sera agréable. » Le marquis, me regardant avec un sourire : « M. le chevalier, me « dit-il, je vois bien que vous ne connoissez pas nos « manières. Ce n'est pas ici comme en France, où l'on « vit sans façon : en Italie, tous les pas sont comptés, « et tirent à conséquence. Mais ne vous embarrassez « de rien : cette affaire me regarde, et de ce pas je « vais voir le maître des cérémonies du cardinal, avec « qui nous déterminerons la manière dont un homme « de votre condition doit être reçu. »

Voici comme le tout fut réglé. Il fut arrêté que j'irois en carrosse, accompagné de tous mes domestiques, descendre à la porte du cardinal ; que tous les domestiques de cette Eminence viendroient me recevoir hors la porte de son palais ; que j'entrerois le premier avec ma suite ; que les officiers du cardinal suivroient, et que nous marcherions dans cet ordre jusques à *mezza sala*, c'est-à-dire jusqu'au milieu de la salle, où tout ce cortége s'arrêteroit ; que le grand maître des cérémonies me conduiroit dans une autre salle préparée exprès, où il y auroit sous un dais un fauteuil pour le cardinal, et une chaise pour moi ; que le maître des cérémonies me quitteroit, après m'avoir conduit dans cette salle, dans laquelle Son Eminence entreroit par une autre porte ; et que là je pourrois lui faire tel compliment que je trouverois à propos.

Le consul m'avertit encore que ce cardinal parloit parfaitement bien français ; mais que, par rapport à sa dignité, il ne me parleroit qu'italien. Tout ce cérémonial, jusqu'à l'arrivée du cardinal dans la salle, s'exécuta de point en point, et à la lettre : mais Son Eminence étant entrée, au lieu d'aller s'asseoir sous le dais, vint à moi, et après m'avoir embrassé me dit, en me parlant français : « M. le chevalier, c'est à la « française que je veux vous recevoir, et non pas à « l'italienne. Je suis serviteur et ami particulier de « M. le cardinal de Janson. J'ai une estime et une « considération particulière pour votre nom, et sur- « tout pour vous, monsieur, qui venez de servir si « utilement le Roi votre maître, et qui avez fait de si « belles actions dans le golfe. Je suis entièrement dé- « voué à la France, et toujours prêt à soutenir ses in- « térêts dans toutes les occasions. »

Je le remerciai de ses bontés, et de l'honneur singulier qu'il me faisoit. La conversation fut plus longue que de coutume : nous fîmes mille plaisanteries sur le cérémonial italien, et sur tout ce qu'il a de fatigant. Comme je prenois congé, le cardinal m'embrassa ; et, continuant à badiner sur le même sujet : « Nonobstant « tout ce que notre cérémonial a d'incommode, me

« dit-il, il faudra pourtant s'y conformer, au moins en
« partie. Je vais prendre un air grave, avec lequel je
« vous accompagnerai jusqu'à *mezza sala,* où je vous
« laisserai, en faisant une inclination de tête sans mot
« dire; après quoi mes officiers vous remèneront à
« votre carrosse, en marchant toujours devant vous. »
Sur cela nous sortîmes, et tout fut exécuté comme le
cardinal m'avoit dit.

Quelques jours après, il me fit dire qu'il vouloit me
rendre visite. Je le reçus dans la maison du consul
français. Le cérémonial fut encore réglé; mais comme
cette entrevue ne se passa pas de lui à moi, elle fut
fort courte. Le cardinal fut se placer dans son fauteuil, et ne me parla jamais qu'italien.

Peu de jours avant mon départ, je donnai à manger à une grande partie de la noblesse d'Ancône : les
grands titres y coûtent peu, tout y est comte ou marquis. Les dames furent de la partie. C'étoit un jour
maigre : j'avois quantité d'excellent poisson. Mon cuisinier, voulant se faire honneur, s'avisa de préparer
tous les ragoûts au sain-doux.

Les Italiens, accoutumés à ne manger guère que de
mauvaise huile, se récrièrent beaucoup, et principalement les dames, sur la bonté de l'huile de France :
mais un des messieurs de la troupe, qui étoit un vieux
routier (il s'appeloit le comte Marc-Antonio), s'adressant à moi : « M. de Forbin, me dit-il, *questo mi pare*
« *oglio di porco.* »

Je m'étois déjà aperçu du tour de mon cuisinier.
Je ne répondis rien; et quoique le comte eût parlé
assez haut pour être entendu de tout le monde, personne, non plus que moi, ne voulut y prendre garde,

et le repas continua comme s'il n'avoit été question de rien.

Je me disposois à partir pour Brindes, lorsque le consul vint me prier de recevoir dans mon bord un homme qui avoit une affaire fâcheuse, pour laquelle il étoit poursuivi par la justice. Comptant de rendre service à un malheureux, j'accordai facilement ce qu'on souhaitoit de moi : un moment après, je le vis arriver. Je m'avisai de lui demander, par pure curiosité, ce que c'étoit que son affaire. Il répondit froidement : « *O ammazzato il mio fratello!* J'ai tué mon « frère, pour quelques démêlés que nous avions. Je « lui ai tiré un coup de fusil; et comme je vis qu'il « n'étoit pas mort, je l'achevai avec mon poignard. » Je fus si frappé de la noirceur du crime, et du sang froid avec lequel ce scélérat m'en parloit, que, le regardant avec horreur : « Puisque tu as tué ton frère, « lui dis-je, tu ne m'épargnerois pas moi-même. A « Dieu ne plaise que je garde dans mon vaisseau un « pareil monstre! » Sur cela, je le fis mettre à terre, et je partis.

Cet assassinat commis de sang froid me rappelle une histoire que le cardinal de Janson me raconta un jour que nous allions ensemble de Paris à Beauvais : la voici, comme je la tiens de lui.

Un seigneur romain, qui avoit un fort beau parc où il entretenoit plusieurs cerfs, avoit défendu à ses domestiques d'en tuer. Un d'eux eut le malheur de contrevenir à cet ordre, et, tirant à quelque autre pièce de gibier qu'il manqua, tua par mégarde un de ces cerfs, qui étoit caché dans des broussailles. Ce pauvre garçon appréhenda la colère de son maître, et s'enfuit à Gênes, où s'étant embarqué, il fut pris par les Algériens.

Le seigneur italien ayant appris quelque temps après que son domestique étoit esclave à Alger, fut trouver le cardinal de Janson, et le pria instamment d'écrire au consul français de racheter ce malheureux, quoi que dût coûter la rançon. Le cardinal, touché de cette générosité, ne put s'empêcher de la louer. Il écrivit au consul, qui racheta en effet l'esclave, et le renvoya à Rome. Le gentilhomme vint remercier Son Eminence, remboursa l'argent de la rançon, et quelques jours après fit assassiner ce pauvre valet, qu'il n'avoit voulu ravoir que pour se venger de sa désobéissance, quelque involontaire qu'elle fût.

Je fus fort surpris, en arrivant à Brindes, d'apprendre que les soldats que j'avois demandés depuis plusieurs mois au vice-roi de Naples étoient arrivés, et repartis depuis quelques jours, aussi bien que les galères commandées par don Manuel de Silva, qui, faute de vivres, étoit retourné à Gallipoli.

Si ce secours me fût arrivé à propos et dans son temps, j'aurois été en état d'entreprendre bien des choses, et il y auroit eu peu de ports de l'Empereur qui n'en eussent été bien incommodés; mais les Espagnols sont si lents, qu'ils ne font jamais les choses qu'à contre-temps. La saison étoit déjà si avancée, que quand j'aurois trouvé à Brindes les soldats et les galères, il m'étoit impossible de rien entreprendre.

Peu de jours après mon arrivée, ce même don Manuel de Silva, commandant des galères, revint par terre à Brindes, pour me prier d'écrire à l'ambassadeur de France auprès de Sa Majesté Catholique, et pour faire en sorte que ce ministre le disculpât sur ce qu'il n'étoit pas venu me joindre au temps marqué. Il en rejetoit la faute sur le vice-roi de Sicile, qui avoit négligé de fournir des vivres. Je m'informai de la vérité de cet exposé; et ayant reconnu que le commandant m'avoit dit vrai, j'écrivis de la manière qu'il le souhaitoit.

Quelque temps après, je tombai malade d'une pleurésie, dont j'eus beaucoup de peine à me tirer. Enfin la saison ne me permettant plus de faire aucune entreprise, et voulant d'ailleurs sauver le vaisseau du Roi, qui faisoit eau de toutes parts, je résolus de revenir en France pour me radouber. Je partis avec le sieur de Fougis, dont la frégate avoit besoin aussi d'un gros radoub; et je laissai à ma place le sieur Deschiens, à qui je donnai des instructions sur la manière dont il devoit se gouverner.

Pendant la route je fus tellement assailli du mauvais temps, que je me vis vingt fois au moment ou de me noyer, ou tout au moins d'échouer, pour sauver mon équipage. Ce ne fut qu'à force de travail que j'abordai les côtes de Provence. J'étois par le travers d'Antibes, lorsque je vis passer douze galères de France que je savois porter le roi d'Espagne, qui venoit d'Italie, d'où il retournoit dans son royaume. Comme je voulus saluer ce prince à la royale, un de mes canons creva, et tua ou estropia dix de mes hommes.

Un gros éclat, qui pesoit plus de cent livres, me passa sous le menton. J'en fus quitte pour quelques petites blessures en plusieurs endroits. Je fus fort heureux dans mon malheur : un demi-pouce plus haut ou plus en dedans, je perdois la mâchoire, ou j'étois tué. J'arrivai enfin à la vue de Toulon, coulant presque à fond, et tout mon équipage étant sur les dents. J'envoyai demander du secours, qui arriva fort à propos, et sans lequel je n'aurois peut-être pas pu entrer dans le port.

Le roi d'Espagne, qui étoit fatigué de la mer, débarqua à Antibes, et continua sa route par terre. Il passa par Toulon : je fus lui faire la révérence, avec un grand emplâtre sous le menton. Ce monarque me fit l'honneur de me remercier des services que je venois de rendre dans le golfe sous le pavillon espagnol, et me fit présent d'une épée d'or enrichie de diamans, qu'il me présenta lui-même, avec beaucoup de marques de bienveillance.

Je trouvai dans la rade, en arrivant à Toulon, un vaisseau de cinquante pièces de canon prêt à mettre à la voile : il étoit destiné pour aller me joindre dans le golfe, et remplacer celui que M. Deschiens m'avoit amené. Mon arrivée fit changer toutes ces destinations; et, soit qu'on voulût donner quelque satisfaction aux Vénitiens, soit pour quelques autres raisons dont je n'eus point de connoissance, M. Duquesne-Monier fut nommé pour aller à ma place continuer ma mission.

Je ne fus pas fâché de ce changement. Je donnai à mon successeur toutes les instructions convenables. Il me dit qu'il prévoyoit qu'il alloit être la victime du commandement qu'on lui donnoit, et que, puisque j'avois quitté la partie, il y avoit apparence qu'il n'y avoit plus rien de bon à faire.

Il ne se trompoit pas : avec un très-petit armement, j'avois eu de grands succès; mais il faut dire aussi que j'avois trouvé un pays dépourvu de troupes, et mal aguerri; au lieu que quand j'en étois parti, tout étoit en armes. L'Empereur y avoit envoyé de bons officiers, qui avoient fait des levées considérables, dont on avoit formé des corps de troupes prêts à marcher où il seroit nécessaire, et capables de résister au moins quelque temps. Après m'être reposé quelques jours à Toulon, je pris le chemin de la cour, où j'arrivai au commencement de l'année 1703.

J'avois entrepris ce voyage avec d'autant plus de plaisir, que je comptois d'aller recevoir la récompense de mes services; car je connoissois fort bien ce que méritoient les deux campagnes que je venois de faire : et quand le ministre lui-même ne m'en auroit pas parlé si avantageusement dans ses lettres, je n'ignorois pas que j'avois assez bien servi le Roi pour avoir lieu d'espérer que la cour y auroit quelque égard.

Cependant je fus trompé dans mes espérances; et, bien loin qu'on me jugeât digne d'être récompensé, je fus réduit à me défendre et contre la calomnie, et contre la prévention. La première chose que j'appris en arrivant fut que la promotion de la marine s'étoit faite sans qu'il eût été question de moi. J'en fus mortifié au-delà de tout ce que je pourrois dire; et, ne sachant à quoi attribuer ce qui m'arrivoit, j'allai me présenter au ministre, à qui je me plaignis d'avoir été oublié dans un temps où je croyois pouvoir me flatter que mes services ne demeureroient pas sans récompense.

Le ministre me reçut très-froidement. Je le priai de me présenter au Roi : il refusa de m'accorder cette grâce, en me disant que j'étois assez connu de Sa

Majesté, et que je pouvois me présenter moi-même.

Surpris de cet accueil, auquel je ne m'attendois certainement pas, je répondis d'une manière assez vive; et sortant brusquement, j'allai en effet me présenter au Roi. Sa Majesté eut la bonté de me dire que j'avois bien fait parler de moi pendant la campagne. « Sire, « lui répondis-je, je n'ai rien oublié pour faire à vos « ennemis tout le mal dont j'étois capable : heureux si « mes services ont eu le bonheur de plaire à Votre Ma-« jesté ! »

Cependant j'avois fort sur le cœur la manière dont le ministre m'avoit reçu. J'ignorois le sujet de ses mécontentemens, et je voulois absolument en être éclairci. Pour cet effet, je lui avois souvent demandé audience, sans qu'il m'eût été possible de l'obtenir.

Outré de ce refus, et voulant à toute force avoir au moins la satisfaction de me plaindre et d'être entendu, je fus m'emparer de la porte un jour qu'il alloit entrer chez lui; et, lui adressant la parole : « Monsieur, lui « dis-je, un gentilhomme qui sert bien son maître, et « qui n'a rien à se reprocher, mérite bien au moins « que vous l'entendiez. Je vous prie de me donner « audience. » Sur cela j'entrai ; et, continuant comme j'avois commencé : « Monsieur, ajoutai-je, je ne sorti-« rai point d'ici que vous ne m'ayez écouté. » Le ministre, qui vit ma résolution, et qui jugea qu'il ne se débarrasseroit de moi qu'après m'avoir donné satisfaction, me répondit que je pouvois parler, et qu'il étoit prêt à m'entendre.

Alors, usant de la liberté qu'il venoit de me donner : « Qu'ai-je donc fait, monsieur, lui dis-je, qui ait dû « m'attirer le traitement que je reçois de votre part?

« Vous venez de distribuer plusieurs grâces dans la
« marine : pour quel crime ai-je mérité qu'on m'ou-
« bliât? Je viens de bien servir le Roi ; j'ai exposé
« mille fois ma vie pour la gloire des armes de Sa
« Majesté : après cela n'étois-je pas en droit d'attendre
« qu'on songeroit à moi, et que je retirerois quelque
« fruit de tant de fatigues, et de tous les dangers que
« j'ai courus?

« De quoi vous plaignez-vous ? me répondit le mi-
« nistre. Ne vous êtes-vous pas payé de vos propres
« mains, et vos deux campagnes ne vous ont-elles pas
« rapporté cent mille écus ? » Etonné de ce que je
m'entendois dire : « Si j'ai gagné cent mille écus, re-
« partis-je, vous devez en être bien aise : cette somme
« me donnera moyen de servir le Roi avec plus d'ai-
« sance. Mais, monsieur, qui est l'imposteur qui a eu
« l'audace d'avancer cette fausseté? Faites-moi la grâce,
« s'il vous plaît, de me dire sur qui j'ai gagné tout cet
« argent. C'est une grosse somme que cent mille écus.
« Je n'ai pas pillé les deniers du Roi ; les prises que
« j'ai faites sur les ennemis, je les ai mises entre les
« mains de vos agens, qui doivent vous en rendre
« compte : cela supposé, les cent mille écus dont vous
« me parlez doivent manquer à quelque autre. Ayez
« la bonté de m'informer qui sont ceux qui se plai-
« gnent de les avoir perdus.

« J'ai un journal fort exact de tout ce que j'ai en-
« levé aux ennemis, et des dépenses que j'ai été obligé
« de faire pour le compte du Roi. M. de Vauvray, in-
« tendant de Toulon, a vérifié le tout : prenez la peine
« de vous informer de lui ; il peut vous donner sur ce
« point plus d'éclaircissemens qu'aucun autre. Que si

« vous voulez ne vous en rapporter qu'à vous-même,
« les officiers, les écrivains et les pilotes ont fait des
« journaux aussi bien que moi : il vous est aisé de les
« avoir. Je vous remettrai demain tous mes Mémoires,
« dans lesquels j'ai écrit jour par jour tout ce que j'ai
« opéré dans mes deux campagnes : vous pourrez voir
« à loisir les uns et les autres : je serai ravi que vous
« examiniez ma conduite. Si j'ai pillé, il est juste que
« je sois puni, et j'y consens : mais si j'ai bien et fidè-
« lement servi mon maître, j'ai droit de demander la
« récompense que mes services ont méritée. »

Le ministre, pressé par mes raisons, qui ne souf-froient point de réplique, et ne sachant que me dire, me reprocha de n'avoir pas pris le château de La Mezzola, quoiqu'il m'eût témoigné le souhaiter avec passion. Je lui répondis que je m'étois porté sur les lieux; que la chose étoit impossible, et que je ne me trouvois pas fort coupable pour n'avoir pas su faire des miracles; que ceux qui lui avoient fait entendre que cette expédition pouvoit avoir lieu étoient ou des présomptueux, ou des ignorans; que cette place ne pouvoit être emportée que par un siége réglé; qu'il savoit parfaitement bien que je n'avois ni assez de soldats, ni tout l'attirail nécessaire pour l'entreprendre; et que quand j'aurois eu tout ce qu'il falloit, l'armée du prince Eugène, qui étoit à portée de s'opposer à ce dessein, auroit pu m'empêcher d'y penser.

« Ce que vous n'avez pas voulu faire, répliqua le
« ministre, M. Duquesne le fera à votre place. —
« M. Duquesne est trop sage pour l'entreprendre; lui
« répondis-je; et je donne ma tête à couper, s'il en
« vient à bout. Mais, monsieur, considérez que j'ai

« entrepris et exécuté dans la mer Adriatique bien
« des choses très-périlleuses, et tout cela sans ordre,
« de mon propre mouvement, et uniquement pour
« mettre à profit les moyens que j'avois de servir le
« Roi. Cela supposé, quelle apparence qu'après avoir
« reconnu vos intentions, et l'envie que vous aviez de
« voir détruire cette place, j'eusse refusé d'entrer dans
« vos vues, surtout si la chose avoit été aussi facile
« que vous supposez? » Notre conversation n'alla pas
plus loin, et je me retirai, le cœur serré de douleur
de me voir ainsi la victime de la calomnie.

Toutefois, pour n'avoir rien à me reprocher, je demeurai trois semaines entières à faire ma cour fort exactement, sans que pendant tout ce temps-là le ministre me dît jamais un seul mot. J'enrageois de ce silence, et cent fois je fus sur le point d'éclater.

Tandis que j'étois dans cette inquiétude, la cour, qui avoit donné des ordres pour équiper une flotte considérable que M. le comte de Toulouse devoit commander, me nomma pour monter un des vaisseaux qui la composoient.

Cette conduite, qui me donnoit à entendre qu'on n'étoit pas tout-à-fait mécontent de moi, puisqu'on vouloit encore de mes services, ne me satisfaisoit pourtant pas entièrement : je voulois quelque chose de plus. Ce silence du ministre me poussa à bout : je fus chez lui, et je lui portai mon journal, afin qu'il vît par lui-même tout ce que j'avois fait dans mes deux campagnes.

« Monsieur, lui dis-je, si j'ai été si long-temps sans
« vous présenter ces Mémoires, ce n'a été qu'afin de
« vous donner le loisir de prendre pour et contre moi

« toutes les informations convenables. Aujourd'hui
« oserai-je vous demander si je suis justifié dans votre
« esprit, et si vous avez été éclairci sur les cent mille
« écus qu'on vous a dit que j'avois gagnés? »

Il m'avoua qu'il avoit écrit de tous côtés; mais que l'on ne lui avoit dit que du bien de moi, et qu'il falloit que j'eusse corrompu tous ceux qui m'approchoient. Ce discours m'irrita plus que tout le reste; et, ne pouvant plus retenir ma colère : « Monsieur, lui
« repartis-je, si le Roi n'est pas content de moi après
« tout ce que j'ai fait pour son service, il faut que ce
« soit vous-même qui m'ayez desservi auprès de Sa
« Majesté; car puisque, de votre propre aveu, malgré
« toutes les diligences que vous avez faites, vous n'a-
« vez pu trouver d'accusateurs contre moi, il ne me
« reste que vous sur qui je puisse faire tomber mes
« soupçons. Il m'est certainement bien douloureux de
« n'avoir à me plaindre de personne autre. Qu'il me
« soit permis de vous le dire : si j'avois été coupable
« d'une faute, vous auriez dû être le premier à m'ex-
« cuser, puisqu'au bout du compte, comme ministre
« de la marine, je vous ai fait quelque honneur, en
« travaillant avec assez de succès sur les instructions
« que j'avois reçues de vous. Mais, sur le pied où sont
« les choses, je vois bien qu'il ne me reste plus qu'à
« me retirer; car quelle apparence de continuer à
« servir, ayant le ministre contre moi dans un temps
« où il auroit dû m'être le plus favorable?» Nous n'en dîmes pas davantage, et je sortis, la colère et l'indignation dans le cœur.

Quoique j'eusse parlé d'une manière assez vive, il n'y avoit pas grand mal jusque là. Il est des circonstances où il faut se plaindre à la cour, et même un peu haut; sans quoi on ne fait pas son chemin. Mais la faute que je fis fut de porter mes plaintes au-delà du cabinet du ministre, et de faire savoir publiquement les sujets de mécontentement qu'il m'avoit donnés.

Au sortir de chez M. de Pontchartrain, je fus trouver M. l'amiral. Je l'informai de tout ce qui s'étoit passé : je me plaignis de la manière dont on m'avoit reçu, de tout le procédé qu'on continuoit d'avoir avec moi, et de la nécessité où l'on me mettoit de sortir de la marine, où je n'avois plus rien à faire, tandis que je serois en butte à la persécution de ceux qui auroient dû me protéger.

M. l'amiral, sous les yeux de qui j'avois manœuvré dans le golfe (car il étoit à Messine pour me soutenir s'il en avoit été besoin, ainsi que j'ai remarqué dans son lieu), eut la bonté de me dire qu'il ne vouloit pas que je songeasse à me retirer; que mon service étoit nécessaire; qu'il parleroit au ministre, et au Roi même s'il le falloit.

Deux jours après, je me trouvai dans les appartemens comme le Roi alloit à la messe. M. l'amiral m'ayant aperçu, me fit signe : je fus à lui. « Je viens, me dit-il, « de parler au Roi sur votre sujet : il m'a dit qu'il étoit « content de vos services, et que son ministre ne sait « ce qu'il dit. »

Touché des bontés dont ce prince m'honoroit, je tâchai de lui marquer à quel point j'y étois sensible, en lui témoignant le regret que j'avois de ne pouvoir pas les reconnoître. « N'en soyez point en peine, me « dit-il; tout se trouvera. »

Le ministre, informé des plaintes que je faisois de

lui publiquement, s'en offensa, et pour me punir m'ôta le vaisseau qu'il m'avoit destiné, et en donna le commandement à un autre. Depuis ce jour-là, je ne parus plus au bureau de la marine.

Il y avoit déjà un mois que je n'y avois pas mis le pied, lorsque le marquis de Janson alla chez M. de Pontchartrain, à qui il avoit à parler pour le chevalier de Pennes, que le roi d'Espagne avoit envoyé à la cour. Le ministre, qui avoit sur le cœur tout ce que j'avois dit sur son sujet, répondit qu'il étoit content du chevalier de Pennes; qu'il ne l'étoit guère du chevalier de Forbin.

Le marquis, qui n'ignoroit pas que mes plaintes, tout indiscrètes qu'elles étoient, n'étoient pourtant pas sans fondement : « Monsieur, lui dit-il, le chevalier
« de Forbin est de mes parens; je l'aime et l'estime
« beaucoup : mais, nonobstant tout cela, s'il man-
« quoit à votre égard, je serois le premier à lui tomber
« sur le corps, et je n'oublierois rien pour le faire
« rentrer dans son devoir. Du reste, je crois devoir
« vous représenter que, brave comme il est, ayant bien
« servi son maître, pour qui il est plein de zèle, et
« toute l'Europe lui rendant justice et reconnoissant
« ce qu'il vaut, il étoit difficile qu'il ne s'échappât
« quelque peu, en voyant ses services sans récom-
« pense; que s'il se retire de la marine, ce n'est que
« parce qu'il vous regarde comme lui étant contraire;
« et dans cette pensée il n'a pas tort de quitter prise,
« puisqu'il ne gagneroit rien à servir, dès que le mi-
« nistre prendroit intérêt à le traverser.

« Moi prendre intérêt à le traverser ! répliqua M. de
« Pontchartrain. Il se trompe, s'il a cette pensée. Mais

« il est trop vif, et il a éclaté sans me donner assez de
« temps pour pouvoir le justifier. On l'avoit fort des-
« servi auprès de moi ; les personnes qui m'avoient
« donné ces mauvaises impressions étoient d'un rang
« à être crues : aujourd'hui tous mes soupçons sont
« dissipés. Qu'il ne se rebute pas, et qu'il compte sur
« moi : je le servirai avec plaisir quand l'occasion s'en
« présentera. » Le marquis répondit en le remerciant
de ses bontés : il ajouta qu'il alloit m'en donner la nouvelle, et que je me trouverois le lendemain à sa porte,
pour lui en faire moi-même mes remercîmens.

Je me rendis en effet chez le ministre, qui me
combla de civilités. Il me fit donner cinq cents écus
de gratification, avec le commandement du vaisseau
le Téméraire, et me fit passer à Toulon, m'ordonnant
de couvrir le commerce du Levant, et de donner la
chasse aux corsaires flessinguois. C'est ainsi qu'après
avoir laissé mes services sans récompense, comme il
prétendoit (car je l'ai toujours soupçonné de ne m'a-
voir cherché noise que pour avoir lieu de ne rien faire
pour mon avancement), il compta que je m'estimerois
encore trop heureux d'être rentré en grâce, et de reprendre des emplois que je commençois à regarder
comme au-dessous de moi.

Le mécontentement que je venois de recevoir, et
mes plaintes contre le ministre, avoient été trop publics pour ne pas se répandre jusqu'en Provence. Le
bruit courut à Toulon que j'étois disgracié, et que la
cour, qui ne vouloit plus de mes services, avoit cru
faire beaucoup pour moi en me permettant de me retirer où il me plairoit.

Sur cette nouvelle, la demoiselle qui m'avoit attaqué

en crime de rapt, et qui avoit été plus de deux ans sans mot dire, recommença ses poursuites. L'avis m'en fut donné à Paris; sur quoi je pris la poste pour Toulon, où, après bien des chicanes que j'eus à essuyer, je la fis enfin condamner comme non recevable. Elle n'eut garde d'acquiescer à ce jugement : elle en appela au parlement, mais elle n'y trouva pas mieux son compte, comme je le dirai bientôt.

M. l'amiral arriva dans ce temps-là à Toulon, où l'on avoit fait un armement considérable. L'armée s'embarqua; mais, sur les avis que les ennemis, supérieurs en nombre, étoient entrés dans nos mers, elle ne sortit pas la rade. Je fus détaché pour aller à la découverte, et pour observer les mouvemens des ennemis.

J'appris que leur flotte marchande étoit passée en Levant, sous l'escorte de six vaisseaux de guerre. Je reconnus leur armée qui sortoit de Livourne, et je la suivis jusque par delà les îles d'Iviça, sur les côtes d'Espagne, d'où voyant qu'elle faisoit route pour le détroit de Gibraltar, je retournai à Toulon rendre compte de ma découverte. Sur la relation que je fis, n'y ayant pas apparence de se mettre en mer, M. l'amiral ordonna le désarmement. Pour moi, j'eus ordre de couvrir le commerce de Marseille en Levant, et j'allai deux ou trois fois à Malte débarquer, et recevoir des chevaliers qui passoient en France. Le grandmaître Perillos me combla d'honneurs, de caresses et de présens, et m'accorda plusieurs grâces que je lui demandai.

Sur la fin de l'année, c'est-à-dire la seconde fête de Noël, je partis de Toulon pour escorter une flotte marchande qui devoit passer en Levant. Nous mîmes à la voile par un fort beau temps; mais à peine fûmes-nous à quatre lieues de terre, qu'il s'éleva un orage du côté du nord-est, accompagné de pluie, et suivi de la plus affreuse tempête où je me sois trouvé de ma vie. La grosseur de la mer, et l'impossibilité où nous étions de manœuvrer, nous réduisirent cent fois au moment d'être engloutis. Toute la flotte fut dispersée; plusieurs se sauvèrent aux îles de Majorque et d'Iviça, et d'autres à Barcelone et à Roses.

Je me retirai dans ce dernier port, coulant à fond, et dans le plus pitoyable état du monde. Tout mon équipage étoit accablé, et n'en pouvoit plus. Je ne trouvai à Roses qu'un seul des vaisseaux que j'escortois. Après m'être radoubé, je le ramenai à Toulon, où ayant appris que les deux bâtimens les plus richement chargés s'étoient retirés à Barcelone, je partis pour aller les joindre, et les conduire en Levant. Quand je fus descendu à terre, le consul français vint m'informer d'une affaire qui regardoit la nation, et pour laquelle il me prioit de m'intéresser auprès du vice-roi.

Une barque française richement chargée avoit été prise, depuis environ trois semaines, par un corsaire flessinguois. Les mauvais temps l'ayant obligé de relâcher à Barcelone, avant que d'entrer dans le port, le capitaine, maître de la prise, avoit déclaré au patron français qu'il lui rendroit sa barque, pourvu qu'en entrant il mît pavillon blanc, et l'empêchât ainsi, lui et tout son équipage, d'être faits prisonniers de guerre.

Le patron avoit accepté le parti; et se portant pour

maître du bâtiment, comme il l'étoit en effet, ensuite de cette convention, avoit arboré le pavillon de France : mais le vice-roi de Catalogne, don Francisco Velasco, sans avoir égard à ce qui avoit été accordé, et jugeant le tout de bonne prise, avoit confisqué la barque, et avoit fait mettre tous les Flessinguois en prison, se contentant de ne point toucher aux Français qu'il avoit laissés en liberté.

C'étoit pour réclamer cette barque, et la faire rendre à qui elle appartenoit, que le consul s'étoit adressé à moi. Cependant, pour ne me pas commettre, il me déclara que le chevalier de Broglie, capitaine de vaisseau, parti seulement depuis deux jours, l'avoit réclamée sans avoir pu l'obtenir. Ce dernier avis me fit quelque peine : toutefois je crus qu'il convenoit de hasarder quelque chose, soit pour l'honneur du pavillon, soit pour ne refuser pas mes services à un malheureux à qui on avoit fait tort.

Dans cette pensée, je fus chez le vice-roi : on me répondit qu'il n'étoit pas visible. Je demandai à quelle heure on pourroit lui parler : on me dit de revenir à onze heures. Je m'y rendis au temps précis. Après avoir attendu une demi-heure, je demandai s'il n'y auroit pas moyen d'avoir audience ; et comme on me disoit toujours d'attendre, je dis tout haut que je n'étois pas fait pour me morfondre dans une antichambre ; que je n'étois ni sujet ni domestique du vice-roi, et que des officiers, quand ils avoient à parler à des gouverneurs, devoient pour le moins être entendus. Sur cela je sortis d'un air fâché, et je retournai à bord.

Le vice-roi voulut savoir qui étoit ce capitaine si fier. On lui dit que c'étoit le chevalier de Forbin. Il demanda si c'étoit celui qui avoit servi dans le golfe Adriatique : on l'assura que c'étoit lui-même. Sur cela, il m'envoya à bord un de ses gentilshommes avec le consul français, pour me faire des excuses, en m'assurant qu'on ne m'avoit fait attendre si long-temps que faute de m'avoir connu. Le consul me pria instamment de retourner : il m'assura que j'aurois lieu d'être content de la réception que le vice-roi me feroit ; que je pouvois me fier à ce qu'il avoit l'honneur de me dire ; et qu'il ne me parleroit pas si affirmativement, s'il n'avoit lui-même des assurances bien positives de ce qu'il me disoit.

Le lendemain, je fus à terre. Dès que je parus, toutes les portes s'ouvrirent. Le vice-roi me fit asseoir dans le même rang que lui, une table entre deux, et tellement disposée qu'il n'y avoit ni droite ni gauche. Après les premiers complimens, j'exposai le sujet pour lequel j'avois demandé audience.

Je représentai combien il étoit injuste de prendre sur le patron français une barque qui lui appartenoit, et qui étoit entrée dans le port sous le pavillon du Roi ; que quoique les Flessinguois eussent été maîtres de ce bâtiment, ils l'avoient rendu de bonne foi à celui sur qui ils l'avoient pris ; et qu'il y auroit trop de dureté à vouloir que ce pauvre patron, qui par un bonheur inespéré avoit retrouvé son bien, le perdît, pour être entré dans un port où il croyoit n'avoir affaire qu'à des amis.

Je continuai, en disant que quand même le droit du patron ne seroit pas tout-à-fait si clair, il me paroissoit qu'il conviendroit, dans les circonstances présentes, de se relâcher en quelque chose des usages ordinaires; et que je priois Son Excellence de faire attention que puisque le Roi et tous ses sujets se ruinoient pour soutenir le roi d'Espagne, il y auroit lieu d'être surpris que les Français ne trouvassent point d'asyle dans les ports de Sa Majesté Catholique.

« M. le chevalier, répondit le vice-roi, votre raison« nement est bel et bon, et j'en dirois autant à votre « place : mais si vous-même, qui êtes Français, aviez « trouvé en mer cette barque, qui étoit depuis plus de « trois semaines entre les mains des ennemis, ne la « croiriez-vous pas de bonne prise? et penseriez-vous « devoir la relâcher, si l'on venoit la réclamer? Cela « étant, je vous demande si je n'ai pas le même droit, « et si j'ai fait le moindre tort au patron en la confis« quant.

« Cependant, puisque vous vous intéressez pour « cette affaire, je veux bien me départir de mes droits. « Cette prise m'appartient : vous me la demandez, je « vous en fais présent; mais à vous, et non au pro« priétaire, ni à la nation. Vous avez assez bien servi « mon maître dans le golfe, pour mériter qu'on ait « pour vous des égards qu'on n'auroit pour personne « autre. » C'est ainsi que la reconnoissance d'un étranger me dédommageoit en quelque sorte des mécontentemens que j'avois reçus de la cour.

Je remerciai le vice-roi de sa générosité. Comme j'allois sortir de la chambre, j'aperçus le patron, qui m'avoit suivi pour savoir la réussite de ma médiation. Je lui fis signe d'avancer; et lui adressant la parole, je lui dis, en présence du vice-roi, du consul, et de plusieurs autres Français : « Patron Jacques, Son Ex« cellence vient de me donner votre barque, et toute

« sa cargaison. Quand je l'ai demandée, je n'ai pas
« prétendu me l'approprier : je vous la rends avec la
« même générosité qu'on me l'a donnée, et je ne me
« réserve de votre part que la reconnoissance que vous
« me devez du bon service que je vous ai rendu. »

Le vice-roi, étonné de ce qu'il venoit d'entendre, me dit qu'il falloit que je fusse bien riche pour faire si aisément un présent de plus de trente mille piastres. « Monsieur, lui répondis-je, l'exemple que Votre Ex-
« cellence vient de me donner est trop beau pour n'être
« pas suivi. » Sur cela ayant fait une profonde révérence, je me retirai. J'informai M. l'abbé d'Estrées, ambassadeur du Roi à Madrid, la cour et les échevins de la ville de Marseille, de la générosité du vice-roi. Je crus toutefois qu'il convenoit de taire les dernières paroles qu'il m'avoit dites, en me remettant ses droits sur le bâtiment arrêté ; ce qui lui procura peu après des remercîmens des uns et des autres, sur la manière obligeante dont il en avoit usé à ma sollicitation.

[1704] Peu de jours après, je mis à la voile avec mes deux marchands. Nous arrivâmes à Malte, après avoir essuyé bien des mauvais temps et bien des tourmentes. Comme je vis que mon navire faisoit eau de tous côtés, je n'osai pas pousser ma course jusqu'en Levant. M. Trulet, capitaine de vaisseau, qui se trouvoit pour lors à Malte, se chargea de convoyer mes marchands ; et je me chargeai de mener en Provence ceux qui étoient à Malte, et qu'il devoit escorter.

Après m'être radoubé le mieux qu'il fut possible, je mis à la voile. A quarante lieues de terre, le mauvais temps me reprit si fort, qu'il fallut revenir sur mes pas. Je fus obligé de faire caréner mon vaisseau, qui étoit tout ouvert, tant il avoit été fatigué de la tourmente. Le grand-maître me fournit abondamment tout ce dont j'avois besoin. Je remis encore à la voile quelque temps après; et les vents contraires nous ayant toujours poursuivis, nous ne nous rendîmes qu'avec bien de la peine à Toulon.

Ce fut pendant ce trajet qu'un jour, comme j'allois partir de Livourne pour repasser en France, je vis venir à bord un moine qui portoit une boucle d'oreille à laquelle pendoit une grosse perle. A peine eut-il mis le pied dans le vaisseau, que s'adressant à ceux des matelots qu'il rencontra les premiers, il leur demanda, avec des airs arrogans et pleins de hauteur, où étoit le capitaine. Je n'étois qu'à deux pas : je m'approchai; et m'étant présenté à lui : « Est-ce « vous, me dit-il, qui êtes le capitaine? — Oui, lui « répondis-je, c'est moi-même. — Comment vous ap- « pelez-vous? me répliqua-t-il. — Que vous importe? « lui repartis-je; mon nom ne fait rien à l'affaire : « de quoi s'agit-il? — C'est, continua le moine, que « j'ai à vous présenter un passe-port du cardinal de « Janson, afin que vous me receviez dans votre « bord. » A ce mot, je pris le passe-port; et l'ayant lu : « Voilà qui est fort bon, poursuivis-je; je n'y « trouve qu'un défaut, c'est qu'il n'est pas dit que le « religieux qui doit me le présenter aura une perle « à l'oreille, et qu'il se donnera des airs de petit- « maître. Ainsi décampez au plus vite; sans quoi je « vais vous faire jeter dans la mer. » Je dis ces dernières paroles d'un ton si déterminé, que le moine, appréhendant que des menaces je ne passasse aux effets, se retira sans mot dire, fort honteux du compliment.

Quoique ce trait paroisse peu important, j'ai été bien aise de le rapporter, quand ce ne seroit que pour faire voir à ceux que la Providence a destinés à édifier les autres qu'ils ne sauroient s'écarter de la modestie de leur état, sans se rendre méprisables et ridicules auprès des personnes de bon sens.

Je reviens à mon arrivée à Toulon. A peine fus-je débarqué, qu'il fallut songer à aller à Aix, où j'avois encore à me défendre au sujet de ce malheureux procès, qui me donnoit de l'exercice depuis si long-temps. La demoiselle qui avoit été condamnée à Toulon s'étoit pourvue en parlement, et avoit déjà commencé ses instances contre moi : mais celles-ci ne lui furent pas plus favorables que les premières. Nous avions affaire à des juges qu'il n'étoit pas aisé de surprendre, et qui étoient aussi intègres qu'éclairés.

Tandis que je faisois de mon mieux pour leur faire connoître le tort de ceux qui me poursuivoient, M. le comte de Toulouse, qui étoit à Toulon, partit pour la cour, et passa par Aix. M. Le Bret, premier président, fut lui faire la révérence. J'avois eu l'honneur de saluer ce prince auparavant, et je l'avois prié d'avoir la bonté de recommander mon affaire à M. le premier président. Il m'accorda cette grâce avec bonté ; et s'intéressant pour moi auprès de lui au-delà de tout ce que je pouvois espérer, après lui avoir dit mille choses obligeantes sur mon compte, il continua en lui déclarant qu'il regardoit mon affaire comme la sienne propre, et finit sa recommandation par ces

mots : « Au moins, M. l'intendant, je vous recom-
« mande, sur toutes choses, point d'épousailles. »

Ce prince n'en demeura pas là : il eut encore la
bonté de me procurer de la cour deux ordres adres-
sés au parlement. Le premier lui enjoignoit de faire
briève justice, et le second lui défendoit de me juger
par défaut, supposé que je fusse absent pour le service du Roi. J'avois souhaité ce second ordre avec
d'autant plus d'empressement que, pouvant se faire
qu'il me fallût aller en mer lorsque je serois au milieu de mes défenses, je craignois que ma partie ne
se prévalût de mon absence, et ne se procurât un jugement avant que j'eusse pu être entendu.

Il sembloit qu'avec tout mon bon droit, et une
protection si puissante, mon affaire alloit bientôt être
finie : cependant les chicaneries recommencèrent si
fort, que, quelque envie que mes juges eussent de
finir, j'en eus encore pour plus de trois mois. Enfin
lassés, et coupant court sur tous les nouveaux incidens qui revenoient tous les jours, ils confirmèrent
la sentence de Toulon, et déclarèrent ma partie non
recevable, au grand regret de tous mes ennemis, et
principalement de M. ***, qui avoit eu l'imprudence
d'écrire contre moi à M. le premier président.

La lettre fut rendue à ce magistrat par un conseil-
ler de la grand'chambre, demi-heure avant que la
cour prononçât. M. le président, qui, par rapport à
l'expédition, avoit fait pour moi au-delà de ce que je
pouvois souhaiter, reçut la lettre ; et, se doutant de ce
qu'elle contenoit, la mit sans l'ouvrir sur le bras de
son fauteuil, en disant : « On verra, après le juge-
« ment, de quoi il est question. »

Quand tout fut fait, un des présidens me la présenta tout ouverte. Celui qui l'avoit écrite y parloit en homme si passionné, qu'il étoit difficile de la lire sans indignation. Je n'en ressentis pourtant aucune. J'étois si aise du jugement qui venoit d'être rendu, que je n'étois capable d'aucune autre impression; et quoique dans le fond on ne m'eût rendu que la justice qui m'étoit due, le plaisir de me voir débarrassé d'une affaire qui m'avoit fatigué si long-temps, et la manière obligeante dont la cour venoit d'en user à mon égard, ne me laissoit de liberté, comme j'ai dit, que pour me livrer d'une part à la joie de voir mon affaire finie, et de l'autre à la reconnoissance que je devois à mes juges, et en particulier à M. le premier président.

Dans l'impossibilité où je suis de m'acquitter de ce que je lui dois, j'embrasse avec joie l'occasion de le publier, afin que tout le monde sache au moins que si ce magistrat m'a toujours fait tous les plaisirs possibles dans toutes les occasions qui se sont présentées, j'en conserve et j'en conserverai jusqu'à la mort le souvenir, qui ne me sera pas moins précieux que les bienfaits mêmes.

[1705] Après le jugement de cette affaire, je revins à Toulon, où je reçus ordre de monter le vaisseau *le Trident*, de continuer de donner la chasse aux corsaires ennemis, et de couvrir le commerce. Dès que mon vaisseau fut en état de mettre à la voile, je fis route pour le Levant, où j'avois une flotte à escorter. Comme j'étois à l'entrée de l'Archipel, j'aperçus, par les travers de Cérigo, île appartenant aux Vénitiens, un gros navire à qui je donnai la chasse, et qui se fit poursuivre pendant quelque temps. Quand je fus à portée de la voix (car je le serrois de fort près), je demandai d'où étoit le navire. On me répondit : « De « Saint-Marc. » Il s'étoit détaché, je ne sais pourquoi, d'une escadre que le provéditeur général de la mer commandoit, à quarante lieues de l'endroit où nous étions. Je fis crier au capitaine de saluer le pavillon du Roi. Le Vénitien répondit qu'il étoit dans ses mers, et qu'il ne saluoit personne.

Sur cette réponse, je me mis en état de le combattre. Il s'en aperçut; et comme il ne vouloit pas en tâter, il demanda qui étoit le commandant du vaisseau français : on lui répondit que c'étoit le chevalier de Forbin. Alors il répliqua : « Ne tirez pas ! je vais saluer « le chevalier de Forbin. » Je lui fis répondre qu'il prît garde à la manière dont il parloit, et qu'il eût à saluer le pavillon du Roi; sans quoi j'allois lui lâcher toute ma bordée. Cette réponse lui ayant fait connoître que je n'étois pas trop disposé à le ménager, il ne répliqua pas, et le salua à l'ordinaire.

La manière dont ce capitaine venoit de parler m'avoit mis de mauvaise humeur; et, pour faire voir que je n'avois pas pris goût à sa mauvaise plaisanterie, j'envoyai mon canot pour faire la visite de son vaisseau, et pour savoir s'il n'avoit point de Français avec lui; car, selon les différens traités passés entre la France et les Vénitiens, il est défendu à la République de prendre des Français à son service. On trouva qu'il y en avoit quatre-vingt-dix. Je lui envoyai dire qu'il eût à me rendre incessamment ces soldats : il refusa de le faire. Je renvoyai mon canot, avec ordre de lui dire que, s'il persistoit, j'allois l'aborder, et que je le prendrois lui-même. Il eut peur une seconde fois : il m'envoya sa chaloupe avec un de ses officiers, pour traiter d'un accommodement, et faire en sorte que je me contentasse d'un certain nombre qu'il consentoit de me rendre. Je n'en voulus pas relâcher un seul.

Je souhaitois pourtant de les avoir sans être obligé de combattre : ainsi, pour ne pas m'exposer à commettre un acte d'hostilité sur lequel on auroit peut-être pu me chagriner, voyant que j'avois affaire à un poltron, je fis voir à son officier l'ordre et l'état de mon vaisseau, prêt à attaquer. Il en fut si effrayé, que, suivant le génie de sa nation, souple quand on la mène avec vigueur, il me fit mille soumissions, me baisa les mains, me priant de ne point tirer, et m'assurant qu'on m'accorderoit tout ce que je souhaiterois. Il ne m'en falloit point davantage : je fis partir sur-le-champ ma chaloupe et le canot, qui, dans deux ou trois voyages, me rapportèrent mes quatre-vingt-dix Français. Ce vénitien étoit de soixante-dix pièces de canon, et de trois cents hommes d'équipage.

Trois jours après, je rencontrai un vaisseau de même force, à qui j'ôtai encore quarante soldats français qu'il avoit. Ces deux expéditions finies firent crier de nouveau les Vénitiens; mais je ne m'en mis pas plus en peine que par le passé. Le général du golfe ayant appris la manière haute dont je venois d'en user avec deux vaisseaux de son escadre, fit de grandes menaces de venir s'en venger. Je le laissai crier tant qu'il voulut, et je continuai ma mission, sans qu'il parût sur ces parages pendant tout le temps que j'y restai.

Enfin je continuai ma route, et je fus mouiller devant Smyrne. J'étois à quinze lieues de la ville, lorsque tout à coup pendant la nuit mon navire fut violemment secoué. Quoique le temps fût fort calme, la secousse fut si forte, que mes vitres firent grand bruit, et m'éveillèrent. Je demandai ce que c'étoit : on me répondit que c'étoit un tremblement de terre. Je me levai, ne pouvant pas comprendre comment un vaisseau qui étoit si éloigné de terre, et mouillé à plus de trente brasses de profondeur, pouvoit ressentir des impressions si violentes. Rien n'étoit pourtant plus vrai. J'appris le lendemain, par un bâtiment qui venoit de Smyrne, que le tremblement y avoit été si violent, que tout le monde avoit été obligé de sortir à la campagne, pour se mettre en sûreté.

A quelques jours de là, je donnai la chasse à un vaisseau hollandais richement chargé. Il étoit de soixante pièces de canon : comme il se voyoit fort pressé, il alla se réfugier sous une forteresse appartenant au Grand Seigneur.

Je fis offrir au gouverneur de la place quarante bourses de cinq cents écus chacune, s'il vouloit se tenir neutre, et ne prendre point de part au combat que je méditois, et qui devoit se passer de chrétien à chrétien. Il n'en voulut rien faire; ce qui me surprit d'autant plus, que les Turcs aiment l'argent pour le moins autant qu'aucune autre nation du monde : mais qui sait si le Hollandais ne lui avoit pas promis une somme encore plus considérable ? Quoi qu'il en soit, cette expédition ne pouvant pas avoir lieu, je retournai sur mes croisières, et j'allai mouiller à l'île de Candie, dans la rade de la Suda.

Les Vénitiens en sont les maîtres. C'est tout ce qu'ils

ont conservé de cette île, dont ils ont été les maîtres si long-temps. Ils y ont une forteresse au milieu de la baie, qui est isolée. Les Turcs sont maîtres de tout le reste. Le lendemain de mon arrivée, j'allai visiter le noble Vénitien qui commandoit dans cette place : il s'appeloit signor Marcello; il étoit homme d'esprit, et parloit fort bien français. J'en fus reçu très-civilement. La conversation roula principalement sur ce que j'avois opéré dans le golfe. Il me dit que les Vénitiens avoient tort de se plaindre de moi; qu'à la vérité j'avois fait bien des choses qui ne pouvoient pas être agréables à la République, mais que ce n'étoit pas à moi qu'il falloit s'en prendre; que je n'avois fait que servir mon maître, et exécuter les ordres que je recevois.

Nous parlâmes ensuite des deux gros vaisseaux qui s'étoient laissé dépouiller de leur équipage. « Quant à
« ceux-ci, me dit-il, les commandans sont des poltrons
« et des ignorans : des ignorans, puisqu'ils ne savent
« pas que les vaisseaux de la République doivent le
« salut aux vaisseaux du roi de France, et qu'il est ac-
« cordé, par nos traités avec cette couronne, que nous
« ne pouvons pas garder des Français à notre service,
« quoique nous en ayons beaucoup dans nos garni-
« sons ; des poltrons, puisqu'ils se sont ainsi laissé
« enlever leur équipage sans se défendre.

« Dès qu'ils aperçurent le pavillon de France, ils
« devoient saluer, sans se le faire demander; ils de-
« voient aussi faire cacher tous les Français, et ne ja-
« mais avouer qu'ils en eussent dans leur bord. Par
« là ils auroient évité la honte d'être forcés à saluer,
« après l'avoir refusé; et ce qui est encore plus, ils se

« seroient épargné l'infamie de se voir enlever leur
« monde, sans avoir le courage de résister.

« Quant à moi, dit-il en continuant, je sais bien
« que je me serois battu jusqu'à l'extrémité, plutôt que
« d'endurer un tel affront : car, afin que vous le sa-
« chiez, monsieur, les poltrons de notre république
« vous craignent; mais pour les braves gens, ils vous
« estiment, et ne vous craignent point du tout. » Ce
discours étoit très-sensé; mais j'aurois voulu voir le
même homme dans l'occasion.

De la Suda, je fis route pour la France, où je vins
espalmer mon vaisseau, qui en avoit grand besoin. En
passant par Malte, je trouvai une flotte marchande,
que je mis sous mon escorte. Le vent contraire, qui ne
nous avoit point encore quittés, m'obligea de mouiller
devant Cagliari. J'y revis l'archevêque mon bon ami,
qui m'embrassa tendrement, et qui me fit présent d'un
attelage de six beaux chevaux gris pommelés, que je
ne pus pas embarquer pour lors, mais que je repris
dans un autre voyage que je fis quelque temps après.

Pendant le séjour que je fis dans la rade de Cagliari,
le consul français vint se plaindre à moi de ce que,
nonobstant les ordres du roi d'Espagne, le vice-roi
continuoit à inquiéter nos vaisseaux, sous prétexte
de la visite.

Ce prétendu droit de visite, qui dans le fond n'avoit
été établi que pour mettre à contribution tous les vaisseaux qui alloient charger ou décharger des marchandises dans le port, avoit été poussé si avant par l'avarice
des Espagnols, qu'il étoit devenu intolérable. Le prétexte dont on s'étoit servi pour l'introduire étoit de
remédier à certains abus, et de prendre les précautions

convenables pour la conservation des marchandises dans les bâtimens; mais dans la suite il avoit été étendu si loin, et les divers réglemens avoient été si multipliés, que, quelque attention qu'on eût, il étoit impossible de ne pas manquer à quelque chose, et pour lors on vous mettoit irrémissiblement à l'amende.

Enfin les choses avoient été poussées si avant, que le vice-roi n'avoit pas eu honte de faire, en dernier lieu, une ordonnance par laquelle, entre autres articles, il étoit enjoint d'avoir des chats dans tous les vaisseaux, sous prétexte que les rats qui s'y engendrent pouvoient gâter les marchandises.

Outre la honte qu'il y avoit à subir ses visites, elles étoient, comme j'ai dit, très-ruineuses pour le commerce. Les Français s'en étoient plaints, et Sa Majesté Catholique avoit ordonné qu'elles seroient entièrement supprimées. Le vice-roi, qui perdoit à cette suppression, différoit de publier les ordres, et de les mettre en exécution. C'étoit sur ce retardement que rouloient les plaintes du consul.

Je fus trouver le vice-roi; je le priai de ne renvoyer pas plus loin la publication des ordres qu'il avoit reçus, et de faire cesser enfin une maltôte dont on se plaignoit depuis si long-temps. Il me répondit, à la manière des Espagnols, par un *Veremos*.

Cette réponse ne me satisfaisoit pas : je répliquai que je suppliois Son Excellence de faire attention que j'étois obligé, par mon emploi, de rendre compte à la cour de tout ce que je remarquois de contraire aux intérêts du Roi et de la nation; que je me flattois qu'il auroit égard à ma sollicitation; et que j'espérois qu'il régleroit tellement les choses avant mon départ, que je n'aurois pas lieu de faire des relations qui ne fussent pas favorables à Son Excellence. Il comprit, par la manière dont je lui parlois, que je n'avois pas beaucoup d'envie de le ménager : ainsi, sans aller plus loin, dès le jour même il fit publier les ordres du Roi, et les visites furent abolies.

De Cagliari, je retournai à Toulon, où je fis caréner mon vaisseau. Je remis à la voile, et je pris sous mon escorte une flotte qui partoit pour le Levant : nous mouillâmes devant Malte, où nous demeurâmes à l'ancre pendant deux jours.

Dans cet intervalle, j'eus occasion de connoître ce que c'est que l'antipathie que la nature a mise entre certains animaux. J'avois dans mon bord, depuis environ dix-huit mois, six paires de pigeons de fort bonne race, et très-féconde : ils étoient tellement accoutumés, que ni le carnage, ni les coups de canon, ni l'approche de plusieurs autres bâtimens, ne les avoient jamais dérangés. Pendant mon séjour à Toulon, on m'avoit donné un petit corbeau, que j'embarquai : dès qu'il commença à voler, il s'en alla rôdant autour des nids des pigeons. Il n'en fallut pas davantage. Une après-midi, mes douze pigeons, comme s'ils s'étoient donné rendez-vous, furent se percher sur la vergue d'artimon, et se sauvèrent tous ensemble, quoiqu'ils eussent tous ou des œufs ou des petits, et que nous fussions à plus de quarante lieues de la terre.

Ayant achevé ma mission, je revins à Toulon, d'où je demandai à la cour un congé pour trois mois; ce qui me fut accordé.

A peine je commençois à me refaire de toutes les fatigues de la campagne, que le ministre me fit savoir, par une lettre particulière, que le Roi m'avoit donné le commandement de l'escadre de Dunkerque. Cette nouvelle, qui me faisoit grand plaisir, en ce qu'elle me donnoit lieu de connoître que la cour entroit enfin à mon égard dans des dispositions plus favorables que par le passé, me fit quelque peine, par rapport à la manière dont elle fut annoncée.

M. de Pontchartrain avoit cela de mal, qu'il ne savoit faire les choses qu'à demi, et diminuoit par là de la moitié le prix des grâces qu'il accordoit. Dans cette occasion, par exemple, il me donnoit une commission considérable, qui m'obligeoit d'aller à la cour; et, pour s'épargner les frais du voyage, il se contentoit d'une simple lettre, au lieu d'un ordre qu'il auroit fallu m'envoyer.

Ce procédé m'indisposa contre lui; et s'il faut dire la vérité, il ne m'en falloit pas beaucoup depuis ce qui s'étoit passé après mes deux campagnes du golfe; car, malgré notre accommodement, je ne lui avois pas encore bien pardonné la mauvaise réception qu'il m'avoit faite.

Je fus quelques jours à attendre si je ne recevrois point d'ordre; et comme je n'en vis paroître aucun, je désarmai mon vaisseau, et, sur la simple lettre que j'avois reçue, je partis pour la cour, où je me rendis au commencement de l'année 1706.

Le ministre, en me voyant paroître, me dit que j'avois bien tardé à venir. « Pas trop, lui répondis-je : « vous m'avez envoyé un congé pour trois mois, et il « n'y a que six semaines qu'il est expédié. — Cela est « vrai, répliqua le ministre; mais je vous avois écrit « depuis de venir. — Je le sais fort bien, repartis-je,

« et si je ne suis pas venu plus tôt, n'en accusez que
« votre avarice. Quand on appelle les gens, on leur
« envoie des ordres, et non pas des lettres : mais l'ordre
« donne le paiement du voyage, et vous avez voulu
« l'épargner. »

A ces mots, le ministre sourit; et quoique ma réponse eût quelque chose d'un peu sec, il ne laissa pas de me gracieuser. Je le remerciai beaucoup de l'honneur qu'il m'avoit fait; et après lui avoir témoigné que je n'oublierois rien pour remplir les espérances qu'il avoit conçues sur mon sujet, je le priai de me communiquer ses intentions.

Il me dit que le Roi, en me choisissant, m'avoit préféré à bien d'autres qui étoient mes anciens, et qui avoient brigué cet emploi; qu'avant que d'y parvenir moi-même, il y auroit eu bien de petites grâces à obtenir, telles que sont la haute-paie et les pensions : mais qu'il avoit été bien aise de m'abréger tout ce chemin.

Ce mot de petites grâces me fit de la peine. Je répondis qu'il y avoit long-temps que les petites grâces dont il me parloit étoient au-dessous de moi; que mon ambition dans le service ne se bornoit pas à gagner de l'argent; que c'étoit principalement à l'honneur que j'en voulois. Et continuant sur ce ton, je le priai de me donner des espérances dignes d'un gentilhomme qui avoit du courage, et qui avoit toujours bien servi son maître.

Le ministre me répondit qu'il étoit ravi des sentimens où il me voyoit, et qu'il ne souhaitoit rien tant que d'avoir occasion de me rendre tous les services qui dépendroient de lui; que l'escadre que j'allois commander étoit la seule qui fût sur pied, et qu'en me la confiant il me confioit son armement favori.

Je lui répondis qu'ayant à remplir la place de deux hommes qui avoient fait mille belles choses (c'étoient messieurs Bart et Saint-Paul), je n'avois pas peu à faire à les égaler, surtout dans la mission à laquelle j'étois destiné ; que je souhaitois avec passion de pouvoir me distinguer par quelque action un peu éclatante ; mais que pour cela il seroit convenable que la cour me laissât le maître de ma destinée. Et, achevant de m'expliquer, je lui représentai que, quelque habileté que les ministres puissent avoir, et quelque sages que soient les instructions qu'ils donnent aux officiers, il est bien difficile de faire quelque chose de bon en s'y conformant.

« Vous le savez vous-même, monsieur, continuai-
« je : rien au monde n'est si casuel que la mer. Les
« instructions que vous me donnerez seront fixes sur
« des caps ou sur des parages, ainsi que vous l'aurez
« déterminé dans les bureaux. S'il faut que je suive
« ce qui m'aura été prescrit, et qu'il ne me soit pas
« libre d'agir selon l'occurrence, il arrivera que je
« manquerai l'occasion ; en sorte que, pour avoir obéi
« exactement, la course deviendra infructueuse. Pour
« moi, il me paroît qu'il seroit plus convenable de me
« laisser agir de moi-même; car alors, pouvant me
« régler sur les avis que je recevrai, plein de bonne
« volonté comme je suis, il sera difficile que je n'en-
« treprenne et que je n'exécute bien des choses qui
« pourront faire quelque honneur à la marine. »

Le ministre me répondit que j'étois bien hardi de vouloir me charger ainsi des événemens. « Monsieur,

« lui répliquai-je, je sais ce que je vais faire ; et je vois
« fort bien que je ne risque pas beaucoup en tout ceci.
« Le port de Dunkerque est au milieu des ennemis :
« les occasions ne me manqueront pas. Si je suis le
« maître de faire ce qu'il me plaira, je prendrai mon
« temps si à propos, que les ennemis du Roi n'y trou-
« veront peut-être pas leur compte. En tout cas, si je
« ne fais rien de bon, vous serez en droit de me chas-
« ser honteusement comme un fanfaron, et de ne pren-
« dre jamais plus de confiance en moi. » Le ministre
me répondit qu'il ne pouvoit rien déterminer de lui-
même sur ce point, et qu'il falloit en parler au Roi.

Sa Majesté ayant été informée de tout ce que j'avois
dit au ministre, répondit : « Le chevalier de Forbin a
« raison : il faut se fier à lui, et le laisser faire. »

Quelques jours après, comme j'étois en conversation avec M. de Pontchartrain, je m'aperçus qu'il cherchoit à me faire entendre que, puisque j'allois être à
la tête d'une escadre, je devois songer à régler ma
dépense, de telle sorte que je fisse honneur au poste
que j'allois occuper. « Je ne demande pas mieux, mon-
« sieur, lui dis-je, pourvu que vous me donniez de
« quoi. » Le ministre me repartit qu'il savoit fort bien
que je ne manquois pas de moyens ; que mes affaires
étoient en bon état ; que je pouvois dépenser sans
m'incommoder, aussi bien et beaucoup mieux que
bien d'autres ; et que quand il m'en coûteroit quelque
chose, je ne pouvois pas employer mon argent plus à
propos.

« Monsieur, lui répliquai-je, l'ouvrier doit vivre de
« son travail. Si j'ai ramassé quelque bien, ce n'est
« pas sans peine : aussi le conserverai-je avec soin,

« pour être assuré d'une ressource dans mes vieux
« jours, et pour avoir de quoi vivre, supposé que je
« vinsse à être estropié, et hors d'état de pouvoir
« servir.

« Mais dans ce cas, me répondit le ministre, Sa Ma-
« jesté ne vous abandonnera pas. — J'en suis per-
« suadé, lui dis-je. Mais, tout bien considéré, je trouve
« qu'il vaut encore mieux avoir quelque chose à soi :
« on en attend plus tranquillement les grâces de la
« cour; et quand par malheur elles n'arriveroient pas,
« on s'en console avec moins de peine. »

A l'issue de cette conversation, nous fûmes dîner
chez M. le chancelier. Je fus bien aise, pendant le
repas, de ramener le sujet de l'entretien que je venois
d'avoir avec le ministre; et m'adressant à M. le chancelier : « Monsieur, lui dis-je, monsieur votre fils
« m'ordonne d'aller à Dunkerque, et me conseille d'y
« faire de la dépense, et de manger mon argent, pour
« faire honneur à la marine : êtes-vous de cet avis ? —
« Gardez-vous-en bien ! me répondit le chancelier;
« vous ne sauriez plus mal faire, et le conseil de mon
« fils ne vaut rien. » A ce mot, je regardai le ministre, qui se prit à rire, et moi aussi.

Je restai encore quelques jours à Paris, après lesquels j'allai me présenter au Roi pour prendre congé.
Je pris la liberté, en me retirant, de dire à Sa Majesté
que l'armement de Dunkerque ne lui coûteroit rien,
qu'elle n'y seroit que pour ses avances ; et que j'osois
l'assurer qu'elle en seroit amplement remboursée par
ses ennemis. De chez le Roi, je passai dans le cabinet
du ministre, qui me dit, en me congédiant : « M. de
« Forbin, vous êtes bien heureux : il n'y a eu en

« France que M. de Turenne et vous qui ayez eu
« carte blanche. »

Je trouvai, en arrivant à Dunkerque, les magasins du Roi dans un désordre inconcevable : ils manquoient généralement de tout ce qui étoit nécessaire pour un armement. Il n'y avoit que de mauvaises voiles; toutes les armes étoient mêlées; la plupart des sabres manquoient de fourreaux, et ne coupoient pas; et les poudres ne valoient pas mieux que tout le reste.

Cependant l'escadre devoit être de huit vaisseaux, et l'armement pressoit. Je ne savois comment faire. J'eus à essuyer mille discussions avec l'intendant, le contrôleur et le garde-magasin; et ce ne fut pas sans peine que je vins à bout de mettre mon escadre en mer. Je commençai par faire séparer les armes; je fis calibrer les fusils d'une manière uniforme; ceux des sabres qui pouvoient servir furent mis à part; j'en fis acheter de neufs pour suppléer à ceux qui manquoient, et je fis aussi acheter de la bonne poudre. Pour les voiles, je priai le chevalier de Langeron, commandant des galères, de faire travailler tous les forçats, ce qu'il m'accorda de fort bonne grâce; en sorte que j'eus dans peu tout ce qu'il falloit en ce point.

Au lieu de la bière qu'on donnoit ordinairement aux équipages, je leur fis donner du vin. L'intendant et le contrôleur s'en plaignirent au ministre, auprès de qui je me justifiai, et à qui je fis connoître bien des voleries de la part des entrepreneurs : enfin je mis à la voile.

Je sortis du port, l'esprit et le cœur pleins des engagemens que j'avois pris avec la cour, et bien résolu de tenir parole, quoi qu'il pût en arriver. Je ne fus pas long-temps en mer sans avoir occasion de commencer. Je rencontrai à la hauteur d'Ostende, deux jours après ma sortie du port, une flotte anglaise composée de plus de quarante bâtimens : elle venoit des ports de Hollande, escortée d'un gros vaisseau de guerre, et de deux frégates.

A cette vue, je disposai toutes choses pour aller les attaquer. Les ennemis, qui connurent à ma manœuvre que j'allois à eux, firent force de voiles. Nonobstant cela, je les joignis, et j'enlevai dix de leurs vaisseaux richement chargés : tout le reste de leur flotte, les deux frégates et le vaisseau de guerre, se sauvèrent. J'envoyai dès le lendemain toutes ces prises à Dunkerque sous bonne escorte, et je continuai ma course.

Huit jours après, étant par le travers du Texel, je me préparois à attaquer une flotte hollandaise escortée par quatre vaisseaux de guerre, lorsque j'en fus empêché par une escadre de quinze vaisseaux hollandais, parmi lesquels il y avoit un vice-amiral et un contre-amiral, qui nous donnèrent la chasse. Il n'y avoit pas apparence de les attendre : il fallut fuir. Je fis force de voiles, et je me sauvai. En chemin faisant, je brûlai quelques bâtimens marchands que je rencontrai sur ma route.

Du Texel, je chassai sur les côtes d'Angleterre, et j'obligeai la flotte qui alloit partir pour la Moscovie à rentrer dans le port, où je la retins pendant quelque temps; en sorte qu'elle n'en put sortir de toute l'année, la saison étant déjà trop avancée pour cette course. Pendant que je demeurai sur ces parages, je brûlai une cinquantaine de barques hollandaises de pêcheurs de harengs, et je tirai ensuite du côté de la Norwège, où j'entrai dans un port de Danemarck pour y faire de l'eau, et espalmer mon escadre.

Le lendemain de mon arrivée, le gouverneur de la province m'envoya faire un compliment dont je fus fort mal satisfait. Il portoit que si l'escadre étoit destinée à escorter des marchands, je pouvois rester tant qu'il me plairoit; mais que si c'étoient des corsaires ou des vaisseaux de guerre, j'eusse à me retirer incessamment.

Je fus d'autant plus surpris de cette espèce d'ordre, que celui qui me le faisoit signifier n'avoit dans le port ni assez de troupes ni assez de vaisseaux pour me forcer à obéir, supposé que je refusasse de le faire. Toutes ses forces se réduisoient à quelques bâtimens peu considérables et en petit nombre, et à quelques mauvaises maisons bâties sur le bord de la mer, auprès desquelles étoient deux ou trois petits mauvais cabarets.

Je voulois d'abord répondre avec la hauteur qui me paroissoit convenir : cependant, pour ne pas aigrir les choses, et pour ne pas donner lieu à la cour de me faire des reproches, je me contentai de dire, à l'officier qui étoit chargé de me notifier les intentions du gouverneur, que l'escadre appartenoit au Roi; que nous n'étions entrés dans le port que dans le dessein d'y faire quelques rafraîchissemens; que, sans nous écarter du respect qui étoit dû à Sa Majesté Danoise, nous ferions de l'eau et du bois; et que cela fait, nous mettrions à la voile quand nous jugerions à propos.

Après cette réponse, je fis présenter des rafraîchissemens à l'officier, que je fis tellement boire qu'il s'enivra. Je le retins auprès de moi pendant huit jours que je restai dans le port, sans que pendant tout ce temps il cessât d'être ivre un seul instant, tant je fus exact à tenir auprès de lui des gens qui avoient soin de le faire boire. Enfin le jour du départ étant venu, je fis mettre à terre cet ivrogne, qui ne se ressouvint jamais du temps qu'il avoit resté à bord, où il ne fit que boire et dormir.

Pendant les huit jours que je restai dans ce port, j'appris qu'une escadre ennemie de quinze vaisseaux de guerre me cherchoit partout. J'étois trop foible pour l'attendre: il fallut songer à l'éviter. Je pris le parti de faire le tour de l'Ecosse et de l'Irlande.

Je trouvai sur ma route un vaisseau de la compagnie hollandaise: ce navire alloit en Orient. Je l'enlevai presque sans combattre. Il portoit pour soixante mille écus d'argent monnoyé, et la cargaison en valoit pour le moins autant. A quelques jours de là, comme j'approchois les côtes de France, je fis encore deux prises considérables. Je les amenai à Brest, où elles furent vendues au profit du Roi, aussi bien que la cargaison du navire hollandais.

Après avoir caréné mon escadre, je rentrai dans la Manche, où je rencontrai une flotte anglaise de douze vaisseaux de guerre. Ce fut encore à moi à fuir, car la partie n'étoit pas égale. Je fis force de voiles, et je tirai du côté du Nord.

Quand je fus à la hauteur de Hambourg, je rencontrai une autre flotte hollandaise d'environ cent voiles: elle venoit de Norwège, sous l'escorte de six vaisseaux de guerre, armés chacun d'environ cinquante pièces de canon. Dès qu'ils aperçurent mon escadre, ils se rangèrent en bataille. L'occasion d'entreprendre quelque chose de considérable étoit trop belle pour la laisser échapper. Quand je les vis ainsi disposés, je me mis moi-même en état de les attaquer.

De huit vaisseaux que j'avois en partant, il ne m'en restoit plus que sept; le huitième, qui avoit besoin d'un gros radoub, étoit retourné à Dunkerque. Les sieurs de Hannequin et Bart, fils du capitaine de ce nom, tous deux capitaines dans mon escadre, et qui commandoient chacun une frégate, Hannequin de trente canons, et Bart de seize, eurent ordre d'aborder le vaisseau de l'arrière-garde des ennemis. Mes quatre autres vaisseaux devoient attaquer chacun le leur; et pour moi, je me réservai le commandant. Le commissaire de marine qui étoit dans mon bord pour veiller aux intérêts du Roi n'étoit pas d'avis d'en venir aux mains; mais je passai outre malgré son opposition, et l'escadre eut ordre d'attaquer, et de me suivre.

J'avois fait mettre à mon côté un jeune garde-marine nommé d'Escalis, qui m'avoit été fort recommandé, et pour lequel je m'intéressois beaucoup moi-même. Je lui dis de se tenir auprès de moi jusqu'à l'abordage; mais qu'il ne manquât pas, dès qu'il m'entendroit crier *à bord!* de sauter le premier dans le vaisseau ennemi; que c'étoit là l'unique moyen d'être bientôt fait officier.

J'arrivai en même temps sur l'ennemi, qui faisoit sur moi un horrible feu de canons et de mousqueterie: je l'eus bientôt joint; et l'ayant abordé, je commençai à faire feu à mon tour. Je fis pleuvoir dans son bord une grêle de mousqueterie et de grenades, dont il fut si incommodé qu'il fut forcé d'abandonner les gaillards de devant et derrière.

Dès que je m'aperçus de son désordre, je criai à mes gens : « Allons, enfans, courage ! A bord, à bord ! » Et, pour leur donner l'exemple, je m'avançai de l'avant. D'Escalis, qui attendoit avec impatience le signal, sauta le premier l'épée à la main, et fut bientôt suivi d'un grand nombre d'officiers, de gardes-marines, et de soldats.

Il se fit dans ce moment un carnage horrible de part et d'autre. J'y perdis beaucoup de monde; mais, par bonheur, la tuerie ne dura pas long-temps. Peu après, d'Escalis me cria de l'arrière du vaisseau ennemi, en m'appelant par mon nom : « Nous sommes les maîtres ! « j'ai tué le capitaine. » Dès-lors l'équipage ne s'amusa plus qu'à piller.

Je commençois à faire passer les prisonniers dans mon bord, lorsque le sieur de Tourouvre, un de mes capitaines, qui avoit manqué l'abordage dont il étoit chargé, vint se traverser sur l'avant de mon vaisseau, et sur celui que je venois de prendre. Nous nous trouvâmes pour lors tous trois dans un péril d'autant plus grand, que le vent, qui venoit de l'arrière, nous poussoit sur le vaisseau de Tourouvre, et nous empêchoit de déborder : tellement que nos navires ne pouvoient pas même gouverner.

Pour comble d'embarras, le feu prit tout à coup, je ne sais comment, au vaisseau auquel j'étois accroché. Comme le vent étoit fort, le navire fut embrasé dans un instant. Je redoublois mes efforts pour déborder, lorsqu'un vaisseau ennemi fit mine de vouloir m'aborder moi-même.

Pour lui faire face, je fis passer sur-le-champ de l'autre côté du vaisseau tout ce qui restoit de mon équipage sur mon bord; car la meilleure partie étoit déjà sur le vaisseau qui brûloit, où ils pilloient de toutes mains, sans s'embarrasser ni du danger où ils étoient, ni de celui où j'étois moi-même. L'ennemi, qui sembloit vouloir m'aborder, après avoir tiré sur moi toute son artillerie, qui me tua quelques hommes, passa outre, sans entreprendre autre chose.

Ce danger évité, je ne fus pas hors d'intrigue. Le feu augmentoit d'un moment à autre; tellement que je risquois ou d'être brûlé, ou tout au moins d'être accablé sous les débris, lorsque le vaisseau viendroit à sauter. Il ne me restoit guère, dans cet embarras, d'autre ressource que de couper mes mâts. J'avois grande peine à m'y résoudre. Avant que de tenter ce moyen, je voulus essayer de me dégager, en faisant force de voiles sur le vaisseau de Tourouvre.

Cette manœuvre me réussit; mais ce ne fut pas sans me jeter dans un nouveau danger, car le froissement entre nos deux navires fut si fort, que j'en perdis mon taille-mer (1), et six mantelets de sabord (2) que la poupe de Tourouvre me fit sauter en passant.

Comme la mer étoit agitée, six de mes sabords étant ouverts, l'eau entroit avec violence dans mon bord. Pour m'empêcher de couler à fond, je me disposois à faire pencher mon vaisseau, en le chargeant du côté qui n'étoit point endommagé, lorsqu'un navire ennemi qui venoit au secours de son commandant, s'ap-

(1) *Taille-mer :* Partie saillante et étroite de l'avant du vaisseau, presque totalement plongée dans l'eau, ainsi nommé parce qu'il fend la mer. — (2) *De sabord :* On appelle sabords les ouvertures pratiquées de chaque côté d'un vaisseau, dans lesquelles on place les bouches des canons. Les mantelets qui s'ouvrent de bas en haut sont les fermetures des sabords.

prochant pour m'attaquer, interrompit cette manœuvre. Je me trouvai pour lors dans la nécessité ou de vaincre, ou de me noyer. Mon parti fut bientôt pris. J'allai à l'ennemi pour l'aborder; et m'adressant à ce qui restoit de mon équipage : « Enfans, leur dis-je, « bon courage! nous sommes encore assez forts. Ne « craignez rien, nous le prendrons sûrement. »

Il n'est pas concevable à quel point ce peu de mots leur releva le courage. Je mis aussitôt mon navire en travers, et je présentai au vent le côté malade. Dès que je fus à portée, l'ennemi tira sur moi toute son artillerie, qui ne m'endommagea nullement. Je lui répondis par toute ma bordée de canon et de mousqueterie. Cette décharge fut faite si à propos, qu'il en fut criblé; ce qui le mit tellement en désordre, qu'à mesure que l'équipage alloit passer dans son bord, il se rendit, en abattant son pavillon.

Dès que je fus maître de ce vaisseau, je travaillai avec toute la diligence possible à réparer le mien. Je fis boucher avec des planches et des toiles goudronnées mes sabords, qui étoient encore ouverts; et, après avoir fait mettre pavillon de ralliement, j'ordonnai à un capitaine de mon escadre, qui ne m'avoit pas secondé à beaucoup près, d'aller amariner le vaisseau que je venois de prendre : mais avant qu'on pût le joindre il coula à fond, tant il avoit été maltraité. De tout son équipage, il ne se sauva qu'un seul homme, que je reçus dans mon bord.

Au milieu de tout ce trouble, je ne laissai pas d'être fort en peine de mes officiers, et de la meilleure partie de mes gens, qui étoient dans le vaisseau qui brûloit. Tourouvre, qui sentit ce danger aussi bien que moi, et qui vit que le vaisseau alloit sauter, fit éffort pour se dégager. Il en vint à bout, et reçut dans son bord tous les miens, qui, s'étant enfin aperçus du danger où ils étoient, avoient quitté le pillage, et demandoient du secours avec des cris pitoyables.

A peine étoient-ils à une distance un peu éloignée, que le feu ayant pris aux poudres, le vaisseau sauta en l'air, et tout l'équipage avec, sans qu'il s'en sauvât un seul homme, excepté un petit nombre que Tourouvre avoit reçu dans son bord, pêle-mêle avec mes gens.

Dans ce temps-là, on me fit apercevoir que Hannequin demandoit du secours, et qu'il avoit mis le signal pour faire connoître que sa frégate étoit en danger de couler à fond. Il avoit manœuvré en brave homme, et, conjointement avec Bart, il avoit pris un vaisseau de cinquante pièces de canon. Pour le tirer du danger où il étoit, je détachai le marquis de Languetoc, capitaine de vaisseau, à qui j'ordonnai de suivre Hannequin, et de sauver son navire, ou tout au moins son équipage. Ainsi fut terminée cette action, dans laquelle je perdis le sieur de Breme, mon capitaine en second, et une trentaine de soldats ou de matelots. Le fils de M. Pallas, enseigne, eut le bras cassé; et j'eus plusieurs autres de mes soldats blessés.

Si tout le monde eût fait son devoir, nous eussions pris les six vaisseaux de guerre, et bon nombre de marchands : mais à la guerre, tout comme ailleurs, tous les hommes ne sont pas égaux. Pendant la bataille, les vaisseaux marchands firent force de voiles, et, profitant de la mer et du vent, se sauvèrent, et furent suivis des trois autres vaisseaux de guerre.

Peu après, Hannequin s'étant radoubé, vint avec Bart joindre l'escadre. Ils amenèrent leur prise, qui, des trois vaisseaux dont nous nous étions rendus maîtres, fut l'unique que je pus amener à Dunkerque, où je fis route, après avoir fait de mon mieux pour me radouber. J'arrivai avec toute mon escadre dix jours après la bataille ; et ayant désarmé, je me rendis à la cour, suivant l'ordre que j'en avois.

Le ministre me reçut fort gracieusement, et me présenta au Roi, qui me témoigna être content de mes services. Je répondis à Sa Majesté que j'étois heureux qu'elle se contentât du peu que j'avois fait ; mais que j'avois pris langue, et qu'étant instruit du commerce des ennemis, je comptois de faire, la campagne prochaine, bien des choses dont Sa Majesté auroit encore plus lieu d'être satisfaite. Le Roi, en souriant, me donna lieu de connoître que ma réponse lui avoit fait plaisir.

En arrivant à Versailles, j'y trouvai le cardinal de Janson, qui avoit été honoré peu auparavant de la dignité de grand aumônier de France. Ce prélat avoit loué à Paris un grand palais, où il logeoit tout ce qu'il avoit de parens à la cour. Il me donna en m'embrassant toutes les marques possibles d'une sincère amitié, et ne voulut pas que j'eusse d'appartement ailleurs que chez lui.

Je n'ai passé jamais de quartier d'hiver plus gracieux. Le cardinal me faisoit grande chère ; j'étois avec mon bon et ancien ami l'archevêque d'Aix, pour lors évêque de Marseille. J'allois souvent chez le comte Du Luc. Enfin je jouois gros jeu, et je gagnai beaucoup d'argent chez la duchesse de Mantoue.

Il est aisé de comprendre qu'avec tous ces agrémens je ne pouvois que me réjouir, autant et plus que je n'avois fait de ma vie. Je n'étois pourtant pas si occupé de mes plaisirs, que je ne songeasse souvent à la campagne prochaine. Je formai divers projets, que je retournai en différentes manières. Enfin je m'arrêtai à celui-ci, comme plus profitable au Roi, et comme pouvant me faire plus d'honneur. Je résolus de prendre des mesures pour enlever les flottes anglaise, hollandaise et hambourgeoise, qui partent toutes les années pour la ville d'Archangel, sur la mer Blanche, en Moscovie.

Je communiquai mes vues à M. de Pontchartrain, qui en parla à M. l'amiral. Ils les approuvèrent tous les deux; et le Roi, à qui elles furent communiquées peu de jours après, les approuva aussi. Ces mers étant peu connues à nos Français, je priai le ministre de faire venir des pilotes de Hollande et de Hambourg; ce qu'il me promit.

Tout étant ainsi disposé pour la campagne, je crus qu'il étoit convenable de ne pas m'oublier moi-même. J'étois capitaine de vaisseau depuis bien long-temps, et je souhaitois d'être quelque chose de plus. Il me sembloit que mes longs services, tout ce que j'avois fait dans le golfe, et ma dernière campagne, me donnoient lieu d'espérer que la cour feroit quelque chose pour moi. On ne me disoit pourtant rien; et je vis bien que si je ne parlois le premier, je serois encore long-temps à attendre. Je me hasardai donc à demander une audience au Roi. Sa Majesté m'écouta avec bonté, et me promit qu'elle auroit soin de ma fortune.

Quelques jours après, le hasard me fournit l'occasion de parler au ministre en ma faveur : je ne la laissai point échapper. Je lui représentai combien il étoit convenable qu'on me fît officier général ; que le commandement que la cour me faisoit l'honneur de me confier le demandoit, aussi bien que le service du Roi.

« Vous le savez, monsieur, ajoutai-je : quand un
« capitaine commande quelque chose à son camarade,
« celui-ci a toujours quelque raisonnement à faire, et
« ne se croit pas obligé d'obéir sans réplique à un
« homme qui, dans le fond, n'a d'autre supériorité
« que celle que l'ancienneté lui donne. Si les officiers
« qui lui sont soumis manquent à faire leur devoir,
« il n'oseroit les reprendre ; ou s'il le fait, ce n'est
« qu'avec crainte, parce que, tout bien considéré,
« ayant affaire à ses égaux, il n'est jamais à couvert
« de la riposte. Cependant les affaires en souffrent ; et
« le Roi n'est jamais si bien servi. Que si Sa Majesté
« ne trouve pas que je sois encore digne d'être offi-
« cier général, je vous supplie de faire en sorte qu'elle
« ait la bonté d'en nommer un autre, à qui j'obéirai
« avec plaisir. »

Le ministre, qui dans le fond n'avoit jamais eu de bonnes intentions pour moi, et qui ne songeoit qu'à éluder mes prétentions d'une manière pourtant honnête, me protesta qu'il avoit fait tout ce qu'il avoit pu pour prévenir mes demandes. « Vous avez mérité,
« me dit-il, il y a long-temps la grâce que vous de-
« mandez, j'en conviens : mais je n'en ai pas été le
« maître ; et l'on a fait au Roi des représentations si
« fortes, qu'elles l'ont emporté sur tout ce que j'ai pu
« dire et faire en votre faveur. »

Je ne fus pas la dupe de cette réponse. « Si ce que
« vous me faites la grâce de me dire est vrai, comme
« je n'en doute pas, lui repartis-je, j'avoue, mon-
« sieur, que j'ai été jusqu'ici le plus ingrat de tous les
« hommes, puisque j'ai toujours été si fortement per-
« suadé que vous êtes entièrement le maître des grâces,
« que je n'ai pas balancé à croire que si je n'en rece-
« vois point, c'étoit uniquement parce que vous n'a-
« viez jamais voulu m'en faire.

« Je vois tous les jours, et je connois des gens, qui
« ont fait en très-peu de temps bien du chemin dans
« la marine : vous les connoissez aussi bien que moi,
« et vous n'ignorez pas que si justice leur avoit été
« faite, ils ne seroient pas encore enseignes. Si je ne
« suis pas aussi avancé qu'eux, à quoi puis-je attri-
« buer ce peu de progrès? et le moyen de ne pas le
« regarder comme un effet du malheur que j'ai tou-
« jours eu de vous déplaire? »

Le ministre me répondit fort obligeamment qu'il
me prioit de penser et de croire le contraire de ce que
je venois de lui dire; que je ne devois pas me rebuter;
que je continuasse à bien servir; et qu'il alloit s'employer tout de nouveau, et de son mieux, à procurer
mon avancement.

La promotion de mon escadre devoit se faire quelques jours après. Je retournai chez le ministre, pour le
prier de faire enseigne le jeune d'Escalis. Il étoit fils
d'un de mes anciens amis. A la recommandation de
son père, je lui avois fait avoir des lettres de garde-
marine au commencement de la campagne dernière,
et je souhaitois de le voir officier, parce qu'il l'avoit
mérité, et qu'il promettoit beaucoup.

Lorsque j'en parlai au ministre, il me répondit que les choses ne pouvoient pas aller si vite. « Vous l'avez « fait garde-marine il n'y a que six mois, me dit-il ; « et vous savez bien que les princes mêmes, lorsqu'ils « entrent dans ce corps, ne sont avancés qu'après un « an. » Je lui répondis que l'action que d'Escalis venoit de faire, en sautant le premier dans le vaisseau ennemi, valoit pour le moins six ans d'ancienneté. Le ministre répliqua qu'il en parleroit.

Je le priai encore de changer trois des capitaines de mon escadre, qui n'avoient pas fait leur devoir dans la dernière bataille. Il me dit que cela ne pouvoit se faire sans donner occasion à bien des plaintes, et que ce changement feroit trop de bruit ; que ceux dont je me plaignois étoient fort recommandés à la cour ; qu'il ne vouloit pas leur donner ce chagrin : mais qu'il me promettoit de leur parler, et de faire en sorte qu'ils fissent mieux à l'avenir.

Le jour de la promotion, j'allai prier M. l'amiral en faveur de d'Escalis. Ce prince me promit de s'y employer de tout son pouvoir, et me tint sa parole ; car le Roi ne voulant d'abord rien faire au préjudice des règles établies dans la marine, M. l'amiral fit valoir mes raisons si à propos, en représentant qu'il étoit dans l'ordre de m'accorder ce que je ne demandois que comme une grâce, que Sa Majesté se rendit, en disant qu'en effet ce n'étoit pas trop pour le chevalier de Forbin, qui avoit assez bien servi pour n'être pas refusé.

En sortant du conseil, M. l'amiral me dit : « On « vient de faire enseigne votre garde : il y a eu quel- « ques difficultés, mais on les a surmontées. » Je remerciai ce prince, et je fus me disposer pour partir le plus tôt qu'il se pourroit.

Deux jours avant mon départ, je demandai au ministre s'il trouveroit à propos que je fisse des prises dans les ports de Danemarck, supposé qu'il s'en présentât quelque occasion considérable. Il me répondit de n'y pas manquer, et que la cour le trouveroit à propos. La mésintelligence secrète qu'il y avoit entre la France et le Danemarck me donna lieu de prendre cet éclaircissement. Je ne demandai point d'ordre par écrit, comptant que la parole du ministre me suffisoit. Il faillit pourtant à m'en coûter bon pour m'en être contenté, et pour avoir agi en conséquence, sans avoir en main de quoi justifier ma conduite.

Comme je prenois congé du cardinal de Janson : « Mon cousin, me dit cette Eminence, puisque le Roi « m'a permis d'aller visiter mon diocèse, je devancerai « mon voyage de huit jours. Je veux vous mener à « Beauvais, qui est sur votre route ; et je me charge « de faire trouver bon au ministre que vous passiez « quelques jours avec moi. » Il obtint en effet cette permission. Nous nous mîmes dès le lendemain en carrosse, et nous arrivâmes deux jours après à Beauvais.

Nos premiers entretiens pendant la route ne roulèrent que sur des bagatelles propres à nous réjouir; mais peu après le discours étant devenu plus sérieux, la conversation tomba insensiblement sur le peu de fond qu'il y a à faire sur les gens de cour. Le cardinal ne tarissoit pas sur cette matière : sa longue expérience lui en avoit beaucoup appris.

Je lui laissai dire tout ce qu'il voulut ; après quoi,

prenant la parole à mon tour : « Monseigneur, lui
« dis-je, je trouve que vous avez raison : pour moi,
« quoique marin, et par conséquent peu fait au ma-
« nége des courtisans, je n'ai pas laissé d'avoir toujours
« pour maxime de ne me fier jamais à l'extérieur et
« aux paroles de ces messieurs. Mais qu'il me soit per-
« mis de vous le dire : quand j'aurois été porté à les
« croire, ce que je vous vis faire il n'y a pas encore
« deux jours auroit été plus que suffisant pour me dé-
« tromper. — Comment! répliqua le cardinal tout
« étonné; et qu'avez-vous donc vu? — Le voici, lui
« repartis-je.

« Je me trouvai avant-hier dans votre cabinet,
« quand on vint vous annoncer un homme que je ne
« connois point. A peine eut-on prononcé son nom
« devant vous, que vous fîtes une mine à m'effrayer.
« Je voulus sortir : vous m'ordonnâtes de demeu-
« rer. Cet homme entra : vous reprîtes sur-le-champ
« votre air serein, vous courûtes embrasser ce sur-
« venant, comme s'il eût été le meilleur de vos amis;
« et, après mille offres de services, et autant de pro-
« testations d'amitié, vous l'accompagnâtes jusqu'à
« *mezza sala,* en le comblant de civilités et de poli-
« tesses. »

Le cardinal, qui se rappela ce trait, et qui reconnut
qu'il y avoit eu en effet dans sa conduite quelque
chose de ce qu'il blâmoit si fort dans les courtisans,
rioit jusqu'aux larmes. « Que voulez-vous qu'on fasse?
« me dit-il. Cet homme est un importun qui me fatigue
« journellement : il falloit bien lui faire toutes ces ci-
« vilités, pour me débarrasser de lui. »

[1707] Je restai huit jours à Beauvais, après lesquels

je partis pour Dunkerque, où je fis mon armement, composé de huit frégates, et de quatre barques longues. Je fus quelque temps à attendre les pilotes qu'on m'avoit promis; mais je n'en fus pas plus avancé. Le ministre m'écrivit qu'il n'avoit pu en avoir, et que je n'avois qu'à faire comme je jugerois à propos : il fallut donc s'en passer. Je mis à la voile, comptant que mes cartes me suffiroient, en attendant que les premières prises que je ferois me donnassent des pilotes pratiques des mers où je voulois aller.

A peine fus-je hors de la rade, que j'eus avis, par deux corsaires français, qu'une flotte marchande anglaise venoit de sortir des dunes, escortée par trois vaisseaux de guerre, et qu'elle faisoit route du côté de l'ouest. Je ne balançai point à tirer de ce côté, et à la suivre. Six petits corsaires français qui se joignirent à moi voulurent être de la partie. Nous fîmes force de voiles, et nous joignîmes les ennemis dès le lendemain à la pointe du jour.

Leur flotte, qui étoit de plus de quatre-vingts voiles, étoit en effet escortée de trois vaisseaux de guerre de soixante-dix-huit pièces de canon. J'avois souhaité avec trop d'ardeur de les joindre pour les laisser échapper. Voici comme je disposai mon attaque.

Le sieur de Roquefeuille et le chevalier de Nangis, qui commandoient chacun une frégate, eurent ordre d'aborder le vaisseau de l'arrière-garde de l'ennemi; les sieurs de Hannequin et Vesin devoient, chacun avec leur frégate, faire la même manœuvre sur celui de l'avant-garde; et moi, suivi du comte d'Ilié, je me réservai d'avoir affaire au commandant.

Je laissai, pour nous secourir en cas de besoin, les

sieurs de Tourouvre, Bart, et les quatre barques longues. Pour les corsaires, ils avoient ordre d'attaquer les marchands d'abord qu'ils s'apercevroient que nous aurions l'avantage sur les ennemis.

Le signal donné, Roquefeuille, qui devoit commencer, fut un peu lent à attaquer. Tourouvre, qui s'en aperçut, commença l'attaque, et fit grand feu; mais en venant à l'abordage il s'accrocha mal, et ne fit que passer, après avoir essuyé toute la bordée de l'ennemi, qui lui tua quantité de braves gens.

Roquefeuille, voulant réparer sa faute, et profiter du désordre où étoit l'Anglais, s'approcha, suivi du chevalier de Nangis. Ils tirèrent l'un et l'autre toute leur artillerie si à propos, qu'il n'y eût presque pas un coup qui ne portât. Un moment après, ils joignirent le vaisseau, l'abordèrent, et massacrèrent d'abord tout ce qui s'opposoit à eux. Enfin, après un combat fort opiniâtre, et où il y eut du monde tué de part et d'autre, ils se rendirent maîtres du bâtiment.

Tandis qu'on se battoit ainsi à l'arrière-garde, j'étois aux prises avec le commandant, qui m'avoit attendu sans branler, et que j'avois abordé. Le feu de la mousqueterie et des grenades, qui étoit affreux de part et d'autre, nous incommodoit également. Dans ce moment, je m'aperçus que j'étois posté presque à la bouche d'un canon qui avoit déjà tiré. Je tuai par l'ouverture du sabord, en trois coups différens, trois canonniers qui se hâtoient de le recharger.

Je vis aussi par le même sabord un homme vêtu de gris de fer, qui, l'épée à la main, donnoit des ordres de côté et d'autre. Je ne doutai pas que ce ne fût le capitaine. Je lui tirai sur-le-champ un coup de fusil:

je le vis tomber. C'étoit en effet le commandant du vaisseau, comme je l'appris peu après.

Les Anglais, qui ne pouvoient plus résister au feu des grenades, commençoient à abandonner leur poste. Dès que je m'en aperçus, je criai à mes gens de sauter à bord. D'Alonne, un de mes lieutenans, suivi de deux gardes-marines et de quelques soldats, étoit déjà sur la préceinte (1) de l'ennemi, lorsque j'aperçus un Anglais qui alloit le percer d'un coup d'esponton. Je pris le fusil d'un de mes soldats, et je tirai à l'Anglais, que j'étendis roide mort. Je sauvai ainsi la vie à un de mes officiers. Il n'en fut pas de même du jeune d'Escalis : j'eus la douleur de le voir tuer d'un coup de fusil, lorsqu'il sautoit dans le bord ennemi, avec une foule d'autres soldats.

Plus de la moitié de mon équipage étoit déjà sur le vaisseau anglais, où il faisoit un grand carnage, lorsque mes grapins furent emportés par un coup de canon ; de sorte que mon vaisseau déborda. Les Anglais, qui reprirent cœur à cet accident, donnèrent sur les miens, qui se défendoient en désespérés, mais qui étoient accablés par le nombre.

J'étois au désespoir moi-même de l'état où je les voyois, sans pouvoir les secourir ; car j'étois emporté sous le vent par un courant de marée. Pour comble de malheur, j'avois été abandonné par celui qui devoit me seconder. Dans cet état, il me parut qu'il n'y

---

(1) *Préceinte :* Bande ou ceinture qui entoure le bâtiment. Elle est composée de bordages très-épais et très-larges : elle consolide le vaisseau, en liant étroitement toutes les parties de la proue à la poupe (de l'avant à l'arrière). Il y a autour du vaisseau plusieurs préceintes, qui sont toutes placées au-dessus de la ligne de flottaison. On parle ici de la plus élevée.

avoit point d'autre parti à prendre que de faire porter toutes mes voiles, et de revirer de bord, pour pouvoir regagner le vent, et revenir à un second abordage.

Comme je me disposois à cette manœuvre, le grand mât des ennemis, que mon canon avoit endommagé, vint à tomber. Un moment après, Hannequin et Tourouvre étant arrivés pour me secourir, l'Anglais abattit son pavillon, et se rendit. Ceux-ci envoyèrent leur chaloupe à bord, pour se saisir du bâtiment. Le premier homme qui se présenta à eux fut d'Alonne, tout couvert de sang des coups de sabre qu'il avoit reçus et donnés. Il s'étoit défendu en si brave homme, et les ennemis en avoient conçu une idée si avantageuse, qu'avant que de se rendre, tous les officiers lui avoient confié leur argent et leurs bijoux. De tous ceux qui étoient passés avec lui, il resta seul avec un garde-marine : tout le reste périt.

Le sieur Vesin, qui devoit attaquer le vaisseau de l'avant-garde, fut tué à la première décharge. Le baron d'Acy, son capitaine en second, ne laissa pas de venir à l'abordage : mais il eut beau faire, il ne put jamais s'accrocher, et reçut une blessure qui le mit hors de combat. L'Anglais, qui se vit dégagé, fit force de voiles, et alla s'échouer sur ses côtes, devant un petit port où il trouva sa sûreté. Tandis que nous étions aux mains, nos corsaires enlevèrent à la flotte vingt-deux marchands : tout le reste se sauva.

Le lendemain, qui étoit le troisième jour de mon départ, je retournai à Dunkerque, où je rentrai sur le soir avec toutes nos prises. Cette action avoit été fort sanglante : j'y avois perdu plus de la moitié de mon équipage. Mon capitaine en second, nommé

Vilieblin, et le pauvre d'Escalis avoient été tués; d'A-
lonne et Detapes, majors, blessés. J'avois été moi-
même blessé à la main assez légèrement; mais j'avois
reçu plus de dix balles dans mes habits. A l'armée, il
faut être heureux. Tourouvre et le chevalier de Nangis perdirent six officiers. Vesin, capitaine, fut tué; le
baron d'Acy, capitaine en second, blessé; beaucoup
de gardes-marines, et un grand nombre de soldats et
de matelots, tués ou blessés.

L'aumônier de mon vaisseau, qui étoit Parisien, et
qui jusqu'alors n'avoit jamais perdu de vue les tours
de Notre-Dame, fut si effrayé de ce combat, qu'il ne
fut plus possible de le rassurer. Le bruit du canon, et
tout ce spectacle de morts et de blessés, l'avoient tellement frappé, qu'en me demandant son congé, comme
nous arrivions à Dunkerque, il me déclara qu'il ne
retourneroit pas à la mer, quand le Roi le feroit
amiral.

J'envoyai à la cour une relation de tout ce qui s'é-
toit passé. Le chevalier de Nangis fut chargé d'en porter la nouvelle au Roi, à qui elle fit tant de plaisir,
qu'il me fit sur-le-champ chef d'escadre. Voici la lettre
que le ministre écrivit sur ce sujet à M. Du Luc,
pour lors évêque de Marseille, maintenant archevêque
d'Aix :

« Vous aurez sans doute appris, monsieur, la belle
« et éclatante action du chevalier de Forbin : mais je
« veux que vous appreniez par moi que le Roi vient
« de l'en récompenser sur-le-champ, en le faisant chef
« d'escadre. Je suis bien aise que vous soyez le pre-
« mier à en répandre la nouvelle dans la bonne ville
« de Marseille, et dans toute la Provence : je sais la

« part que vous y prenez, et c'est aussi ce qui m'a
« donné occasion de vous l'écrire. »

Un courrier du cabinet m'apporta la lettre du ministre, par laquelle il me faisoit savoir que le Roi m'avoit fait chef d'escadre, et que Sa Majesté vouloit que je quittasse le nom de chevalier, que j'avois porté jusqu'alors, pour ne paroître plus dans le monde que sous le nom de comte de Forbin. Ces nouvelles me faisoient trop de plaisir pour ne pas gratifier le courrier qui me les avoit apportées. Je lui fis présent d'un diamant de cinquante louis que j'avois au doigt, et je me mis en état de répondre incessamment aux lettres que je venois de recevoir.

En écrivant ma relation à la cour, j'avois mandé au ministre que la saison n'étoit pas encore trop avancée; et que mon projet pouvant encore avoir lieu, je serois en état de poursuivre, si la cour se hâtoit de remplacer par une prompte promotion les officiers qui manquoient à mon escadre. Le ministre me répondit que le Roi vouloit que je fisse moi-même la promotion. Cette commission m'embarrassoit fort; car plusieurs méritoient d'être récompensés, et je n'avois pas assez de grâces à distribuer pour contenter tout le monde.

Je récrivis donc au ministre, pour lui représenter qu'il étoit plus convenable que ce remplacement se fît à la cour; que je ne pourrois jamais le faire moi-même, sans donner lieu à bien des plaintes contre moi ; qu'il étoit de l'intérêt du Roi que je ménasse ma troupe contente; et que quand la cour se seroit expliquée, personne n'ayant à se plaindre de moi, je pourrois répondre aux mécontens que le Roi l'avoit ainsi voulu.

Parmi les officiers qui avoient été blessés, Sainte-Honorine, lieutenant de vaisseau, avoit perdu les deux bras et les deux jambes : je crus devoir informer la cour de la triste situation où il se trouvoit. Je demandai donc pour lui une commission de capitaine de vaisseau, une croix de Saint-Louis, et la première pension qui vaqueroit ; ajoutant qu'on ne risquoit rien à accorder toutes ces grâces, puisque certainement il n'en jouiroit pas long-temps, n'y ayant nulle apparence qu'il pût échapper.

Le ministre me répondit que quant au remplacement, le Roi vouloit absolument que je nommasse les officiers ; et pour ce qui regardoit les récompenses que j'avois demandées en faveur de Sainte-Honorine, je reçus, avec la commission de capitaine de vaisseau, la croix de Saint-Louis, et toutes les assurances que je pouvois souhaiter pour la première pension vacante.

Je courus en porter la nouvelle à ce pauvre garçon, qui, malgré les douleurs intolérables qu'il souffroit avec une patience héroïque, ne laissa pas de me témoigner quelque joie de la distinction que la cour faisoit de lui, et beaucoup de reconnoissance de mon empressement à le servir sans qu'il m'en eût prié. Il ne jouit pas long-temps des récompenses dont on l'avoit jugé digne : il mourut le lendemain, regretté de tous ceux qui l'avoient connu.

Le ministre persistant à ne vouloir pas faire la promotion, et à m'en laisser tout l'embarras, je me tirai d'intrigue en désarmant les quatre barques longues, dont je pris les équipages et les officiers, qui, joints à cent matelots que M. le chevalier de Langeron me remit, quoique destinés pour l'armement des galères, remplacèrent sur tous les vaisseaux de mon escadre les morts et les blessés qui me manquoient. Il est vrai que de cette sorte je m'affoiblissois considérablement; mais j'aimois mieux avoir moins de monde, et ne donner lieu à personne de se plaindre.

Je fis savoir au ministre le parti que je venois de prendre; et afin que ceux qui avoient mérité d'être avancés ne fussent pas sans récompense, je lui en envoyai la liste, sur laquelle il pouvoit se régler dans la distribution de ses grâces. Ayant ainsi terminé cette affaire, comme j'avois carte blanche, et que le temps commençoit à passer, je remis à la voile sans attendre la réponse de la cour, et je fis route pour la mer Blanche, ainsi qu'il avoit été arrêté.

Je pris, dans les premiers jours de ma course, sept à huit bâtimens ennemis, que je brûlai. Leur peu de valeur ne méritoit pas de se donner la peine de les amariner. Dans ces premiers jours que je fus en mer, le mauvais temps incommoda l'escadre plus d'une fois. Hannequin perdit son mât de misène par un coup de vent, et Roquefeuille vint se plaindre à moi de ce que son vaisseau faisoit eau de toutes parts.

Comme je vis qu'ils n'étoient pas en état de continuer la course, je me fis rendre les instructions cachetées que je leur avois remises en sortant du port de Dunkerque, et je leur ordonnai d'aller se rendre au port de Gottenbourg, appartenant au roi de Suède, où ils pourroient se radouber, et de là aller croiser où ils trouveroient le plus à propos pour le service du Roi.

Leur départ affoiblissoit encore mon escadre de

deux de mes plus gros vaisseaux : malgré cela, je ne laissai pas de suivre mon projet. Je pris sur les côtes de Moscovie une barque longue de Hambourg : j'armai ce bâtiment, sur lequel j'avois trouvé un pilote qui me fut d'une grande utilité.

Quand je fus au travers de l'île de Kilduin, je rencontrai une vingtaine de bâtimens anglais qui alloient en Moscovie : je les attaquai, et je les pris tous. J'en brûlai quinze : les cinq autres, que j'avois réservés, parce qu'ils étoient les meilleurs et les mieux chargés, furent amarinés.

Trois jours après, je trouvai la grande flotte, escortée par trois vaisseaux de guerre. J'allois l'attaquer, et j'en aurois tiré bon parti, lorsque j'en fus empêché par un brouillard fort épais qui s'éleva en très-peu de temps, et qui nous la fit perdre de vue : il dura trois jours entiers. Ceux à qui ces mers sont connues savent que ces sortes de brouillards y sont très-fréquens. De cette multitude de bâtimens que nous avions aperçus, nous n'en pûmes prendre que quatre.

Fâché d'avoir manqué mon coup, j'envoyai à la découverte. J'appris, par le retour de ma longue barque, qu'une bonne partie de la flotte s'étoit retirée dans le port de l'île de Kilduin : c'étoit justement le rendez-vous de mon escadre. J'y entrai, avec deux frégates seulement que j'avois amenées avec moi : le reste croisoit aux environs. Je n'y trouvai que quatre vaisseaux marchands anglais, dont je me rendis maître. Le lendemain, tous mes bâtimens m'étant venus joindre, j'appris qu'ils avoient brûlé pour leur part dix-huit vaisseaux marchands.

J'avois amené, en partant de Dunkerque, un bâtiment chargé de vivres pour l'escadre : je le fis décharger ; et les vivres ayant été distribués sur tous les vaisseaux, je le fis charger de ce qui s'étoit trouvé de meilleur et de plus précieux dans toutes les prises que nous avions faites jusqu'alors.

L'étain, comme étant plus pesant, fut mis au fond, et servit de lest. Le reste de la cargaison étoit des draps de toutes couleurs, des serges, quantité d'indigo, des toiles, et autres effets de grand prix ; de manière que cette cargaison valoit plus de douze cent mille livres.

J'étois encore dans ce port, d'où je ne pouvois partir de quelque temps, lorsque ma longue barque m'amena à bord un petit pêcheur armé de Moscovites. Nous ne nous entendions point les uns les autres, et nous manquions d'interprètes. Deux matelots ragusois, qui se trouvèrent par hasard avec nous, entendirent leur langage. Ces bons Moscovites, grossiers et simples, voyant qu'on les traitoit bien et qu'on les entendoit, furent si aises, qu'ils se mirent à danser. Je fus surpris de voir que les Ragusois qui sont sur la côte d'Albanie parloient à peu près le même langage que les Moscovites, qui sont par les 72 degrés de latitude du nord ; d'où je compris que la langue russienne, ou esclavone, devoit être bien étendue.

Les Anglais dont je venois de prendre les vaisseaux, et qui, de peur d'être surpris eux-mêmes, les avoient abandonnés à mon approche, avoient fait entendre à d'autres Moscovites qui étoient dans le port, où ils pêchoient, que les Français étoient des barbares, qui ne se nourrissoient que de chair humaine. Ces bonnes gens, prévenus des ridicules impressions qu'on leur avoit données sur notre sujet, avoient été si épouvantés en nous voyant, qu'ils avoient laissé leur pêche et leurs poissons, et s'étoient sauvés. On les voit revenir tous les ans, de plus de cent lieues qu'ils font sur terre, pour pêcher dans la belle saison. Ils s'en retournent à l'entrée de l'hiver dans leur pays ; car ils ne sauroient demeurer dans cette île, où le froid est intolérable.

Je descendis à terre, ne sachant rien de ce que les Anglais leur avoient dit. Je vis, à quelques pas du rivage, une trentaine de petites cases de bois : elles étoient pleines d'une grande quantité de poissons secs, qu'on nomme dans le pays *stolfiches*. Pour empêcher qu'on ne fît du mal à ces pauvres gens, j'y établis un corps-de-garde et des sentinelles.

Il y avoit, aux environs de ces cabanes, plusieurs croix gravées sur des fosses, avec des inscriptions en caractères grecs ; ce qui me donna à entendre que c'étoient des chrétiens qu'on y avoit enterrés.

Les corps-de-garde étoient posés depuis deux jours, lorsque les pêcheurs, qui avoient fui, détachèrent un vieillard de leur troupe, pour venir observer ce qui se passoit. Ce bon homme n'avoit accepté la commission qu'avec peine ; mais ses compatriotes l'avoient enfin persuadé, en lui faisant entendre que, vieux comme il étoit, il ne seroit pas bon à manger, et que les Français n'en voudroient point.

Ce bon Moscovite n'approchoit des cabanes qu'en tremblant. La sentinelle l'arrêta, et on me le mena à bord. Ravi d'y trouver plusieurs des siens qui n'avoient reçu que de bons traitemens, et charmé d'avoir vu que non-seulement on n'avoit touché ni à leurs cabanes ni à leurs poissons, mais qu'au contraire on y avoit mis des gardes pour les conserver, il se mit à faire plusieurs signes de croix, par lesquels il témoignoit son étonnement.

Un moment après, il demanda d'être mis à terre, pour aller porter cette bonne nouvelle à ceux qui l'avoient envoyé. Sur la relation de celui-ci, ils revinrent tous sans difficulté, et continuèrent leur pêche à leur ordinaire. Ils nous firent manger quantité d'excellens saumons, que j'eus soin de leur faire toujours bien payer.

Sur le bruit que l'escadre avoit fait en arrivant, le gouverneur de la ville de Cloa, éloignée de vingt lieues de l'endroit où nous étions, envoya dans un canot un officier pour nous reconnoître. Je le reçus fort civilement, je lui fis grande chère; et lui ayant fait quelques présens, il fut charmé de la civilité des Français. On nous dit la messe : cet officier l'entendit debout, à la manière des Grecs. Il étoit habillé à la turque, et portoit une longue barbe.

Enfin, après avoir été bien régalé, il me dit, en prenant congé, que les Anglais les avoient trompés, en voulant faire passer les Français pour des barbares; qu'il avoit vu par lui-même le contraire de ce qu'on leur avoit dit, et qu'il s'en retournoit dans des sentimens bien différens de ceux qu'on avoit tâché de lui inspirer.

On trouve dans cette île deux sortes de perdrix, des blanches et de faisandées : celles-ci sont d'un goût exquis, et très-aisées à tuer. Il y a encore quantité de jeunes bécassines, et de pluviers dorés. Le pays appartient à des moines grecs, qui y nourrissent une grande quantité d'animaux qu'ils appellent caribous.

Ces caribous sont gros comme une petite vache : ils ont les pieds fourchus, et portent sur la tête des cornes d'environ trois pieds de long, qui se recourbent en rond, en sorte que les deux bouts viennent presque se toucher. Ces cornes ont cela de particulier, qu'elles sont charnues, couvertes d'un poil ras, et coupées par des andouillers, comme le bois d'un cerf. La chair de cet animal est peu délicate, mais d'ailleurs d'assez bon goût.

Je brûlai, avant que de partir, tous les vaisseaux que j'avois pris, et qui dans ma course ne me pouvóient être d'aucune utilité. Les pêcheurs s'y enrichirent : ils firent une provision de cordages au-delà de tout ce qu'il leur en falloit pour toute leur vie, sans compter les débris des marchandises qui avoient été gâtées, et une grande quantité de fer, dont ils manquent dans leur pays.

De l'île de Kilduin, je fis route en tirant vers l'île de Wardhus, qui appartient au roi de Danemarck. En commençant à croiser par le travers de cette île, j'aperçus la flotte hollandaise, escortée de trois vaisseaux de guerre. Ces trois bâtimens, qui me virent seul (car toute mon escadre étoit dispersée, et occupée à croiser), firent mine de venir m'attaquer.

Je fis signal à deux de mes vaisseaux pour venir me joindre. Les ennemis s'en étant aperçus, se mirent à fuir, sans s'embarrasser de la flotte dont ils étoient chargés. Je leur fis un pont d'or, ne me souciant plus de prendre des bâtimens et des hommes dont je n'avois que faire. Je n'en voulois qu'aux marchands, que je poursuivis, et dont plusieurs se sauvèrent dans le mouillage de l'île de Wardhus : j'entrai dans la rade, où je pris tout ce qui s'y étoit retiré. Il y en avoit dix-sept, que je trouvai entièrement abandonnés.

Tous les équipages s'étoient sauvés, et avoient emporté à la hâte ce qu'il y avoit de plus précieux dans leur cargaison. Vers le milieu de ce mouillage, il y a un hameau d'environ une vingtaine de maisons, au milieu desquelles est une église servie par un prêtre luthérien.

Les principaux habitans vinrent à bord, pour me dire que si je voulois descendre à terre avec une partie de mes soldats; il me seroit aisé de recouvrer tous les effets que les Hollandais avoient enlevés de leurs vaisseaux; et qu'ils s'offroient à m'indiquer l'endroit où ils les avoient cachés, pourvu qu'en récompense je leur en donnasse une partie. Quoique je fusse de beaucoup supérieur aux ennemis, et que je pusse faire une descente sans rien craindre, je crus qu'il étoit convenable de ne pousser pas les choses plus loin. Je fis sagement en prenant ce parti, comme la suite le fera voir.

Le lendemain de mon entrée dans la rade de Wardhus, mes vaisseaux, qui croisoient aux environs, m'amenèrent huit flûtes qui étoient aussi de la flotte hollandaise; en sorte que le nombre des vaisseaux pris revenoit à vingt-cinq. Je choisis les quatre meilleurs, dans lesquels je fis transporter tout ce qu'il y avoit de plus beau et de meilleur, et je fis brûler tout le reste.

On peut dire que, dans ce transport d'un navire à l'autre, il se fit un pillage immense : officiers, écrivains, matelots, soldats, tous s'enrichirent. Il n'y eut que moi qui n'y gagnai rien ; car, outre que mon caractère ne me permettoit pas certaines manœuvres, et que j'en ai toujours été naturellement fort éloigné, je n'ignorois pas que j'avois auprès de moi un commissaire de marine, que le ministre m'avoit donné pour éclairer ma conduite.

En parcourant l'état qui avoit été dressé de tous ces effets, je fus fort surpris de voir qu'il se fût trouvé si peu de richesses sur tant de prises ; et quoique le tout joint ensemble montât à des sommes très-considérables, je trouvai pourtant que c'étoit bien peu, par rapport au nombre des bâtimens qui avoient été pris. Il n'y en avoit aucun qui eût une cargaison à fond ; peu d'argent monnoyé, quoique communément les Hollandais passent pour en porter beaucoup.

Ce qu'il y avoit de plus considérable se réduisoit à l'indigo et aux toiles de Hollande, mais en petite quantité : tout le reste n'étoit que de l'étain, des draps, et autres étoffes de laine ; de l'eau-de-vie, du vin, et du marc de vin en quantité ; des métiers de tisserands, et jusqu'à de la brique. Il y avoit aussi quelques fils d'or pour faire de la broderie, des rubans, des quincailles, quelque peu d'étoffes d'or ; et puis voilà tout.

J'avois déjà éprouvé quelque chose de semblable à l'occasion de quelques vaisseaux anglais, sur lesquels je n'avois trouvé que de gros tonneaux pleins de lisières de drap et de rognures de tailleur. Je fus curieux de savoir, de quelques-uns des ennemis que j'avois retenus, les raisons qu'ils avoient de charger si peu leurs vaisseaux.

Ils me dirent qu'au retour de leur voyage, ils n'apportoient ordinairement que des marchandises grossières, et de peu de valeur; que le produit de celles qu'ils avoient portées en allant se payoit en lettres de change; et que pour l'argent monnoyé, ils avoient soin de le cacher si bien dans le vaisseau, qu'il n'y avoit jamais que le capitaine et l'écrivain qui fussent informés du lieu où il avoit été mis; et que ceux-ci étoient si exacts à ne le découvrir jamais, que lorsqu'ils venoient à être pris, ils aimoient mieux le laisser perdre dans la mer en voyant brûler leur vaisseau, que de découvrir l'endroit où il avoit été mis.

Cela est si vrai, qu'une des prises que je venois de faire ayant été menée à Brest, avoit dans une cache plus de quinze mille livres argent comptant, et deux caisses pleines de fil d'or, qui ne furent trouvées que par hasard.

Enfin, outre toute cette multitude de bâtimens que j'avois pris, j'avois encore mis à rançon quatre flûtes que j'avois arrêtées. Après leur avoir enlevé tout ce qu'elles avoient de plus précieux dans leur cargaison, j'avois retiré six mille livres de chacune, sans compter cinq cents livres pour le droit de chapeau, droit qui appartient sans difficulté au commandant, mais que le ministre eut la dureté de m'ôter.

Ma course avoit été assez heureuse pour me donner lieu d'être content : il ne manquoit plus, pour achever, que de ramener mon escadre saine et sauve. Ce point n'étoit pas sans difficulté : j'avois assez incommodé le commerce des ennemis, pour avoir lieu de croire qu'ils ne me laisseroient pas en paix. Je craignis qu'ils n'allassent m'attendre aux environs de Dunkerque, et que, m'attaquant avec des forces supérieures, ils ne me rendissent une partie du mal que je leur avois fait : ce qui leur auroit été d'autant plus facile, qu'étant vieux caréné, il ne m'étoit pas aisé de fuir.

Pour éviter ce danger, je crus que je n'avois rien de mieux à faire que de leur dérober ma marche, et d'aller descendre au port de Brest, en publiant que je faisois route pour Dunkerque. Je m'arrêtai à ce dernier parti : je fis annoncer, sur tous les vaisseaux de l'escadre, que nous ferions voile au premier jour pour Dunkerque; que ceux qui voudroient écrire en France n'avoient qu'à envoyer leurs lettres à bord du commandant; que j'allois dépêcher la barque longue, pour l'envoyer à Gottenbourg avertir messieurs de Roquefeuille et Hannequin de venir me joindre à l'endroit que je leur désignois; et que de Gottenbourg cette même barque feroit route pour Dunkerque, où elle avoit ordre de nous devancer, et de porter les lettres que j'envoyois à la cour.

Ces lettres portoient qu'après avoir attaqué les flottes anglaises et hollandaises, et après leur avoir enlevé une assez considérable quantité de bâtimens, j'allois remettre à la voile, pour retourner incessamment à Dunkerque avec toutes mes prises.

Ma vue, en trompant ainsi la cour, et ceux de mes officiers à qui j'envoyois ce bâtiment, étoit que, supposé qu'il fût pris, les ennemis, qui ne manqueroient pas d'ouvrir mon paquet, trompés par le faux avis que je donnois, allassent m'attendre sur la route de Dunkerque; et, supposé qu'il arrivât à bon port, mes officiers eux-mêmes, à qui j'écrivois la même chose qu'à la cour, répandissent cette fausse nouvelle; en sorte qu'elle pût passer de Gottenbourg en Hollande, et confirmer les ennemis dans la pensée qu'ils devoient avoir vraisemblablement.

La chose réussit comme je pouvois le souhaiter. La navigation de la barque longue fut heureuse; à son arrivée à Gottenbourg, le bruit de la route que j'allois tenir fut d'abord répandu partout, et la barque continua sa route pour Dunkerque, où elle arriva bientôt, et d'où mes lettres furent portées à la cour.

Le ministre, trompé par le faux avis qu'il venoit de recevoir, et sachant d'ailleurs que les ennemis avoient fait un gros armement, et qu'ils m'attendoient sur le passage de Dunkerque, fut fort en peine sur mon sujet : il me dépêcha successivement trois longues barques pour venir à ma rencontre, m'instruire de ce qui se passoit, et me faire prendre ma route du côté de Brest.

Comme, de l'île de Wardhus à Brest, l'escadre pouvoit être séparée par le mauvais temps, et que dans ce cas mes officiers, persuadés que nous allions à Dunkerque, n'auroient pas manqué de faire route pour ce port, et de s'exposer ainsi à être enlevés, j'envoyai à tous les capitaines des ordres cachetés, avec défense de les ouvrir, hors le cas de séparation; le tout, sous peine d'être interdit. Ces ordres leur faisoient savoir mon véritable dessein, et leur enjoignoient de faire route pour Brest.

Ayant ainsi pris toutes mes mesures, je mis à la voile; et, au lieu de tirer vers Dunkerque, je gagnai vers les îles de Feroë. Un bâtiment danois que je rencontrai me dit, pour nouvelle, que les ennemis s'étoient retirés de devant Toulon. Je ne pouvois comprendre de quels ennemis il me parloit : j'eus beau le questionner, il ne me fut pas possible d'en tirer aucun autre éclaircissement.

Comme je continuois ma route, en passant par le nord d'Irlande je rencontrai un bâtiment hollandais avec passe-port : il venoit de Bordeaux, chargé de vin. Je lui demandai quelles nouvelles il y avoit de Toulon. Il m'apprit que le duc de Savoie, avec une armée de terre et de mer, avoit fait le siége de cette place; mais qu'elle avoit été secourue, et les ennemis obligés de se retirer. Ce second avis me calma, et dissipa toute l'inquiétude que le premier m'avoit donnée; car, quoiqu'il m'eût annoncé le départ des ennemis, comme il n'avoit pas su s'expliquer plus clairement, je ne laissois pas d'être en peine par rapport à ma famille.

Enfin j'arrivai heureusement à Brest avec toute mon escadre. Je dépêchai sur-le-champ un courrier, pour informer la cour de mon arrivée. Le ministre, qui étoit fort en peine de moi, fut surpris agréablement, et me loua fort d'avoir su donner le change aux ennemis. Le courrier lui dit : « Il nous a tous trompés : vous, en
« vous donnant un faux avis; et pour nous, après nous
« avoir fait entendre qu'il alloit à Dunkerque, et avoir
« remis à tous les capitaines des ordres cachetés, avec
« défense de les ouvrir, hors le cas de séparation, il
« nous a conduits par les îles de Feroë, personne ne
« comprenant rien à sa manœuvre, ni à la route qu'il
« faisoit. De cette manière, il vous a donné de l'in-
« quiétude à la vérité, et à nous aussi; mais il a trompé
« les ennemis, qu'il a fait morfondre à nous attendre
« inutilement. »

Le ministre, en répondant à mes lettres, me marquoit que Sa Majesté étoit très-satisfaite de ma conduite, et approuvoit tout ce que j'avois fait dans ma course; qu'en son particulier il le louoit aussi; et qu'il n'auroit aucun reproche à me faire, si j'avois témoigné moins d'indolence à empêcher le pillage que les équipages avoient fait : pillage que je n'avois pas ignoré, puisqu'il s'étoit fait sous mes yeux, sans que j'y eusse mis le moindre obstacle. Il finissoit en m'ordonnant de lui faire savoir les raisons de cette conduite.

Ravi de la plainte qu'il me faisoit, je lui répondis que je n'avois été chargé en partant que de l'honneur et de la gloire des armes du Roi; que j'avois fait tous mes efforts pour soutenir l'un et l'autre; que je le priois de se ressouvenir qu'il avoit embarqué dans mon vaisseau un commissaire pour avoir soin des intérêts de Sa Majesté; que j'avois cru ne devoir plus m'en mêler, puisqu'il y avoit un officier préposé pour cela, et sur l'emploi duquel il ne me convenoit pas d'empiéter; qu'il n'ignoroit pas que les gens de plume sont extrêmement jaloux de tout ce qu'on peut entreprendre au préjudice de leur autorité : mais que je le priois de faire rendre compte de ce pillage au commissaire lui-même, qui l'avoit encore moins ignoré que moi; que le transport des marchandises, qui étoit inévitable, n'avoit été fait que de la participation et du conseil des écrivains, et du commissaire même; que le dernier ne désavoueroit pas que je lui avois remis toute mon autorité, et que j'avois ordonné à tous mes officiers de lui obéir sur ce point, sous peine d'interdiction.

Je lui représentai ensuite qu'ayant retiré des ennemis pour vingt-quatre mille livres de rançon, il paroissoit convenable que cette somme fût employée à gratifier les capitaines qui avoient bien servi, et qui avoient fait beaucoup de dépense pour l'entretien de leur table, le nombre des officiers étant fort au-dessus de ce qu'on a coutume d'en mettre dans les armemens ordinaires. Le ministre m'accorda la grâce que je lui demandois, et me chargea de faire moi-même la répartition, suivant que je jugerois à propos.

J'appris à Brest, avec beaucoup de plaisir, que les Anglais et les Hollandais faisoient de grandes plaintes sur l'interruption de leur commerce, et sur la perte de tant de vaisseaux que je leur avois brûlés. Véritablement ils n'avoient pas tort d'en témoigner au moins de l'étonnement, puisqu'il étoit sans exemple que les Français eussent poussé leur course si avant dans le Nord.

Si, après avoir combattu les Anglais dès le second jour de ma sortie, la cour se fût hâtée de remplacer par une prompte promotion les officiers qui me manquoient, j'étois résolu d'aller me poster sur un petit passage de la mer Blanche, où, avec les forces que j'avois, j'aurois infailliblement pris tous les bâtimens qu'ils avoient fait partir pour ces mers : mais ce combat, qui affoiblit mon escadre de deux gros vaisseaux et de quatre barques longues, c'est-à-dire qui m'ôta la moitié de mes forces, retarda ma course d'un mois; ce qui fut cause que je n'arrivai sur les côtes de Moscovie qu'avec les Anglais, et huit jours après que les flottes de Hambourg et de Brême eurent passé.

Le marquis de Coëtlogon, lieutenant général, que je trouvai à Brest, me dit, quelques jours après mon arrivée, en me parlant de la campagne que je venois de faire, qu'il ne pouvoit s'empêcher de m'accuser d'imprudence; qu'à la vérité l'événement me justifioit; mais qu'il n'étoit pas sage à moi de m'être allé engager dans des pays et dans des mers inconnues, sans avoir embarqué au moins des pilotes sur l'expérience desquels je pusse faire fond.

Après lui avoir laissé dire tout ce qu'il voulut : « Mon« sieur, lui répliquai-je, vous m'avez condamné sans « m'entendre : peut-être, après m'avoir ouï, change« rez-vous de sentiment. Vous avez raison de dire que « les gens de mer doivent être prudens, et qu'il n'est « pas dans l'ordre de naviguer sans pilote : aussi en « avois-je demandé à la cour. On m'en avoit promis; « mais lorsque je n'attendois plus qu'eux pour mettre « à la voile, on m'envoya dire qu'on n'avoit pu en « avoir, et qu'il falloit s'en passer. Cependant la dé« pense de l'armement étoit faite, et la saison pres« soit : que faire?

« Je fis réflexion que, dans le temps que je prenois « pour aller croiser sur ces côtes, il y fait continuel« lement jour; j'avois d'ailleurs de bonnes cartes; je « savois que ces mers et les côtes où j'allois aborder « sont fort saines, et qu'on n'y trouve ni écueils, « ni bancs de sable. De plus, je compris fort bien « qu'avant que d'arriver où j'avois dessein d'aller, je « prendrois immanquablement quelques vaisseaux en« nemis, dont les pilotes me serviroient. Sur ces ré« flexions, j'entrepris mon voyage. Tout a réussi comme « je l'avois pensé : qu'avez-vous à me reprocher main« tenant? » Coëtlogon me rendit justice, et avoua de bonne foi qu'il m'avoit fait tort en me condamnant.

Quoique la saison commençât à être un peu avancée, je crus qu'il n'étoit pourtant pas encore temps de songer à désarmer. Je remis donc à la voile, et je sortis de la rade avec les sieurs Ducas et Duguay-Trouin. Le premier fit sa route pour l'Amérique, où il étoit destiné; le second avoit un armement en course de quatre vaisseaux de guerre et de deux frégates.

Le vent contraire nous retint six jours dans l'entrée de la Manche, d'où nous découvrîmes une flotte anglaise escortée de cinq vaisseaux de guerre, deux desquels étoient à trois ponts, et portoient quatre-vingt-dix canons; le troisième en avoit soixante-et-seize, et les deux autres cinquante.

Je me joignis au sieur Duguay. Il est hors de doute que nous aurions enlevé toute cette flotte, si nous avions agi de concert. Avant que de commencer l'attaque, je voulus lui parler, pour convenir avec lui d'un arrangement de combat : mais, vif comme il étoit, et beaucoup plus qu'il n'auroit fallu, quoique d'ailleurs plein de courage et de valeur, il ne voulut jamais m'attendre. Ses vaisseaux étant espalmés de nouveau, il prit les devans; et, sans être convenu de rien, comme j'ai dit, suivi d'une des frégates de son escadre pour le soutenir, il alla aborder le commandant. L'anglais fut démâté de tous mâts, et se rendit. Le sieur Beauharnois, capitaine de l'escadre de Duguay, aborda le vaisseau de soixante-et-seize, qu'il ne prit point. Le sieur Courserat, autre capitaine de Duguay, en aborda un de cinquante, qu'il prit.

J'arrivai dans ce temps-là, et j'abordai l'autre vaisseau de cinquante pièces de canon, qui se rendit après un combat assez opiniâtre, dans lequel je perdis d'Alonne, mon capitaine en second, et trente soldats ou matelots.

Des cinq vaisseaux de guerre qui escortoient la flotte anglaise, il n'en restoit plus qu'un qui n'eût pas été attaqué : c'étoit le plus gros de tous. Il prit la fuite ; Tourouvre le suivit. Je laissai au sieur de La Moinerie, capitaine de l'escadre de Duguay, le soin d'amariner le vaisseau que je venois de prendre ; et, marchant sur la trace de Tourouvre, je donnai la chasse au gros navire, qui fuyoit à toutes voiles. Le chevalier de Nangis et Bart venoient après moi.

L'anglais se battoit en retraite, et faisoit grand feu. Son canon et sa mousqueterie incommodèrent notablement le vaisseau de Tourouvre, qui resta derrière. Bart, qui avoit gagné les devans sur moi, fut aussi fort maltraité, et n'avança pas. J'étois prêt à aborder, lorsque le feu prit tout à coup dans le vaisseau ennemi, mais avec une telle violence, que je faillis à être brûlé moi-même. Je fis tout mon possible pour m'écarter.

Ce vaisseau, qui se battoit vaillamment, fut dans un moment tout enflammé devant, derrière, et entre les ponts. Le vent, qui étoit frais et arrière, rendit cet embrasement si subit et si universel, qu'il n'est guère possible d'imaginer de spectacle plus terrible. La plus grande partie de l'équipage, qui étoit fort nombreux, se jeta dans la mer, et alla chercher dans l'eau la mort qu'il croyoit fuir en s'arrachant du milieu de l'incendie.

Tous ces pauvres malheureux périrent, sans que personne leur donnât du secours. Comme on attendoit à tout moment de voir sauter le navire, et qu'il y avoit à craindre que quelque canon ou quelque pièce de bois ne retombât dans le vaisseau qui se seroit avancé, personne ne se remua, quoique tout cet équipage qui se lamentoit poussât des cris effroyables, en demandant du secours. Cependant le vaisseau ne sauta point, faute de voiles pour le soutenir; mais ayant ses sabords ouverts, et la mer le faisant rouler, il se remplit d'eau peu à peu, et coula à fond.

La situation où je fus dans cette occasion est l'une des plus embarrassantes où je me sois jamais trouvé. La vivacité du sieur Duguay, qui ne lui permit pas de m'attendre pour convenir ensemble de quelque chose, et le regret que j'aurois eu de l'abandonner sans le soutenir, furent cause du danger que je courus, et m'engagèrent de combattre, par une mer si élevée, des navires si supérieurs aux miens.

Si les Anglais avoient été habiles gens, ils auroient mis en déroute toute mon escadre. Duguay n'avoit pas à courir le même risque, ses vaisseaux n'étant pas, à beaucoup près, si inférieurs à ceux qu'il alloit attaquer; au lieu que je n'avois que des frégates de cinquante canons.

Quant au gros navire qui brûla, s'il avoit bien connu sa force, il n'auroit jamais pris la fuite devant nous, puisque le capitaine, en manœuvrant comme un habile homme de mer auroit dû faire, n'avoit aucun abordage à appréhender, un seul coup de gouvernail suffisant pour couler à fond ou pour démâter les frégates qui auroient osé aller à lui. De plus, il avoit toutes ses batteries ouvertes, et en état de servir; au lieu que mes frégates ne pouvoient faire usage que des batteries d'en haut, à cause de l'élévation de la mer.

Quoi qu'il en soit, je fus heureux d'avoir affaire à

des ignorans, et à des gens qui ne connoissoient pas leur force. Je pris garde, comme j'allois aborder ce gros vaisseau, que mon grand mât de hune n'étoit pas si élevé que la grande hune de l'ennemi. Je vis encore sur ce bâtiment un homme qui portoit un cordon bleu : je n'ai jamais pu savoir qui il étoit.

Quelques heures après cette action, j'enlevai un navire hollandais, chargé de diverses munitions de guerre. Il s'étoit joint à la flotte anglaise, et avoit pris la fuite dès le commencement du combat. Peu après avoir fait cette prise, je renvoyai le sieur de Tourouvre, qui ne pouvoit plus tenir la mer sans danger, et je détachai un vaisseau de l'escadre, pour le secourir en cas de besoin.

Pour moi, suivi du chevalier de Nangis, je naviguai si juste pendant la nuit, que le lendemain matin je trouvai le navire à trois ponts que Duguay avoit pris la veille. Ce vaisseau, après s'être rendu, avoit disparu je ne sais comment. Je trouvai encore une frégate de l'escadre de Duguay, qui étoit démâtée de son mât de misène. Je fis agréer le vaisseau avec de petits mâts de hune, et je lui donnai la remorque. Le chevalier de Nangis la donna à la frégate, et nous revînmes heureusement à Brest.

La flotte que nous venions d'attaquer étoit de quatre-vingts bâtimens de charge : elle alloit en Portugal, où elle portoit des munitions de guerre, des habits et des chevaux, pour servir aux troupes que les Anglais avoient dans ce royaume. De cinq vaisseaux qui l'escortoient, il y en eut trois de pris, un de brûlé; le cinquième se sauva avec toute la flotte, que nous aurions infailliblement enlevée, je le répète, si M. Duguay avoit agi avec un peu plus de circonspection.

Dès que je fus arrivé à Brest, j'envoyai le sieur de Tourouvre porter à la cour la nouvelle de ce qui venoit de se passer. Le ministre en fut si content, qu'il fit à Tourouvre toutes les gracieusetés possibles, et fut le présenter au Roi, qui témoigna être d'autant plus satisfait de cette dernière action, que la cour ne comptoit pas que je dusse remettre à la voile après la course que j'avois faite. Enfin, la saison pressant pour la retraite, je travaillai à me radouber; et, sans attendre la réponse du ministre, le vent étant favorable, je mis à la voile, et j'arrivai dans trois jours à Dunkerque, où je désarmai. Peu après je reçus mon congé, et je partis pour la cour.

En chemin faisant, je passai par Beauvais, où je trouvai le cardinal de Janson, avec bon nombre de ses neveux. J'y reçus de tous ces Forbin, mais principalement du cardinal, toutes les civilités imaginables. Ce prélat m'aimoit véritablement, et je me rendrois coupable d'ingratitude si je ne reconnoissois, au moins une fois publiquement, tous les témoignages qu'il m'a donnés de son amitié toutes les fois qu'il en a eu occasion. Je l'ai toujours vu prendre toute la part possible à ce qui me regardoit : il se réjouissoit de mes succès ; mes peines l'affligeoient véritablement ; et il ne paroissoit jamais plus content que lorsqu'il apprenoit quelque bonne nouvelle sur mon sujet.

Il me dit tout ce qu'on peut dire d'obligeant sur la campagne que je venois de faire. Véritablement elle me faisoit quelque honneur : j'avois désolé le commerce des ennemis, j'avois attaqué quatre de leurs flottes, et je leur avois enlevé plus de soixante-et-dix vaisseaux marchands, sans compter les vaisseaux de guerre que j'avois pris à l'abordage.

Le ministre ne me reçut pas d'une manière moins gracieuse que le cardinal : il m'accabla de civilités, au moins extérieurement, et quitta tout pour venir me présenter au Roi. Comme je paroissois, Sa Majesté, en s'adressant à moi, eut la bonté de me dire : « M. de « Forbin, vous avez bien tenu votre parole, et vous « avez fait au-delà de ce que vous m'aviez promis. Je « suis content de vous et de vos services. » Ce qui contribuoit davantage à les faire valoir, c'est que, dans ces deux dernières années (1706 et 1707), la marine avoit été entièrement dans l'inaction, n'y ayant eu que ma seule escadre sur pied : et pour nos troupes de terre, elles avoient été battues partout, à Ramillies, à Turin et Barcelone ; en sorte que j'étois le seul qui eût remporté quelque avantage sur les ennemis.

Dans ces premiers jours de mon arrivée, je ne manquai pas de faire ma cour, et de me trouver exactement au dîner du Roi. Sa Majesté me faisoit souvent l'honneur de m'interroger. Un jour, elle souhaita de savoir la manière dont je me conduisois dans les abordages, et comment je disposois mes attaques.

Je lui répondis que je commençois par distribuer des soldats ou des matelots à chaque canon, autant qu'il en falloit pour le servir ; que le reste de l'équipage, armé de fusils et de grenades, les officiers en tête, étoit posté partie sur le gaillard de derrière, et partie sur la dunette ; que je faisois ensuite mettre des grapins au bout des vergues, et que dans cet état j'avançois sur l'ennemi.

« Au moment que les vaisseaux se joignent, con-

« tinuai-je, on lâche les grapins, attachés à une grosse
« chaîne amarrée ; de telle sorte que les bâtimens ne
« sauroient se séparer sans un accident imprévu. Alors
« mes soldats font feu sur l'avant et sur l'arrière de
« l'ennemi, dans lequel ils font pleuvoir un orage de
« grenades jetées sans interruption, et en si grande
« quantité qu'il ne sauroit les soutenir long-temps.

« Dès que je m'aperçois qu'il commence à s'ébran-
« ler, je m'avance le premier, en criant à l'équipage :
« *Allons, enfans, à bord !* A ce mot, les soldats et
« les matelots, pêle-mêle, sautent dans le vaisseau
« abordé, et le carnage commence. Pour lors je re-
« viens sur mes pas pour obliger tout le monde à sui-
« vre, et à soutenir les premiers ; et tous combattent
« jusqu'à ce qu'ils se soient enfin rendus maîtres du
« vaisseau. Ce qui rend ces combats si sanglans et si
« meurtriers, c'est que personne ne pouvant fuir, il
« faut nécessairement ou vaincre, ou mourir. »

Sa Majesté parut contente de ce récit. Quelques jours après, m'ayant parlé de quelqu'une des expéditions de mes campagnes précédentes, elle souhaita d'en entendre encore le détail. Après l'avoir satisfaite : « Avouez,
« me dit le Roi, que mes ennemis doivent vous crain-
« dre beaucoup. — Sire, lui répliquai-je, ils crai-
« gnent les armes de Votre Majesté. » Une autre fois, me trouvant à l'antichambre tandis que le Roi étoit à son petit lever, plusieurs seigneurs attendoient, et entre autres M. le prince de Vaudemont : un huissier vint m'appeler ; et me fit entrer. Le Roi, à qui l'on donnoit la chemise, dit en me voyant, au cardinal de Janson : « Voilà un homme que les Vénitiens n'aiment
« guère, et que mes ennemis craignent beaucoup. »

Toutes ces bontés que le Roi me faisoit l'honneur de me témoigner flattoient extrêmement mon ambition, et sembloient me donner d'autant plus de lieu à concevoir de très-grandes espérances, qu'il me paroissoit que la cour devoit quelque chose à mes longs services. J'étois plein de ces pensées, lorsque le marquis de Villette, lieutenant général, commandeur de l'ordre de Saint-Louis, mourut à Paris, sur les dix heures du soir.

Le comte Du Luc, que je ne faisois que de quitter, et qui avoit mes intérêts aussi à cœur que les siens propres, m'écrivit sur-le-champ un billet, pour me faire part de cette nouvelle. *Cette place,* me disoit-il, *vous conviendroit fort : vos bons services parlent pour vous, et le Roi paroît bien intentionné. Je vous donne l'avis, profitez-en. Les occasions sont rares : ne laissez pas échapper celle-ci.*

Je souhaitois trop mon avancement pour m'endormir sur cette nouvelle. Je dépêchai sur-le-champ un courrier au cardinal de Janson, qui étoit pour lors à Versailles; et comme il avoit les premières entrées, je le priai de demander au Roi qu'il eût la bonté de m'accorder quelque chose de cette dépouille. J'avois appris, le jour d'auparavant, que le ministre de la marine étoit à Paris : je me rendis chez lui de très-grand matin. Je ne comptois pas, à la vérité, qu'il dût faire grand' chose en ma faveur ; mais je souhaitois qu'il ne me fût pas contraire, et je ne voulois rien avoir à me reprocher.

Je trouvai qu'il étoit déjà informé de ce qui se passoit. Je le priai de me continuer sa protection ; je lui dis que je ne voulois rien avoir que par son canal ;

mais que je le suppliois de se souvenir qu'il m'avoit promis plusieurs fois de s'intéresser pour moi dans l'occasion. Comme il avoit déjà jeté ses vues ailleurs, il me répondit en battant la campagne, et ne me dit que des choses vagues, qui ne signifioient rien.

De chez le ministre, je partis pour Versailles, fort impatient d'apprendre ce que le cardinal de Janson avoit opéré. Je me rendis chez le Roi. Comme Sa Majesté entroit dans son cabinet, je vis que Son Éminence lui parloit, et que Sa Majesté lui appuyoit les deux mains sur les deux épaules. Cette manière pleine de bonté me donna lieu d'augurer assez favorablement.

Enfin le Roi alla à la messe : je me trouvai sur son passage. Le cardinal suivoit. Au retour, Son Eminence se rendit à son hôtel : je m'y rendis un moment après. « Mon cousin, me dit le cardinal, j'ai parlé au Roi en
« votre faveur; je lui ai fait valoir vos longs services,
« et le zèle que vous avez toujours témoigné pour ses
« intérêts. Je lui ai représenté que la mort de M. de
« Villette laissoit vacante une place à laquelle vous
« aviez quelque droit d'aspirer; que, plein de courage
« et d'ambition comme vous êtes, s'il plaisoit à Sa Ma-
« jesté de vous gratifier, cette récompense ne feroit
« qu'augmenter, s'il étoit possible, l'ardeur que vous
« aviez toujours marquée pour son service.

« A tout cela, le Roi m'a répondu en propres termes :
« *Oui, M. le cardinal, votre parent m'a toujours*
« *bien servi, et je suis content de lui; mais je fe-*
« *rois crier trop de gens, si je lui accordois ce qu'il*
« *demande. Ce n'est pas qu'il ne mérite d'être ré-*
« *compensé, et mieux qu'eux tous : mais qu'il me*
« *laisse faire; qu'il continue à me bien servir,*

« *comme il a fait par le passé ; j'aurai soin de lui,*
« *et je me charge de sa fortune.*

« Hé quoi ! monseigneur, répondis-je au cardinal,
« de l'aveu même du Roi, je mérite d'être récompensé
« mieux que les autres ; il le connoît, il l'avoue, il est
« le maître, et il ne fait pourtant rien pour moi ! Se-
« lon ce qu'il en paroît, mes espérances sont renvoyées
« bien loin ; car enfin j'aurois beau faire : quand je
« ferois des miracles, il y aura toujours des plaignans ;
« et mes anciens, accoutumés à ne rien faire et à
« ne rien mériter, n'ayant par devers eux que leurs
« plaintes et leur ancienneté, ne laisseront pas de s'a-
« vancer, et d'aller leur train. »

Le cardinal, s'apercevant de l'indignation où j'étois :
« Mon cousin, me dit-il, je vois que j'ai fait une sot-
« tise en vous donnant tant de lumières, et que je ne
« devois pas m'expliquer si ouvertement sur ce que le
« Roi m'a dit en votre faveur. Mais vous ne connois-
« sez pas encore bien ce pays : il faut y avoir patience,
« demander dans l'occasion, et ne pas se rebuter, quoi-
« qu'on n'obtienne pas d'abord tout ce qu'on demande.
« Continuez à faire votre devoir, comme vous avez
« fait jusqu'à présent, et soyez sûr que vous obtien-
« drez dans la suite tout ce que vous pouvez souhaiter.

« Monseigneur, lui répliquai-je, le métier que je
« fais est trop dur et trop hasardeux : si je ne dois
« rien attendre que dans mon rang, je serai crevé
« avant que les récompenses arrivent. Il faut tous les
« jours se canonner, s'exposer aux coups de fusil et
« aux grenades, aborder, prendre les gens à la gorge,
« risquer de se noyer ou de se brûler, essuyer mille
« dangers contre lesquels la valeur ne fait rien, et

« d'où l'on ne se tire que par miracle. Si l'espérance
« d'être avancé, malgré les fainéans, dont on craint
« les plaintes et les clameurs, ne vous soutient, il n'y
« a pas moyen de continuer.

« Pour moi, je vais prendre le parti de mes anciens,
« et me tranquilliser comme eux. Et puisque tous leurs
« exploits se réduisent à gratter leurs tisons et à boire
« du vin de Champagne, je suis résolu d'en faire au-
« tant, assuré, en me plaignant, de m'avancer quand
« mon tour viendra. »

Le ministre, qui avoit refusé de me servir, portoit
M. Ducas, et vouloit le faire lieutenant général; mais
le marquis d'O, qui étoit l'ancien, auroit crié, et avec
raison. D'ailleurs il étoit auprès de M. le comte de
Toulouse, qui le protégeoit. Le ministre, jugeant
qu'il ne pourroit pas avoir satisfaction sans donner
lieu à de grandes plaintes, à la place d'un lieutenant
général qu'il y avoit à faire, en fit nommer deux, qui
furent messieurs d'O et Ducas. La commanderie de
Saint-Louis fut donnée au marquis de Langeron, lieutenant général de la marine; et pour moi, je n'eus
rien que des paroles, ainsi que j'ai déjà dit.

Je fus vengé de cette promotion par quelques cou-
plets qui coururent à Paris : foible ressource qui satisfait un moment, mais qui, au bout du compte, n'a-
vançoit pas mes affaires.

Un mois après la promotion faite, le ministre m'envoya chercher, et me dit : « J'ai trouvé enfin le secret
« de vous faire lieutenant général, puisque vous sou-
« haitez si fort de le devenir. Je ne pouvois rien pour
« vous à la mort de M. de Villette; mais vous voyez

« que je ne vous oublie pas, et que je saisis la pre-
« mière occasion qui se présente.

« Le Roi donne six mille hommes au roi d'Angle-
« terre (1) pour l'accompagner en Ecosse, où un parti
« très-considérable de ses sujets bien intentionnés n'at-
« tend qu'une descente pour se déclarer. Sa Majesté
« vous a choisi pour conduire ce prince avec les trou-
« pes qu'on lui donne : il faut que vous partiez in-
« cessamment pour Dunkerque, afin d'aller préparer
« tous les bâtimens nécessaires pour le transport.

« Au reste, c'est ici un secret important que je
« confie à votre prudence : et comme un armement
« de tant de vaisseaux, fait dans ce port, pourroit don-
« ner quelque soupçon aux ennemis, il faut que vous
« supposiez des armemens particuliers, tels que vous
« le trouverez bon. »

Cette proposition m'étonna beaucoup : je connoissois la situation de l'Ecosse, et je savois fort bien que
tout y étoit impossible. Il est vrai que la reine Anne,
qui venoit d'achever enfin l'union entre l'Angleterre
et l'Ecosse sous un même parlement, avoit donné lieu,
par cette nouveauté, à bien des mécontentemens ; ce
qui pouvoit faire croire que ceux à qui ce changement faisoit de la peine ne manqueroient pas de prendre parti en faveur de Jacques III. Mais, tout bien
considéré, il y avoit encore bien peu d'apparence à
une révolution. D'ailleurs le ministre, dans l'exposi-
tion de son projet, ne m'ayant parlé d'aucun port qui
fût en état de nous recevoir, je ne pus m'empêcher de
lui répondre sur-le-champ que s'il ne me fournissoit

(1) Jacques III.

pas d'autres moyens pour devenir lieutenant général, je ne le serois jamais ; que le projet de descente n'avoit absolument rien de solide ; que tout étoit tranquille en Ecosse ; que personne n'y avoit pris les armes ; qu'aucune ville ne s'étoit révoltée ; que nous n'y avions aucun port pour mettre l'armement à couvert ; qu'on ne voyoit aucun endroit où le roi d'Angleterre et ses troupes pussent débarquer sûrement ; et qu'enfin de jeter six mille hommes sur le sable, sans asyle et sans retraite, c'étoit les perdre, et les envoyer se faire couper les oreilles, pour ne rien dire de plus.

M. de Pontchartrain, prenant la parole : « Vous phi-
« losophez trop, me répliqua-t-il ; il doit vous suffire
« que le Roi le veut ainsi. Ses ministres ont sans doute
« des vues que vous ignorez. D'ailleurs ne vous ai-je
« pas déjà dit que les mécontens n'attendent que l'ar-
« rivée de la flotte pour se déclarer? Ne vous embar-
« rassez donc pas de tant de choses, et ne songez qu'à
« remplir la bonne opinion qu'on a de vous. — Mon-
« sieur, lui répliquai-je, je suis plein de zèle pour le
« service de mon maître, et je ne puis voir, sans dire
« mon sentiment, qu'on perde six mille hommes qui
« seroient si nécessaires ailleurs ; car si je les débar-
« que en Ecosse, vous pouvez par avance les regar-
« der comme perdus.

« Mais faisons mieux : puisque la cour consent à la
« perte de ces troupes, donnez-les-moi. Je prendrai
« mon temps ; et quand les armées seront occupées
« en Flandre, j'embarquerai ces six mille hommes
« dans de petits bâtimens, auxquels je joindrai les ga-
« lères. Je vous réponds de sortir de la rade à la barbe

« des ennemis, sans qu'ils puissent m'en empêcher.
« J'irai attaquer Amsterdam, que je trouverai dégarni
« de soldats, et qui ne sera défendu que par de mau-
« vaises milices : je me rendrai maître de la ville. Je
« commencerai par brûler plus de mille navires qui
« sont dans le port; et comme je ne prétendrai pas
« prendre cette place pour la garder, je la réduirai
« en cendres, et vous aurez la paix dans quatre jours.
« Car vous le savez mieux que moi, monsieur, toute
« la richesse et toute la force de la Hollande consis-
« tent dans cette ville; et vous comprenez fort bien
« qu'après l'expédition que je vous propose, et la
« perte qui en reviendra aux ennemis, les Hollandais
« n'auront pas envie de continuer la guerre, et s'esti-
« meront trop heureux qu'on veuille leur donner la
« paix.

« Mais les six mille hommes, les galères et les vais-
« seaux, que deviendront-ils? répliqua le ministre.
« — Ce qu'ils pourront, lui répondis-je. N'êtes-vous
« pas résolu de les perdre? Quand j'aurai brûlé Ams-
« terdam, ce sera *sauve qui peut!* car je sais fort
« bien que les ennemis ne me laisseront pas en paix,
« et qu'ils ne manqueront pas de venir à moi par le
« Texel, pour me fermer la sortie : mais, en ce cas,
« ce sera à chacun de pourvoir à sa sûreté. Pour moi,
« je prendrai si bien mes mesures, que je me sau-
« verai.

« Laissons là ce projet, me répondit M. de Pont-
« chartrain. Le Roi a promis au roi et à la reine d'An-
« gleterre de leur donner ce secours : nous devons
« croire que Leurs Majestés Britanniques, qui l'ont
« demandé avec tant d'instance, savent fort bien

« quelle issue elles doivent se promettre de la des-
« cente qu'elles méditent : elles ne l'entreprendroient
« pas, s'il n'y avoit pas lieu d'en attendre un bon suc-
« cès. Ainsi disposez-vous à exécuter les ordres qu'on
« vous donne, sans vous embarrasser de la réussite.

« Puisque cela est ainsi, répondis-je, je n'ai plus
« rien à répliquer, et il ne reste qu'à disposer toutes
« choses. Sur quoi je vous prie de faire d'abord at-
« tention qu'il sera difficile de passer outre, sans faire
« part du secret à l'intendant de Dunkerque, qui
« sans cela, ombrageux comme il est, et ne compre-
« nant rien à nos vues, feroit naître mille difficultés
« qui rendroient l'armement impossible. » Le ministre
consentit à ce point, et me dit qu'il prendroit des mesures pour lever tous les obstacles qui pourroient nous
faire de la peine.

Tandis qu'on me chargeoit ainsi d'une commission
dont je n'étois pas trop satisfait, je me trouvai sur les
bras une affaire à laquelle je ne m'attendois pas, et
qui m'auroit intrigué sans doute, et peut-être perdu
sans ressource, si la cour s'étoit trouvée dans des dispositions qui m'eussent été moins favorables.

Les Hollandais, fâchés de ma dernière campagne,
et du dérangement qu'elle apportoit à leur commerce,
avoient fait de grandes plaintes au roi de Danemarck,
et lui avoient représenté que Sa Majesté ne devoit jamais souffrir qu'en pleine paix les vaisseaux de ses
amis ou de ses alliés ne fussent pas en sûreté dans ses
ports ; que le comte de Forbin avoit eu la hardiesse
de venir prendre ou brûler, dans la rade et autour de
l'île de Wardhus, sur les côtes du nord de Norwège,
vingt-cinq bâtimens hollandais richement chargés ;

qu'ils demandoient justice de cette violence, et qu'ils supplioient Sa Majesté d'interposer son autorité pour leur faire obtenir une réparation convenable.

Le roi de Danemarck étoit entré dans toutes leurs plaintes; et, voulant à toutes forces tirer raison de ce qui s'étoit passé, en avoit fait écrire très-vivement à son ambassadeur. Celui-ci, en exécution des ordres qu'il avoit reçus, avoit fait de terribles plaintes contre moi. Il m'accusoit ouvertement d'avoir violé le droit des gens, et d'avoir, par des hostilités inexcusables, donné atteinte aux traités de paix conclus entre la France et le Danemarck; et il insistoit fortement sur ce que je fusse puni, selon que la grièveté du fait le méritoit.

Quelques brouilleries qu'il y eût entre les deux couronnes, on ne pouvoit guère se dispenser d'écouter les plaintes de Sa Majesté Danoise, et de lui donner au moins quelque apparence de satisfaction. M. de Pontchartrain m'envoya chercher; et, après m'avoir expliqué de quoi il étoit question, sans me faire part des dispositions secrètes où étoit la cour au sujet de cette affaire : « Allez, me dit-il, chez M. de Torcy, au-
« quel s'adressent les cours étrangères; et donnez des
« raisons qui vous justifient de l'accusation que l'am-
« bassadeur de Danemarck forme contre vous. »

Surpris de ce que je m'entendois dire : « Vous savez
« bien, monsieur, lui répliquai-je, ce que vous m'a-
« vez ordonné vous-même de vive voix; et vous n'avez
« pas oublié sans doute que, vous ayant demandé si
« vous trouveriez bon que j'attaquasse les ennemis dans
« les ports de Danemarck, vous me répondîtes, en
« propres termes, de n'y pas manquer, et que je vous

« ferois plaisir d'en agir ainsi. J'ai obéi : que peut-on
« souhaiter de moi davantage? Il me paroît que c'est
« à vous à me justifier. — Allez toujours, répliqua le
« ministre; faites ce que je vous dis, et ne vous em-
« barrassez pas du reste. »

Sur cette parole, je me rendis chez M. de Torcy. Je
ne savois pas trop comment m'y prendre pour me tirer d'intrigue; car, au bout du compte, je ne pouvois
me justifier solidement qu'en appuyant ma défense
sur l'ordre qui m'avoit été donné; et c'étoit là justement ce que je voulois éviter, pour deux raisons : la
première, parce que le ministre ne m'ayant rien ordonné que de vive voix, j'aurois été embarrassé pour
la preuve, supposé qu'il se fût avisé de nier ce que
j'aurois avancé; et la seconde, c'est que je ne pouvois
faire mention de l'ordre que j'avois reçu sans commettre la cour, et sans m'exposer à l'indignation de
M. de Pontchartrain, qui ne me l'auroit jamais pardonné. Je songeai donc à colorer cette affaire le mieux
qu'il me fût possible.

Je déclarai qu'ayant trouvé par le travers de Nord-
Cap une flotte hollandaise, à qui j'avois donné la
chasse, je lui avois d'abord enlevé en pleine mer huit
vaisseaux; qu'à la vérité, poursuivant le reste de cette
flotte, qui étoit entrée dans la rade foraine de l'île de
Wardhus, j'en avois encore enlevé dix-sept bâtimens :
mais qu'outre que ce qui s'étoit passé dans le port ne
devoit être regardé que comme la continuation d'un
combat qui avoit été commencé dans des mers où il
m'étoit permis d'attaquer les ennemis du Roi, je n'a-
vois trouvé sur ces vaisseaux ni soldats ni équipages,
et que les ennemis paroissant les avoir abandonnés,

après en avoir enlevé ce qu'il y avoit de plus précieux, j'avois cru qu'il m'étoit permis de m'en rendre maître, puisque personne n'en vouloit plus.

Je suppliai les ministres de Sa Majesté Danoise de faire attention que les équipages de ces bâtimens s'étant réfugiés dans un petit village au milieu du port, où il m'auroit été très-aisé de les forcer, et les Danois étant venus à bord m'avertir que, si je voulois leur promettre quelque récompense, ils m'enseigneroient le lieu où les Hollandais avoient caché tout ce qu'ils avoient pu emporter, j'avois toujours répondu à ces donneurs d'avis que les terres du roi de Danemarck m'étoient sacrées ; qu'il ne m'appartenoit pas de rien entreprendre dans ses Etats, et que c'étoit le bonheur des Hollandais de s'y être retirés.

J'ajoutai encore à cela quelques autres petites raisons qui ne signifioient pas grand' chose ; et je finissois en protestant que je n'avois jamais prétendu manquer au respect que je devois à Sa Majesté Danoise ; et que je n'aurois jamais été assez hardi pour aller de but en blanc dans ses ports entreprendre sur les ennemis du Roi, si je n'y avois été entraîné comme malgré moi, et par une continuité d'action commencée ailleurs.

Cette déclaration fut envoyée au roi de Danemarck, qui n'en fut pas satisfait : il n'avoit pas tort. L'ambassadeur revint à la charge, et recommença ses instances avec plus de vivacité qu'auparavant.

Il fallut que je me présentasse une seconde fois devant M. de Torcy. Je fis la même déclaration, à laquelle j'ajoutai quelques raisons assez minces, et qui dans le fond ne valoient rien. Mais comme on n'étoit pas trop content du roi de Danemarck, ainsi que j'ai dit, et qu'on ne se mettoit pas trop en peine de lui donner satisfaction, cette affaire n'alla pas plus loin, et il ne fut plus parlé de ces plaintes.

L'intendant de Dunkerque, ensuite des ordres qu'il avoit reçus du ministre, étoit depuis quelques jours à la cour. A son arrivée, les bureaux s'étoient assemblés, et, après avoir conféré entre eux, avoient dressé, sans m'en rien dire, un projet d'armement pour le transport des soldats qu'on vouloit envoyer en Ecosse. Ils avoient compté par leurs doigts, et avoient trouvé qu'il falloit armer quinze flûtes, qui porteroient chacune trois cents hommes; qu'on joindroit à ces quinze bâtimens cinq vaisseaux de guerre, qui porteroient encore chacun trois cents hommes. « De cette ma-
« nière, disoient-ils, nous avons juste ce qu'il nous
« faut pour nos six mille hommes, et les vingt bâti-
« mens nous suffisent. »

Ce beau projet ainsi arrêté, La Touche, premier commis, à qui le secret de cette expédition avoit été confié, représenta au ministre que puisque je devois être chargé de l'entreprise, il étoit nécessaire qu'on me communiquât ce qui avoit été déterminé, afin de prévenir les difficultés qui pourroient naître dans l'exécution.

Sur cet avis, le ministre me fit appeler, et me fit part de la délibération des bureaux. Je fus si indigné de tout ce qu'elle contenoit d'incongru, que, ne songeant plus à qui je parlois, et me laissant aller à toute la vivacité d'un Provençal : « Quel est donc l'ignorant
« qui a formé ce projet? lui demandai-je. » Le ministre, un peu surpris, me demanda à son tour ce que

j'y trouvois de si mauvais. « Tout, lui répliquai-je ;
« car premièrement on a dû faire attention que Dun-
« kerque étant situé entre la Hollande et l'Angleterre,
« les ennemis seront à tout moment à portée d'être sur
« nous ; et, en second lieu, que les flûtes, qui sont
« très-pesantes et mal construites, sont, par une suite
« nécessaire, peu propres pour une expédition qui
« doit se faire vite, et sans donner aux ennemis le
« temps de se reconnoître.

« Vous voyez bien, monsieur, continuai-je, que ces
« deux réflexions toutes seules auroient dû être plus
« que suffisantes pour empêcher qu'on eût jamais la
« pensée de se servir de ces sortes de bâtimens. Ajou-
« tez que si en sortant du port nous trouvons le vent
« contraire, nous perdrons infailliblement le chemin
« que nous pourrions déjà avoir fait ; qu'il faudra
« beaucoup de temps pour aller et pour venir ; et que
« si les ennemis nous poursuivent, tout sera pris.

« Mais comment mieux faire ? me demanda le mi-
« nistre. — Le voici, lui dis-je : il faut prendre tous
« les meilleurs corsaires qu'on trouvera à Dunkerque,
« et les armer. Il est bien vrai qu'ils ne porteront pas
« autant de soldats que des flûtes ; mais le nombre y
« suppléera. Avec de pareils bâtimens, nous irons
« beaucoup plus vite. Si nous trouvons les vents con-
« traires, nous nous soutiendrons sans dériver ; et si
« les ennemis, supérieurs en nombre, viennent à nous,
« nous serons en état de nous sauver. » Le ministre
entra dans ces raisons, et me dit d'aller régler toutes
choses avec La Touche.

Cependant je ne laissois pas d'être fort inquiet sur
la commission dont on me chargeoit. Pendant tout le

temps que je restai encore à la cour, je revins plusieurs fois à la charge, pour faire abandonner une entreprise dont je croyois voir toute l'inutilité.

Je ne pouvois me lasser de représenter les inconvéniens de la démarche où l'on alloit s'engager. Je dis au ministre mille et mille fois que ce qui pouvoit arriver de plus avantageux étoit de faire une course qui ne fût qu'infructueuse, et peu honorable; que j'étois bien mortifié que Sa Majesté m'eût choisi pour une expédition qui évidemment ne pouvoit avoir qu'un mauvais succès; que si la descente se faisoit, les six mille hommes étoient sûrement perdus, et les forces du royaume diminuées d'autant, sans compter la honte qu'il y avoit à avoir donné dans une entreprise chimérique, et qui ne devoit être regardée que comme une pure vision. A tout cela on ne répondit que comme on avoit déjà fait : qu'on ne se soucioit pas de perdre ces six mille hommes, pourvu qu'on donnât satisfaction au roi d'Angleterre. Je n'en pus jamais tirer autre chose.

Toutes ces raisons ne me satisfaisoient pas : je voulus, avant que de partir, faire une nouvelle tentative. Je m'adressai pour cela au cardinal de Janson. « J'ai « un secret important, lui dis-je, à communiquer à « Votre Eminence; mais je ne puis vous le déclarer « que sous le sceau de la confession. » A ce mot, le cardinal me regarda attentivement entre les deux yeux; et m'ayant donné sa bénédiction : « Parlez, me « dit-il. »

Je lui découvris alors de quoi il étoit question, et tout ce qui s'étoit passé entre M. de Pontchartrain et moi.

« Soyez persuadé, monseigneur, lui dis-je, que les
« troupes de l'armement et toute la dépense sont au-
« tant de perdu pour le royaume. Je me suis lassé à
« représenter tout cela au ministre : on ne veut rien
« entendre. A mon particulier, il me fâche d'être
« chargé d'une entreprise dont je ne tirerai certaine-
« ment qu'un mauvais parti. Je sais que Sa Majesté dé-
« fère beaucoup à vos sentimens : ayez, s'il vous plaît,
« la bonté d'en parler au Roi, et de détourner, s'il se
« peut, un projet dont la dépense pourroit être plus
« utilement employée ailleurs.

« Mon cousin, me répondit le cardinal, je vous suis
« bien obligé de votre secret : je l'ai déjà oublié. On ne
« me parle de rien ; je n'ai garde de vouloir faire l'im-
« portant, et d'entrer dans le secret de la cour, qu'on
« veut que j'ignore. Mais vous-même parlez au Roi,
« et prenez votre temps pour cela : Sa Majesté vous
« écoutera. Quand vous lui aurez dit votre sentiment,
« ce sera à elle à faire ce qu'elle jugera à propos, et à
« vous à obéir sans réplique. »

La veille de mon départ pour Dunkerque, je fus
me présenter au Roi pour prendre congé. « M. le
« comte, me dit Sa Majesté, vous sentez l'importance
« de votre commission : j'espère que vous vous en ac-
« quitterez d'une manière digne de vous. — Sire, lui
« répondis-je, Votre Majesté me fait beaucoup d'hon-
« neur : mais si elle vouloit me donner un moment
« d'audience, j'aurois bien des choses à lui représenter
« sur cette même commission dont on me charge. » Le
Roi, qui avoit été informé par son ministre de toutes
les difficultés que j'avois faites jusqu'alors, me dit :
« M. de Forbin, je vous souhaite un bon voyage.

« J'ai des affaires, et je ne saurois vous entendre « pour le présent.. »

Le lendemain, je partis; et m'étant rendu à Dunkerque, je travaillai avec toute la diligence possible à l'armement de trente vaisseaux corsaires, et de cinq vaisseaux de guerre. J'eus bien des difficultés à surmonter; mais enfin j'en vins à bout. Pour arrêter les raisonnemens du public, qu'un armement si considérable commençoit à faire parler (car on en pénétroit déjà le secret), je publiai que les sieurs de Tourouvre, de Nangis et Girardin armoient chacun en particulier.

[1708] Tout étoit prêt au moins pour ce qui me concernoit, et il ne manquoit plus pour le départ que les matelots, et les soldats qu'on vouloit embarquer. Ceux-ci arrivèrent les premiers; j'eus avis qu'ils étoient à Saint-Omer, à une journée de Dunkerque. Nous n'avions point encore nos matelots : j'appréhendai que l'arrivée des six mille hommes, jointe à un armement si considérable qui se faisoit sous les yeux des ennemis, ne donnât lieu à de nouvelles conjectures, d'autant mieux que le projet s'ébruitoit toujours davantage, par le mouvement qu'on faisoit par toute la France, en faisant passer à Dunkerque tout ce qu'il y avoit d'Anglais et d'Irlandais dans le royaume.

Pour parer ce coup, je pris avec moi le sieur Duguay, intendant du port, et le sieur Beauharnois, intendant de l'armement naval; et j'allai représenter à M. le comte de Gacé, qui devoit commander les troupes, et qui étoit arrivé depuis deux jours, l'inconvénient qu'il y auroit à faire venir les six mille hommes avant que tout fût prêt pour le départ.

Le comte reconnut que j'avois raison ; que les troupes ne devoient arriver en effet que lorsqu'il seroit question de les embarquer. Il donna donc ordre qu'elles restassent à Saint-Omer. Quelques jours après, les matelots arrivèrent : on mit les vaisseaux en rade, on fit venir les soldats, et tout fut embarqué.

Le roi d'Angleterre arriva deux jours après. Soit fatigue, soit qu'il y fût disposé d'ailleurs, ce prince tomba malade de la rougeole, et il eut la fièvre pendant deux jours. Le retardement que cette maladie apporta au départ de la flotte donna le temps aux ennemis de se reconnoître. Trente-huit vaisseaux de guerre anglais vinrent mouiller à Gravelines, à deux lieues de Dunkerque. Je fus les reconnoître moi-même ; et, après avoir bien vérifié que c'étoient des vaisseaux de guerre, j'écrivis à la cour, et je marquai que les forces des ennemis étoient trop supérieures aux nôtres pour entreprendre de sortir à leur vue ; qu'il n'étoit plus possible de mettre à la voile sans vouloir tout perdre ; que l'armée des ennemis, qui étoit à portée de nous suivre, ne manqueroit pas de se servir de l'occasion ; et que, n'ayant point de port en Ecosse pour nous retirer, il étoit évident qu'ils n'auroient qu'à nous attaquer, pour tirer de nous quel parti il leur plairoit ; que mon sentiment étoit de désarmer, et de renvoyer le projet de descente à un temps plus favorable.

Tout le monde ne pensoit pas comme moi à Dunkerque : plusieurs mauvais raisonneurs, ignorans, ou peut-être malintentionnés, disoient hautement que les vaisseaux qui étoient à vue n'étoient que des marchands qui avoient été ramassés à la hâte, et envoyés à tout hasard, dans l'espérance qu'ils empêcheroient peut-être ou retarderoient tout au moins la sortie de la flotte. Ils blâmoient les difficultés que je faisois, et tenoient mille discours, auxquels il étoit aisé de reconnoître les motifs particuliers qui les faisoient parler.

Sur les lettres que j'avois écrites à la cour, il vint ordre de désarmer. Les mauvais raisonnemens recommencèrent plus fort que jamais, surtout après que les ennemis, qui sur ces entrefaites étoient allés mouiller aux Dunes, à douze lieues de Dunkerque, eurent donné lieu, par leur retraite, à de nouveaux discours encore plus désagréables que les premiers.

Plusieurs de ceux qui avoient intérêt à la sortie de la flotte écrivirent à la cour et à la reine d'Angleterre, et firent entendre bien des mensonges à l'une et à l'autre. Ces nouvelles lettres changèrent la disposition des esprits. La Reine fut à Versailles, où elle fit de nouvelles instances au Roi, qui lui accorda tout ce qu'elle souhaitoit; et je reçus des ordres précis de me conformer aux volontés du roi d'Angleterre, et de lui obéir en tout sans réplique.

Les troupes étoient déjà embarquées, et la santé du Roi rétablie. Il ne nous manquoit plus, pour mettre à la voile, qu'un vent favorable. Nous l'attendions d'un moment à autre, lorsque le comte de Gacé, à qui on avoit promis un bâton de maréchal de France dès que le roi d'Angleterre seroit en mer, inquiet de tant de retardemens, et craignant de voir ses espérances ou perdues ou renvoyées plus loin, supposé que le départ n'eût pas lieu, cabala secrètement pour porter le

Roi à s'embarquer, afin, disoit-il, que Sa Majesté fût à portée de partir au premier bon vent.

Ce prince, persuadé par ce qu'on lui avoit dit, me fit appeler, et me déclara qu'il vouloit aller coucher à bord. Je lui représentai que le vent et la marée ne permettant pas de partir, il ne paroissoit pas convenable que Sa Majesté se hâtât de s'embarquer encore si tôt ; mais que je le priois de se reposer sur moi, et que dès que le temps le permettroit, de nuit ou de jour, je prendrois mes mesures si à propos, que rien ne retarderoit le départ.

Le lendemain, le Roi, qu'on étoit allé harceler, revint à la charge, et me dit qu'il vouloit absolument s'embarquer, et aller coucher à bord. Cette seconde attaque m'embarrassa : je répondis qu'il n'étoit point encore temps ; que pourtant il étoit le maître de faire ce qu'il jugeroit à propos, et que s'il le vouloit absolument, j'obéirois ; mais que je ne répondois de rien.

A la manière dont manœuvroient ceux qui pressoient si fort cet embarquement, je compris qu'outre leur intérêt particulier, qu'ils avoient toujours en vue, ils vouloient encore charger la marine de l'événement de cette entreprise.

Je n'ignorois pas les brouilleries qu'il y avoit entre les deux ministres, celui de la guerre, et celui de la marine. Les émissaires du premier ne hâtoient si fort l'embarquement qu'afin que si l'entreprise venoit à échouer, le Roi et les généraux ayant été embarqués, le ministre de la guerre pût rejeter tous ces mauvais succès sur les retardemens de la marine, en disant au Roi : « Sire, j'ai fait ce qui dépendoit de moi : les

« troupes avec les généraux ont été embarquées, et j'ai
« ponctuellement exécuté les ordres de Votre Majesté.
« Si le projet n'a pas réussi, on n'en doit attribuer la
« faute qu'au retardement des matelots. »

Pour épargner ce reproche à M. de Pontchartrain, dont j'avois encore les intérêts à cœur, quoique j'eusse à me plaindre de lui, j'allai chez le comte de Gacé, à qui je remontrai combien il étoit peu convenable de faire embarquer le Roi, le vent et la marée étant contraires. Il ne fit pas grand cas de mes remontrances : j'eus beau lui alléguer tous les risques où cette fausse démarche alloit exposer toute l'armée, il ne rabattit mes raisons que par des discours vagues, et qui n'avoient rien de solide.

Alors, indigné de ne recevoir que des réponses qui ne signifioient rien, je m'impatientai tout de bon ; et haussant le ton : « Monsieur, lui dis-je, vous voulez
« faire embarquer le roi d'Angleterre avant le temps :
« prenez bien garde à ce que vous faites ; mais soyez
« bien persuadé que vous ne duperez ni la marine ni
« moi. Le Roi ne doit s'embarquer que quand le vent
« et la marée seront favorables : si vous persistez, il
« me faudra obéir ; mais faites-y bien attention : je
« vous ferai tous noyer. Quant à moi, je ne risque
« rien, je sais nager, et je me tirerai bien d'affaire. »

Je hasardai cette menace, dans la pensée qu'elle pourroit intimider le comte ; mais l'envie de faire sa cour au ministre, et, plus que tout cela, la dignité de maréchal de France, dont il ne croyoit jamais être revêtu assez tôt, rendirent tous mes efforts inutiles. Le roi d'Angleterre et tous les officiers généraux s'embarquèrent, et il fallut mettre à la voile.

Je risquai tout, puisqu'on vouloit tout risquer : je fus forcé de mouiller au milieu des écueils. Dès la nuit même, un coup de vent mit toute l'armée en danger. Le Roi, tout jeune qu'il étoit, vit ce péril avec une fermeté et un sang froid bien au-dessus de son âge; mais sa suite eut belle peur.

Le comte de Gacé, qui la veille avoit été proclamé dans mon bord maréchal de France, sous le nom de maréchal de Matignon, n'étoit pas moins effrayé que les Anglais. Ils étoient tous malades; tous vomissoient jusqu'aux larmes, et ils me pressoient avec instance de rentrer dans la rade.

J'avois trop de plaisir à les voir souffrir pour leur accorder ce qu'ils demandoient. « Je n'en ferai rien, « leur disois-je : le vin est tiré, il faut le boire. Pâtis- « sez, souffrez tant qu'il vous plaira : j'en suis bien « aise, et je ne me laisserai point attendrir. Vous l'a- « vez voulu : de quoi vous plaignez-vous? ».

Trois de nos meilleurs vaisseaux furent sur le point de périr : ils rompirent leurs câbles, et ne se sauvèrent que par miracle. Deux jours après, le vent devint favorable : nous remîmes à la voile, et le troisième jour nous arrivâmes sur les côtes d'Ecosse, à la vue de terre. Nos pilotes avoient fait erreur de six lieues : ils se redressèrent; et le vent et la marée étant devenus contraires, nous mouillâmes à l'entrée de la nuit devant la rivière d'Edimbourg, environ à trois lieues de terre.

Nous eûmes beau faire des signaux, allumer des feux, tirer des coups de canon, personne ne parut. Sur le minuit, on vint m'avertir qu'on avoit tiré cinq coups de canon du côté du sud. J'avois toujours couché habillé depuis le départ : je me levai à la hâte, et je compris que ces cinq coups de canon ne pouvoient être qu'un signal des ennemis, qui avoient suivi la flotte.

Je ne me trompai point dans ma conjecture. Dès le point du jour, nous découvrîmes la flotte anglaise, mouillée à quatre lieues de nous. Cette vue ne me fit pas plaisir. Nous étions enfoncés dans une espèce de golfe, en sorte que j'avois un cap à doubler pour gagner le large.

Je vis bien que je ne me tirerois jamais de ce mauvais pas, si je n'usois d'adresse. Je fis sur-le-champ mettre à la voile, et j'arrivai sur les ennemis comme si j'avois voulu les attaquer. Ils étoient sous voiles : en me voyant manœuvrer, ils se mirent en bataille, comptant que j'allois à eux ; ce qui leur fit perdre beaucoup de chemin. Je profitai de leur peu de vigilance ; et ayant mis le signal afin que l'armée fît force de voiles pour me suivre, je changeai de route, et je ne songeai plus qu'à me sauver.

Tandis que je travaillois ainsi à dégager la flotte, les Anglais qui étoient dans mon bord commencèrent à murmurer : ils me reprochèrent ouvertement que je fuyois mal à propos, et que les vaisseaux que nous avions vus n'étoient qu'une flotte danoise qui venoit toutes les années à Edimbourg, pour y charger du charbon de pierre.

Il fallut faire cesser ces raisonnemens, et renvoyer à la découverte. Je détachai donc une frégate bonne voilière, qui étoit auprès de moi ; j'ordonnai à l'officier d'approcher la flotte le plus près qu'il pourroit, de tirer deux coups de canon, de mettre en panne si c'étoit une flotte marchande, et de tirer cinq coups de canon, en faisant force de voiles pour me rejoindre, supposé que ce fût la flotte ennemie.

Cependant, pour ne point perdre de temps, j'allois toujours à toutes voiles pour achever de doubler le cap, et gagner le large. Les ennemis me donnèrent la chasse. Si je n'avois eu que des flûtes, selon le beau projet qui avoit été formé, tout étoit perdu sans ressource. Je ne sauvai l'armée que parce que, n'ayant que des corsaires qui alloient bien, et qui étoient espalmés de frais, nous eûmes bientôt gagné beaucoup de chemin.

Un seul vaisseau des ennemis nous joignit. Il étoit venu sur nous à toutes voiles pourtant; en sorte que, pour l'éviter, j'avois été obligé de faire vent arrière. Ce bâtiment, qui sembloit n'en vouloir qu'au mien (apparemment pour avoir l'honneur de combattre le roi d'Angleterre), commença à canonner avec le sieur de Tourouvre, qui étoit derrière. On ne sauroit croire combien la vue de ce vaisseau, quoiqu'il fût seul, et détaché du reste de l'armée ennemie, qui étoit à plus de quatre lieues de nous, alarma tout ce que j'avois d'Anglais dans mon bord. Ils se regardoient déjà comme perdus : leur terreur panique me réjouissoit beaucoup.

Tandis qu'ils étoient dans cette inquiétude, la frégate que j'avois envoyée à la découverte arriva. Elle rapporta qu'elle avoit compté trente-huit vaisseaux de guerre, parmi lesquels il y en avoit plus de dix à trois ponts. Alors prenant la parole, et m'adressant à l'officier : « Bon ! vous vous moquez, lui dis-je d'un ton « railleur; vous n'avez vu que des marchands qui

« viennent toutes les années à Edimbourg, pour y
« charger du charbon de pierre. »

Les Anglais, effrayés de plus en plus, s'adressèrent au Roi, et lui proposèrent de s'embarquer sur la frégate qui venoit de la découverte, et d'aller descendre à un château situé sur le bord de la mer, appartenant à un seigneur dont Sa Majesté connoissoit les bonnes intentions.

Ce prince me parla de la proposition qu'on lui avoit faite. « Sire, lui répondis-je, vous êtes en sûreté, et
« les ennemis ne peuvent plus rien contre nous. Ce
« vaisseau qui nous poursuit, et qui alarme tous ces
« messieurs, n'est pas fort à craindre; et il seroit bien-
« tôt enlevé, si Votre Majesté n'étoit pas à bord. Mais
« je pourvoirai à tout, et bientôt nous ne serons plus
« poursuivis de personne. »

Le Roi, satisfait de cette réponse, témoigna n'en souhaiter pas davantage; mais les Anglais, dont la frayeur augmentoit à mesure qu'ils voyoient approcher l'ennemi, firent de nouvelles instances : ils exagérèrent à ce prince le péril où je le laissois; tellement que le Roi m'ayant demandé la chaloupe pour passer sur un autre bâtiment, comme on le lui avoit proposé, sur ce que je lui représentai qu'il n'y avoit rien à risquer pour sa personne, me répondit qu'il ne vouloit point tant de raisonnemens, et qu'il vouloit être obéi.

« Sire, lui répliquai-je, Votre Majesté va avoir ce
« qu'elle souhaite. » J'ordonnai alors à mon maître nocher de mettre la chaloupe en mer, mais en même temps je lui fis signe de la main de n'en rien faire; et m'adressant au Roi : « Sire, lui dis-je, je prie Votre

« Majesté d'avoir la bonté de passer dans sa chambre :
« j'ai quelque chose d'important à lui communiquer.

« De quoi s'agit-il ? me dit le Roi quand nous fûmes
« entrés. — Sire, lui dis-je, Votre Majesté ne doit pas
« douter qu'ayant des ordres très-précis pour la con-
« servation de votre personne, je ne fusse le premier
« à vous prier de passer dans un autre bâtiment, si je
« n'étois persuadé que vous ne risquez rien dans ce-
« lui-ci. Mais je vous supplie de prendre quelque con-
« fiance en moi, et de rejeter tous les mauvais con-
« seils qu'on vous donne de tous côtés. J'aurai l'œil à
« tout; et s'il faut que Votre Majesté passe dans un
« autre bâtiment, je me charge de venir vous le pro-
« poser quand il en sera temps. »

Le Roi, qui ne cédoit qu'avec peine à l'importunité
de ses Anglais, demeura tranquille ; mais les boulets
de canon, qu'on commençoit à entendre siffler, augmentèrent si fort la timidité de tous ces poltrons, qu'ils
revinrent à la charge, représentant à ce prince le danger évident où ma témérité l'exposoit, et combien il y
avoit à craindre qu'il ne pût pas s'en tirer, pour peu
qu'il tardât davantage. Ils lui proposèrent encore d'aller descendre dans le château dont on lui avoit d'a-
bord parlé, et lui firent si bien entendre qu'il ne lui
restoit plus d'autre parti, que le Roi me dit qu'il vouloit la chaloupe dans le moment, et sans réplique.

Vif et impatient comme je suis : « Sire, lui répon-
« dis-je, j'ai déjà eu l'honneur de représenter à Votre
« Majesté que vous êtes ici en sûreté : j'ai ordre du
« Roi mon maître d'avoir soin de votre personne
« comme de la sienne propre ; et je ne consentirai
« jamais que Votre Majesté sorte d'ici pour être ex-

« posée dans un château, à la campagne, sans secours,
« et où elle pourroit être livrée le lendemain à ses
« ennemis.

« Je suis chargé de vous conserver, et ma tête ré-
« pond de votre personne : je vous prie de vous re-
« poser entièrement sur moi, et de n'écouter personne
« autre. Tous ceux qui osent vous donner d'autres
« conseils que les miens sont des traîtres ou des pol-
« trons. » Un seigneur anglais qui étoit auprès du Roi
prit la parole, et dit : « Sire, le comte entend la mer
« mieux que nous : il répond sur sa tête de votre per-
« sonne, il faut le croire. »

Ma fermeté à ne vouloir pas débarquer le Roi fit
taire tous ces donneurs d'avis. Comme je vis que le
vaisseau ennemi approchoit toujours avec l'avantage
des voiles, je m'adressai au Roi : « Sire, lui dis-je, il
« est évident maintenant que ce vaisseau n'en veut
« qu'à nous, puisqu'il laisse derrière lui plusieurs au-
« tres bâtimens qu'il pourroit attaquer : je vais exa-
« miner s'il peut y avoir du risque pour Votre Ma-
« jesté. Jusqu'ici ce bâtiment est venu avec l'avan-
« tage des voiles; mais puisque le voilà maintenant
« orienté comme nous, une petite demi-heure en dé-
« cidera. Si nous allons mieux que lui, il n'y a rien
« à craindre, et nous n'avons qu'à continuer notre
« route; mais s'il est meilleur voilier, Votre Majesté
« passera dans cette frégate qui nous touche; et alors,
« n'ayant plus rien à craindre pour votre personne,
« j'irai aborder cet importun, dont je vous rendrai
« certainement bon compte après une petite heure de
« combat. Je vais cependant faire mettre la chaloupe
« en mer : ayez la bonté de nommer par précaution

« ceux qui doivent s'embarquer avec vous, afin qu'ils
« se tiennent prêts s'il en est besoin. »

Le Roi nomma son confesseur, milord Perth, le maréchal de Matignon, et milord Middleton. Je priai tous ces messieurs de s'asseoir encore un moment, en leur assurant que si Sa Majesté étoit obligée de sortir du bord, ce navire anglais ne leur donneroit pas d'inquiétude encore long-temps.

A peine l'eus-je observé quelques momens, que je m'aperçus qu'il alloit très-mal, et que j'avois déjà gagné sur lui un espace considérable. J'en donnai la nouvelle au Roi : « Sire, lui dis-je, dans un moment ce « navire nous quittera, et Votre Majesté ne sera pas « obligée de débarquer. »

L'événement justifia bientôt ce que j'avois dit de l'ennemi. Désespérant de nous joindre, il reprit ses amarres, alla couper le chevalier de Nangis, qui venoit après, et l'attaqua. Quand je me vis dégagé, j'envoyai quatre frégates des meilleures voilières, et je leur ordonnai d'aller dire à tous les vaisseaux de la flotte qu'à l'entrée de la nuit ils fissent force de voiles, et qu'ils suivissent la route de l'est-nord-est. J'entendis pendant la nuit tirer deux coups de canon je ne sais contre qui, et le lendemain je me trouvai hors de la vue des ennemis, avec vingt vaisseaux de la flotte qui m'avoient suivi.

Le Roi assembla dès le matin un grand conseil de guerre, dans lequel, après avoir bien tout examiné, il fut résolu qu'ayant été découverts par les ennemis, ils ne manqueroient pas de suivre la flotte partout ; et que, n'ayant aucun port en Ecosse pour y être reçus, nous regagnerions la France, puisqu'il ne nous restoit plus d'autre ressource. Nous fîmes donc route pour Dunkerque, où, malgré les vents contraires, nous arrivâmes trois semaines après en être partis.

J'appris en débarquant que le chevalier de Nangis avoit été pris. Cette nouvelle m'étonna, car il avoit le meilleur vaisseau de l'armée. Comme il étoit jeune, il manquoit d'expérience : il ne prit pas toutes les précautions nécessaires pour se sauver, et se prépara à combattre, au lieu de faire force de voiles. Je suis persuadé que ce petit contre-temps ne lui a pas été inutile dans la suite, et que, brave comme il étoit, et de bonne race, il a su mettre à profit un malheur qu'on ne doit pas tout-à-fait nommer tel, quand il ne sert, à ceux à qui il arrive, qu'à les rendre plus circonspects.

Pendant la route, milords Perth et Middleton m'apprirent que j'avois des parens en Ecosse, qu'on appeloit milords Forbeck, fort riches, de très-bonne condition, et très-bien intentionnés pour le roi Jacques. Ils me dirent encore qu'ils leur avoient ouï dire plusieurs fois qu'ils avoient des parens en France.

J'appris encore, en arrivant, qu'un vaisseau de ma flotte s'étant trouvé la nuit au milieu des ennemis, le capitaine avoit si bien manœuvré qu'il avoit passé par derrière eux, et qu'il étoit arrivé à Dunkerque trois jours après ; que ce capitaine avoit donné avis à la cour de la manière dont il s'étoit sauvé ; et que les ennemis, avec quarante vaisseaux, suivoient le reste de la flotte. Je sus, dans la suite, que le ministre, rendant compte au Roi de cette nouvelle, lui avoit dit : « Sire, le comte de Forbin se sauvera avec toute « la flotte, car il n'a avec lui que des vaisseaux cor- « saires, et bons voiliers. »

Après avoir désarmé tous mes bâtimens, le projet de descente ayant échoué, je songeois à un nouvel armement pour aller continuer mes courses comme les campagnes précédentes, lorsque j'en fus empêché par un incident que j'avois prévu, mais qu'il ne fut pas tout-à-fait en mon pouvoir de détourner, et dont je fus enfin la victime.

J'ai déjà dit que les ministres de la guerre et de la marine étoient fort brouillés. Ils eurent de grandes discussions devant le Roi au sujet de l'expédition d'Ecosse, dont ils attribuoient le peu de succès, l'un à la négligence de la marine, et l'autre au retardement des soldats qui devoient être embarqués.

Sur quoi, s'il faut dire mon sentiment, il me semble qu'ils avoient tort tous deux de s'entre-accuser comme ils faisoient, et qu'ils ne devoient être blâmés ni l'un ni l'autre, puisque quand les matelots, qui retardèrent de deux jours l'embarquement, seroient arrivés à point nommé, la maladie du roi d'Angleterre, et les vents contraires, qui firent différer le départ, ne nous auroient pas moins retenus. Mais, je le répète : ces messieurs étoient brouillés, et ils vouloient se nuire.

M. de Chamillard faisoit valoir son exactitude à faire partir les troupes, et se défendoit sur ce que le comte de Forbin et les deux intendans de marine, l'un du port et l'autre de l'embarquement, avoient été trouver le maréchal de Matignon pour le prier de faire arrêter les troupes à Saint-Omer, en lui représentant que si les soldats venoient à Dunkerque avant que l'on fût en état de les embarquer, les ennemis, déjà inquiets sur l'armement de trente vaisseaux, ne manqueroient pas de prendre des mesures pour faire échouer l'entreprise de la cour.

Le ministre de la marine répliquoit en niant tous ces faits, et prétendoit que le retardement n'avoit eu lieu que parce que les troupes étoient restées mal à propos à Saint-Omer.

Pour éclaircir ce point, sur lequel rouloit toute la difficulté, le ministre de la guerre écrivit au maréchal de Matignon d'exiger du comte de Forbin et des intendans un certificat par lequel il constât qu'ils étoient venus le prier de faire arrêter les troupes à Saint-Omer, jusqu'à ce que les matelots qu'on attendoit fussent arrivés.

M. de Pontchartrain, informé de cette démarche de M. de Chamillard, m'écrivit, et écrivit aux intendans, de nous garder bien de donner le certificat qu'on devoit nous demander. Je ne faisois que de recevoir les lettres du ministre, lorsque M. de Matignon m'envoya chercher, et, me déclarant les intentions de M. de Chamillard, voulut m'obliger sur l'heure à lui accorder ce qu'il souhaiteroit.

« Monsieur, lui dis-je, il est vrai que j'ai été vous
« prier de retarder l'arrivée des troupes; mais je n'é-
« tois pas seul : les deux intendans étoient avec moi.
« Je vais les trouver, et nous concerterons ensemble
« les moyens de vous donner satisfaction. » J'allai les trouver en effet, et je leur fis savoir les prétentions du maréchal. Nous reconnûmes qu'il étoit fondé à demander le certificat ; mais le ministre nous ayant défendu de le donner, nous nous trouvâmes d'abord assez embarrassés sur le parti que nous avions à prendre.

Toutefois les intendans furent bientôt déterminés ; et ayant pesé les conséquences de ce qu'on exigeoit d'eux, ils me déclarèrent nettement qu'il en arriveroit ce qu'il pourroit ; mais que de leur part ils obéiroient au ministre de la marine, et qu'ils n'accorderoient rien au préjudice de ses ordres ; qu'il étoit leur maître, et qu'ils ne vouloient pas perdre leur fortune en lui désobéissant : que pour moi, je pouvois prendre telles mesures que je jugerois à propos ; qu'étant par mon emploi dans une situation bien différente de la leur, je trouverois facilement les moyens de me tirer d'embarras.

Le maréchal, impatient de ne recevoir aucune réponse, m'envoya prendre de nouveau ; et, quoique naturellement fort doux : « Où est donc, me dit-il tout « en colère, à mesure qu'il me vit paroître, le certi-« ficat que je vous ai demandé ? — Monsieur, lui dis-« je, les deux intendans ne veulent absolument pas « le signer : j'ai fait tout ce que j'ai pu pour les ré-« soudre à vous donner cette satisfaction, mais il n'y « a pas eu moyen de leur faire entendre raison.

« Je saurai bien les faire obéir, me répliqua-t-il, « quoique, dans le fond, je m'embarrasse assez peu « d'un certificat de leur part. C'est le vôtre que je de-« mande principalement. — Monsieur, lui repartis-je, « que pouvez-vous donc faire du mien ? et quel cas « en fera la cour quand il y paroîtra seul ? On n'y aura « que bien peu d'égards.

« Vous vous trompez, repartit le maréchal ; et la « cour s'en rapportera bien plutôt au témoignage d'un « homme de votre sorte, qu'à tout ce que les intendans « pourroient attester. On sait assez que ces sortes de

« gens, qui n'ont ni courage ni honneur, et qui ne
« servent le Roi que dans la vue de s'enrichir, ne mé-
« ritent pas trop qu'on fasse attention à ce qui vient
« de leur part. Encore un coup, c'est votre témoi-
« gnage que je souhaite : il me suffit, et je ne fais nul
« cas des autres. »

Je sentois trop les conséquences de la démarche où l'on vouloit m'engager, pour ne reculer pas autant qu'il me seroit possible. « Monsieur, lui répondis-je,
« je vous prie de me presser un peu moins, et de
« faire attention à ce que je vais avoir l'honneur de
« vous dire. Vous êtes au comble de l'élévation ; et la
« dignité dont le Roi vous a honoré depuis peu ne
« vous laisse plus rien ni à désirer ni à craindre. Il
« n'en est pas de même de moi : je ne suis qu'un gen-
« tilhomme qui sers depuis très-long-temps, et qui ai
« toujours travaillé pour mon avancement. Vous com-
« prenez sans doute assez ce que je veux dire. J'ai des
« raisons très-fortes pour refuser le certificat que vous
« souhaitez : je vous demande en grâce de ne l'exiger
« pas de moi.

« Je ne veux rien entendre, répliqua le maréchal :
« je veux le certificat ; et si vous ne me le donnez
« tout-à-l'heure, je vais vous faire arrêter. »

Cette menace me fit faire dans l'instant bien des ré-flexions inquiétantes : car, outre qu'il me parut que le maréchal le prenoit sur un ton bien haut, et qu'il auroit dû ménager un peu plus un vieil officier pour qui il me sembloit qu'il n'avoit pas tout-à-fait assez d'égards, je compris tout l'éclat que mon emprisonne-ment alloit produire dans le monde, supposé que le maréchal voulût en effet me pousser à bout.

Je vis encore que je ne pouvois être conduit à la cour sans que le ministre en reçût bien du désagrément, et que le Roi, qui n'auroit pas manqué de pénétrer les motifs de mon refus, et à qui j'aurois même été forcé de les avouer s'il m'avoit interrogé sur ce sujet, auroit certainement trouvé mauvais les défenses du ministre, et lui en auroit fait des reproches. Pour lui épargner ce chagrin, je répondis au maréchal que je le priois de me donner du temps pour faire mes réflexions, et que je viendrois lui répondre dans deux heures.

Je fus sur-le-champ conférer encore avec les deux intendans. Nous examinâmes de nouveau, autant qu'il nous fut possible, tous les inconvéniens qu'il pouvoit y avoir à accorder ou à refuser ce qu'on souhaitoit de moi; et, après avoir bien tout pesé, il nous parut que ce qu'il y avoit de mieux à faire étoit de donner satisfaction au maréchal.

Nous arrêtâmes encore que j'écrirois au ministre; que je lui marquerois en détail les violences qui m'avoient été faites, les dernières menaces du maréchal de Matignon, et les raisons sur lesquelles j'avois cru, nonobstant ses ordres, devoir donner ce malheureux certificat. Là-dessus, je signai.

Le ministre, irrité de ce que je venois de faire, me répondit sèchement que j'étois inexcusable d'avoir passé outre; que j'aurois dû me conformer à ses intentions; mais que puisque j'avois été bien aise de me conduire selon mes vues particulières, au préjudice des ordres que j'avois reçus, je pouvois être assuré qu'il s'en souviendroit, et que mes affaires n'en seroient pas plus avancées à l'avenir.

Je compris, en lisant cette lettre, toute la faute que j'avois faite : car, après tout, le ministre avoit raison, et c'étoit à moi à obéir, sans m'embarrasser des suites. Je remarquerai encore ici, en passant, que je ne fis rien qui vaille, lorsqu'avec les deux intendans j'allai prier le comte de Gacé de retenir les troupes à Saint-Omer jusqu'à l'arrivée des matelots. A la vérité, mes intentions étoient bonnes, puisque je n'avois d'autres vues que d'assurer la réussite du projet de la cour; mais je devois faire attention aux conséquences fâcheuses que cette démarche pouvoit avoir.

Que ceux donc qui voudront, à l'avenir, faire leur chemin dans le service s'attachent invariablement à ces deux maximes : premièrement, de ne se mêler jamais que de ce qui est de leur emploi, et en second lieu d'obéir aveuglément aux ordres qu'ils ont reçus, quelque opposés qu'ils paroissent à leur sens particulier, puisqu'on doit toujours supposer que les ministres ont des vues supérieures, qu'il n'est jamais permis d'approfondir.

L'expérience que j'ai faite sur ce sujet doit servir de preuve de ce que j'avance à quiconque lira ces Mémoires. Depuis qu'avec les meilleures intentions du monde, je m'avisai de contrevenir aux ordres qu'on m'avoit donnés, le ministre ne me le pardonna plus : je le trouvai toujours opposé à mes intérêts, et il affecta de me mortifier toutes les fois qu'il en eut occasion.

Cette conduite fut cause que j'abandonnai le service d'abord après que la paix fut conclue. J'avoue que j'ai bien plus à me louer en ce point de la Providence qu'à m'en plaindre, puisque ma retraite, en me rendant le repos, m'a guéri de toutes mes blessures, et m'a donné le moyen de rétablir ma santé, que mes longs services, joints à des fatigues incroyables, avoient ruinée. Mais si j'avois été bien aise de continuer à servir, il auroit fallu me résoudre à avaler bien des couleuvres; et tout cela pour n'avoir pas obéi à la lettre. Après cette courte réflexion, que j'ai jugée nécessaire, je reviens à ma narration.

Pour m'indemniser de la dépense que j'avois été obligé de faire à l'occasion du passage du roi d'Angleterre, le Roi me fit donner mille livres de gratification, et une pension de mille écus sur le trésor royal. Je ne prétends point ici exagérer : mais je puis dire, avec vérité, que cette commission me coûta plus de quarante mille livres. Il n'y aura pas de quoi en être surpris, lorsqu'on fera attention qu'il me falloit donner à manger à un roi, à un maréchal de France, à des milords, à une suite nombreuse de seigneurs du premier ordre, et à des officiers généraux; qu'il m'avoit fallu embarquer plus de quatre-vingts domestiques de tout état; que j'avois tous les jours dans mon vaisseau la table du Roi, de douze couverts, magnifiquement servie; trois autres tables de quinze couverts chacune, et la mienne de dix; le tout servi d'une manière assez propre, et convenable aux personnes pour qui elles étoient préparées.

Cependant comme il pourroit paroître difficile à croire qu'on pût dans un vaisseau, où il n'y a que deux cuisines, une pour le capitaine, et une autre pour l'équipage, fournir à tant de tables, voici l'ordre qu'on tenoit :

On mettoit dans une grande chaudière du bœuf,

du mouton et de la volaille, d'où l'on tiroit suffisamment du bouillon pour les soupes. J'avois embarqué un grand nombre de petits foyers et de potagers, où l'on dressoit les ragoûts. L'équipage dînoit à dix heures, et l'on servoit en même temps une table de quinze couverts; à onze heures, on servoit les deux autres, qui étoient encore de quinze couverts; et les viandes se rôtissoient dans les deux cuisines. A midi, étoit servie la table du Roi; et un moment après la mienne, qui n'étoit pas la plus mauvaise de toutes.

J'avois embarqué quatre cuisiniers, bon nombre d'aides de cuisine, et des officiers pour dresser les fruits. Tous ces gens travailloient presque sans interruption, et étoient aidés eux-mêmes dans leur emploi par les matelots, qui y travailloient une bonne partie du temps.

Le voyage ne fut que de trois semaines. La table du Roi fut toujours servie avec des perdrix et des faisans. J'avois eu soin d'en embarquer une bonne quantité, aussi bien que de tout ce qui pouvoit contribuer à la bonne chère, et à la délicatesse des repas.

Quand les ennemis nous chassèrent, on me pressa fort de jeter en mer bœufs, moutons, veaux, et tout ce qui embarrassoit le plus. Je ne fus nullement de cet avis; et je répondois, à tous ceux qui me donnoient ces conseils, que nous aurions toujours du temps de reste pour nous défaire de nos provisions; et qu'on n'en venoit là qu'à la dernière extrémité. Je n'eus pas tort de ne pas déférer à ce beau conseil : elles nous servirent à faire bonne chère, et sans leur secours nous aurions été réduits à manger du lard.

La flotte étant débarquée, je comptois de me remettre en mer avec mon escadre. Les cinq vaisseaux de guerre qui m'avoiènt servi pour la descente d'Ecosse étoient en état de mettre à la voile, mais ils ne suffisoient pas; et l'intendant ayant négligé de faire caréner les bâtimens qui me manquoient, il fallut perdre bien du temps pour les mettre en état de servir.

Dans cet intervalle, les ennemis, avec quarante vaisseaux de guerre, vinrent bloquer Dunkerque. Mes vaisseaux étoient trop gros pour passer sur les bancs de sable qui forment la rade : cependant, en ne prenant pas ce parti, il falloit ou demeurer dans le port, ou sortir en plein par les passes, à la vue des ennemis, qui m'auroient accablé par le nombre.

Il n'y avoit pas d'apparence de risquer ce coup : ainsi je me vis forcé de consumer mes vivres dans la rade, ce qui me fit beaucoup de peine. J'écrivis plusieurs fois au ministre, pour en recevoir un ordre de hasarder la sortie : mais il ne voulut jamais y consentir, me déclarant qu'il remettoit à ma prudence d'en user de la manière qu'il conviendroit. Pour moi, le danger me parut trop évident, et je ne voulus jamais me charger d'un événement de cette importance.

Comme la saison étoit déjà fort avancée, voyant qu'il ne pouvoit plus y avoir lieu à exécuter rien de tant soit peu considérable, je désarmai, et les ennemis se retirèrent. M. de Pontchartrain, informé du désarmement, voulut qu'on armât de nouveau les cinq gros vaisseaux que j'avois, et qu'ils allassent croiser pendant l'hiver : il m'écrivit qu'il m'en donnoit le commandement, avec pouvoir de le céder, supposé que je n'en voulusse point, à tel autre capitaine de mon escadre que j'en jugerois le plus capable.

J'écrivis au ministre que je le priois de faire attention que ces sortes de courses en hiver ne pouvoient qu'être très-périlleuses, et de nul profit; que les nuits étant fort longues, la saison dure, et les mers sujettes à bien des tourmentes, il n'y avoit aucun moyen de rien faire; qu'il étoit impossible que les cinq vaisseaux demeurassent long-temps unis; que, pour se rejoindre, il faudroit donner des rendez-vous; que la meilleure partie du temps se passeroit en jonction; qu'en un mot des courses, dans cette saison, ne pouvoient être propres que pour un vaisseau ou deux tout au plus, qui, en se tenant sur des parages, pouvoient faire quelques prises par hasard.

Le ministre ne goûta pas mes raisons, et persista à vouloir que l'armement se fît. Je m'excusai d'en prendre le commandement, que je fis donner à M. de Tourouvre. Tout ce que j'avois prévu arriva : l'escadre sortit : elle eut tout à souffrir des mauvais temps; et, après avoir été plusieurs fois séparée et réunie, elle retourna à Dunkerque sans avoir fait la moindre prise, et après avoir dépensé au Roi de grosses sommes.

Pour moi, je vivois dans l'inaction, et je passai quelque temps dans cet état, lorsque, revenant sur la situation des affaires de l'Europe, et sur les moyens de rendre service au Roi, j'imaginai un projet qui auroit pu donner bien de l'embarras aux Anglais, si des raisons particulières n'en eussent empêché l'exécution. Les alliés faisoient pour lors le siége de Lille, et avoient réuni toutes leurs forces contre cette place : c'est ce qui avoit donné lieu à ce que j'avois projeté. Voici comme j'en écrivis au ministre :

Après lui avoir dit que les gens oisifs étoient sujets

à songer creux, et que ce que je lui envoyois n'étoit peut-être que l'effet d'une imagination qui prend plaisir à s'égarer : « Toutes les forces des ennemis, pour-
« suivois-je, sont employées au siége de Lille, sans
« qu'il soit resté aucun soldat en Angleterre, que
« quelques malheureuses milices sur lesquelles on ne
« sauroit faire fond.

« L'armée du Roi est à portée de la marine, et en
« état d'être embarquée dans très-peu de temps. Si la
« cour vouloit faire passer trente mille hommes en
« Angleterre, je m'engagerois à faciliter ce passage
« dans six, douze et dix heures.

« Vous n'ignorez pas que ce royaume est plein de
« divisions, et qu'une bonne partie des peuples se dé-
« clareroit pour les Français. Nos trente mille hommes
« marchant droit à Londres, le prendront infaillible-
« ment. Il est aisé de comprendre que la prise de cette
« capitale causeroit une étrange révolution dans le
« royaume; que, pour peu que les ennemis tardassent
« à y envoyer du secours, nos troupes seroient en
« état d'y faire bien du progrès; que, quelque dili-
« gence qu'on apportât pour faire avancer les secours,
« les ennemis ayant à faire bien du chemin par mer
« et par terre, il seroit difficile que nous ne leur eus-
« sions pas déjà fait beaucoup de mal avant leur arri-
« vée; mais que tout au moins, quand nous n'y ga-
« gnerions rien autre, les Anglais seroient obligés,
« pour secourir leur propre pays, d'abandonner le
« siége de Lille. »

Le ministre me répondit que la cour approuvoit fort mon projet; qu'à la vérité la situation présente des affaires ne permettoit pas de l'exécuter; mais que je lui avois fait plaisir de lui faire part de mes vues, et qu'il me prioit de continuer à les lui communiquer.

Ce fut à peu près dans ce temps-là que je reçus un ordre de monseigneur le duc de Bourgogne pour faire marcher les troupes de la marine, dont on vouloit se servir à l'attaque de l'Effingue, poste important sur le canal de Bruges à Nieuport, et qui sert à couvrir Ostende. Je n'avois qu'un seul bataillon de marine : je priai le chevalier de Langeron de vouloir joindre son bataillon au mien; il y consentit. Je le fis recevoir colonel ; et nous marchâmes à Nieuport, où, en qualité d'officier général, j'allai avec les troupes faire des coupures pour inonder le pays, et je postai des gardes à la vue des ennemis.

J'avois fait sans aucune difficulté, pendant quelques jours, toutes les fonctions de mon emploi, lorsqu'un officier de terre, qui n'étoit que simple brigadier, s'avisa de me disputer le commandement. M. le duc de Vendôme, qui étoit de l'autre côté de l'Effingue, informé de ce démêlé, qui auroit peut-être eu des suites, me fit l'honneur de m'écrire.

Il me marquoit qu'à la vérité j'étois officier général de marine ; mais que, n'ayant point de lettre de service pour commander sur terre, je serois tous les jours exposé à ces sortes de discussions ; qu'il étoit charmé de la bonne volonté que je témoignois pour le service du Roi; qu'il en informeroit Sa Majesté en temps et lieu ; mais qu'afin que rien n'arrêtât le siége, il me prioit de remettre le commandement des troupes au chevalier de Langeron.

J'obéis sans peine à un ordre si respectable. Le chevalier, à la tête de la marine, rendit des services très-importans, et se distingua beaucoup. Les troupes de mer firent des merveilles sous ses ordres : elles montèrent les premières à l'assaut, et ne contribuèrent pas peu à la prise de la place. Lorsqu'elle fut emportée, nous ramenâmes les troupes à Dunkerque, d'où je partis pour me rendre à la cour.

Je fus me présenter au Roi, et de là au ministre, qui me reçut assez froidement; et je ne m'attendois pas à un accueil plus favorable. Quelques jours après, il me fit appeler. Il n'y avoit plus de fonds dans la marine pour aucun armement; la dépense qu'on venoit de faire pour le passage du roi d'Angleterre, et pour l'armement de l'escadre pendant l'hiver, avoit consumé tout le produit des prises que j'avois faites la campagne précédente.

C'étoit pour me parler de cet épuisement des finances que le ministre avoit souhaité de me voir. Il me proposa de chercher moi-même des particuliers pour faire des fonds, qu'on emploieroit à armer l'escadre de Dunkerque. Je lui promis de faire mon possible pour y réussir.

Il ne m'auroit pas été bien difficile d'en venir à bout; mais je n'avois garde de m'en mêler. Il m'auroit fait trop de peine d'engager bien d'honnêtes gens, qui avoient une pleine confiance en moi, à de grands frais dont il étoit à craindre qu'ils ne perdissent les avances; car il est certain que le ministre n'auroit employé l'escadre que pour le service du Roi, et nullement au profit de ceux qui auroient prêté leur argent.

Quelques jours après, il me demanda si j'avois trouvé de quoi faire l'armement dont il m'avoit parlé. Je répondis que je n'avois trouvé personne qui fût

18.

assez riche, ou qui eût assez de bonne volonté. J'ajoutai en même temps que c'étoit à lui, qui avoit un crédit infini, à trouver des armateurs; qu'il le pouvoit plus facilement que tout autre; qu'il n'avoit qu'à s'adresser aux gens d'affaires et aux partisans, qui avoient tout l'argent du royaume, et qui avoient assez gagné avec le Roi pour ne devoir pas se faire une peine d'une avance qui n'étoit pas grand' chose pour eux.

Notre conversation n'alla pas plus loin ce jour-là; mais le lendemain, la cour étant à Marly, il m'envoya chercher de nouveau. Je trouvai chez lui le bailli de Langeron : nous dînâmes tous trois ensemble. Après le repas, il nous parla long-temps sur l'armement de Dunkerque, et il affecta de nous redire plusieurs fois que nous devions nous employer à chercher des armateurs, pour mettre l'escadre de Dunkerque en mer.

Comme j'insistois sur l'impossibilité où nous étions de trouver ce qu'il souhaitoit, soit par rapport à la rareté de l'argent, soit par rapport au peu de confiance qu'on prenoit en nous : « Je sais bien, me dit-il, que
« vous trouvez des difficultés partout; et ce n'est pas
« d'aujourd'hui que vous avez refusé d'entrer dans mes
« vues. Je vous les ai communiquées autrefois dans
« une affaire d'une assez grande conséquence; mais,
« quoique je vous eusse parlé assez clairement, vous
« n'y voulûtes jamais rien entendre, et vous ne laissâtes
« pas d'agir comme si je ne vous avois rien dit. »

Je vis fort bien où ce reproche tendoit : je fis semblant de n'y rien comprendre, et je m'excusai, en disant que je m'étois toujours conformé à mes instructions. Le ministre me répliqua : « Vos instructions
« ont toujours été conçues comme il convenoit; mais

« je vous avois fait assez entendre, dans nos conver-
« sations particulières, ce que je souhaitois de vous.

« Il est vrai, monsieur, lui repartis-je, et je vous
« avois parfaitement entendu, puisqu'il faut l'avouer;
« mais je n'avois garde de me charger de pareilles com-
« missions. Ce n'est pas d'aujourd'hui que je sais que
« quand on veut qu'un sujet zélé pour le service de
« son maître exécute quelque chose d'important, il
« faut lui en donner l'ordre par écrit, et lui mettre
« entre les mains de quoi justifier sa conduite quand
« il aura obéi.

« La dernière aventure qui m'est arrivée au sujet
« du roi de Danemarck m'a appris quel auroit été le
« succès de celle dont vous me parlez. Vous m'aviez
« dit de vive voix, au sujet de cette première, que si
« je trouvois quelque bon coup à faire dans les ports
« de Danemarck contre les ennemis du Roi, je ne de-
« vois pas le manquer. En conséquence de cette parole,
« qui valoit un ordre, je brûlai vingt-cinq bâtimens
« hollandais, que j'avois trouvés aux approches et dans
« la baie de l'île de Wardhus. Le roi de Danemarck fait
« des plaintes contre moi, son ambassadeur requiert
« que je sois puni comme infracteur de la paix, et il
« ne demande rien moins que ma tête : et quand je
« vous représente que je n'ai rien fait que suivant vos
« intentions, et que c'est à vous à me justifier, vous
« me renvoyez froidement chez M. de Torcy, pour y
« répondre comme un criminel. Heureux d'avoir pu
« trouver de moi-même quelque ombre de raison pour
« colorer tellement quellement la conduite que j'avois
« tenue !

« De quoi vous plaignez-vous ? interrompit le mi-

« nistre. Malgré les instances de l'ambassadeur, il ne
« vous est rien arrivé. — J'en conviens, lui répli-
« quai-je; mais reconnoissez aussi que je ne me suis
« tiré d'affaire que parce que, ensuite des brouilleries
« secrètes et de la mésintelligence qu'il y avoit entre
« les deux couronnes, on ne s'est pas trop embarrassé
« de donner satisfaction à ce prince.

« Il n'en auroit pas été de même, si j'avois exécuté
« ce que j'avois parfaitement bien compris dans l'af-
« faire dont vous me parlez. Il étoit immanquable
« qu'on auroit fait des plaintes contre moi : je n'au-
« rois pas eu affaire à des puissances que vous eus-
« siez cru ne devoir pas ménager; l'on m'auroit fait
« mon procès; et, n'ayant à alléguer pour ma défense
« que des paroles, qu'on oublie dans l'occasion, il
« m'en auroit coûté la tête. Ainsi, quoique très-inno-
« cent, j'aurois été la victime sur laquelle l'on auroit
« tout fait retomber, et qu'on n'auroit pas manqué
« d'immoler aux plaintes de ceux à qui ma conduite
« auroit été désagréable. »

A ce mot, le ministre se prit à rire, et plaisanta
assez long-temps sur ma prévoyance, qui lui paroissoit, disoit-il, hors de saison.

[1709] Au commencement de l'année 1709, je fus
envoyé à Dunkerque, pour y commander. Sur le bruit
qui couroit que les ennemis devoient venir bombarder la ville et brûler les jetées, j'avois ordre de préparer des chaloupes et de petits canots, pour traverser
leur projet. Mais ce bruit fut faux, et personne ne
parut.

Je retournai à la cour, où je séjournai quelque
temps. Il me faisoit beaucoup de peine de retourner

à Dunkerque : ma santé étoit fort altérée, et je souffrois extrêmement, tant de mes anciennes blessures que de bien d'autres infirmités que j'avois contractées dans mes longs voyages, et dans tous les dangers que j'avois courus.

Je m'adressai au ministre, à qui je représentai que, n'y ayant plus d'armement dans ce port, il étoit inutile que j'y demeurasse plus long-temps ; qu'un enseigne suffisoit pour le service qu'il y avoit à faire ; et qu'ainsi je le priois de me mettre dans le département de Toulon. Pour l'engager encore mieux à m'accorder ce que je souhaitois, je lui fis valoir mes maladies, qui demandoient que je m'approchasse de mon air natal, où je serois à portée de faire des remèdes pour le rétablissement de ma santé, et pour me mettre en état d'aller encore au bout du monde, si le service du Roi le demandoit.

J'eus beau insister, presser, prier, le ministre fut inflexible : il me refusa crûment ; et je n'en tirai d'autre réponse, sinon que ma présence étoit nécessaire à Dunkerque. Tout ce que je pus obtenir se réduisit à un congé pour trois mois, pendant lesquels je pourrois aller régler quelques affaires que j'avois en Provence.

[1710] L'année d'après, il me fallut retourner encore à Dunkerque, pour y remplir les fonctions de commandant dans le port. Le déclin de l'âge ne vient pas sans infirmités : les miennes augmentèrent extrêmement, et plusieurs de mes plaies s'étoient rouvertes. Je fus obligé d'aller en Provence, où je me mis entre les mains des chirurgiens. J'écrivis de là au ministre que je n'étois point en état de retourner à mon poste. Il le trouva mauvais : il voulut m'obliger de m'y rendre, et me menaça de me faire rayer des états de la marine, si je n'obéissois promptement.

Je lui répondis qu'il étoit le maître de faire ce qu'il jugeroit à propos; mais que, dans l'état où j'étois, il étoit absolument impossible que je me misse en route. Je lui envoyai, sur l'état et sur la qualité de mes blessures, des attestations des médecins et des chirurgiens, signées par M. Arnoux, intendant des galères. Il n'en tint nul compte, et persista à vouloir être obéi.

Enfin j'écrivis au cardinal de Janson, à qui je fis part de la situation où je me trouvois. Cette Eminence parla au ministre, et obtint qu'on me mettroit du département de Toulon. Je me rendis dans la ville; mais je n'y fus pas plus tôt, que mes infirmités augmentèrent considérablement. Je récrivis au ministre, le priant de me permettre d'aller passer au moins quelque temps chez moi, pour tâcher de me rétablir parfaitement, et de me mettre en état d'employer le reste de mes jours au service de Sa Majesté. On n'eut aucun égard à mes prières, et je reçus un ordre précis de résider à Toulon.

Cette dureté, qui me perça le cœur, me fit prendre la résolution de me retirer entièrement, d'autant mieux que je vis fort bien que la paix qui alloit être conclue avec l'Angleterre, supposé qu'elle ne le fût pas déjà, ne laisseroit désormais que bien peu de chose à faire dans la marine.

J'écrivis donc pour la dernière fois, à M. de Pontchartrain, que mes maux augmentant de plus en plus, et que n'y voyant point d'autre remède que de me retirer entièrement, je le priois de me faire obtenir de Sa Majesté un congé absolu. Ce ministre, qui ne m'aimoit pas à beaucoup près, surtout depuis l'affaire du certificat, ne me marchanda pas : il m'envoya tout ce que je souhaitois, et il fit joindre, au congé que je lui avois demandé, une pension de quatre mille livres, outre celle de trois mille livres dont je jouissois depuis deux ans.

Je ne pousserai pas plus loin ces Mémoires. En conséquence du congé que je venois de recevoir, je me retirai à l'âge d'environ cinquante-six ans, après quarante-quatre ans de service, dans une maison de campagne que j'ai dans le voisinage de Marseille, où j'ai toujours demeuré depuis.

J'y respire un fort bon air, j'y passe dans une honnête abondance une vie douce et tranquille, uniquement occupé à servir Dieu, et à cultiver des amis, dont je préfère le commerce à tout ce que la fortune auroit pu me présenter de plus brillant ; j'emploie une partie de mon revenu au soulagement des pauvres, et je tâche de remettre la paix dans les familles, soit en faisant cesser les anciennes inimitiés, soit en terminant les procès de ceux qui veulent s'en rapporter à mon jugement.

Ce genre de vie paisible m'a rendu ma première vigueur : toutes mes incommodités se sont entièrement dissipées ; et, quoique dans un âge avancé, je jouis d'une santé presque aussi forte et aussi robuste que dans ma première jeunesse. Aussi, bien loin de me plaindre des dégoûts que j'ai reçus de la cour, je reconnois de bonne foi qu'ils m'ont été bien plus profitables que nuisibles, puisque je leur dois un bonheur que je ne connoissois pas auparavant, et que je n'aurois peut-être goûté de ma vie.

M. de Forbin est mort dans sa retraite en 1734.

FIN DES MÉMOIRES DU COMTE DE FORBIN.

MÉMOIRES

DE

DUGUAY-TROUIN,

LIEUTENANT GÉNÉRAL DES ARMÉES NAVALES DE FRANCE, ET COMMANDEUR DE L'ORDRE ROYAL ET MILITAIRE DE SAINT-LOUIS.

> Paulùm sepultæ distat inertiæ
> Celata virtus.
> Hor., ode ix, l. iv.

AVIS DU LIBRAIRE.

Des notes étoient nécessaires pour l'intelligence des termes de marine qui sont employés dans cet ouvrage. La table explicative qui se trouve en tête de l'édition in-4° de 1740 étoit inexacte, incomplète, souvent obscure; on y remarquoit même des erreurs assez graves. On est fondé à croire que celui qui l'a rédigée étoit absolument étranger à la marine.

Ayant fait autrefois, comme marin, plusieurs voyages de long cours, je me suis chargé de la rédaction de ces notes, qui m'ont rappelé les souvenirs de ma jeunesse.

J. L. F. Foucault.

MÉMOIRES

DE

DUGUAY-TROUIN.

Je suis né à Saint-Malo le 10 juin 1673, d'une famille de négocians. Mon père y commandoit des vaisseaux armés tantôt en guerre, tantôt pour le commerce, suivant les différentes conjonctures. Il s'étoit acquis la réputation d'un très-brave homme, et d'un habile marin.

[1689] Au commencement de l'année 1689, la guerre étant déclarée avec l'Angleterre et la Hollande (1), je demandai et j'obtins de ma famille la permission de m'embarquer, en qualité de volontaire, sur une frégate nommée *la Trinité*, de dix-huit canons, qu'elle armoit pour aller en course contre les ennemis de l'Etat. Je fis sur cette frégate une campagne si rude et si orageuse, que je fus continuellement incommodé du mal de mer. Nous nous étions emparés d'un vaisseau anglais chargé de sucre et d'indigo; et, voulant le conduire à Saint-Malo, nous fûmes surpris en chemin d'un coup de vent de nord très-violent, qui nous jeta sur les côtes de Bretagne pendant une nuit fort obscure. Notre prise échoua par un heureux hasard sur des vases, après avoir passé sur un grand nombre d'écueils, au milieu desquels nous

---

(1) La France étoit en guerre avec l'Angleterre et la Hollande, par suite du détrônement de Jacques II.

fûmes obligés de mouiller toutes nos ancres, et d'amener nos basses vergues (1), ainsi que nos mâts de hune (2); et, pour dernière ressource, de mettre notre chaloupe à la mer. Tout ce que nous pûmes faire n'empêcha pas que cet orage, dont l'impétuosité augmentoit à chaque instant, ne nous jetât si près des rochers, que notre chaloupe fut engloutie dans leurs brisans (3). Mais au moment même que nous étions sur le point d'avoir une pareille destinée, et que tout l'équipage gémissoit aux approches d'une mort qui paroissoit inévitable, le vent sauta tout d'un coup du nord au sud; et, faisant pirouetter la frégate, la poussa aussi loin des écueils que la longueur de ses câbles pouvoit le permettre. Ce changement de vent inespéré apaisa subitement la tempête et l'agitation des vagues, à un point que nous relevâmes sans beaucoup de peine notre prise de dessus les vases, et que nous nous trouvâmes en état de la conduire à Saint-Malo.

Notre frégate y ayant été carénée (4) de frais, nous ne tardâmes pas à retourner en croisière; et ayant trouvé un corsaire de Flessingue aussi fort que nous, nous lui livrâmes combat, et l'abordâmes de long en long. Je ne fus pas des derniers à me présenter pour

(1) *Vergues*: Pièces de bois de sapin, longues, arrondies légèrement, renflées dans le milieu, et auxquelles sont attachées les voiles.—(2) *Mâts de hune*: Voyez la note de la page 296. — (3) *Leurs brisans*: On appelle ainsi des rochers qui s'élèvent jusqu'à la surface de la mer, et sur lesquels les vagues viennent se briser. — (4) *Carénée*: Caréner un bâtiment de mer, c'est réparer entièrement la partie submergée qu'on appelle carène. On met le vaisseau sur le côté; on brûle le vieil enduit dont la carène est recouverte; on répare les joints, et on applique sur tout le contour un nouvel enduit, composé ordinairement de brai, de soufre et de suif. La carène des gros navires modernes étant doublée en cuivre, l'opération du carénage ne doit pas leur être applicable.

m'élancer à son bord. Notre maître d'équipage, à côté duquel j'étois, voulut y sauter le premier : il tomba par malheur entre les deux vaisseaux, qui, venant à se joindre dans le même instant, écrasèrent à mes yeux tous ses membres, et firent rejaillir une partie de sa cervelle jusque sur mes habits. Cet objet m'arrêta, d'autant plus que je réfléchissois que, n'ayant pas comme lui le pied marin, il étoit moralement impossible que j'évitasse un genre de mort si affreux. Sur ces entrefaites, le feu prit à la poupe (1) du corsaire, qui fut enlevé l'épée à la main, après avoir soutenu trois abordages consécutifs ; et l'on trouva que, pour un novice, j'avois témoigné assez de fermeté.

[1690] Cette campagne, qui m'avoit fait envisager toutes les horreurs du naufrage, et celles d'un abordage sanglant, ne me rebuta pas. Je demandai à me rembarquer sur une autre frégate de vingt-huit canons, nommée *le Grénedan,* que ma famille faisoit armer ; et je n'y sollicitai point encore d'autre place que celle de volontaire. Je fus assez heureux pour me faire distinguer dans la rencontre que nous eûmes de quinze vaisseaux anglais venant de long cours : ils avoient beaucoup d'apparence, et la plupart de nos officiers les jugeoient vaisseaux de guerre ; en sorte que notre capitaine balançoit sur le parti qu'il avoit à prendre. Malgré ma qualité de simple volontaire, il étoit obligé de garder quelques ménagemens avec moi, par rapport à ma famille, à qui la frégate appartenoit : il savoit d'ailleurs que, quoique fort jeune, j'avois le coup d'œil assez juste pour distinguer les vaisseaux. Je lui dis que j'avois observé ceux-ci avec mes lu-

(1) *La poupe :* L'arrière du bâtiment.

nettes d'approche; qu'ils n'étoient sûrement que marchands; et qu'ainsi il y alloit de son honneur de ne pas perdre une si belle occasion. Il déféra à mes instances réitérées, et nous attaquâmes hardiment cette flotte. Le vaisseau commandant, percé à quarante canons, et monté de vingt-huit, fut d'abord enlevé. Je fus le premier à sauter dans son bord; j'essuyai un coup de pistolet du capitaine anglais; et, l'ayant blessé d'un coup de sabre, je me rendis maître de lui et de son vaisseau. Dès qu'il fut soumis, mon capitaine, m'appelant à haute voix, m'ordonna de repasser dans le nôtre, avec ce que je pourrois rassembler des vaillans hommes qui m'avoient suivi : j'obéis, et un instant après nous abordâmes un second vaisseau de vingt-quatre canons. Je m'avançai sur notre bossoir (1), pour sauter le premier à bord; mais la secousse de l'abordage, et celle de notre beaupré (2), qui brisa le couronnement de la poupe de l'ennemi, fut si grande, qu'elle me fit tomber à la mer, avec un autre volontaire qui étoit à côté de moi. Comme il ne savoit pas nager, c'étoit fait de lui, s'il n'eût trouvé sous sa main quelques débris de la poupe de l'anglais : il s'y accrocha, et fut sauvé par le premier vaisseau enlevé, qui nous suivoit de près, et qui, le voyant sur ces débris, mit son canot à la mer pour l'aller prendre. Pour moi, qui tenois, lorsque je tombai, une manœuvre (3) à la main, je ne la quittai point; et je fus repêché par

(1) *Bossoir* : Les bossoirs sont de fortes pièces de bois placées, l'une à droite et l'autre à gauche, sur l'avant du vaisseau; elles servent à mouiller et à relever les ancres, en les tenant écartées du bordage. — (2) *Beaupré* : Mât placé obliquement en avant du vaisseau, et qui fait une saillie considérable. — (3) *Une manœuvre* : Un des cordages du vaisseau.

quelques matelots de notre équipage, qui me retirèrent par les pieds. Quoique étourdi de cette chute, et mouillé par dessus la tête, je me trouvai encore assez de force et d'ardeur pour sauter dans ce second vaisseau, et pour contribuer à sa prise. Cette action fut suivie de l'enlèvement d'un troisième; et si la nuit qui survint ne nous eût empêchés de poursuivre notre petite victoire, elle auroit été bien plus complète.

[1691] Cette aventure me fit tant d'honneur, par le récit qu'en firent le capitaine et tous ceux qui composoient l'équipage, que ma famille crut pouvoir risquer de me confier un petit commandement. On me donna donc une frégate de quatorze canons. A peine fus-je rendu sur la croisière, qu'une tempête me jeta dans la rivière de Limerick. J'y descendis, et m'emparai d'un château qui appartenoit au comte de Clare : je brûlai deux vaisseaux qui étoient échoués sur les vases. Cela fut exécuté malgré l'opposition d'un détachement de la garnison de Limerick, qu'il fallut combattre. Je me retirai en bon ordre, et repris la mer dès que l'orage eut cessé. La frégate que je montois n'allant pas bien, et m'ayant fait manquer plusieurs prises par ce défaut, on me donna le commandement d'une meilleure quand je fus de retour à Saint-Malo. Elle étoit montée de dix-huit canons, et se nommoit *le Coëtquen*.

[1692] Je mis en mer, accompagné d'une autre frégate de même force. Nous découvrîmes, le long de la côte d'Angleterre, trente vaisseaux marchands anglais, escortés par deux frégates de guerre de seize canons chacune : je les combattis seul, et me rendis maître de l'une et de l'autre après une heure de combat assez vif. Mon camarade s'attacha, pendant ce temps-là, à s'emparer des vaisseaux marchands : il en prit douze, que nous nous mîmes en devoir d'escorter dans le premier port de Bretagne; mais nous trouvâmes en chemin cinq vaisseaux de guerre anglais qui m'en reprirent d'eux, et qui me firent essuyer bien des coups de canon pour pouvoir sauver le reste, que je fis entrer en dedans de l'île de Bréhat. Cette île est environnée d'un grand nombre d'écueils, qui les mirent à couvert. Pour moi, je me réfugiai dans la rade d'Argui, située à neuf lieues de Saint-Malo, et toute hérissée de rochers que cette escadre anglaise ne connoissoit pas. Ceux qui se trouvèrent les plus près de moi, et les plus opiniâtres à me poursuivre, se mirent dans un danger évident de se briser sur ces rochers, et furent contraints de m'abandonner. Peu de jours après, je sortis de cette rade sans aucun pilote : les miens avoient tous été tués ou blessés, et ceux de mes officiers qui auroient pu y suppléer avoient été obligés de descendre à terre, pour se faire panser de leurs blessures. Ainsi je me vis dans la nécessité de régler moi-même la route du vaisseau pendant tout le reste de la campagne, non sans un grand travail d'esprit et de corps. Une tempête me jeta jusque dans le fond de la manche de Bristol, et si près de terre, que je fus forcé de mouiller sous une île nommée Londei, située à l'entrée de la rivière de Bristol. Ce péril fut suivi d'un autre qui n'étoit pas moins embarrassant : il parut, dès que l'orage eut un peu diminué, un vaisseau de guerre anglais de soixante canons, qui faisoit route pour venir mouiller où j'étois. Le danger étoit pressant : pour l'éviter, je fis mettre toutes mes voiles sous des fils de carret (1), prêtes à se déployer; et tout d'un coup je coupai mes câbles, et mis à la voile par un autre côté de l'île, tandis que ce vaisseau entroit par l'autre. Il me chassa jusqu'à la nuit, sans laquelle j'étois pris. Cela n'empêcha pas que je ne fisse huit jours après deux prises anglaises chargées de sucre, et venant des Barbades, avec lesquelles j'allai désarmer dans le port de Saint-Malo.

[1693] Mon frère obtint pour moi, quelque temps après, la flûte du Roi *le Profond*, de trente-deux canons; et je me rendis à Brest pour en prendre le commandement. La campagne ne fut pas heureuse. Je croisai trois mois sans faire la moindre prise ; et j'essuyai un assez fâcheux combat de nuit avec un vaisseau de guerre suédois de quarante canons, lequel, me prenant pour un algérien, m'attaqua le premier, et s'opiniâtra à me combattre jusqu'au jour. Pour surcroît d'infortune, la fièvre chaude fit périr quatre-vingts hommes de mon équipage, et m'obligea de relâcher à Lisbonne pour rétablir mon vaisseau, et le faire caréner; après quoi je sortis, et pris un vaisseau espagnol chargé de sucre. Ce fut le seul que je pus joindre de plusieurs autres que je rencontrai, parce que *le Profond* alloit fort mal. Ainsi je revins le

---

(1) *Je fis mettre toutes mes voiles sous des fils de carret* : Les voiles, dans l'état de repos, sont pliées, et serrées fortement contre les vergues par des tresses appelées *rabans de ferlage*. Duguay-Trouin fit dénouer ces rabans; on les remplaça par des fils de carret (gros fils de chanvre de deux lignes au plus de diamètre, et dont on fait les câbles), qui devoient se rompre au moindre effort des hommes de l'équipage. Ce fut ainsi qu'au premier signal toutes les voiles furent simultanément déployées.

désarmer à Brest, et de là je me rendis à Saint-Malo.

A la fin de cette année, j'obtins le commandement de la frégate du Roi *l'Hercule,* de vingt-huit canons; et m'étant mis en croisière à l'entrée de la Manche, je pris cinq ou six vaisseaux tant anglais qu'hollandais, et deux entre autres qui venoient de la Jamaïque, et qui étoient considérables par leur force et par leurs richesses. Les circonstances de cette action sont trop singulières pour ne les pas détailler.

J'avois croisé plus de deux mois, et je n'avois plus que pour quinze jours de vivres; j'étois d'ailleurs embarrassé d'un grand nombre de prisonniers, et de plus de soixante malades. Mes officiers et tout mon équipage, voyant que je ne parlois point encore de relâcher, me représentèrent qu'il étoit temps d'y penser, et que l'ordonnance du Roi étoit positive là-dessus. Je ne l'ignorois pas; mais j'étois saisi d'un *espoir secret* de quelque heureuse aventure, qui me faisoit reculer de jour en jour. Quand je me vis pressé, j'assemblai tous mes gens; et les ayant harangués de mon mieux, je les engageai, moitié par douceur, moitié par autorité, à me donner encore huit jours, et à consentir qu'on diminuât le tiers de leur ration ordinaire, en les assurant que si nous faisions capture, je leur en accorderois le pillage, et les récompenserois amplement. Je ne disconviendrai pas à présent que ce parti n'étoit rien moins que raisonnable, et que la grande jeunesse où j'étois alors pourroit seule le faire excuser, s'il pouvoit l'être. Ce qu'il y eut de plus singulier, c'est que mon imagination s'échauffa si bien pendant ces huit jours, que je crus voir en songe, étant le dernier jour dans mon lit, deux gros vaisseaux venant à toutes

voiles sur nous. Agité de cette vision, je me réveillai
en sursaut. L'aube du jour commençoit à paroître : je
me levai sur-le-champ, et sortis sur mon gaillard (1).
Le hasard fit qu'en portant ma vue autour de l'horizon,
je découvris effectivement deux vaisseaux, que la prévention de mon songe me montra dans la même situation et avec les mêmes voiles que ceux que je m'étois
imaginé apercevoir en dormant. Je connus d'abord
que c'étoit des vaisseaux de guerre, parce qu'ils venoient nous reconnoître à toutes voiles ; et d'ailleurs
ils en avoient toute l'apparence : ainsi, avant que de
m'exposer, je jugeai qu'il convenoit de prendre chasse,
et de m'essayer un peu avec eux. Je vis bientôt que
j'allois beaucoup mieux; sur quoi ayant reviré de bord,
je leur livrai combat, et me rendis maître de tous les
deux, après une résistance fort vive. Ces vaisseaux
étoient percés à quarante-huit canons, et en avoient
chacun vingt-huit de montés : ils se trouvèrent chargés de sucre, d'indigo, et de beaucoup d'or et d'argent.
Le pillage, qui fut très-grand, et sur lequel je voulus bien me relâcher, à cause de la parole que j'avois
donnée, n'empêcha pas que le Roi et mes armateurs
n'y gagnassent considérablement. Je conduisis ces
deux prises dans la rivière de Nantes, où je fis caréner
mon vaisseau ; et étant retourné en croisière à l'entrée
de la Manche, je pris encore deux autres vaisseaux,
l'un anglais, et l'autre hollandais, avec lesquels je retournai désarmer à Brest.

(1) *Gaillard* : Plancher partiel sur l'avant et sur l'arrière du vaisseau. Le gaillard d'avant communique avec le gaillard d'arrière par
d'autres planchers étroits pratiqués de chaque côté du bâtiment, et
qu'on appelle *passe-avans*.

[1694] Je quittai aussitôt le commandement de *l'Hercule*, pour prendre celui de *la Diligente*, frégate du Roi, de quarante canons. J'allai d'abord croiser à l'entrée du détroit, où je fis trois prises ; et je relâchai à Lisbonne, pour y faire caréner mon vaisseau. M. le vidame d'Esneval, qui étoit pour lors ambassadeur du Roi en Portugal, me chargea de passer en France M. le comte de Prado, et M. le marquis d'Atalaya son cousin germain, qui étoient tous deux dans la disgrâce du roi de Portugal, et vivement poursuivis par son ordre, pour avoir tué le corrégidor de Lisbonne. Je les reçus sur mon vaisseau, avec d'autant plus de plaisir que M. le comte de Prado avoit épousé une fille de M. le maréchal de Villeroy, l'un de nos plus respectables seigneurs. Je découvris sur la route quatre vaisseaux flessinguois, de vingt à trente canons chacun : je les joignis, leur livrai combat, et me rendis maître d'un des plus forts. La bonne manœuvre et la résistance qu'il fit sauvèrent ses trois camarades, qui s'échappèrent à la faveur d'un brouillard, et de la nuit qui survint. Ils venoient tous quatre de Curaçao, et étoient chargés de cacao et de quelques piastres. Les deux grands de Portugal voulurent absolument être spectateurs du combat, et ne se rendirent point aux instances que je leur faisois de descendre à fond de cale, en leur représentant que le Portugal n'étant point en guerre avec la Hollande, ils s'exposoient sans nécessité à être estropiés, et peut-être tués : ils demeurèrent, malgré mes raisons et mes prières, jusqu'à la fin du combat. L'affaire terminée, je conduisis cette prise à Saint-Malo, où je débarquai ces deux seigneurs portugais, qui me parurent contens des attentions que j'avois eues pour eux.

Je remis, sans perdre de temps, à la voile. En courant vers les côtes d'Angleterre, je découvris une flotte de trente voiles, escortée par un vaisseau de guerre anglais de cinquante-six canons, nommé, à ce que j'appris depuis, *le Prince d'Orange.* J'arrivai sur lui dans le dessein de le combattre, et même de l'aborder : mais ayant parlé dans ma route à un vaisseau de sa flotte, et su de lui qu'elle n'étoit chargée que de charbon de terre, je ne crus pas devoir hasarder un combat douteux pour un si vil objet. Prêt à le prolonger (1), je repris tout d'un coup mes amures en l'autre bord (2), sous pavillon anglais, pour aller chercher meilleure aventure. Le capitaine de ce vaisseau, qui m'avoit d'abord cru de sa nation, voyant par ma manœuvre qu'il s'étoit trompé, se mit en devoir de me donner la chasse. Je fus bien aise alors de lui faire connoître que ce n'étoit pas la crainte qui m'avoit fait éviter le combat ; et je fis carguer (3) mes basses voiles pour l'attendre. Cette manœuvre lui fit aussi carguer les siennes. Je crus que c'en étoit assez, et fis remettre le vent dans les miennes : mais s'étant mis une seconde fois en devoir de me suivre, je remis encore en panne ;

---

(1) *Prêt à le prolonger :* Près de faire avancer mon vaisseau à côté du sien, de les mettre flanc à flanc. — (2) *Je repris tout d'un coup mes amures en l'autre bord :* L'amure est un cordage qui tend l'angle inférieur d'une voile du côté du vent. Prendre les amures de l'autre bord, c'est donc présenter au vent l'angle opposé de cette même voile, et par conséquent l'autre bord du vaisseau. Si l'on suppose que dans le premier cas le bâtiment voguoit vers le nord, dans le second il couroit vers le sud. — (3) *Carguer :* Retrousser. On cargue une voile sans quitter le pont, en tirant des cordes appelées *cargues,* qui passent dans des poulies fixées sur la vergue. Ce service s'exécute rapidement.

et faisant amener le pavillon anglais, que j'avois toujours conservé à la poupe, je le fis rehisser en berne (1), pour lui marquer mon mépris. Irrité de cette bravade, il me tira trois coups de canon à balle, auxquels je répondis d'un même nombre, sans daigner arborer mon pavillon blanc. Cependant, voyant que cette fanfaronade n'aboutissoit à rien, je le laissai avec sa flotte. Mais la suite fera voir dans quel embarras une aussi mauvaise gasconnade pensa me jeter.

Quinze jours après, je tombai, par un temps embrumé, dans une escadre de six vaisseaux de guerre anglais, de cinquante à soixante-dix canons ; et, me trouvant par malheur entre la côte d'Angleterre et eux, je fus forcé d'en venir au combat. Un de ces vaisseaux, nommé *l'Aventure*, me joignit le premier, et nous combattîmes, toutes nos voiles dehors, pendant près de quatre heures, avant qu'aucun autre des vaisseaux de cette escadre pût me joindre : je commençois même à espérer qu'étant près de doubler les Sorlingues, qui me gênoient dans ma course, la bonté de mon vaisseau pourroit me tirer d'affaire. Cet espoir dura peu : le vaisseau ennemi me coupa mes deux mâts de hune (2),

---

(1) *En berne* : Mettre un pavillon en berne, c'est le pendre, plié sur lui-même, à l'arrière du vaisseau. Dans cet état, il annonce en mer des besoins pressans, une certaine détresse, ou une demande de secours. —
(2) *Mes deux mâts de hune* : C'est-à-dire le grand mât de hune et le petit mât de hune, ou les secondes parties du mât de misaine (mât de devant), et du grand mât (mât du milieu). Chaque mât est composé de trois parties placées les unes au-dessus des autres, et d'une longueur presque égale. Le mât de devant est formé du bas mât de misaine, du petit mât de hune, et du petit mât de perroquet ; le mât du milieu, du bas mât, du grand mât de hune, et du grand mât de perroquet ; le mât de derrière, du bas mât d'artimon, du mât de perroquet de fougue, et du mât de perruche. Les bâtimens d'une petite dimension n'ont point

dans une de ses dernières bordées. Ce cruel accident m'arrêta, et fit qu'il me joignit à l'instant, à portée du pistolet : il cargua ses basses voiles, et vint me ranger de si près, que l'idée me vint tout d'un coup de l'aborder, et de sauter moi-même dans son bord avec tout mon équipage. J'ordonnai sans tarder, aux officiers qui se trouvèrent sous ma main, de faire monter sur-le-champ tous mes gens sur le pont : je fis en même temps préparer nos grappins, et pousser le gouvernail à bord. Je croyois toucher au moment où j'allois l'accrocher, quand par malheur un de mes lieutenans, qui n'étoit pas encore instruit de mon projet, aperçut par un des sabords (1) le vaisseau ennemi si près du mien, qu'il crut que le timonnier s'étoit mépris, ne pouvant imaginer que je pusse tenter un abordage dans la situation où nous nous trouvions. Prévenu de cette opinion, il fit changer de son chef la barre de mon gouvernail. J'ignorois ce fatal changement; et, attendant avec impatience l'instant de la jonction des deux vaisseaux, j'étois dans la place et dans l'attitude propre à me lancer le premier dans celui de l'ennemi. Voyant que le mien n'obéissoit pas comme il auroit dû faire à son gouvernail, je courus à l'habitacle (2), où je trouvai la barre changée

---

de mât d'artimon; le grand mât alors est placé un peu plus en arrière. Chacun de ces mâts a sa voile particulière, qui porte le nom du mât auquel elle appartient. Ainsi l'on dit la grande voile, la misaine, le grand perroquet, le petit perroquet, la perruche, etc.

(1) *Sabords* : Embrasures des canons. (*Voy.* la note 2 de la page 196.)
— (2) *Habitacle* : Espèce d'armoire établie en avant de la roue du gouvernail. Elle a trois compartimens : aux deux côtés sont deux boussoles, ou compas de route; et dans le milieu est une lampe qui sert, la nuit, à éclairer les boussoles. Le timonnier est placé en face de l'un des

sans mon ordre. Je la fis aussitôt remettre; mais je m'aperçus, avec le désespoir le plus vif, que le capitaine de *l'Aventure*, qui avoit connu sans beaucoup de peine, à ma contenance, et à celle de tout mon équipage, quel étoit mon dessein, avoit fait rappareiller ses deux basses voiles (1), et pousser son gouvernail à m'éviter. Nous nous étions trouvés si près l'un de l'autre, que mon beaupré avoit atteint et brisé le couronnement de sa poupe : cependant ce malentendu de mon lieutenant me fit perdre l'occasion de tenter l'une des plus surprenantes aventures dont on eût jamais ouï parler. Dans la résolution où j'étois de périr, ou d'enlever ce vaisseau, qui alloit mieux qu'aucun autre de l'escadre, il est plus que vraisemblable que j'aurois réussi, et qu'ainsi je menois en France un vaisseau beaucoup plus fort que celui que j'abandonnois. Outre l'éclat qui auroit suivi l'exécution d'un pareil projet, dont j'avoüerai que je ne me sentois pas médiocrement flatté, il est bien certain que, me trouvant démâté, il ne me restoit absolument aucune autre ressource pour échapper à des forces si supérieures.

Ce coup manqué, le vaisseau *le Monck*, de soixante-six canons, vint me combattre à portée de pistolet, tandis que trois autres vaisseaux, *le Cantorbéry*, *le Dragon* et *le Ruby* me canonnoient de leur avant. Le commandant de cette escadre fut le seul qui ne daigna pas m'honorer d'un coup de canon. J'en fus

---

compas. Guidé par cet instrument, dont l'aiguille ne change point de direction, quel que soit le mouvement du vaisseau, il gouverne conformément aux instructions qu'il a reçues.

(1) *Avoit fait rappareiller ses deux basses voiles* : Avoit fait déployer de nouveau ses basses voiles, les avoit fait disposer à recevoir le vent.

piqué; et, pour l'y obliger, je mis en travers, et lui en tirai plusieurs, mais inutilement : il persévéra à ne me point répondre. Cependant l'extrémité où nous nous trouvions tourna la tête à tous mes gens, qui m'abandonnèrent pour se jeter à fond de cale, malgré tout ce que je pouvois dire et faire pour les en empêcher. J'étois occupé à les arrêter, et j'en avois même blessé deux de mon épée et d'un pistolet, quand, pour comble d'infortune, le feu prit à ma sainte-barbe (1). La crainte de sauter en l'air m'y fit descendre; et l'ayant bientôt fait éteindre, je me fis apporter des barils pleins de grenades sur les écoutilles (2). J'en jetai un si grand nombre dans le fond de cale, que je contraignis plusieurs de mes fuyards à remonter sur le pont. Je rétablis ainsi quelques postes, et fis tirer quelques volées de canon de la première batterie, avant que de remonter sur mon gaillard (3). Je fus fort étonné et encore plus touché, en y arrivant, de trouver mon pavillon bas, soit que la drisse (4) eût été coupée par une balle, ou que, dans ce moment d'absence, quelque malheureux poltron l'eût amené. J'ordonnai à l'instant de le remettre; mais tous les officiers du vaisseau me vinrent représenter que c'étoit livrer inutilement le reste de mon équipage à la boucherie des Anglais, qui ne nous feroient aucun quartier, si, après avoir vu le pavillon baissé pendant un assez long temps, ils s'apercevoient qu'on le remît, et

---

(1) *Sainte-barbe* : Lieu où est déposée la poudre. — (2) *Les écoutilles* : Ouvertures faites dans chaque pont ou plancher, par lesquelles on descend successivement jusqu'à fond de cale du vaisseau. — (3) *Voyez* la note de la page 293. — (4) *La drisse* : Cordage qui sert à hisser une voile, un pavillon, etc.

que l'on voulût s'opiniâtrer sans aucun espoir, puisque mon vaisseau étoit démâté de tous ses mâts. Il n'étoit pas possible de se refuser à une telle vérité; et comme j'étois encore incertain et désespéré, je fus renversé sur le pont du coup d'un boulet sur ses fins, qui, après avoir coupé plusieurs de nos baux (1), vint expirer sur ma hanche, et me fit perdre connoissance pendant plus d'un quart-d'heure. On me porta dans ma chambre, et cet accident termina mon irrésolution. Le capitaine du *Monck* envoya le premier son canot pour me chercher: je fus conduit à son bord, avec une partie de mes officiers; et sa générosité fut telle, qu'il voulut absolument me céder sa chambre et son lit, donnant ordre de me faire panser, et traiter avec autant de soin que si j'avois été son propre fils.

Toute cette escadre, après avoir croisé pendant vingt jours, se rendit à Plymouth; et, pendant le séjour qu'elle y fit, je reçus toutes sortes de politesses des capitaines, et de tous les autres officiers. A leur départ, on me donna la ville pour prison; ce qui me facilita les moyens de faire plusieurs connoissances, et entre autres celle d'une fort jolie marchande, dont je me servis dans la suite pour me procurer la liberté. Les circonstances de cette évasion sont assez singulières pour me laisser croire qu'on ne sera pas fâché d'en voir ici le récit. Il faut auparavant se rappeler ce qui m'étoit arrivé avec ce vaisseau de guerre anglais de cinquante-six canons, qui escortoit une flotte chargée de charbon de terre, lorsque j'eus l'imprudence de lui riposter trois coups avant que d'arborer pavillon

---

(1) *Baux*: Solives qui traversent le vaisseau, et sur lesquelles sont établis les ponts, ou planchers.

blanc : cette équipée de jeune homme m'attira une affaire des plus intéressantes.

Le capitaine de ce vaisseau, après avoir escorté sa flotte dans les lieux de sa destination, relâcha par hasard dans la rade de Plymouth, peu de jours après qu'on m'y eut conduit : il reconnut le vaisseau que je commandois lors de notre rencontre. Le ressentiment de la bravade que je lui avois faite le porta à présenter une requête à l'amirauté, par laquelle il concluoit à ce que l'on me fît mon procès, pour lui avoir tiré à boulet sous pavillon ennemi, contre les lois de la guerre ; et à demander que je fusse mis par provision en prison, jusqu'au retour d'un courrier qu'il alloit dépêcher à Londres. L'amirauté sur cela me fit arrêter, et conduire dans une chambre grillée, avec une sentinelle à ma porte : la seule distinction qu'on m'accorda sur tous les autres prisonniers fut de me laisser la liberté de me faire apprêter à manger dans ma chambre, et de permettre aux officiers de venir m'y tenir compagnie. Les capitaines mêmes des compagnies anglaises, qui gardoient les prisonniers tour à tour, y dînoient assez volontiers, et ma jolie marchande venoit aussi fort souvent me rendre visite. Il arriva qu'un Français réfugié, qui avoit une de ces compagnies, devint éperdûment amoureux de cette aimable personne ; et, dans l'envie qu'il avoit de l'épouser, il crut que je pourrois lui rendre service, à cause de la confiance qu'elle paroissoit avoir en moi. Il m'en parla confidemment, et j'eus l'esprit assez présent pour entrevoir que je pourrois en tirer parti. Je lui répondis que je le servirois de tout mon cœur ; mais que j'étois trop obsédé dans ma chambre, et que je ne voyois aucune apparence de réussir, s'il ne me procuroit l'occasion d'entretenir sa maîtresse dans un lieu qui fût plus libre ; que l'auberge voisine de la prison me paroissoit très à portée, et fort convenable pour cela ; qu'elle pouvoit s'y rendre sans faire naître aucun soupçon, et qu'alors je lui promettois d'employer toute mon éloquence à la disposer en sa faveur. J'ajoutai que j'aurois soin de le faire avertir quand il seroit temps, afin qu'il vînt passer avec elle le reste de la soirée. Sa passion lui fit trouver cet expédient bien imaginé ; et nous choisîmes pour l'entrevue le jour qu'il devoit être de garde à la prison. J'en prévins ma gentille marchande par un billet, où je lui représentois, de la façon que je crus la plus capable de la toucher, que je succomberois au chagrin de me voir si long-temps captif, si elle n'avoit la bonté de contribuer à ma liberté ; ce que j'avois d'autant plus lieu d'espérer, qu'elle le pouvoit faire sans courir aucun risque d'intéresser sa réputation. Je fus assez heureux pour la persuader, et pour en tirer parole qu'elle feroit toutes les démarches que je croirois nécessaires pour le succès de mon projet. Cette précaution prise, j'écrivis à un capitaine suédois dont le vaisseau étoit relâché dans la rivière de Plymouth, pour le prier de me vendre une chaloupe équipée d'une voile, de six avirons, six fusils et autant de sabres, avec du biscuit, de la bière, un compas de route, et quelques autres provisions. Je lui demandois en même temps de vouloir bien envoyer à la prison quelques-uns de ses matelots, sous prétexte de visiter les prisonniers français, et de leur faire porter secrètement un habit à la suédoise, pour le remettre à mon maître d'équipage, lequel parlant bien suédois, et étant comme eux de haute stature, pourroit se sauver mêlé avec eux à l'entrée de la nuit, quand ils partiroient de la prison.

Tout cela fut exécuté, et mon maître d'équipage s'échappa sous ce déguisement avec les matelots suédois. Il convint avec leur capitaine du prix de sa chaloupe pour trente-cinq livres sterlings, à condition qu'elle seroit prête à un jour marqué; et que six de ses gens m'attendroient à un rendez-vous hors de la ville, pour m'escorter jusqu'à la chaloupe.

L'auberge où je devois me trouver avec la marchande étoit adossée à une montagne; du second étage de la maison, on entroit dans un jardin disposé en terrasse, dont le derrière répondoit à une petite rue très-écartée; et c'étoit en escaladant le mur qui séparoit la rue d'avec le jardin, que j'avois projeté de me sauver, lorsque mon capitaine amoureux me croiroit le plus occupé à disposer sa maîtresse en sa faveur. J'avois ordonné pour cet effet, à mon valet de chambre, qui avoit la liberté de sortir pour acheter des provisions, et à mon chirurgien, qui alloit panser nos blessés à l'hôpital, de ne pas manquer de se trouver sur les quatre heures du soir derrière le mur en question, et de m'y attendre, pour me conduire à l'endroit où je devois trouver mes bons amis les Suédois.

Ce jour tant désiré arriva enfin. Le capitaine ayant vu entrer l'objet de ses vœux dans l'auberge, ne fit aucune difficulté de me laisser sortir de ma chambre avec un de mes officiers, qui, de son consentement, étoit entré dans la confidence : il nous pria seulement de ne pas le laisser languir, et de le faire avertir le plus tôt qu'il nous seroit possible. Mais à peine avois-je marqué ma reconnoissance à cette amie salutaire, que, plein d'impatience, je sautai par dessus le mur du jardin avec mon camarade. Mon chirurgien et mon valet nous attendoient derrière ; ils nous conduisirent au rendez-vous marqué, où nous trouvâmes six braves Suédois bien armés, qui nous firent faire deux bonnes lieues à pied, et nous accompagnèrent jusqu'à la chaloupe.

Nous nous embarquâmes vers les six heures du soir dans cette chaloupe, cinq Français que nous étions, savoir : l'officier compagnon de ma fuite, mon maître d'équipage, mon chirurgien, moi et mon valet. Aussitôt nous fîmes route, et trouvâmes, en passant dans la rade, deux vaisseaux de guerre anglais qui y étoient mouillés, et qui nous interrogèrent : nous leur répondîmes comme auroit fait un bateau de pêcheur anglais; et, continuant notre chemin, nous étions à la pointe du jour au dehors de la grande rade. Nous nous trouvâmes alors assez près d'une frégate anglaise qui couroit sa bordée pour entrer à Plymouth. Je ne sais par quel caprice elle s'opiniâtra à vouloir nous parler ; mais il est certain que nous allions être repris, si le vent, qui cessa tout d'un coup, ne nous eût mis en état de nous éloigner d'elle à force de rames.

Nous la perdîmes enfin de vue, et nous nous trouvâmes en pleine mer, outrés de lassitude d'avoir ramé si long-temps, et avec autant d'action. La nuit vint, pendant laquelle nous nous relevions, mon maître d'équipage et moi, pour gouverner, sur un compas de route éclairé d'un petit fanal. Je me trouvai, tenant le gouvernail, si excédé de fatigue, que le sommeil me surprit ; mais je fus bien promptement et bien cruellement réveillé par un coup de vent qui, donnant subitement et avec impétuosité dans la voile, coucha la chaloupe, et la remplit d'eau dans un instant. Aussitôt je larguai l'écoute (1); et, poussant en même temps le gouvernail à arriver vent arrière, j'évitai par cette prompte manœuvre un naufrage d'autant plus indispensable, que nous étions éloignés de plus de quinze lieues de toute terre. Mes compagnons, qui dormoient, furent aussi bientôt réveillés, ayant de l'eau par dessus la tête. Notre biscuit et notre baril de bière, dans lequel la mer entra, furent entièrement gâtés, et nous fûmes très-long-temps à vider l'eau avec nos chapeaux. A la fin la chaloupe étant soulagée, je remis à route pendant le reste de la nuit; et le jour suivant, vers les huit heures du soir, nous abordâmes à la côte de Bretagne, à deux lieues de Tréguier. Charmé de me voir échappé de tant de périls, je sautai légèrement sur le rivage, pour embrasser ma terre natale, et pour rendre grâces à Dieu, qui m'avoit conservé. Nous gagnâmes ensuite le village le plus prochain, où l'on nous donna du lait et du pain bis, que l'appétit nous fit trouver délicieux; après quoi nous nous endormîmes sur de la paille fraîche.

Le jour ayant paru, nous nous rendîmes à Tréguier, et de là à Saint-Malo. J'appris, en y arrivant, que mon frère aîné étoit parti pour Rochefort, où il armoit pour moi le vaisseau du Roi *le Français*, de quarante-huit canons, comptant m'en réserver le commandement

---

(1) *Je larguai l'écoute* : L'écoute est un cordage attaché à l'angle inférieur de la voile, du côté opposé au vent, et qui sert à la *border*, c'est-à-dire à la tendre. En *larguant* ou lâchant l'écoute, le vent n'eut plus autant de prise sur la voile, et la chaloupe put se redresser.

jusqu'à mon retour d'Angleterre. Je pris la poste pour l'aller joindre, et je trouvai ce vaisseau mouillé aux rades de La Rochelle : il ne lui manquoit rien pour partir.

Je montai dessus le lendemain ; et, cinglant en haute mer, j'établis ma croisière sur les côtes d'Angleterre et d'Irlande. J'y pris d'abord cinq vaisseaux chargés de tabac et de sucre, et un sixième chargé de mâts et de pelleteries, venant de la Nouvelle-Angleterre : ce dernier s'étoit séparé depuis deux jours d'une flotte de soixante voiles, escortée par deux vaisseaux de guerre anglais, l'un nommé *le Sans-Pareil*, de cinquante canons ; l'autre, *le Boston*, de trente-huit, mais percé à soixante-douze. Les habitans de Boston l'avoient fait construire, et l'avoient chargé des plus beaux mâts et des pelleteries les plus recherchées, pour en faire présent au prince d'Orange, qui avoit pris alors le titre de roi d'Angleterre. Je m'informai avec grand soin, du capitaine de ce dernier vaisseau marchand que j'avois pris, de l'air de vent où cette flotte pouvoit être : je courus à toutes voiles de ce côté-là, et j'en eus connoissance vers le midi.

L'impatience que j'avois de prendre ma revanche me fit, sans hésiter, attaquer les deux vaisseaux de guerre qui lui servoient d'escorte. J'eus le bonheur, dès mes premières bordées, de démâter *le Boston* de son grand mât de hune (1), et de lui couper sa grande vergue (2). Cet accident le mit hors d'état de traverser le dessein que j'avois d'aborder *le Sans-Pareil* : j'en

---

(1) *Grand mât de hune :* Voyez la note 2 de la page 296. — (2) *Sa grande vergue :* Celle du bas mât qui porte la grande voile. (*Voyez la note 1 de la page 286.*)

profitai, et mes grappins furent jetés au milieu du feu mutuel de notre canon et de notre mousqueterie. J'avois fait disposer un si grand nombre de grenades de l'avant à l'arrière de mon vaisseau, que ses ponts et ses gaillards furent nettoyés en fort peu de temps. Je fis battre la charge; et mes gens commençoient à pénétrer sur son bord, lorsque le feu prit à sa poupe avec tant de violence, que je fus contraint de faire pousser promptement au large, pour ne pas brûler avec lui. Cet embrasement ne fut pas plus tôt éteint, que je le raccrochai une seconde fois : alors le feu prit aussi dans ma hune (1) et dans ma voile de misaine ; ce qui m'obligea encore de déborder. La nuit vint sur ces entrefaites, et toute la flotte se dispersa : les deux vaisseaux de guerre furent les seuls qui se conservèrent (2), et que je conservai de même très-soigneusement : cependant je fus obligé de faire changer toutes mes voiles, qui étoient criblées ou brûlées. Les ennemis, de leur côté, me paroissoient aussi occupés que moi pour tâcher de se réparer.

Aussitôt que le jour parut, je recommençai le combat avec la même ardeur, et je me présentai une troisième fois à l'abordage du *Sans-Pareil*. Au milieu de nos bordées de canon et de mousqueterie, ses deux grands mâts tombèrent dans mes porte-haubans (3) :

(1) *Hune* : Plate-forme à jour placée en tête des bas mâts; elle est à peu près carrée; ses angles du devant sont arrondis. La misaine est la voile du bas mât de misaine. (*Voyez* la note 1 de la page 296.—(2) *Qui se conservèrent* : C'est-à-dire qui ne se perdirent pas de vue. — (3) *Porte-haubans* : Parties saillantes de chaque côté du vaisseau, d'où partent des cordages qui vont rejoindre la tête des bas mâts, et les soutiennent. Ces cordages, traversés par des enfléchures formant échelons, sont appelés *haubans*.

cet accident, qui le mettoit hors d'état de combattre, et dans l'impossibilité de s'échapper, m'empêcha de permettre à mes gens de sauter à bord : au contraire, je fis pousser précipitamment au large, et courus avec la même activité sur *le Boston*, qui mit alors toutes ses voiles au vent pour s'enfuir, mais inutilement. Je le joignis; et, m'en étant rendu maître en peu de temps, je revins sur son camarade, qui, se trouvant ras comme un ponton, fut aussi obligé de céder.

Je me souviens d'une scène assez plaisante qui se passa lorsque j'eus soumis ces deux vaisseaux. Un Hollandais, capitaine d'une prise que j'avois faite peu de jours auparavant, monta sur le gaillard pour m'en faire compliment : il me dit, d'un air vif et content, qu'il venoit aussi de remporter sa petite victoire sur le capitaine de la prise anglaise, qui m'avoit donné le premier avis de cette flotte; qu'étant descendus tous deux à fond de cale, un moment avant que notre combat commençât, l'Anglais lui avoit dit : « Camarade,
« réjouissez-vous, vous serez bientôt en liberté. Le
« vaisseau *le Sans-Pareil* est monté par un des plus
« braves capitaines de toute l'Angleterre : il a pris à
« l'abordage, avec ce même vaisseau, le fameux Jean
« Bart et le chevalier de Forbin[1]. Le capitaine du
« *Boston* n'est pas moins brave, et est tout au moins
« aussi bien armé : ils ont fortifié leurs équipages de
« celui d'un vaisseau anglais qui s'est perdu depuis peu
« sur la côte de Boston. Ainsi vous jugez bien que ce
« Français ne pourra pas leur résister long-temps. »
Le Hollandais m'ajouta qu'il lui avoit répondu qu'il me croyoit plus brave qu'eux, et qu'il parieroit sa tête

---

[1] *Voyez* les Mémoires de Forbin, qui précèdent ceux-ci.

que je serois victorieux; que, de discours en discours, ils en étoient venus aux mains, et que l'Anglais avoit été bien battu; qu'il venoit m'en faire part, me demandant pour toute grâce de faire monter mon adversaire sur le pont, afin qu'il vît de ses yeux ces deux vaisseaux soumis, et qu'il en crevât de dépit. Effectivement je l'envoyai chercher. Il perdit toute contenance quand il aperçut son *Sans-Pareil* et son *Boston* dans le pitoyable état où je les avois mis; et il se retira promptement, s'arrachant les cheveux, et jurant à faire trembler. On m'apporta un moment après les brevets de messieurs Bart et de Forbin, tous deux depuis chefs d'escadre, qui avoient été enlevés par *le Sans-Pareil,* comme le capitaine hollandais venoit de me le dire.

J'eus une peine infinie à amariner (1) ces deux vaisseaux. Ma chaloupe et mon canot étoient hachés, et pour surcroît il survint une tempête qui me mit dans un très-grand péril, par le désordre où j'étois après un combat si long et si opiniâtre: tous les officiers du *Sans-Pareil* avoient été tués ou blessés, et de mon côté j'avois perdu près de la moitié de mon équipage. Cette tempête nous sépara tous. M. Boscher, qui étoit mon capitaine en second, et qui s'étoit fort distingué dans le combat, se trouvant commander sur *le Sans-Pareil,* fut obligé de faire jeter à la mer tous les canons de dessus son pont et de ses gaillards; et quoiqu'il fût sans mâts, sans canons et sans voiles, il eut l'habileté de sauver ce vaisseau, et de le mener dans le Port-Louis. *Le Boston* trouva, après la tempête, quatre corsaires de Flessingue qui le reprirent à la

---

(1) *A amariner :* A prendre possession de.

vue de l'île d'Ouessant; et ce fut avec bien de la peine que je gagnai le port de Brest avec mon vaisseau, démâté de ses mâts de hune et de son artimon (1), et tout délabré.

Le feu Roi, attentif à récompenser le zèle et la bonne volonté, me fit la grâce, après cette action, de m'envoyer une épée : je la reçus, accompagnée d'une lettre très-obligeante de M. de Pontchartrain, alors secrétaire d'Etat de la marine, et depuis chancelier de France, qui m'exhortoit à mettre mon vaisseau en état d'aller joindre M. le marquis de Nesmond aux rades de La Rochelle. Je ne perdis point de temps à me rendre à cette destination.

Nous nous trouvâmes cinq vaisseaux de guerre sous son commandement : *l'Excellent*, de soixante-deux canons, monté par ce général; *le Pélican*, de cinquante, commandé par M. le chevalier des Augers; *le Fortuné*, de cinquante-six, par M. de Beaubriant; *le Saint-Antoine*, de Saint-Malo, aussi de cinquante-six canons, par M. de La Villestreux; et *le Français*, de quarante-six canons, que je montois. Cette escadre croisa à l'entrée de la Manche. Nous y trouvâmes trois vaisseaux de guerre anglais; et leur ayant donné chasse, je me trouvai un peu de l'avant du reste de l'escadre, et précisément dans les eaux du plus gros vaisseau ennemi, monté de soixante-seize canons, et nommé *l'Espérance*. Je le joignis à une bonne portée de fusil, et je me préparai à l'aborder, dans la résolution de ne pas tirer un coup qu'après avoir jeté mes grappins à son bord. Sur ces entrefaites, M. le

---

(1) *Et de son artimon* : L'artimon est le mât de l'arrière du vaisseau. (*Voyez* la note 2, page 296.

marquis de Nesmond, qui avoit, aussi bien que tous les vaisseaux de son escadre, pavillon et flamme anglaise, tira un coup de canon à balle sous le vent, sans changer de pavillon ; sur quoi tous les officiers qui étoient sur mon bord me représentèrent que le commandant n'ayant point arboré son pavillon blanc, ce coup de canon ne pouvoit être qu'un commandement pour moi de l'attendre ; et que si je n'y déférois pas, je tomberois dans le cas de désobéissance, le dessein du commandant ne pouvant jamais être de me faire combattre sous pavillon ennemi. J'eus une peine infinie à céder à cette remontrance, et à consentir qu'on carguât ma grande voile (1), ne pouvant me consoler de laisser échapper une si belle occasion de me distinguer : mais je fus bien plus désolé quand je vis, un quart-d'heure après, M. le marquis de Nesmond mettre enfin son pavillon blanc, et tirer un autre coup de canon pour commencer le combat. Je fis à l'instant remettre ma grande voile, et tirer toute ma bordée au vaisseau *l'Espérance*; M. de La Villestreux, capitaine du *Saint-Antoine*, attaqua en même temps *l'Anglesey*, de cinquante-huit canons : mais à peine eûmes-nous tiré trois ou quatre bordées, que M. le marquis de Nesmond joignit *l'Espérance*, et le combattit à portée du pistolet si vivement, qu'il le démâta de son grand mât, et s'en rendit maître après une assez belle résistance. M. de La Villestreux avoit été blessé mortellement en abordant *l'Anglesey*; d'ailleurs son vaisseau fut tellement désemparé de ses voiles et de ses manœuvres, que l'ennemi s'échappa avec son camarade, à la faveur de la nuit.

(1) *Grande voile :* Voyez la note 3 de la page 295.

Je fis mes justes plaintes à M. le marquis de Nesmond de ce qu'il m'avoit obligé de carguer ma grande voile par ce coup de canon à balle qu'il avoit tiré sous pavillon anglais, m'ayant privé par là de l'honneur que j'allois acquérir sous ses yeux, en abordant le vaisseau *l'Espérance*. Je pris la liberté de lui dire que mes officiers et tout mon équipage étoient témoins que j'y étois préparé et bien déterminé, et qu'il étoit fort triste pour moi qu'il se fût servi de son autorité pour profiter de cette occasion à mon préjudice. Il me répondit qu'il en étoit bien fâché par rapport à moi ; mais que c'étoit une méprise de son capitaine de pavillon, qui n'avoit pas fait attention au pavillon anglais ; et que toute la faute, s'il y en avoit une, rouloit sur cet officier, et non sur moi, qui avois bien rempli mon devoir. Cependant les équipages des autres vaisseaux, qui m'avoient vu le plus près des ennemis, et n'avoient pas fait attention au coup de canon que le commandant avoit tiré sous pavillon anglais, avoient été surpris de me voir carguer ma grande voile : ils eurent même l'injustice d'interpréter à mon désavantage la manœuvre que j'avois faite ; et, sans approfondir les raisons de subordination qui m'y avoient obligé, ils me taxèrent de peu de zèle dans leurs chansons matelotes ; mais ils en ont fait depuis ce temps-là un si grand nombre d'autres à mon honneur, qu'ils ont réparé et au-delà cette légère injustice. M. le marquis de Nesmond rendit en cette occasion des témoignages si publics et si authentiques de ma conduite, que j'eus tout lieu d'en être satisfait.

[1695] Le Roi m'ayant continué le commandement

de son vaisseau *le Français*, et à M. de Beaubriant celui du vaisseau *le Fortuné*, pour les employer à détruire les baleiniers hollandais sur les côtes de Spitzberg, nous sortîmes tous deux du Port-Louis, où nous avions fait caréner nos vaisseaux, et fîmes route pour nous rendre sur ces parages ; mais les vents contraires nous traversèrent avec tant d'opiniâtreté, qu'après avoir vainement lutté contre, et consommé toute notre eau, nous fûmes contraints d'aller la renouveler aux îles de Feroë, après quoi la saison étant trop avancée pour aller jusqu'à Spitzberg, nous demeurâmes à croiser sur les Orcades : enfin, rebutés de n'y rencontrer aucun vaisseau ennemi, nous fîmes route pour aller consommer le reste de nos vivres sur les côtes d'Irlande.

Le malheur que nous avions eu de ne rien trouver pendant trois mois de croisière avoit consterné les officiers et les équipages de nos deux vaisseaux ; j'étois seul à les encourager, par un pressentiment secret qui ne me quitta jamais, et qui me donnoit un air content au milieu d'une tristesse générale. La joie et la confiance que je tâchois de leur inspirer, et l'assurance que je leur donnois hardiment de quelque bonne aventure, fut justifiée heureusement par la rencontre que nous fîmes, sur les blasques, de trois vaisseaux anglais venant des Indes orientales, très-considérables par leur force, et plus encore par leur richesse. Le commandant, nommé *la Défense*, étoit percé à soixante-douze canons, et monté à cinquante-huit ; le second, nommé *la Résolution*, étoit percé de soixante canons, et monté de cinquante-six ; le troisième, dont je ne puis retrouver le nom, avoit quarante canons montés :

ils nous attendirent en ligne. M. de Beaubriant donna en passant sa bordée au commandant anglais ; et, poussant sa pointe, il s'attacha à combattre et à réduire le second. Je le suivis, le beaupré sur la poupe ; et, aussitôt qu'il eut dépassé le commandant, je le combattis si vivement, que je m'en rendis maître. Dès qu'il fut soumis, je courus, sans perdre de temps, sur le troisième vaisseau, qui fuyoit à toutes voiles : il se défendit avec beaucoup d'opiniâtreté. Il est vrai que je le ménageois un peu, dans la crainte de le démâter ; et d'ailleurs je ne jugeois pas à propos de l'aborder, par rapport au pillage, qui auroit été en ce cas presque inévitable. Il se rendit à la fin, et *nous les amarinâmes tous trois,* de façon à se défendre s'il en étoit besoin. Nous les escortâmes dans le Port-Louis ; et les richesses dont ils étoient chargés donnèrent plus de vingt pour un de profit, malgré tout le pillage qu'il n'avoit pas été possible d'empêcher.

Après cette heureuse campagne, le désir me prit de faire un voyage à Paris, pour me faire connoître à M. le comte de Toulouse et à M. de Pontchartrain ; mais encore plus pour me donner la satisfaction de voir à mon aise la personne du feu Roi, pour lequel, dès ma tendre jeunesse, je m'étois senti un grand fonds d'amour et de vénération. M. de Pontchartrain voulut bien me présenter à Sa Majesté, et mon admiration redoubla à la vue de ce grand monarque. Il daigna paroître content de mes foibles services, et je sortis de son cabinet le cœur pénétré de la douceur et de la noblesse qui régnoient dans ses paroles et dans ses moindres actions : le désir que j'avois de me rendre digne de son estime en devint plus ardent. Après quelque séjour à Paris, je pris tout d'un coup la résolution de me rendre au Port-Louis, dans le dessein d'y armer *le Sans-Pareil*, que j'avois pris sur les Anglais; mais, au lieu de cinquante canons qu'il avoit auparavant, je n'en fis mettre que quarante-deux, afin de le rendre plus léger.

[1696] Ce vaisseau étant caréné, je mis à la voile; et m'étant rendu sur les côtes d'Espagne, j'appris, par quelques vaisseaux neutres que je rencontrai, qu'il y avoit dans le port de Vigo trois vaisseaux hollandais qui attendoient l'arrivée d'un vaisseau de guerre anglais, lequel devoit incessamment sortir de la Corogne pour les prendre en passant, et les escorter jusqu'à Lisbonne. Je réfléchis sur cet avis, et je formai le dessein de faire usage de mon *Sans-Pareil* pour tromper les Hollandais. En effet, je me présentai un beau matin à l'entrée de Vigo avec pavillon et flamme anglaise, mes basses voiles carguées, mes perroquets en bannière (1), et un iac (2) anglais au bout de ma vergue d'artimon : manœuvre que j'avois vu faire aux Anglais en cas à peu près semblable. La fabrique anglaise du *Sans-Pareil* aida si bien à ce stratagême, que deux de ces vaisseaux, abusés par ces apparences, mirent à la voile, et vinrent bonnement se ranger sous mon escorte : le troisième en auroit sûrement fait autant, s'il avoit été en état de lever l'ancre. Je trouvai ces vaisseaux chargés de gros mâts, et d'autres bonnes marchandises.

(1) *Mes perroquets en bannière* : C'est-à-dire les voiles des mâts qui portent le même nom (*voyez* la note 2 de la page 296) déployées et abandonnées à elles-mêmes, sans être *bordées* ou tendues par les écoutes, qui sont des cordages attachés aux angles inférieurs. — (2) *Iac* : pavillon.

M'étant mis en route pour les conduire dans le premier port de France, je me trouvai à la pointe du jour à trois lieues sous le vent de l'armée navale des ennemis. Sur cet incident, très-embarrassant, je pris mon parti sans balancer. J'ordonnai, à ceux qui commandoient mes deux prises, d'arborer pavillon hollandais, et d'arriver vent arrière, après m'avoir salué de sept coups de canon chacun; ensuite, me confiant dans la bonté et dans la fabrique du *Sans-Pareil*, je fis voile vers l'armée ennemie, avec autant d'assurance et de tranquillité que j'aurois pu faire si j'avois été réellement un des leurs qui, après avoir parlé à des vaisseaux hollandais, eût voulu se rallier à son corps.

Il s'étoit d'abord détaché de cette armée deux gros vaisseaux, et une frégate de trente-six canons, pour venir me reconnoître : les deux vaisseaux, trompés par ma manœuvre, cessèrent bientôt leur chasse, et retournèrent à leur poste; la seule frégate, poussée par son mauvais destin, s'opiniâtra à vouloir parler à mes deux prises, et je vis qu'elle les joignoit à vue d'œil. Je naviguois alors avec toute l'armée, et paroissois fort tranquille, quoique je fusse intérieurement désespéré de ce que ces prises alloient infailliblement tomber au pouvoir de cette frégate. Comme je m'aperçus cependant que mon vaisseau alloit beaucoup mieux que ceux des ennemis qui étoient les plus près de moi, je fis courir insensiblement le mien un peu largue [1], pour me mettre de l'avant d'eux; et tout d'un coup je forçai de voiles, pour aller me placer entre mes prises et la frégate. Je m'y rendis assez à temps pour lui bar-

---

[1] *Courir un peu largue* : Aller par un vent de travers, inclinant vers l'arrière du bâtiment.

rer le chemin, et pour la combattre, comme je fis, à la vue de toute l'armée. Je l'aurois même enlevée, s'il m'avoit été possible de l'aborder; mais le capitaine qui la montoit conserva assez de défiance et d'habileté pour se tenir une portée de fusil au vent, et il jugea à propos d'envoyer son canot à mon bord. Les gens de ce canot étant à moitié chemin, me reconnurent pour Français, et se mirent en devoir de retourner à leur frégate. Alors, me voyant démasqué, je fis arborer mon pavillon blanc à la place de l'anglais que j'avois à poupe, et je commençai au même instant le combat. Cette frégate me répondit de toute sa bordée; mais, ne pouvant soutenir le feu de mon canon et de ma mousqueterie, elle trouva moyen de revirer de bord à la rencontre de plusieurs gros vaisseaux, qui se détachèrent pour venir promptement à son secours. Leur approche m'obligea de la quitter dans un temps où elle se trouvoit si maltraitée, qu'elle mit à la bande [1], avec un pavillon rouge sous ses barres de hune [2], en tirant des coups de canon de distance en distance. Ce signal pressant d'incommodité fit que les vaisseaux les plus près d'elle s'arrêtèrent pour la secourir : ils recueillirent en même temps son canot, qui n'avoit pu regagner son bord, et avoit fait route du côté de l'armée pendant notre combat. Toutes ces circonstances, favorables pour moi, me donnèrent le temps de rejoindre mes prises à l'entrée de la nuit, et je les conduisis au Port-Louis.

[1] *Qu'elle mit à la bande :* Qu'elle s'inclina latéralement, afin de mettre hors de l'eau la partie endommagée. — [2] *Barres de hune :* Petite hune composée de deux barres de bois qui en traversent deux autres, et qui sont placées en tête des deux mâts de hune, et du mât de perroquet de fougue.

Aussitôt que je les eus mises en sûreté, j'allai croiser à l'entrée de la Manche, où je rencontrai un flessinguois revenant de Curaçao. Je m'en rendis maître, et le conduisis dans le port de Brest, où je fis caréner mon vaisseau.

Je fis en même temps équiper une frégate de seize canons, dont je donnai le commandement à un de mes jeunes frères, qui m'avoit donné en plus d'une occasion des marques d'une capacité au-dessus de son âge. Nous mîmes ensemble à la voile, et fûmes croiser sur les côtes d'Espagne. Nous y consommâmes la plus grande partie de nos vivres sans rien trouver; et comme nous commencions à manquer d'eau, je jugeai à propos d'en aller chercher auprès de Vigo, dans l'espérance d'y faire en même temps quelque capture. Sur cette idée, je fus mouiller entre ce port et les îles de Bayonne; et n'y ayant rien rencontré, je m'attachai à découvrir un endroit qui fût propre à faire de l'eau. Pour cet effet, nous nous embarquâmes mon frère et moi dans mon canot, avec quelques volontaires; et ayant remarqué une anse à main droite, d'où paroissoit couler un ruisseau, nous avançâmes pour la reconnoître de plus près : mais en l'approchant nous fûmes salués de plusieurs coups de fusil, qu'on nous tira des retranchemens qui bordoient le rivage. Ma première pensée (et plût à Dieu que je l'eusse suivie!) fut de retourner à bord de nos vaisseaux, et de mépriser de pareilles canailles; mais mon frère, jeune et ardent aux occasions d'honneur, me représenta qu'il seroit honteux de se retirer pour de misérables paysans qui n'étoient pas capables de tenir devant nous; qu'il falloit les aller attaquer, et faire en même temps signal à nos vaisseaux de nous envoyer le secours que j'avois ordonné que l'on y tînt prêt en cas de besoin. J'avouerai qu'une mauvaise honte et un ridicule point d'honneur l'emportèrent sur la répugnance que j'avois à suivre ce conseil. Je mis donc pied à terre, suivi d'une vingtaine de jeunes gens qui étoient dans mon canot : nous forçâmes, l'épée à la main, les retranchemens d'où l'on avoit tiré, et nous nous y établîmes, après en avoir chassé ceux qui les gardoient. Il arriva bientôt après de nos vaisseaux cent cinquante hommes bien armés : j'en laissai vingt à la garde des retranchemens, sur lesquels je fis mettre les pierriers de nos chaloupes, pour assurer notre retraite. J'en donnai cinquante autres à commander à mon frère, avec ordre d'aller prendre à revers un gros bourg, où j'avois remarqué que les milices espagnoles s'étoient assemblées, tandis que je l'attaquerois de front avec cent hommes qui me restoient. Dans cette résolution, je m'avançai, tambour battant, vers l'endroit où je croyois trouver le plus de résistance. Mon frère, se laissant emporter à l'ardeur de son courage, pressa sa marche plus que moi, et attaqua le premier, à ma vue, les retranchemens de ce bourg, qu'il enleva dans un moment. Sa valeur lui devint funeste : il reçut, en les franchissant le premier, un coup de mousquet qui lui traversoit l'estomac. Je combattois en même temps de mon côté ; et, ayant aussi forcé ces retranchemens, j'étois occupé à faire donner quartier à quatre-vingts Espagnols qui avoient mis les armes bas, quand je reçus cette triste nouvelle. Il est difficile d'exprimer à quel point j'en fus pénétré : cet infortuné frère m'étoit encore plus cher par son intrépidité, et par son caractère aimable, que par les liens du sang. Je restai d'abord immobile; après quoi, devenant tout à coup furieux, je courus comme un désespéré vers ceux des ennemis qui résistoient, et j'en sacrifiai plusieurs à ma douleur. Pendant que tous mes gens s'abandonnoient au pillage, il parut une troupe de cavalerie sur la hauteur. Je repris alors mes sens, et, rassemblant la plus grande partie de mes soldats avec assez de promptitude, je courus chercher mon frère. Je le trouvai couché sur la terre, et baigné dans son sang, qu'on s'efforçoit en vain d'arrêter. Un objet si touchant m'arracha des larmes : je l'embrassai, sans avoir la force de lui parler; et je le fis emporter sur-le-champ à bord de mon vaisseau, où je l'accompagnai, ne pouvant me résoudre à le quitter dans l'état déplorable où je le voyois. Je laissai aux officiers le soin de faire rembarquer tous nos gens; et j'ordonnai au premier lieutenant de mon vaisseau de les couvrir, et d'assurer notre retraite, qui se fit sans confusion, et avec fort peu de perte.

Mon frère ne vécut que deux jours, et rendit son dernier soupir entre mes bras, avec de grands sentimens de religion, et une fermeté héroïque. La tendresse et la douleur me rendirent éloquent à l'exhorter dans ces momens, et je demeurai dans un accablement extrême. J'ordonnai qu'on levât l'ancre, et qu'on mît à la voile pour porter son corps à Viana, ville portugaise sur la frontière d'Espagne, où je lui fis rendre les derniers devoirs avec tous les honneurs dus à sa valeur et à son mérite, qui certainement n'étoit pas commun. Toute la noblesse des environs assista à ses funérailles, et parut sensible à la perte d'un jeune homme qui emportoit les louanges et les regrets de tous nos équipages.

M'étant acquitté de ce triste devoir, je repris la mer, pour consommer le reste de mes vivres; et ayant rencontré un vaisseau hollandais venant de Curaçao, je m'en rendis maître, et le conduisis à Brest. J'y désarmai mes deux vaisseaux. J'avois l'esprit continuellement agité de l'idée de mon frère expirant entre mes bras : cette cruelle image me réveilloit en sursaut toutes les nuits, et pendant fort long-temps elle ne me laissa pas un moment de repos.

Six mois après, M. Descluseaux, intendant de la marine à Brest, qui m'estimoit plus que je ne méritois, m'engagea, par ses sollicitations, à prendre le commandement de trois vaisseaux qu'il vouloit envoyer au devant de la flotte de Bilbao. Ces vaisseaux étoient *le Saint-Jacques-des-Victoires,* de quarante-huit canons; *le Sans-Pareil,* de quarante-deux; et la frégate *la Léonore,* de seize canons. Je montai le premier vaisseau, et je confiai le commandement du second à mon parent M. Boscher, qui m'avoit servi jusque là de capitaine en second, et dont j'avois éprouvé la valeur et la capacité.

Huit jours après notr départ de Brest, j'eus connoissance de cette flotte, qui étoit escortée par trois vaisseaux de guerre hollandais, commandés par M. le baron de Wassenaër, vice-amiral de Hollande. Ces vaisseaux étoient *le Delft* et *le Houslaërdick,* tous deux de cinquante-quatre canons; et un troisième, dont j'ai oublié le nom, de trente-huit. Le grand vent et l'agitation des vagues m'obligèrent de les conserver pendant deux jours, au bout desquels j'étois sur le point de hasarder un combat assez inégal, quand par bonheur je découvris deux frégates de Saint-Malo, l'une de trente canons, nommée *l'Aigle noir*, montée par M. de Belille-Pepin; et l'autre, de trente-huit canons, nommée *la Faluère*, par M. Dessandrais-Dufrêne. Nous tînmes conseil ensemble, et disposâmes notre attaque de la manière suivante.

Les trois vaisseaux de guerre ennemis étoient en panne au vent de leur flotte: *le Delft*, commandant, au milieu; *le Houslaërdick* à son arrière; et le troisième de l'avant. Je devois les attaquer le premier, et, après avoir donné en passant ma bordée au *Houslaërdick*, pousser ma pointe pour aller aborder le commandant. *Le Sans-Pareil* étoit destiné à me suivre, le beaupré sur ma poupe, et à accrocher *le Houslaërdick* aussitôt que je l'aurois dépassé. Les frégates *l'Aigle noir* et *la Faluère* devoient s'attacher à réduire le troisième vaisseau de guerre, et donner ensuite dans le corps de la flotte. A l'égard de *la Léonore*, elle étoit uniquement destinée à prendre des vaisseaux marchands.

[1697] Dans cette disposition, nous arrivâmes sur les ennemis; et comme j'allois ranger sous le vent *le Houslaërdick*, il mit le vent dans ses voiles d'avant, et appareilla sa misaine [1]. Ce changement imprévu de manœuvre en apporta nécessairement à notre disposition, en ce qu'étant venu à l'abri des voiles de ce vaisseau, il me fut impossible de le dépasser pour aller aborder le commandant. Celui-ci arriva en même temps sur moi, à dessein de me mettre entre deux

[1] *Appareilla sa misaine*: Déploya et disposa sa misaine à recevoir le vent.

feux; et je n'eus d'autre parti à prendre que celui d'aborder *le Houslaërdick*. Alors le capitaine du *Sans-Pareil*, qui me suivoit de près, se détermina sans hésiter à couper chemin au commandant, et ensuite à l'aborder de long en long avec une audace et une conduite admirable. Les deux frégates de Saint-Malo attaquèrent en même temps le troisième vaisseau; et *la Léonore* donna, comme je l'avois ordonné, dans le milieu de la flotte.

Les deux abordages des vaisseaux *le Houslaërdick* et *le Delft* furent exécutés avec une égale fierté, mais avec un succès bien différent. Je fis sauter à bord du premier la moitié de mes officiers, avec cent vingt de mes meilleurs hommes, qui l'enlevèrent d'emblée. Je poussai en même temps au large, et courus avec empressement secourir *le Sans-Pareil*, qui, toujours accroché au commandant, en essuyoit un feu terrible. J'arrivai près d'eux comme la poupe de mon camarade sautoit en l'air, par le feu qu'un boulet avoit mis à des caisses remplies de gargousses. Plus de quatre-vingts hommes en furent écrasés, ou jetés à la mer; et le feu étant prêt de se communiquer à la soute aux poudres, j'attendois avec frayeur le moment de le voir périr. Dans ce danger pressant, M. Boscher, qui commandoit ce vaisseau, conserva assez de fermeté et de sang froid pour faire couper ses grappins, et pousser au large. Désespéré de ce fâcheux contre-temps, et de la perte de ce brave parent, qui me paroissoit inévitable, je m'avançai pour prendre sa place, et pour le venger. Ce nouvel abordage fut très-sanglant, par la vivacité de notre feu mutuel de canon, de mousqueterie et de grenades, et par le grand courage de M. le baron de Wassenaër, qui me reçut avec une fierté étonnante. Les plus braves de mes officiers et de mes soldats furent repoussés jusqu'à quatre fois : il en périt un si grand nombre, que, malgré mon dépit et tous mes efforts, je fus contraint de faire pousser mon vaisseau au large, afin de redonner un peu d'haleine à mes gens, que je voyois presque rebutés, et de pouvoir travailler à réparer mon désordre, qui n'étoit pas médiocre.

Dans cet intervalle, *l'Aigle noir* et *la Faluère* s'étoient rendus maîtres du troisième vaisseau de guerre ; et cette dernière frégate se trouvant à portée de ma voix, j'ordonnai à M. Dessandrais-Dufrêne, qui la montoit, de s'avancer sur le vaisseau *le Delft*, afin d'entretenir le combat, et de me donner le temps de revenir à la charge. Il s'y présenta de la meilleure grâce du monde, mais malheureusement il fut tué des premiers coups. Ce nouveau contre-temps mit le désordre dans cette frégate, qui vint en travers, et m'attendit. J'appris avec une extrême douleur la mort d'un homme si courageux, et je dis à M. de Langavan, son capitaine en second, de me suivre pour le venger. En effet, je retournai tête baissée aborder ce redoutable baron, résolu de vaincre ou de périr. Cette dernière scène fut si vive et si sanglante, que tous les officiers de son vaisseau furent tués ou blessés ; il reçut lui-même quatre blessures très-dangereuses, et tomba sur son gaillard de derrière, où il fut pris les armes à la main. La frégate *la Faluère* eut part à ce dernier avantage, en venant m'aborder, et en jetant dans mon bord quarante hommes de renfort.

Plus de la moitié de mon équipage périt dans cette

action. J'y perdis un de mes cousins-germains, premier lieutenant sur mon vaisseau, et deux autres parens sur *le Sans-Pareil;* plusieurs autres officiers furent tués ou blessés. Ce combat fut suivi d'une tempête et d'une nuit affreuse, qui nous sépara les uns des autres. Mon vaisseau, percé de coups de canon à l'eau, et entr'ouvert par les abordages réitérés, couloit bas; il ne me restoit qu'un seul officier, et cent cinquante-cinq hommes des moindres de mon équipage, qui fussent en état de servir; et j'avois plus de cinq cents prisonniers hollandais à garder. Je les employai à pomper et à puiser l'eau de l'avant à l'arrière de mon vaisseau; et nous étions forcés, cet officier et moi, d'être continuellement sur pied, l'épée et le pistolet à la main, pour les contenir. Cependant toutes nos pompes et nos puits ne suffisant pas pour nous empêcher de couler bas, je fis jeter à la mer tous les canons du second pont et des gaillards, mâts et vergues de rechange, boulets et pinces de fer, et jusqu'aux cages à poules : enfin l'extrémité devint si pressante, que l'eau se déchargeoit aux roulis (1) du fond de cale, dans l'entre-pont. Mais, dans ce péril menaçant, rien ne me toucha plus sensiblement que l'horreur de voir cent malheureux blessés, fuyant l'eau qui les gagnoit, se traîner sur les mains avec des gémissemens affreux, sans qu'il me fût possible de les secourir. La mort nous environnant ainsi de toutes parts, je me déterminai à faire gouverner sur la côte de Bretagne, qui ne pouvoit être loin, afin de périr au moins plus près de terre, avec le foible et unique es-

(1) *Roulis* : Mouvement du vaisseau, se balançant d'un bord sur l'autre. Le tangage est le mouvement de bascule de l'avant sur l'arrière.

poir que quelqu'un pourroit s'y sauver, par hasard, sur les débris du vaisseau. Cette résolution fut cause de notre salut, car en faisant cette route nous fûmes obligés de présenter le côté de babord (1) au vent ; et comme c'étoit le plus endommagé de l'abordage, et des coups de canon à fleur d'eau, il arriva que ce côté se trouvant en partie au-dessus de la mer, elle n'y entra plus avec la même rapidité; en sorte que, redoublant nos efforts, nous soulageâmes le vaisseau de deux bons pieds d'eau. Sur ces entrefaites, les matelots placés en garde sur le mât de beaupré s'écrièrent qu'ils voyoient les brisans des rochers, et que nous allions périr dessus, si on ne revenoit pas dans le moment du côté de tribord. Il est naturel de fuir le danger le plus pressant, pour prolonger sa vie : ainsi nous ne balançâmes point à changer de route; mais en moins d'une demi-heure le vaisseau se remplit d'eau, comme auparavant. Trois fois nous fîmes cette manœuvre, et trois fois nous la changeâmes pendant la nuit. Aussitôt que le jour parut, nous connûmes que nous étions entre l'île de Grois et la côte de Bretagne. Je fis mettre un pavillon rouge sous les barres de hune, et tirer des coups de canon de distance en distance, pour attirer un prompt secours. Heureusement le vent avoit beaucoup diminué; de sorte qu'un grand nombre de bateaux se rendirent à mon bord, qui soulagèrent nos gens épuisés, et firent entrer le vaisseau dans le Port-Louis.

Un hasard singulier fit que les trois vaisseaux de guerre hollandais, avec douze autres vaisseaux mar-

(1) *Babord :* Côté gauche du vaisseau, en regardant de l'arrière l'avant.

chands de leur flotte, arrivèrent le même jour, ainsi que *l'Aigle noir, la Faluère* et *la Léonore;* le *Sans-Pareil* s'y rendit aussi le lendemain, après avoir été vingt fois sur le point de périr par le feu et par la tempête.

Un de mes premiers soins, en arrivant, fut de m'informer de l'état où se trouvoit M. le baron de Wassenaër, que je savois très-grièvement blessé; et j'allai sur-le-champ lui offrir avec empressement ma bourse, et tous les secours qui étoient en mon pouvoir. Ce généreux guerrier, dont la valeur m'avoit inspiré de l'amour et de l'émulation, ne voulut pas me faire l'honneur d'accepter mes offres : il se contenta de m'en témoigner beaucoup de reconnoissance, et de me dire qu'il se seroit plus aisément consolé de son malheur, s'il avoit pu se faire porter à bord de mon vaisseau, où il étoit persuadé qu'il auroit reçu tous les secours et toutes les honnêtetés qui auroient dépendu de moi. Je compris, à ce discours, qu'il n'avoit pas lieu de se louer de ceux qui s'étoient rendus maîtres de son vaisseau : j'en restai confus, et je conçus l'indignation la plus grande contre l'officier qui y commandoit; je lui en fis tous les reproches qu'il méritoit, et j'ajoutai à ces reproches des mortifications très-sensibles. Il m'a été depuis impossible de le regarder de bon œil, quoiqu'il fût mon proche parent. Effectivement, quiconque n'est pas capable d'aimer et de respecter la valeur dans son ennemi ne peut pas avoir le cœur bien fait : un des plus sensibles chagrins que j'aie eus de ma vie a été de n'avoir pu témoigner, comme je l'avois désiré, à ce valeureux baron de Wassenaër toute l'estime et toute la vénération que j'ai pour sa vertu.

Sur le compte que M. le comte de Pontchartrain, qui exerçoit, en survivance de monsieur son père, la charge de secrétaire d'Etat de la marine, rendit de cette action au feu Roi, il eut la bonté de me prendre à son service, en qualité de capitaine de frégate légère. Sensible à cette grâce autant que le peut être un sujet plein de zèle et d'admiration pour son prince, je n'attendis pas le désarmement de mes vaisseaux délabrés pour aller en remercier Sa Majesté : je lui fus présenté dans son cabinet par M. le comte de Pontchartrain, et j'y reçus des marques de sa bonté et de sa satisfaction, qui touchèrent mon cœur d'autant plus vivement qu'une forte inclination m'attachoit à ce grand roi. M. de Wassenaër eut aussi l'honneur de lui faire la révérence quand il fut guéri de ses blessures ; et sa valeur lui fit recevoir de Sa Majesté des témoignages d'estime et de bienveillance tout-à-fait distingués. Il est vrai que personne ne connoissoit si bien quel est le prix de la vertu, et ne savoit mieux aussi la récompenser. L'aversion que j'ai toujours eue pour le personnage de courtisan ne m'empêchoit pas de lui faire assidûment ma cour, et de lui marquer mon attachement fidèle et désintéressé, dont la connoissance n'échappa pas à sa pénétration. Cependant, comme ce n'étoit pas par cet endroit que je désirois le plus de me rendre digne de ses bontés, je sollicitai et j'obtins de Sa Majesté ses vaisseaux *le Solide* et *l'Oiseau*, pour aller faire la guerre à ses ennemis.

Avant que de me rendre à Brest pour les armer, je passai à Saint-Malo, et j'engageai deux de mes amis à me venir joindre, avec deux autres vaisseaux de trente-six canons chacun. Ils les conduisirent à Brest ;

et nous étions sur le point d'en sortir pour aller ensemble croiser, quand le Roi jugea à propos de donner la paix à l'Europe. La publication qui en fut faite m'obligea de faire rentrer mes vaisseaux dans le port, et d'y désarmer.

Pendant les quatre années que dura cette paix, je passois les hivers à Brest, qui étoit mon département; et les étés à Saint-Malo, où, depuis le bombardement de cette ville par les Anglais, le Roi envoyoit tous les ans au printemps un corps d'officiers et de soldats de la marine. Je m'occupois pendant ce temps-là à me perfectionner dans les sciences, et dans les exercices qui avoient rapport à mon état.

[1702] Sur la fin de ces quatre années de paix, je fus nommé capitaine en second sur le vaisseau du Roi *la Dauphine,* commandé par M. le comte de Hautefort, aujourd'hui lieutenant général des armées navales de Sa Majesté. Mais la guerre s'étant déclarée (1), on me fit débarquer pour armer en course les frégates du Roi *la Bellone,* de trente-huit canons, et *la Railleuse,* de vingt-quatre. Comme il n'y avoit point d'autres vaisseaux à Brest propres à croiser, je fus obligé de me borner à ces deux-là; et j'en engageai deux autres de quarante canons à venir me joindre de Saint-Malo à Brest.

L'un d'eux, commandé par M. Porée, qui s'étoit acquis la réputation d'un très-brave homme et très-entendu par plusieurs actions distinguées, se rendit le premier à Brest; et l'autre tardant trop à arriver, nous

(1) *La guerre s'étant déclarée:* Lorsque Louis XIV eut accepté la succession au trône d'Espagne pour son petit-fils, l'Angleterre, la Hollande et l'Empire se coalisérent contre la France.

mîmes ensemble à la voile, et fûmes croiser sur les Orcades. Nous y prîmes trois vaisseaux hollandais venant de Spitzberg; mais une tempête qui nous sépara fit périr deux de ces prises sur les côtes d'Écosse. L'orage ayant cessé, et cherchant à rejoindre mes camarades, je découvris, au lieu d'eux, un vaisseau de guerre hollandais de trente-huit canons, qui croisoit pour couvrir les pêcheurs de harengs. J'arrivai sur lui; et ayant arboré mon pavillon, je fis prolonger ma civadière (1), afin de l'aborder plus aisément. Ce vaisseau se sentant aussi fort que moi, bien loin de plier, cargua ses deux basses voiles, et mit en panne, avec son grand hunier sur le mât (2), et le vent dans son petit. J'étois prêt de le ranger sous le vent, et déjà mon beaupré étoit par le travers de sa poupe, quand il mit tout d'un coup son grand hunier en ralingue (3), appareilla sa misaine; et, traversant ses voiles d'avant, il arriva si promptement, que je ne pus l'empêcher de mettre mon beaupré dans ses grands haubans (4). Cette situation désavantageuse me fit essuyer le feu de toute son artillerie, sans pouvoir lui riposter que de deux canons de l'avant. J'étois perdu, si je n'avois

---

(1) *Civadière* : Nom d'une voile et d'une vergue placées au-dessous du mât de beaupré (mât sur l'avant, qui est très-incliné et très-saillant). Prolonger la civadière, c'est ranger cette vergue le long du mât de beaupré, qu'elle croise dans sa situation ordinaire. — (2) *Mit son grand hunier sur le mât* : Fit porter le vent en sens contraire sur cette voile. En effet, *mettre en panne*, c'est disposer ses voiles de manière à ce qu'une partie pousse en avant et l'autre en arrière, afin que le navire ne marche plus. —(3) *En ralingue* : Une voile est en ralingue lorsque le vent ne porte ni dedans ni dessus, mais sur le bord même, qui s'appelle *ralingue*. — (4) *Haubans* : Gros cordages qui maintiennent les mâts, et qui, traversés par des enfléchures, servent d'échelles. (*Voyez* la note 3 de la page 307.)

à l'instant même pris le parti de faire sauter tout mon équipage à son bord. Le plus jeune de mes frères, qui étoit mon premier lieutenant, s'y lança le premier, tua un des officiers à ma vue, et se distingua par des actions au-dessus de son âge. Cet exemple d'intrépidité anima si puissamment le reste de mes gens, qu'il ne resta dans mon vaisseau qu'un seul pilote avec quelques timonniers, et les mousses. Le capitaine hollandais fut tué avec tous ses officiers, et son vaisseau fut enlevé en moins d'une demi-heure. J'avois déjà reçu deux coups de canon à eau qui pénétroient dans ma fosse aux lions (1), quatre autres dans mes mâts de beaupré et de misaine, et trois dans mon grand mât; de manière que toute son artillerie m'enfilant de l'avant à l'arrière, c'étoit une nécessité de vaincre brusquement, ou de périr sans ressource.

Nos deux vaisseaux se trouvèrent si maltraités de cet abordage, que je fus obligé, pour les rétablir, d'aller dans un port de l'île d'Island. Nous y essuyâmes un coup de vent très-violent, qui, m'ayant mis dans un danger évident de périr à l'ancre, me força de remettre à la voile, et d'y laisser ma prise : elle en sortit peu de temps après, et fit naufrage sur les côtes d'Ecosse. Je pris encore un autre vaisseau hollandais qui coula bas, et dont je ne pus sauver qu'une partie de l'équipage, avec bien de la peine et du péril.

Rebuté de ces tempêtes continuelles, et ne trouvant point mes camarades, je fis route pour aller terminer ma croisière à l'entrée de la Manche. La tempête opiniâtre m'y accompagna, et me démâta pendant

(1) *Fosse aux lions* : Magasin des cordages, des poulies, etc , sous la direction du maître d'équipage.

la nuit de mon beaupré, de mon mât de misaine, et de mon grand mât de hune. Cet accident me fit encore envisager la mort d'assez près : la Providence seule me conserva, et me donna la force d'arriver dans le port de Brest, où je désarmai.

Mes deux camarades ne furent pas plus heureux. M. Porée ayant de son côté rencontré un vaisseau de guerre hollandais, il l'attaqua avec sa bravoure ordinaire; et, s'étant mis en devoir de l'aborder, il eut le bras emporté d'un boulet de canon, et reçut un moment après une autre blessure très-dangereuse au bas-ventre, dont il n'échappa que par une espèce de miracle.

La Railleuse, qui étoit montée par un de mes parens, fut contrainte de faire vent arrière, au gré de l'orage, qui la poussa vers Lisbonne : elle y relâcha, et de là se rendit à Brest, sans avoir pu faire aucune prise.

[1703] L'année suivante, le Roi m'accorda ses vaisseaux *l'Eclatant*, de soixante-six canons; *le Furieux*, de soixante-deux; et *le Bien-Venu*, de trente. Je montai le premier, sur lequel je ne mis que cinquante-huit canons, et sur *le Furieux* que cinquante-six, afin de les rendre plus légers. M. Desmarets-Herpin, lieutenant de port, monta ce dernier vaisseau; et *le Bien-Venu* fut commandé par M. Desmarques, lieutenant de vaisseaux du Roi. Je fis joindre à ces trois vaisseaux deux frégates de Saint-Malo de trente canons chacune, dans le dessein d'aller tous cinq détruire la pêche des Hollandais sur les côtes de Spitzberg.

Ces deux frégates m'ayant joint à Brest, je mis à la

voile, et fus d'abord croiser sur les Orcades, sur l'avis que l'on m'avoit donné que quinze vaisseaux hollandais, revenant des Indes orientales, devoient y passer. Y étant arrivé, je découvris effectivement quinze vaisseaux, que je ne pus bien distinguer à cause de la brume, qui étoit assez épaisse. L'attente où j'étois de pareil nombre de vaisseaux des grandes Indes me fit croire que c'étoit eux : dans cet espoir, je m'avançai pour les reconnoître de plus près ; mais le brouillard se dissipant, nous connûmes que c'étoit une escadre de gros vaisseaux de guerre hollandais, qui croisoient au devant de ceux que nous cherchions. Nous ne balançâmes point à mettre toutes nos voiles au vent, afin de les éviter. Cependant il se trouva parmi eux cinq à six vaisseaux nouvellement carénés, qui alloient si bien, contre l'ordinaire des hollandais, qu'ils joignoient à vue d'œil *le Furieux* et *le Bien-Venu*. Ce dernier vaisseau surtout étoit prêt de tomber entre leurs mains : je ne pus me résoudre à les voir prendre sans coup férir ; et comme *l'Eclatant,* que je montois, étoit le meilleur de ma petite escadre, je fis carguer mes basses voiles, et demeurai de l'arrière d'eux, afin de les couvrir, faisant en cette occasion l'office du bon pasteur, qui s'expose à périr pour sauver son troupeau. Dieu bénit mes soins, et permit que le vaisseau de soixante canons, qui vint me combattre à portée du pistolet, fut, en trois ou quatre bordées de canon et de mousqueterie données à bout touchant, démâté de tous ses mâts, et resta ras comme un ponton. Les quatre vaisseaux les plus près de lui, qui poursuivoient *le Furieux* et *le Bien-Venu,* se lancèrent aussitôt sur moi, pour secourir leur camarade :

je les attendis sans me presser, les saluant l'un après l'autre de quelques volées de canon, dans le dessein de les attirer davantage. En effet, ils s'amusèrent alternativement à me canonner assez long-temps pour donner lieu aux vaisseaux de mon escadre de les éloigner, et même de les perdre de vue, à la faveur d'un brouillard qui s'éleva. Les ennemis s'opiniâtrèrent à me suivre et à me combattre tant que je fus sous leur canon; mais je n'eus pas plus tôt vu mes vaisseaux hors de péril, que je fis de la voile, et me mis hors de leur portée en assez peu de temps. Je revins ensuite du côté où j'avois remarqué que mes camarades avoient fait route, et je fus assez heureux pour les rejoindre avant la nuit.

M. le chevalier de Courserac, lieutenant de vaisseau, qui étoit mon capitaine en second, me seconda de la tête et de la main dans cette occasion délicate, avec beaucoup de valeur et de sang froid. Nous n'eûmes qu'environ trente hommes hors de combat : c'est cependant, de toutes les affaires où je me suis trouvé, celle dont je suis resté intérieurement le plus flatté, parce qu'elle m'a paru la plus propre à m'attirer l'estime des cœurs vraiment généreux.

La rencontre de cette escadre ennemie m'empêcha de croiser plus long-temps sur ces parages, et me fit aller droit aux côtes de Spitzberg. Nous y prîmes, rançonnâmes ou brûlâmes plus de quarante vaisseaux baleiniers. La brume nous en fit manquer un très-grand nombre d'autres. J'eus avis qu'il y en avoit deux cents dans le port de Groënhave : je m'y présentai; et déjà j'étois engagé entre les pointes qui forment cette baie, quand il s'éleva un brouillard si épais et un calme si grand, que nos vaisseaux, ne gouvernant plus, furent jetés par les courans jusque dans le nord de l'île de Worland, par les quatre-vingt-un degrés de latitude nord, et si près d'un banc de glace qui s'étendoit à perte de vue, que nous eûmes bien de la peine à empêcher nos vaisseaux de donner dedans. A la fin, il vint un peu de vent qui nous mit au large, et en état de retourner au port de Groënhave. Nous n'y trouvâmes plus les deux cents vaisseaux hollandais, et nous apprîmes que pendant ce calme, qui nous avoit poussés vers le nord, ils s'étoient fait remorquer par un grand nombre de bateaux dont ils sont pourvus pour la pêche de la baleine, et qu'ils avoient fait route sous l'escorte de deux vaisseaux de guerre.

Les brumes sont si fréquentes dans ces parages, qu'elles nous firent tomber dans une erreur fort singulière, et qui m'a paru mériter d'être rapportée. On se sert, dans les vaisseaux, d'horloges de sable qui durent une demi-heure; et les timonniers ont soin de les retourner huit fois pour marquer le quart, qui est de quatre heures; au bout duquel la moitié de l'équipage relève celle qui est sur le pont. Or il est assez ordinaire que les timonniers, voulant chacun abréger leur quart, surtout dans une contrée où le froid est si rigoureux, tournent cette horloge avant qu'elle soit entièrement écoulée. Ils appellent cela manger du sable. L'erreur qui résulte de ce petit tour d'adresse ne se peut corriger qu'en prenant la hauteur au soleil; et comme la brume nous le fit perdre de vue pendant neuf jours entiers, et que d'ailleurs, dans la saison et par la latitude où nous étions, il ne fait que tourner autour de l'horizon, de manière que les jours et les nuits sont également éclairés, il arriva que les timonniers, à force de manger du sable, étoient parvenus, au bout de ces neuf jours, à faire du jour la nuit, et de la nuit le jour; de sorte que tous les vaisseaux de l'escadre, sans exception, trouvèrent au moins onze heures d'erreur quand le soleil vint à reparoître. Cela avoit tellement dérangé les heures du repas et celles du sommeil, qu'en général nous avions envie de dormir quand il étoit question de manger, et de manger quand il falloit dormir. Nous n'y fîmes attention, et nous ne fûmes désabusés, que par le retour du soleil.

Au bout de deux mois de croisière sur ces parages, la saison nous obligea de faire route avec nos prises, pour retourner en France. Nous essuyâmes, dans cette longue traversée, des coups de vent fort vifs et fort fréquens, qui séparèrent une partie de nos prises : quelques-unes firent naufrage, quelques autres furent reprises par les ennemis; et nous n'en conduisîmes que quinze dans la rivière de Nantes, avec un vaisseau anglais chargé de sucre, que nous avions pris chemin faisant; après quoi nous retournâmes à Brest, pour y désarmer.

[1704] A mon retour dans ce port, j'obtins du Roi la permission d'y faire construire deux vaisseaux de cinquante-quatre canons chacun, dont l'un fut nommé *le Jason*, et l'autre *l'Auguste*, et une corvette de huit canons, appelée *la Mouche*, pour servir de découverte. Je montai *le Jason;* M. Desmarques, *l'Auguste;* et M. Du Bourgneuf-Gravé, *la Mouche*.

Ces vaisseaux étant prêts, je mis à la voile, et j'établis ma croisière sur les Sorlingues, îles fort fréquentées par des vaisseaux de guerre, parce qu'elles servent d'attérage aux vaisseaux marchands et aux flottes. J'y trouvai d'abord un garde-côte anglais de soixante-douze canons, nommé *la Revanche,* qui vint me reconnoître à portée du canon. J'étois éloigné de trois lieues de mes camarades; mais cela ne m'empêcha pas de m'avancer avec ma civadière prolongée, dans l'intention de l'aborder. Surpris de cette manœuvre, il prit chasse vers les Sorlingues, et je ne pus le joindre plus près que la portée du fusil. Nous étions même si égaux de voiles, que, sans perdre ni gagner un pouce de terrain, nous combattîmes pendant trois heures, et perdîmes de vue *l'Auguste* et *la Mouche.* Cependant je m'opiniâtrai à le poursuivre; et je combattis si vivement, que, pour éviter l'abordage où je m'efforçois de l'engager, il se réfugia dans le port des Sorlingues; ce qui m'obligea de revirer de bord, pour rejoindre mes camarades.

Peu de jours après, *la Mouche* s'étant séparée de nous pendant la nuit, fut rencontrée par ce même vaisseau *la Revanche,* qui la joignit, et s'en empara : il s'étoit fortifié de la compagnie du *Falmouth,* vaisseau de guerre anglais de cinquante-quatre canons, à dessein de nous chercher mon camarade et moi, et de nous combattre : du moins s'en vanta-t-il au capitaine de *la Mouche,* lorsqu'il s'en fut rendu maître.

Sur ces entrefaites, nous découvrîmes pendant la nuit une flotte de trente voiles qui sortoit de la Manche : nous la conservâmes jusqu'au jour, qui nous fit voir qu'elle étoit escortée par un vaisseau de guerre anglais de cinquante-quatre canons, qui s'appeloit *le Coventry.* Je fis signal à *l'Auguste* de donner au milieu de la flotte, et je m'avançai vers *le Coventry* pour l'aborder. Un peu trop d'ardeur me fit le dépasser de la portée du pistolet, et manquer ce premier abordage : je revins aussitôt sur lui, et m'en rendis maître en moins de trois quarts-d'heure. Douze autres vaisseaux anglais de cette flotte furent pris ; le reste se sauva à la faveur de la nuit, qui les déroba à notre poursuite.

En conduisant toutes mes prises à Brest, nous vîmes deux gros vaisseaux avec une corvette, qui arrivoient vent arrière, et qui mirent en travers une lieue au vent de nous. Je reconnus aisément *la Revanche* et *le Falmouth*, avec ma pauvre *Mouche*. Cet objet mit tout mon sang en mouvement; et, quoique affoibli d'équipage et embarrassé de toutes ces prises, je mis sans balancer toutes mes voiles au vent pour les joindre, et leur livrer combat. Alors, bien loin de soutenir la gageure, ils prirent honteusement la fuite. Nous les poursuivîmes jusqu'à la nuit, qui m'obligea de rejoindre mes prises, pour les mettre en sûreté dans le port de Brest.

Pendant cette relâche, j'obtins du Roi la permission de faire construire une frégate de vingt-six canons, qui fut nommée *la Valeur*. J'en confiai le commandement à mon jeune frère, dont l'application et la bravoure donnoient de grandes espérances; et, en attendant qu'elle fût achevée, je remis en mer avec mes deux vaisseaux, et deux frégates de vingt à vingt-six canons, qui se joignirent à moi. Je fis, en leur compagnie, trois prises anglaises à la vue du cap Lézard. J'avois fait mettre ma chaloupe à la mer avec deux officiers et soixante de mes meilleurs matelots, afin de les amariner, quand tout d'un coup il parut, à la pointe du jour, deux gros vaisseaux de guerre qui arrivèrent sur nous avec tant de vitesse, que je n'eus pas le loisir de reprendre une partie de mes gens, ni celui de me préparer au combat, comme je l'aurois voulu. J'en fis cependant le signal à mes camarades; et, courant à la rencontre du plus gros vaisseau ennemi, nommé *le Rochester,* de soixante-six canons, je me présentai pour l'aborder. Aussitôt qu'il me vit à portée du pistolet, prêt à le prolonger, il me lâcha sa bordée de canons chargés à mitraille, qui me hacha toutes mes voiles d'avant, lesquelles, se trouvant dénuées de bras de bouline (1) et d'écoutes (2), se coiffèrent sur les mâts (3), et firent prendre à mon vaisseau vent d'avant, malgré son gouvernail. Dans cette situation, l'ennemi eut le temps de me tirer une seconde bordée, qui m'enfiloit de l'arrière à l'avant, et qui me mit beaucoup de gens hors de combat. Tous mes mâts en furent endommagés; et ma vergue de grand hunier ayant été coupée en deux, tomba par malheur sur ma grande voile, qu'elle perça à droite et à gauche, et qu'elle embarrassa tellement, que je ne pouvois absolument plus manœuvrer.

Dès qu'il me fut possible de mettre le vent dans les voiles de mon vaisseau, tout ce que je pus faire fut

---

(1) *Bras de bouline:* Cordage attaché au milieu d'une espèce d'anse de corde (la bouline) établie de chaque côté des voiles, formant ensemble une pate d'oie. Lorsque le vent est contraire, ou souffle par le travers, on tire en avant la bouline du côté d'où vient le vent, afin de faire mieux porter celui-ci dans la voile. — (2) *Ecoutes* : Cordages attachés aux angles inférieurs des voiles, qui servent à les border (à les tendre). — (3) *Se coiffèrent sur les mâts* : C'est-à-dire que le vent, les prenant par dessus, les jeta sur les mâts et sur les haubans. L'impulsion devenant contraire, le vaisseau cessa momentanément d'obéir au gouvernail.

de donner ma bordée à l'ennemi, et de gouverner ensuite vent arrière, pour travailler à me remettre un peu en état. J'étois obligé, en faisant cette manœuvre, d'aller ranger de fort près le second vaisseau ennemi, nommé *le Modéré*, de cinquante-six canons, contre lequel mon camarade canonnoit de loin. Nous nous tirâmes en passant nos deux bordées de canon et de mousqueterie, et je continuai de gouverner vent arrière, afin de me rejoindre à *l'Auguste,* et de revenir ensemble à la charge, aussitôt que j'aurois pu remettre mes manœuvres un peu en ordre. Je voudrois pouvoir dissimuler ici que mon camarade, bien loin de courir à mon secours, ou du moins de m'attendre, mit des voiles pour s'éloigner de moi, pendant que les deux vaisseaux ennemis, s'étant mis à droite et à gauche du mien, me combattoient avec une extrême vivacité. Je faisois aussi feu sur eux des deux bords; et je ne voulus pas permettre qu'on mît davantage de voiles, ni même que l'on coupât le cablot de la chaloupe que j'avois à la remorque (1). Malgré cet exemple, *l'Auguste* fit encore appareiller son foc d'avant (2), qui étoit la seule voile qui lui restoit à mettre; et les deux frégates, de leur côté, ne firent pas le moindre mouvement pour venir me seconder. Je ne sais pas, en vérité, si le dessein des uns et des autres n'étoit point de me sacrifier : toutes les apparences y étoient; mais il arriva que mon vaisseau, sans avoir de grand hunier, sans aucunes menues

(1) *Que j'avois à la remorque :* Que je traînois. — (2) *Son foc d'avant :* Les focs, au nombre de deux, trois ou quatre, sont des voiles triangulaires placées entre le mât de misaine et celui de beaupré. Ils ne peuvent servir pour le vent arrière; mais ils sont fort utiles pour aller *vent de côté*.

voiles, et traînant une chaloupe, alloit encore plus vite que *l'Auguste* avec toutes ses voiles. Lassé cependant et outré de cette indigne manœuvre, après lui avoir fait inutilement signal de venir me parler, je lui fis tirer un coup de canon à balle; et ma résolution étoit prise de faire cesser mon feu sur les Anglais, et de pointer tous mes canons sur lui, s'il avoit tardé plus long-temps à obéir à mon signal. Il cargua enfin ses voiles; et les ennemis nous voyant joints, arrivèrent vent arrière, et cessèrent le combat, après avoir tiré chacun leur bordée à mon camarade. Cette distinction marquoit assez l'estime qu'ils faisoient de sa façon d'agir. Je passe aussi légèrement qu'il m'est possible sur l'ingratitude de cet officier, que j'avois préservé l'année précédente d'une escadre hollandaise, en m'exposant seul, comme je l'ai raconté, pour empêcher que le vaisseau du Roi *le Bien-Venu*, qu'il montoit alors, ne tombât au pouvoir des ennemis. J'éviterois même d'en parler, si je n'avois à me justifier de n'avoir pas pris ces deux vaisseaux anglais, lesquels ne m'auroient certainement pas échappé, si j'avois été passablement secondé. La manœuvre des deux frégates ne fut pas plus estimable que celle de *l'Auguste* : bien loin de se tenir à portée de nous jeter du renfort si nous avions abordé les vaisseaux ennemis, comme c'étoit mon intention, elles s'éloignèrent avec nos prises, pour juger des coups en toute sûreté.

Après cette aventure, je me hâtai de retourner à Brest avec mes trois prises, impatient de faire tomber le commandement de *l'Auguste* à quelque autre officier de meilleure volonté; mais celui-ci trouva tant de protection auprès du commandant du port, que je fus contraint de souffrir qu'il continuât de le monter pendant le reste de la campagne. Cette dure nécessité me piqua si vivement, que j'aurois abandonné le commandement de ces vaisseaux, et même entièrement quitté le service, si l'amour et le respect que j'avois pour la personne du Roi, joints au désir ardent de mériter son estime, n'eussent été plus puissans que mon ressentiment. Ce chagrin fit que je me joignis au vaisseau du Roi *le Prothée,* qui étoit prêt de mettre à la voile sous le commandement de M. de Roquefeuille, aimant mieux servir sous les ordres d'un si brave homme, que de commander à gens sur lesquels je ne pouvois plus compter. Nous achevâmes la campagne à l'entrée de la Manche, sans faire aucune rencontre digne d'attention ; et je revins désarmer à Brest.

[1705] Les vaisseaux du Roi *le Jason* et *l'Auguste* y furent carénés de frais. Ce dernier fut monté par M. le chevalier de Nesmond; et la frégate *la Valeur* étant achevée, mon jeune frère en prit le commandement. Nous établîmes notre croisière à l'entrée de la Manche, et sur les côtes d'Angleterre : nous y trouvâmes deux vaisseaux de guerre anglais, *l'Elisabeth,* de soixante-douze canons, et *le Chatam,* de cinquante-quatre. Ils arrivèrent vent arrière sur nous, et nous leur épargnâmes la moitié du chemin. Je m'avançai sur *l'Elisabeth,* et me présentai pour l'aborder du côté de babord (1). Nos bordées de canons et de mousqueterie furent tirées à bout touchant; et, au milieu de la fu-

(1) *Babord :* Le côté gauche du vaisseau, en regardant de l'arrière l'avant. *Tribord* est le côté opposé.

mée, son petit mât de hune tomba. Le grand feu qui sortoit des deux vaisseaux m'empêcha de le remarquer, et fit que je ne pus modérer ma course assez à temps pour jeter mes grappins à son bord : ainsi je le dépassai malgré moi de la portée du pistolet. Il profita de cette occasion, arriva par ma poupe, et m'envoya sa bordée de tribord, qu'il n'avoit point encore tirée. J'arrivai comme lui ; et, lui ripostant de la mienne, je le tins sous le feu continuel de ma mousqueterie, faisant gouverner mon vaisseau de façon à ne plus manquer un second abordage. Le capitaine de *l'Elisabeth* fit tous ses efforts pour l'éviter ; mais je le serrai de si près, que, s'apercevant qu'il ne pouvoit plus se dispenser d'être accroché, et que son équipage, saisi d'épouvante de voir tous mes officiers et tous mes soldats, le sabre à la main, rangés sur le plat-bord (1), prêts à se lancer dans son vaisseau, commençoit à abandonner ses postes, il fit baisser son pavillon, et se rendit après une heure et demie de résistance.

Dès le commencement de l'action, M. le chevalier de Nesmond et mon frère s'étoient présentés avec la même audace, et ils avoient tiré leurs bordées aux deux vaisseaux ennemis. Comme ils me virent attaché opiniâtrément à *l'Elisabeth*, ils tournèrent du côté du *Chatam*, pour l'aborder : leurs efforts furent vains, par l'habileté du capitaine de ce vaisseau, qui avoit eu la précaution de se tenir assez au vent de son camarade pour éviter l'abordage ; d'ailleurs son vaisseau allant mieux que ceux des autres, il étoit par consé-

---

(1) *Plat-bord* : Clôture en planches formant une espèce de parapet autour du pont supérieur du vaisseau.

quent le maître de combattre à telle distance qu'il vouloit. Quand il vit *l'Elisabeth* rendu, il mit toutes ses voiles au vent pour s'échapper. Attentif à sa manœuvre, je m'aperçus, étant encore bord à bord de *l'Elisabeth*, de ce qu'il vouloit faire ; et comme mon vaisseau alloit infiniment mieux que *l'Auguste* et la *Valeur*, je ne balançai point à les charger du soin d'achever d'amariner le vaisseau pris. Je fis pousser en même temps au large, et toutes mes voiles furent mises au vent pour atteindre ce *Chatam*, que je connoissois pour un excellent vaisseau. Je ne pus jamais l'approcher plus près que la portée du fusil : il fut même assez heureux pour n'être ni démâté ni désemparé, de toutes les bordées que je lui tirai. Je le poursuivis à coups de canon jusqu'à la vue des côtes d'Angleterre ; et la nuit seule me fit cesser la chasse, pour rejoindre *l'Elisabeth* et mes deux camarades.

Le lendemain, il s'éleva une tempête qui nous sépara tous, et qui mit *l'Elisabeth* en grand danger de périr sur les côtes de Bretagne. Cet orage apaisé, je joignis *l'Auguste* et *l'Elisabeth*, et nous fîmes route ensemble pour nous rendre dans le port de Brest. Chemin faisant, nous découvrîmes sous le vent deux corsaires flessinguois, l'un de quarante canons, et l'autre de trente-six, qui nous attendirent assez témérairement. Je courus sur eux ; et ayant devancé mes camarades, je joignis ces deux vaisseaux, qui étoient demeurés en panne à une portée de fusil l'un de l'autre. Je donnai en passant toute ma bordée de canon et de mousqueterie au plus fort des deux, qui s'appeloit *l'Amazone*. Je comptois qu'il en seroit démâté ou désemparé, et que le laissant à *l'Auguste*, qui s'avançoit à toutes voiles, je pourrois rejoindre et réduire aisément son camarade : mais le premier n'ayant pas été fort incommodé de ma bordée, ces deux vaisseaux prirent aussitôt chasse, l'un d'un côté, et l'autre de l'autre, et je me trouvai dans le cas d'opter. Je revins sur le plus fort, commandé par un déterminé corsaire, qui se défendit comme un lion pendant près de deux heures : il est vrai que, dans le peu de temps que j'avois couru sur son camarade, il avoit eu l'habileté de gagner une portée de fusil au vent, et par cette raison je ne me trouvois plus en situation de l'aborder. Un peu trop de confiance m'avoit même empêché de prendre les précautions nécessaires pour tenter ou soutenir l'abordage. J'eus bientôt lieu de m'en repentir, puisqu'il eut l'audace d'arriver sur moi au milieu du combat, et de prolonger sa civadière (1), dans l'intention de m'aborder moi-même, ou de m'obliger à plier. A l'instant je fis cesser le feu de mon canon et de ma mousqueterie, détachant au plus vite deux de mes sergens pour aller chercher des haches d'armes, des sabres, des pistolets et des grenades ; et tout d'un coup, faisant border mon artimon (2), je poussai mon gouvernail à venir au vent, afin de seconder le dessein que l'ennemi paroissoit avoir de me joindre. Ce mouvement ralentit son ardeur, et le porta à retenir aussitôt le vent ; en sorte qu'il ne fit que toucher mon bossoir (3) en passant, et poussa en même temps au large. Dans cette situation, je lui lâchai toute ma bor-

(1) *Voyez* la note 1 de la page 330. — (2) *Border mon artimon* : Tendre les bords de la voile basse du mât de derrière, en tirant sur l'écoute. (*Voyez* la note de la page 305.) — (3) *Bossoir* : Voyez la note 1 de la page 288.

dée de mousqueterie et de canon, que j'avois fait charger à double charge : cette bordée fut suivie de trois autres coup sur coup, qui, données à bout touchant, le démâtèrent de tous ses mâts, et le rasèrent comme un ponton. Ce brave capitaine ne se rendit qu'à la dernière extrémité. Je le remarquai dans le combat, se portant, le sabre à la main, la tête levée, de l'arrière à l'avant de son vaisseau, et essuyant une grêle de coups de fusil, dont ses habits et son chapeau furent percés en plusieurs endroits : aussi me fis-je un vrai plaisir de le traiter avec toute la distinction que méritoit sa valeur. Je suis même fâché d'avoir oublié le nom d'un homme si intrépide : je n'aurois pas manqué de le mettre ici.

M. le chevalier de Nesmond, après avoir poursuivi pendant un assez long temps l'autre corsaire flessinguois sans le pouvoir joindre, revint avec *l'Elisabeth* se rallier à moi ; et nous arrivâmes tous deux peu de jours après dans la rade de Brest avec nos deux prises, *l'Elisabeth* et *l'Amazone*.

Mon frère s'étant trouvé séparé de nous par la tempête, le lendemain de la prise de *l'Elisabeth*, rencontra un corsaire de Flessingue, aussi fort d'équipage et de canons que *la Valeur*. Mon frère lui livra combat ; et, l'ayant démâté d'un mât de hune, il l'aborda et s'en rendit maître, après une défense opiniâtre. Il étoit occupé à faire raccommoder sa prise démâtée, et à se rétablir du désordre où cet abordage l'avoit mis, quand deux autres corsaires ennemis, de trente-six canons chacun, attirés par le bruit du canon, fondirent tout à coup sur lui, le forcèrent d'abandonner sa prise, et le chassèrent jusqu'à Saint-Jean-de-Luz, où il se réfugia. Il en sortit peu de temps après, et prit un bon vaisseau anglais, chargé de sucre et d'indigo. Il se mettoit en devoir de le conduire dans le port de Brest, où il comptoit me rejoindre, lorsqu'il eut le malheur de trouver en son chemin un autre corsaire ennemi de quarante-quatre canons, qui l'attaqua, et qui voulut lui faire abandonner sa prise. Quoique l'équipage de *la Valeur* fût considérablement diminué par les différens combats que cette frégate avoit rendus, mon frère soutint l'attaque, essuya deux abordages consécutifs sans plier, et se comporta avec tant de fermeté et de conduite, qu'au rapport de tout son équipage, il auroit enlevé le corsaire, si dans le dernier choc il n'eût pas été mortellement blessé d'une balle, qui lui fracassa toute la hanche. Il reçut ce malheureux coup dans le temps même que le pont et le gaillard de l'ennemi étoient abandonnés, et qu'une partie des plus déterminés soldats de *la Valeur* pénétroient à son bord. Ce funeste accident les obligea de se rembarquer précipitamment, et de pousser la frégate du Roi au large du vaisseau ennemi, qui n'eut jamais le courage de profiter de la consternation que ce malheur avoit causée : en sorte que mon pauvre frère, après avoir mis sa prise en sûreté, arriva mourant à Brest. Je courus à son vaisseau avec autant d'inquiétude que d'empressement : je le fis mettre sur des matelas dans ma chaloupe, et je le transportai moi-même à terre, où je lui procurai tous les secours possibles. Mes soins et ma tendresse ne purent le sauver : il expira peu de jours après, avec une fermeté et une résignation exemplaire.

C'est ainsi que la mort m'enleva en peu de temps

deux frères, l'un après l'autre. Le caractère que je leur avois connu dans un âge si tendre promettoit infiniment, et leur valeur m'auroit été d'une grande ressource dans toutes mes expéditions. Je les aimois tendrement; et je demeurai d'autant plus accablé de la mort de ce dernier, qu'elle réveilla dans mon cœur l'idée touchante du premier, qui avoit fini entre mes bras. Ce triste souvenir, malgré le temps et la raison, me pénètre encore d'une douleur très-amère et très-vive.

Dans ce même temps, il y avoit dix-sept vaisseaux de guerre dans la rade de Brest, sous le commandement de M. le marquis de Coëtlogon, lieutenant général des armées navales; et, sur l'avis que l'on avoit eu que les Anglais avoient formé, de tous leurs gardes-côtes rassemblés, une escadre de vingt-un vaisseaux de guerre qui barroient l'entrée de la Manche, ce général, plein de valeur, et de zèle pour le service du Roi et pour la gloire de la nation, brûloit d'envie de mettre à la voile, et de les aller combattre. Cette occasion d'honneur suspendit mon affliction, et me fit presser la carène de mes deux vaisseaux. L'activité avec laquelle j'y fis travailler me mit bientôt en état d'aller offrir mes services à M. de Coëtlogon : je lui dis que je me faisois un devoir et un plaisir bien sensible de pouvoir servir sous ses ordres dans une occasion où j'espérois me rendre digne de son estime, et que je l'attendrois aussi long-temps qu'il le jugeroit à propos. Ces offres furent reçues avec de grandes marques de reconnoissance ; mais cette bonne volonté demeura sans effet, par un conseil de guerre que tint là-dessus M. le comte de Château-Regnault, qui commandoit à Brest, dans lequel il fut jugé que les ennemis étoient trop supérieurs : de manière qu'on arrêta que la plus grande partie des vaisseaux qui composoient cette escadre rentreroient dans le port. Cette résolution me fut annoncée par M. le marquis de Coëtlogon, qui m'en parut mortifié; et je le fus aussi extrêmement, par l'intérêt que je prenois à la gloire des armes du Roi, qui auroient certainement triomphé. J'en puis parler savamment, puisque je tombai peu de jours après, comme je le dirai bientôt, au milieu de ces vingt-un vaisseaux anglais. Ils étoient, il est vrai, supérieurs en nombre à ceux que commandoit M. de Coëtlogon; mais ils étoient moins forts. J'ai remarqué que le sort de presque tous les conseils qui ont été tenus dans la marine a été de choisir le parti le moins honorable et le moins avantageux : ainsi je mourrai persuadé que, dans les occasions où le péril est grand et le succès incertain, c'est au commandant à décider sans assembler de conseil, et à prendre sur lui le risque des bons ou des mauvais événemens; autrement la nature, qui abhorre sa destruction, suggère imperceptiblement à la plupart des conseillers tant de raisons plausibles sur les inconvéniens à craindre, que le résultat est toujours de ne point combattre, parce que la pluralité des voix l'emporte.

Quoi qu'il en soit, M. le marquis de Coëtlogon n'étant pas le maître de suivre les mouvemens de son courage, me pria de ne plus différer mon départ : ainsi je mis à la voile avec nos deux seuls vaisseaux. Deux jours après, étant à l'entrée de la Manche, pendant la nuit un vaisseau vint à passer entre nous deux : nous revirâmes sur lui, et le conservâmes (1). A la

(1) *Le conservâmes* : Ne le perdîmes pas de vue.

pointe du jour, je me trouvai à portée du fusil, un peu au vent, et de l'arrière de lui : mon camarade se trouva sous le vent, à peu près à même distance. Je ne tardai pas long-temps à reconnoître *le Chatam*, ce vaisseau qui m'avoit échappé lorsque *l'Elisabeth* fut pris. Le capitaine du *Chatam* reconnut aussi mon vaisseau, et cette connoissance le détermina à revirer tout d'un coup vent arrière. Nous en fîmes autant ; et le tenant entre nous deux, cette situation pressante l'obligea de commencer le combat avec *l'Auguste*, qui, de son côté, se mit à le canonner vivement. La crainte que j'avois que ce vaisseau ne m'échappât une seconde fois me rendit très-attentif sur tout ce qui pouvoit assurer le succès de mon abordage. J'avois ordonné à tous mes gens de se coucher sur le pont sans branler, mon dessein étant de l'aborder sans tirer un seul coup ; et j'étois sur le point de le prolonger, quand la sentinelle cria, du haut des mâts, qu'elle découvroit plusieurs vaisseaux venant à toutes voiles sur nous. Je me fis apporter mes lunettes d'approche ; et, reconnoissant que c'étoit l'escadre anglaise en question, je revirai de bord sans balancer, et fis signal à mon camarade d'en faire autant. Il tarda un peu, à cause de la fumée qui l'empêchoit de distinguer mon signal : aussitôt qu'il s'en aperçut, il revira de bord, et laissa *le Chatam*, incommodé au point d'être obligé de mettre à la bande dès qu'il nous vit éloignés de la portée du canon. Nous prîmes chasse (1), et mîmes toutes nos voiles au vent ; mais cette escadre, composée des meilleurs vaisseaux d'Angleterre, frais carénés, joignoit à vue d'œil *l'Auguste*, que je ne

(1) *Nous prîmes chasse* : Nous fîmes retraite.

voulois pas abandonner. L'affaire me paroissant des plus sérieuses, je conseillai à M. le chevalier de Nesmond de jeter à la mer ses ancres, sa chaloupe, ses mâts, et ses vergues de rechange; en un mot, de ne rien ménager pour sauver le vaisseau du Roi de ce danger pressant.

Ces précautions furent vaines : les ennemis, qui portoient le premier vent avec eux, nous joignirent vers les cinq heures du soir, à portée du canon. Je réfléchis, mais un peu tard, que mon secours étoit fort inutile contre un si grand nombre de vaisseaux de guerre, qui tous alloient mieux que *l'Auguste;* et qu'il y avoit de la témérité à hasarder de perdre deux vaisseaux, au lieu d'un. Dans cette vue, je fis signal à M. le chevalier de Nesmond de tenir un peu plus le vent, ayant remarqué que c'étoit la situation où il alloit le moins mal : de mon côté, je pris le parti d'arriver un peu davantage (1). Mon idée, en cela, étoit que l'escadre ennemie ne voudroit pas se séparer, par la crainte qu'elle auroit de celle de M. le marquis de Coëtlogon, qui, la trouvant dispersée, auroit pu lui faire un mauvais parti. Toutes ces réflexions me faisoient espérer qu'un de nous deux au moins se sauveroit : je me flattois même que s'ils s'attachoient au *Jason* seul, qui étoit un excellent vaisseau, nous pourrions fort bien leur échapper tous deux. Ce raisonnement fut déconcerté par leur manœuvre : six d'entre eux se détachèrent sur *l'Auguste,* et les quinze autres me poursuivirent. L'un d'eux, nommé *le Honster,* de soixante-quatre canons, me joignit avec une vitesse extrême. A peine eus-je le temps de me dis-

(1) *D'arriver un peu davantage :* D'obéir au vent.

poser au combat, et de ranger chacun à son poste, que ce vaisseau fut à portée du pistolet sur moi. La précipitation avec laquelle mes gens se préparèrent fit que les canonniers de la première batterie jetèrent à la mer une partie des avirons de mon vaisseau, n'ayant pas le temps de les rattacher aux bancs du second pont. J'eus la curiosité, avant que de commencer le combat, de savoir le nom d'un vaisseau si surprenant par sa légèreté; et je lui fis demander par un interprète. Cette interrogation déplut au capitaine, qui, pour réponse, m'envoya toute sa bordée de canon et de mousqueterie, tirée à bout touchant. Tous ces coups donnèrent dans le corps de mon vaisseau; et la mer étant fort unie, j'aurois eu beaucoup de monde hors de combat, sans cette précaution que j'avois eue d'ordonner à tous mes gens, et même aux officiers, de se coucher le ventre sur le pont, et de ne se relever qu'au signal que je leur en ferois moi-même, avec ordre de pousser, en se relevant, un cri de *vive le Roi!* et de pointer tous les canons les uns après les autres, sans se presser. Cet ordre fut exécuté très-régulièrement, et réussit à souhait. Je n'eus que deux hommes tués, et trois de blessés; et, de ma seule décharge de canon et de mousqueterie, je mis près de cent hommes sur le carreau dans *le Honster*. Le désordre y fut si grand, que je n'aurois pas manqué de l'enlever d'emblée; s'il n'avoit pas arrivé tout à coup vent arrière, et s'il n'eût pas été soutenu de près par plusieurs gros vaisseaux, lesquels me seroient tombés sur le corps avant que j'eusse pu débarrasser le mien d'un pareil abordage. Cependant il fut près de trois quarts-d'heure sans revenir à la charge; et alors il se mit à me canonner dans la hanche, sans oser m'approcher de plus près que la portée du fusil. Sur ces entrefaites, le vent cessa; et les ennemis, après m'avoir harcelé jusqu'à minuit, m'entourèrent de toutes parts, et me laissèrent en repos. Ils étoient bien persuadés que je ne leur échapperois pas, et qu'à la pointe du jour ils se rendroient maîtres de mon vaisseau avec moins de risque et beaucoup plus de facilité. J'en étois moi-même si bien convaincu, que j'assemblai tous mes officiers, pour leur déclarer que, ne voyant aucune apparence de sauver le vaisseau du Roi, il falloit au moins soutenir la gloire de ses armes jusqu'à la dernière extrémité; et que la meilleure forme, à mon sens, d'y procéder étoit d'essuyer, sans tirer, le feu des vaisseaux qui nous environnoient, et d'aller tête baissée aborder, debout au corps, le commandant; que, pour plus grande sûreté, je me tiendrois moi-même au gouvernail du vaisseau jusqu'à ce qu'il fût accroché au bord de l'ennemi, lequel ne s'attendant point à un pareil abordage, et n'ayant pas par conséquent le temps de faire les dispositions nécessaires pour le soutenir, nous donneroit peut-être occasion de faire une action brillante avant que de succomber sous le nombre; qu'à toute aventure, et de quelque manière que la chose tournât, il étoit au moins bien certain que le pavillon du Roi ne seroit jamais baissé, tant que je vivrois, par d'autres mains que par celles de ses ennemis.

M. de La Jaille et M. de Bourgneuf-Gravé, mes deux principaux officiers, parurent charmés de ma résolution, et tous unanimement assurèrent qu'ils périroient eux-mêmes, plutôt que de m'abandonner. Quand j'eus donné mes ordres pour rendre cette scène plus vive et plus éclatante, je me sentis plus tranquille, et voulus prendre sur mon lit une heure de repos : mais il me fut impossible de fermer l'œil, et je revins sur mon gaillard, où j'étois tristement occupé à regarder les uns après les autres tous les vaisseaux dont j'étois entouré, entre autres celui du commandant, qui étoit remarquable par ses trois feux à poupe, et par un quatrième dans sa grande hune. Au milieu de cette morne occupation, je crus m'apercevoir, demi-heure avant le jour, qu'il se formoit une noirceur à l'horizon par le travers de notre bossoir, et que cette noirceur augmentoit peu à peu. Je jugeai que le vent alloit venir de ce côté-là ; et comme j'avois mes basses voiles carguées et mes deux huniers tout bas, à cause du calme, je les fis rappareiller sans bruit, et orienter en même temps toutes les autres, pour recevoir la fraîcheur qui s'avançoit : j'employai aussi ce qui me restoit d'avirons à gouverner mon vaisseau, afin qu'il prêtât le côté au vent lorsqu'il viendroit. Il vint en effet; et trouvant mes voiles bien brasseyées, et disposées à le recevoir, il le fit tout d'un coup aller de l'avant. Les ennemis, qui dormoient en toute confiance, n'avoient point songé à se mettre dans le même état. Dans leur surprise, ils prirent tous vent d'avant, et perdirent un temps considérable à mettre toutes leurs voiles, et à revirer vent arrière pour me rejoindre. Toute cette manœuvre me fit gagner sur eux une bonne portée de canon d'avance ; et alors le vent augmentant insensiblement, mon vaisseau, qui alloit très-bien quand il ventoit un peu frais, avança de manière que l'escadre ennemie n'eut plus, à beaucoup près, sur moi le même avantage qu'elle avoit eu. Le seul *Honster* me joignit encore à portée du fusil, et se remit à me canonner dans la hanche; mais je lui ripostois si vivement, que chaque bordée l'obligeoit à culer (1), et le rebutoit. Cette chasse dura jusqu'à midi ; et comme le vent augmentoit toujours, je m'éloignai de plus en plus de tous les vaisseaux de cette escadre : le *Honster* même commença à rester aussi de l'arrière de nous. Ce fut pour lors que je me regardai comme un homme vraiment ressuscité, ayant cru fermement que j'allois m'ensevelir sous les ruines du pauvre *Jason*. Je me prosternai pour en rendre grâces à Dieu ; et je continuai ma route pour aller relâcher au plus tôt dans le premier port de France; car j'avois été obligé, pour sauver le vaisseau du Roi, de jeter à la mer non-seulement toutes mes ancres, à l'exception d'une, mais aussi tous les mâts, et toutes les vergues de rechange.

Je trouvai le lendemain, à la pointe du jour, un corsaire de Flessingue de vingt canons, nommé *le Paon*. L'état où j'étois ne m'empêcha pas de le poursuivre jusqu'à la vue de Belle-Ile; et m'en étant rendu maître, je le conduisis au Port-Louis. J'y trouvai trois vaisseaux du Roi, mouillés sous l'île de Grois : c'étoit *l'Elisabeth*, que j'avois pris sur les Anglais la campagne précédente, avec *l'Achille* et *le Fidèle*, tous trois sous le commandement de M. de Riberet, qui n'attendoit qu'un vent favorable pour retourner à Brest. Je pris au Port-Louis une seconde ancre, et un mât de hune de rechange; et comme j'avois donné un rendez-vous à M. le chevalier de Nesmond, en cas que nous pussions échapper de l'escadre ennemie, je

(1) *A culer* : A reculer.

crus devoir m'y rendre, et ne pas laisser un vaisseau du Roi plus long-temps exposé à tomber au pouvoir des Anglais; d'autant plus que je savois qu'il n'alloit pas bien, et d'ailleurs que leurs vaisseaux gardes-côtes s'étoient mis sur le pied de croiser au moins deux ou trois ensemble. Quelques envieux voulurent donner à cette résolution un air de témérité, et me blâmèrent hautement d'avoir remis en mer avec un vaisseau aussi délabré que l'étoit *le Jason*. Il est vrai qu'il étoit fort maltraité dans ses œuvres mortes (1), et que sa poupe étoit criblée; mais d'ailleurs il ne faisoit point d'eau, et ses mâts étoient en assez bon état : ainsi ce délabrement de poupe ne pouvoit que me causer personnellement un peu d'incommodité, chose que je sacrifiois volontiers à mon devoir.

Je mis donc à la voile avec les trois vaisseaux du Roi, qui s'en alloient à Brest; et les ayant quittés sur Penmarck, je fus droit à mon rendez-vous, et j'y croisai pendant quinze jours, sans découvrir *l'Auguste*. J'en tirai un sinistre augure. A son défaut, je trouvai le flessinguois *l'Amazone*, que j'avois pris la campagne précédente, et qu'un de mes amis avoit armé pour me venir joindre. Nous prîmes ensemble deux assez bons vaisseaux hollandais, venant de Curaçao, chargés de cacao et de quelque argent : il en conduisit un à Saint-Malo, et je me rendis avec l'autre dans le port de Brest. J'appris, en y arrivant, la prise de *l'Auguste*, dont voici les principales circonstances.

Ce vaisseau, après avoir exécuté le signal que je lui avois fait de tenir plus de vent, avoit été poursuivi par

---

(1) *OEuvres mortes* : Les parties du vaisseau qui sont hors de l'eau. Celles qui sont dans l'eau portent le nom d'*œuvres vives*, ou *carène*.

six vaisseaux détachés de l'escadre anglaise. L'un d'eux le joignit, et lui livra combat à peu près dans le temps que je fus attaqué par *le Honster*. M. le chevalier de Nesmond se défendit fort vigoureusement; et le vent ayant cessé, il se servit de ses avirons, qu'il avoit conservés (car nous en avions chacun trente), pour s'éloigner des ennemis. Il fut en cela favorisé du calme, qui dura toute la nuit; et, à la pointe du jour, il se trouvoit déjà éloigné de cinq lieues des vaisseaux qui le poursuivoient. Mais le vent s'étant levé, ils le rejoignirent vers les cinq heures du soir, le combattirent l'un après l'autre, le démâtèrent, et enfin s'en rendirent maîtres le second jour.

La frégate *la Valeur*, sur laquelle mon frère avoit été tué, eut la même destinée. Elle étoit sortie de Brest peu de jours après nous, sous le commandement de M. de Saint-Auban, auquel j'avois donné ordre de me venir joindre sur les parages que je lui avois marqués; mais il eut le malheur de trouver en son chemin *le Honster*, qui l'atteignit, le désempara, et l'obligea de céder à la force supérieure.

Par la prise de ces deux vaisseaux, il ne me restoit que *le Jason*: tous les autres du port de Brest étoient employés pour le service du Roi. Ainsi je remis en mer avec ce seul vaisseau, et fus croiser sur les côtes d'Espagne, dans le dessein de joindre l'armée navale du Roi, commandée par M. le comte de Toulouse, amiral de France. Je n'eus pas le bonheur de la découvrir. Je pris en chemin un vaisseau anglais, à l'entrée de la rivière de Lisbonne; de là, m'étant posté à l'ouverture du détroit de Gibraltar, j'y trouvai deux frégates anglaises venant du Levant, l'une de trente canons, en guerre, et l'autre de vingt-six, en marchandises. Elles résistèrent trois quarts-d'heure, et ne baissèrent leur pavillon que lorsqu'elles me virent sur le point de les aborder. J'interrogeai les officiers et les équipages de ces deux prises; et, sur l'assurance qu'ils me donnèrent tous qu'ils n'avoient eu aucune connoissance de l'armée navale de France, je jugeai à propos d'aller escorter mes prises jusqu'à Brest. En faisant cette route, je pris, à la hauteur de Lisbonne, un autre vaisseau anglais de cinq cents tonneaux, chargé de poudre pour l'armée ennemie. Je fis encore une cinquième prise de la même nation, que je trouvai vers le cap de Finistère; et je conduisis le tout à Brest.

[1706] L'année suivante, j'armai *le Jason* et *le Paon*, ce flessinguois de vingt canons que j'avois pris l'année précédente. J'en donnai le commandement à M. de La Jaille, qui avoit servi avec moi de lieutenant et de capitaine en second, toujours avec un zèle très-distingué. *L'Hercule*, vaisseau du Roi de cinquante-quatre canons, commandé par M. de Druys, lieutenant de vaisseau, eut ordre de venir du Port-Louis se joindre à nous dans la rade de Brest; et j'y reçus une lettre de Sa Majesté, qui m'ordonnoit d'aller me jeter dans Cadix, qui étoit menacée d'un siége, et d'y servir avec ces trois vaisseaux et leurs équipages, sous les ordres de M. le marquis de Valdecanas, capitaine général, et gouverneur de la place. Le Roi avoit eu la bonté de me faire capitaine de vaisseau à la dernière promotion; et c'étoit pour moi un motif de redoubler de zèle pour son service.

L'Hercule tardant trop à se rendre à Brest, je mis

à la voile avec *le Paon*, pour l'aller chercher au Port-Louis. Chemin faisant, je rencontrai un vaisseau flessinguois de trente-six canons, nommé *le Marlborough*, dont je m'emparai. Je trouvai ensuite *l'Hercule* mouillé sous l'île de Grois; et, après avoir fait entrer ma prise dans le Port-Louis, nous mîmes tous trois à la voile, pour aller à notre destination.

Etant à la hauteur de Lisbonne, environ quinze lieues au large, nous découvrîmes une flotte de deux cents voiles venant du Brésil, escortée par six vaisseaux de guerre portugais, depuis cinquante jusqu'à quatre-vingts canons. Cette flotte occupoit un très-grand espace; et ayant remarqué un peloton de vingt navires marchands, avec un des vaisseaux de guerre, qui étoient trois lieues au vent, et séparés du corps de la flotte, je compris que nous pourrions accoster assez aisément ce peloton sous pavillon anglais; et qu'en amusant le vaisseau de guerre par cette enseigne trompeuse, j'aurois le temps de l'aborder, et de prendre ensuite quelques-uns des vaisseaux marchands, avant qu'ils pussent être secourus du reste de la flotte.

La frégate *le Paon* étoit alors quatre lieues derrière nous; mais le temps étoit trop précieux pour l'attendre, et il ne convenoit pas de donner de la défiance aux ennemis en temporisant davantage. Je dis donc à M. de Druys qu'il falloit qu'il coupât ce peloton séparé; et que j'allois aborder le vaisseau de guerre, tandis qu'il se rendroit maître des navires marchands qu'il pourroit joindre. Aussitôt nous arborâmes pavillon anglais, et je m'avançai vers le vaisseau de guerre portugais, comme si j'avois eu intention de lui parler en passant, et de lui demander des nouvelles. Il mit en panne pour m'attendre; mais comme il étoit à l'encontre de nous, et qu'il n'étoit pas possible d'exécuter avec succès mon abordage dans une situation semblable; je jugeai à propos de carguer mes basses voiles, et de le ranger sous le vent, afin de l'empêcher d'arriver sur la flotte. Dans cette idée, je ne fis mettre mon pavillon blanc que lorsque je fus à portée du pistolet; et aussitôt je lui fis tirer toute ma bordée de canon et de mousqueterie. Ce vaisseau, surpris, ne me répondit que de cinq ou six coups de canon; et le feu continuel de ma mousqueterie l'empêchant de pouvoir manœuvrer ses voiles d'avant, j'eus le temps de revirer de bord sur mes deux huniers, et de le prolonger, pour exécuter mon abordage. Déjà mes grappins étoient prêts à l'accrocher, quand *l'Hercule* vint passer à toutes voiles sous notre beaupré; et tirant sa bordée, peu nécessaire, il s'approcha si près de nous deux, que, pour éviter d'être brisés tous les trois dans ce triple abordage, je fus contraint de mettre promptement mes voiles sur le mât (1), et ensuite d'arriver. Cet accident, ou plutôt cette manœuvre inconsidérée, m'ayant fait manquer mon abordage, et le vaisseau portugais ne paroissant plus faire aucune résistance, je crus qu'il n'y avoit plus d'inconvénient à laisser le soin de l'amariner à mon camarade, d'autant plus que mon vaisseau allant bien mieux que le sien, je pouvois joindre plus vite quelques-uns de ces vaisseaux marchands, avant qu'ils fussent secourus. Cependant comme, dès les premiers coups que j'avois tirés, ils avoient tous arrivé vent arrière sur la flotte, et que,

(1) *De mettre mes voiles sur le mât*: De les coiffer sur le mât. (*Voyez* la note 3 de la page 339.)

d'un autre côté, les vaisseaux de guerre venoient à toutes voiles à eux, je me trouvai à portée du canon de ces vaisseaux de guerre avant que d'avoir pu atteindre un seul vaisseau marchand. Pour comble d'infortune, M. de Druys, auquel j'avois laissé le soin d'amariner ce premier vaisseau de guerre, au lieu de l'aborder, et de jeter à son bord quelques-uns de ses gens pour s'en emparer promptement, prit le parti d'y envoyer sa chaloupe : mais les Portugais, un peu revenus de leur premier trouble, n'eurent pas plus tôt tiré quelques coups de fusil pour l'empêcher d'aborder, que M. de Druys la fit revenir, et se mit à canonner ce vaisseau si vivement, qu'il hacha sa mâture en pièces; de façon qu'après l'avoir soumis, le mât de misaine tomboit lorsqu'il y renvoya sa chaloupe.

Pendant que cela se passoit, j'étois occupé à combattre de loin les autres vaisseaux de guerre, pour les retarder, en les obligeant à me canonner de même; et pour donner, par cette diversion, tout loisir à M. de Druys de bien amariner le vaisseau pris. A la fin, jugeant qu'il avoit eu pour cela un temps plus que suffisant, je revirai de bord sur lui; et voyant ce vaisseau démâté, je fis préparer un cablot, pour le prendre sur-le-champ à la remorque. Ma surprise fut extrême quand j'appris de M. de Druys qu'il avoit été contraint de l'abandonner, parce qu'il alloit incessamment couler bas, et qu'il avoit eu beaucoup de peine à en retirer nos gens. Lorsqu'il me tint ce discours, le jour alloit finir; et les autres vaisseaux de guerre portugais n'étant plus qu'à portée du fusil de nous, le mal me parut sans remède, et je fus obligé de m'en rapporter, bien malgré moi, à ce qu'il me disoit.

Cependant je conservai toute la nuit cette flotte : à la pointe du jour, j'aperçus ce vaisseau pris la veille, qui, bien loin d'avoir coulé bas, s'étoit remâté avec des mâts de hune, et avoit bravement pris sa place en ligne avec les autres. Cette apparition, à laquelle je ne devois pas m'attendre, m'engagea à faire venir M. de Druys et deux de ses principaux officiers à bord de mon vaisseau, pour savoir les raisons qui les avoient portés à me dire si affirmativement que ce vaisseau alloit incessamment disparoître, et en même temps pour m'informer s'il ne s'étoit pas assuré, en retirant ses gens, du capitaine, ou de quelque autre officier portugais. Tout ce que je pus tirer de M. de Druys fut qu'il avoit été si pressé de sauver son équipage, à cause de l'approche des autres vaisseaux de guerre portugais, et dans l'impatience où il étoit de venir me seconder, qu'il n'avoit pas pensé à retirer aucun prisonnier, d'autant plus qu'on lui disoit à chaque instant que le vaisseau alloit couler bas.

Je compris à ce discours que la cause de ce malentendu venoit du pillage que ses matelots avoient fait dans ce riche vaisseau, et que ces coquins, voyant d'un côté qu'il étoit démâté, et s'apercevant de l'autre que ses camarades accouroient à son secours, avoient eu peur de tomber au pouvoir des ennemis avec leur butin, et que, pour l'éviter, ils n'avoient point trouvé de meilleur expédient que celui de crier que le vaisseau alloit couler bas, et qu'il n'y avoit pas un moment à perdre pour se sauver. Alors, persuadé qu'il y avoit dans la conduite de M. de Druys plus de malheur que de mauvaise volonté, et qu'ainsi il étoit inutile de lui faire des reproches, je crus qu'il convenoit au contraire de lui fournir l'occasion de réparer son tort par une action éclatante, en le mettant pour cet effet dans la nécessité d'aller aborder le commandant portugais, et en me chargeant de le couvrir du feu de tous les autres vaisseaux pendant qu'il exécuteroit son abordage. Je l'avertis que, pour y bien réussir, il falloit ne pas tirer un coup que ses grappins ne fussent jetés de l'avant et de l'arrière, et nommer, pour sauter à bord, la moitié de ses officiers, le tiers de ses soldats et de ses manœuvriers, avec deux hommes de chaque canon, afin que les postes restassent passablement garnis. Je lui dis encore que je donnerois ordre à M. de La Jaille, capitaine du *Paon*, de venir aborder *l'Hercule* aussitôt qu'il le verroit accroché au commandant portugais, et de lui jeter tout son équipage, pour remplacer ceux qui auroient sauté de son bord, et le mettre, par ce renfort, en état de combattre comme auparavant : qu'au moyen de ces précautions, j'étois sûr qu'il enlèveroit ce gros vaisseau, dont l'entre-pont étoit fort embarrassé de marchandises, et dont l'équipage, composé de différentes nations, devoit être très-peu aguerri. Je fis en même temps sentir à M. de Druys que si je ne me chargeois pas de cet abordage, c'étoit parce que la manœuvre que j'aurois à faire pour le bien couvrir étoit la plus délicate et la plus dangereuse ; mais que je comptois bien que quand il auroit enlevé ce gros vaisseau, il viendroit me rendre le même service que je lui aurois rendu, en me couvrant à son tour quand j'irois aborder le vice-amiral portugais.

Ces précautions prises et les ordres donnés, nous

arrivâmes sur les vaisseaux de guerre ennemis, qui nous attendoient en ligne au vent de leur flotte. Nous essuyâmes sans tirer leurs premières bordées, et M. de Druys aborda le commandant, monté de quatre-vingts canons, avec toute l'audace et la valeur possible : il jeta ses grappins à son bord, et lui donna dans le ventre toute sa bordée de canon, chargé à double charge. La mousqueterie et les grenades, jointes à cela, jetèrent la mort et la terreur dans ce grand vaisseau ; et je ne doute nullement qu'il n'eût été facilement enlevé d'emblée, si M. de Druys avoit eu autant d'attention à sa manœuvre qu'il avoit marqué d'intrépidité : mais le commandant ennemi, un instant avant que d'être accroché, avoit appareillé sa misaine et sa civadière, et poussé son gouvernail à arriver (1). Ainsi ces deux vaisseaux, liés ensemble, prirent lof pour lof en l'autre bord (2) ; de manière que le vent prit sur toutes les voiles (3) du Portugais, et se conserva dans celles de *l'Hercule*. Il arriva de là que les voiles de l'un étant orientées à courir de l'avant, et celles de l'autre à culer, les grappins rompirent, et que les deux vaisseaux se séparèrent, avant que les gens de *l'Hercule* eussent pu sauter dans le vaisseau ennemi. J'étois alors à portée du pistolet sous le vent, et je leur criois de toutes mes forces de brasseyer leurs voiles (4) ;

(1) *A arriver* : A obéir au vent. — (2) *Prirent lof pour lof en l'autre bord* : Le côté du lof est le côté du vaisseau sur lequel le vent souffle. Prendre lof pour lof, c'est donc recevoir le vent sur le bord opposé à celui qui le recevoit d'abord, ou virer de bord. — (3) *Le vent prit sur toutes les voiles* : Le vent donna en sens contraire sur les voiles. — (4) *De brasseyer leurs voiles* : De changer la direction de leurs voiles, en tirant sur des cordes attachées au bout des vergues, et qu'on appelle bras. On dit plutôt *brasser* que *brasseyer*.

mais, dans le bruit et la confusion d'un abordage, je n'étois pas entendu; et d'ailleurs j'étois moi-même occupé à combattre, et à soutenir le feu des deux matelots du commandant, qui me chamailloient rudement. Cependant voyant ce gros vaisseau, quoique manqué à l'abordage, si maltraité qu'il ne pouvoit presque plus tirer, je voulus tenter de l'accrocher à mon tour; mais je ne pus jamais y parvenir, parce que j'étois un peu trop sous le vent. D'un autre côté, M. de La Jaille, qui s'étoit avancé à portée de jeter tout son équipage à bord de *l'Hercule*, ainsi que je l'avois ordonné, le voyant désaccroché, prit le parti de retenir le vent, et se démêla comme il put du milieu de tous ces vaisseaux, au moindre desquels le sien n'étoit pas capable de prêter le côté.

L'Hercule se trouvant désemparé après son abordage, voulut s'écarter, pour se raccommoder plus aisément; et, faisant de la voile, il passa par le travers de deux vaisseaux de guerre portugais, qui le maltraitèrent encore davantage.

Au moyen de tout cela, je me trouvai seul au milieu des ennemis. Toutes mes voiles et mes manœuvres étoient hachées; et le vent ayant cessé, mon vaisseau avoit bien de la peine à gouverner. Heureusement les Portugais avoient encore moins de facilité à se remuer, à cause de leur pesanteur. L'un d'eux n'avoit pu revirer comme les autres sur le commandant, et étoit resté en panne assez loin de ses camarades: je trouvai le moyen de revirer de bord sur lui, à l'aide de mes avirons, et je fis tous mes efforts pour le doubler au vent, dans la résolution de l'aborder. Mais toutes mes manœuvres d'avant étant coupées, il me fut impossible de le ranger plus près que la demi portée de fusil sous le vent; et comme j'avois d'ailleurs beaucoup de mes gens hors de combat, et que le corps de mon vaisseau étoit fort maltraité, je me contentai de lui donner en passant toute ma bordée, et je continuai ma route pour me tirer hors de portée des autres vaisseaux, qui ne cessoient de me canonner.

Dès que je fus débarrassé, je fis signal à *l'Hercule* et au *Paon* de me venir joindre : ils obéirent; et M. de Druys me représenta les raisons qui l'avoient obligé de s'écarter de moi, et qu'il n'étoit pas en état de recommencer, ayant un aussi grand nombre de ses gens tués ou blessés. Je lui répondis qu'il falloit donner encore un coup de collier, et que les ennemis étant à proportion plus incommodés que nous, j'étois résolu de les poursuivre jusqu'à l'extrémité. En effet, je ne tardai pas à arriver sur eux; et mes deux camarades me suivirent sans balancer.

Nous commencions à découvrir les côtes de Portugal; et le vent ayant augmenté, la flotte ennemie s'efforçoit d'en profiter, pour entrer avant la nuit dans le port de Lisbonne. La vitesse de mon vaisseau me fit gagner deux lieues sur *l'Hercule* et sur *le Paon;* en sorte que je joignis vers la fin du jour les vaisseaux de guerre portugais, qui étoient restés un peu de l'arrière pour couvrir leur flotte. Ils étoient si incommodés, et si rebutés de la besogne, qu'ils m'abandonnèrent ce vaisseau de guerre qui avoit été démâté, et pris le jour précédent par M. de Druys. Je me pressois de le joindre, pour m'en emparer avant que la nuit qui s'avançoit fût fermée; et, pour plus grande précaution, j'avois mis ma chaloupe à la mer, prête à l'amariner, en cas que mon abordage eût manqué par quelque événement imprévu, quand je découvris les brisans des écueils nommés Arcathophes, à portée de fusil sous le vent. Ce vaisseau, dont j'étois sur le point de me rendre le maître, toucha dessus, et alla échouer entre le fort de Cascais et celui de Saint-Julien. Il s'en fallut très-peu que je ne fisse aussi naufrage sur ces brisans, n'ayant eu précisément que le temps de revirer tout d'un coup en l'autre bord.

C'est ainsi que, par une infinité de circonstances des plus malheureuses et des moins attendues, je perdis une des plus belles occasions de ma vie. La fortune refusa de m'enrichir par la prise de ce vaisseau, qui tout seul étoit d'une valeur immense. Au milieu du combat, trois boulets consécutifs passèrent entre mes jambes; mon habit et mon chapeau furent percés de plusieurs coups de fusil; et je fus blessé, mais légèrement, de quelques éclats. Il sembloit que les boulets et les balles vinssent me chercher partout où je portois mes pas.

Après cette aventure malheureuse, je rejoignis mes deux camarades, et nous fîmes route pour nous rendre à Cadix, suivant les ordres du Roi. M. le marquis de Valdecanas parut fort aise de notre arrivée : il me chargea du soin de garder les Puntalès. Je fis entrer nos trois vaisseaux en dedans; je disposai les canonniers et les matelots qui me parurent nécessaires pour servir l'artillerie des deux forts de l'entrée, et je fis travailler le reste de nos équipages à perfectionner la batterie de Saint-Louis, qui n'étoit pas achevée. J'ajoutai à ces précautions celle d'avoir des chaloupes armées de soldats, toutes prêtes à servir en cas de besoin; je fis aussi armer, sur mon crédit (le gouverneur ne voulant donner aucun fonds), un vaisseau, que je fis équiper en brûlot par mes canonniers, pour le placer avec un va-et-vient (1) dans la passe du Puntalès, la plus aisée à forcer. En un mot, je ne négligeai rien de tout ce qui pouvoit contribuer à la sûreté des postes qui m'étoient confiés, sans que pour cela j'assistasse moins régulièrement à tous les conseils que tenoit M. de Valdecanas.

J'appris qu'il n'y avoit pas pour quinze jours de vivres dans Cadix, quoique le gouverneur eût, sous ce prétexte, exigé de grosses contributions de tous les négocians. Je crus de mon devoir de lui représenter fortement qu'il étoit absolument nécessaire d'y pourvoir incessamment, s'il ne vouloit se trouver exposé, par ce défaut, à rendre la place à l'armée navale ennemie, que l'on savoit être arrivée sur les côtes de Portugal. Mes représentations réitérées lui déplurent : aussi profita-t-il du premier prétexte qu'il put trouver de me mortifier; et il l'entreprit, contre la règle et le respect qu'il devoit au Roi, qui m'avoit honoré de ses ordres. Il sera aisé d'en juger par le récit que j'en ferai incessamment.

On reçut dans ce temps-là, à Cadix, des nouvelles de Lisbonne, au sujet de mon dernier combat avec la flotte portugaise. Elles portoient que le marquis de Santa-Cruz, amiral de cette flotte, avoit été tué, et beaucoup d'autres officiers; que cinq de ces vaisseaux de guerre étoient entrés à Lisbonne fort délabrés; et

---

(1) *Va-et-vient :* Corde fixée aux deux rives d'un bras d'eau, et qui sert à conduire une barque de passage.

que le sixième, ayant été démâté et poursuivi de près, s'étoit échoué entre les forts de Cascais et de Saint-Julien; mais qu'on avoit sauvé une partie de ses effets. On ajoutoit que ce dernier vaisseau, qui revenoit de Goa, avoit relâché au Brésil, où il s'étoit joint à la flotte; qu'il étoit riche de plus de deux millions de piastres, et que le pillage fait dessus par les gens de *l'Hercule* étoit estimé à deux cent mille écus; qu'il étoit même resté dans le vaisseau portugais quatorze matelots français que le trop de précipitation avoit empêché d'en retirer, lesquels avoient été mis au cachot en arrivant à Lisbonne. On apprit aussi, par la même voie, que l'armée navale des ennemis avoit quitté les côtes d'Espagne, et qu'il n'y avoit aucune apparence qu'elle pût désormais entreprendre le siége de Cadix.

Sur ces nouvelles, je pris l'agrément de M. de Valdecañas pour faire sortir nos vaisseaux des Puntales; et ayant su qu'il y avoit dans le port de Gibraltar soixante navires chargés de vivres et de munitions pour l'armée ennemie, je formai le dessein d'y aller avec le brûlot que j'avois fait équiper à mes dépens, et de les brûler. Je l'aurois exécuté d'autant plus facilement, qu'ils n'étoient soutenus d'aucun vaisseau de guerre : mais j'eus beau répondre du succès à M. de Valdecanas, et lui faire là-dessus toutes les instances imaginables, il ne voulut jamais y consentir; et comme j'avois ordre exprès de lui obéir, il ne me resta que le regret de voir échapper une occasion qui auroit été si avantageuse au service des deux couronnes.

Lorsque nos vaisseaux mouillèrent dans la rade de Cadix, j'avois ordonné que nos chaloupes allant à terre ne fussent point armées, et qu'il y eût seulement un officier pour en contenir l'équipage, afin d'éviter toute discussion avec les Espagnols. Il arriva que les barques de la douane, abusant de ma discrétion, insultèrent nos chaloupes à diverses reprises, et même les visitèrent, contre le droit de la nation française. J'en fis mes plaintes par le canal de M. le chevalier Renaud, français, et lieutenant général au service d'Espagne, qui résidoit à Cadix. Je le priai d'en parler au gouverneur, afin que l'on punît les coupables d'une pareille violence, et qu'on y remédiât à l'avenir, puisque je ne pouvois ni ne devois souffrir qu'on donnât atteinte aux priviléges de la nation, et qu'on insultât des vaisseaux du Roi. J'ajoutai que le tort des Espagnols étoit d'autant plus grand, que nous n'étions là que pour les secourir et les protéger. M. de Valdecanas ne fit aucune attention à tout ce que lui représenta M. Renaud, et négligea entièrement de pourvoir aux inconvéniens qui pourroient arriver; de sorte que deux jours après une barque de la douane insulta une seconde fois la chaloupe de *l'Hercule*, et en maltraita l'officier, qui vouloit s'opposer à la visite. M. de Druys, capitaine de ce vaisseau, vint à huit heures du soir m'en porter ses plaintes, et me représenter qu'ayant l'honneur de commander dans la rade de Cadix pour le service des deux couronnes, il étoit de mon devoir d'envoyer sur-le-champ arrêter cette barque, et d'en demander hautement justice, si je ne voulois m'exposer au reproche d'avoir le premier souffert des nouveautés injurieuses à la nation, et contraires au respect qu'on devoit au Roi. J'eus la précaution de me faire rendre compte, par l'officier et par l'équipage de la chaloupe, des cir-

constances de cette insulte; et les ayant trouvées très-
graves, je détachai deux chaloupes sous le commandement de M. de La Jaille, pour aller arrêter cette
barque, avec ordre exprès de ne point tirer, et de n'u-
ser d'aucune violence qu'à la dernière extrémité. La
barque en question s'étoit mêlée parmi plusieurs autres,
et il eut quelque peine à la trouver : à la fin l'ayant
démêlée, il s'avança sur elle. Aussitôt elle prit chasse,
et tira la première des coups de pierriers et de fusil sur
nos chaloupes. Deux de nos soldats en furent blessés,
et deux autres tués; et M. de La Jaille eut le devant
de son habit emporté d'un coup de pierrier. Alors, se
conformant à mes ordres, il aborda cette barque, s'en
rendit maître, et la conduisit à bord de mon vaisseau.
Cet abordage ne se put faire sans effusion de sang : les
Espagnols tirant à toute outrance sur nos gens, ceux-ci
ne purent être retenus, et leur tuèrent trois hommes;
ils en blessèrent trois autres, que j'eus soin de faire
panser par nos chirurgiens.

Le lendemain matin, je crus devoir descendre à terre
avec messieurs de Druys et de La Jaille, pour informer
le gouverneur du fait, et pour lui en demander raison : mais, bien loin de vouloir m'écouter, il me fit
arrêter dans son antichambre par le major de la place,
et je fus conduit en prison à la tour de Sainte-Cathe-
rine. M. Renaud, averti d'un procédé si surprenant,
courut lui en représenter toutes les conséquences ; et,
le trouvant mal disposé, il dépêcha un exprès au marquis de Villadarias, gouverneur d'Andalousie, et beau-
frère de M. de Valdecanas, le conjurant de venir interposer son autorité pour arrêter les suites périlleuses
d'une pareille conduite. M. de Villadarias se rendit

le jour suivant à Cadix ; et, dans un conseil qu'il assembla à ce sujet, il fut simplement décidé que l'armée navale des ennemis s'étant retirée, et le secours des vaisseaux français ne paroissant plus nécessaire à la conservation de la place, on me feroit sortir de prison, et que je pourrois mettre à la voile quand bon me sembleroit. Cela fut exécuté, et je fus conduit à bord de mon vaisseau. J'y arrivai, outré de l'indigne procédé du marquis de Valdecanas, pour récompense des soins et des mouvemens que je m'étois donnés avec autant de zèle que si j'avois été personnellement chargé de conserver Cadix. Toute ma consolation étoit l'espérance que le Roi, bien informé du fait, en tireroit une satisfaction authentique. En effet, Sa Majesté s'en étant fait rendre compte, exigea du roi d'Espagne que le gouvernement de Cadix seroit ôté à M. de Valdecanas; et celui de l'Andalousie à M. de Villadarias, qui s'étoit donné la licence d'écrire là-dessus en termes très-peu convenables au profond respect qu'un particulier comme lui devoit à un si grand monarque, aïeul de son maître.

Impatient de quitter cette terre, je mis à la voile dès le lendemain, et je fis route pour me rendre à Brest. J'eus en chemin connoissance d'une flotte de quinze vaisseaux anglais, escortée par *le Gaspard*, frégate de trente-six canons. Je fis signal à mes camarades de donner dans la flotte, et j'allai aborder *le Gaspard*. Celui qui le commandoit se défendit très-valeureusement, et soutint mon abordage tout autant qu'il lui fut possible. M. de Fossières, officier plein d'ardeur, qui étoit mon capitaine en second, y fut tué: j'eus encore un autre officier blessé, et nous prîmes douze vaisseaux de cette flotte, que nous conduisîmes à Brest.

J'avois marqué pendant la route toutes sortes de prévenances à l'Anglais, capitaine de ce *Gaspard;* et je m'étois empressé à lui faire connoître tout le cas que je faisois de sa valeur et de sa fermeté. Il fut assez injuste pour attribuer mes politesses à la crainte de tomber à mon tour entre les mains des Anglais, et il poussa l'indiscrétion jusqu'à m'en faire confidence en mangeant à ma table, entre le dessert et la fin du repas. Cette insolence me mit dans la nécessité d'en user, contre mon inclination, avec autant de dureté que je lui avois auparavant témoigné d'estime et d'amitié, afin de lui faire bien comprendre que si je considérois la valeur dans les ennemis du Roi lorsqu'ils étoient vaincus, je savois aussi dompter leur orgueil, et braver toutes sortes d'événemens, quand il étoit question de combattre pour ma patrie.

[1707] Le Roi m'ayant fait l'honneur de me nommer chevalier de l'ordre de Saint-Louis, je me fis un devoir d'aller recevoir l'accolade de la main même de ce grand prince. Je me rendis à Versailles, où Sa Majesté voulut bien me faire connoître qu'elle étoit satisfaite de mon zèle et de mes services. Elle m'en donna des preuves en m'accordant ses vaisseaux *le Lis*, de soixante-quatorze canons; *l'Achille*, de soixante-six; *le Jason*, de cinquante-quatre; *la Gloire*, de quarante; *l'Amazone*, de trente-six; et *l'Astrée*, de vingt-deux. Je partis promptement pour Brest, et je choisis, pour commander ces vaisseaux, messieurs de Beauharnois, de Courserac, de La Jaillé, de Nesmond et de Kerguelin; et ayant mis à la voile, je fus me placer à la hauteur de Lisbonne, espérant d'y rencontrer la flotte du Brésil, qu'on attendoit incessamment. Je ne pus parvenir à en avoir de nouvelles. Je m'emparai cependant de deux vaisseaux anglais assez riches, qui sortoient du détroit de Gibraltar. De là m'étant porté à l'entrée de la Manche, je fis quatre autres prises de la même nation, chargées de tabac; et je ramenai le tout à Brest, où je fis caréner les vaisseaux de mon escadre.

Je trouvai dans ce port M. le comte de Forbin, chef d'escadre, avec six vaisseaux de guerre qu'il commandoit. Nous y reçûmes en même temps l'un et l'autre une lettre de M. le comte de Pontchartrain, qui nous avertissoit qu'il y avoit aux dunes d'Angleterre une flotte considérable, chargée de troupes et de munitions de guerre, prête à faire voile pour le Portugal et pour la Catalogne. Ce ministre nous marquoit qu'il étoit d'une extrême conséquence que nous allassions sans différer croiser ensemble quelque temps au-devant de cette flotte; et que nous rendrions un service des plus importans à l'État, si nous pouvions la joindre et la détruire.

J'avois sous mes ordres le même nombre de vaisseaux que M. le comte de Forbin, parce que *le Maure*, vaisseau de cinquante canons, commandé par M. de La Moinerie-Minac, de Saint-Malo, s'étoit venu joindre à moi, à la place de *l'Astrée*, qui restoit dans le port. Nous partîmes donc tous ensemble de Brest, et nous allâmes nous poster à l'ouverture de la Manche. Après avoir resté trois jours sans rien rencontrer, il me parut que M. de Forbin faisoit route du côté de Dunkerque, lieu de son désarmement. Il étoit déjà éloigné de moi environ de quatre lieues, lorsque je remarquai qu'il changeoit sa manœuvre et sa route. Je jugeai qu'il avoit fait quelque découverte; et, courant de ce côté, j'aperçus effectivement une flotte qui me parut être de deux cents voiles, et vraisemblablement celle dont M. le comte de Pontchartrain nous avoit avertis. Le jour commençoit alors à paroître. Je crus devoir m'approcher de M. de Forbin, pour concerter ensemble la manière d'attaquer cette flotte; et je me pressois de le joindre : mais ayant vu, chemin faisant, qu'il avoit arboré pavillon de chasse, je mis aussitôt toutes mes voiles au vent, et chassai sur la flotte. La légèreté de mon escadre, carénée de frais, me fit devancer M. de Forbin d'environ une lieue; et je n'étois plus qu'à une bonne portée de canon de cette flotte, quand il s'avisa, au grand étonnement de tous, de venir en travers, et de prendre un ris [1] dans ses huniers, par un temps où nous aurions pu porter perroquets sur perroquets [2]. L'esprit de subordination, dont j'ai toujours été plus jaloux que qui que ce soit, me fit, contre mon gré, imiter cette manœuvre, qui seule nous fit manquer l'entière destruction de cette importante flotte. Elle étoit rassemblée sous le vent de cinq gros vaisseaux anglais, qui nous

---

[1] *Prendre un ris :* Dans la partie supérieure d'une voile, il y a plusieurs rangées horizontales d'œillets traversés par des bouts de tresses, qu'on appelle garcettes. Lorsqu'on veut prendre un ris, on noue sur la vergue toute la première rangée; pour prendre deux ris, on noue la rangée suivante; et ainsi pour les autres. — [2] *Perroquets sur perroquets :* C'est-à-dire que la foiblesse du vent étoit telle, que, loin de diminuer les huniers en prenant un ris, on auroit pu mettre des perroquets au-dessus des perroquets ordinaires.

attendoient rangés sur une ligne. Le vaisseau *le Cumberland*, de quatre-vingt-deux canons, qui étoit le commandant, s'étoit placé au milieu; *le Devonshire*, de quatre-vingt-douze canons, à la tête; et *le Royal-Oak*, de soixante-seize, à la queue; *le Chester* et *le Ruby*, de cinquante-six à cinquante-quatre canons chacun, étoient matelots de l'avant et de l'arrière (1) du *Cumberland*. Ils nous prirent d'abord, à ce qu'ils nous ont dit depuis, pour une troupe de corsaires rassemblés, dont ils ne faisoient pas grand cas. Mais nous n'eûmes pas plus tôt mis en travers, qu'ils connurent qui nous étions à la séparation des mâts de nos vaisseaux, et à la hauteur de leurs œuvres mortes. L'affaire leur parut sérieuse, et le commandant fit signal dans l'instant aux bâtimens de transport de se sauver comme ils pourroient par différentes routes : d'où il est aisé de conclure que si nous les eussions attaqués, sans nous amuser inutilement à prendre des ris, ils étoient tous indubitablement perdus, et que par conséquent les projets formés par les puissances alliées contre la maison de France pour achever de conquérir l'Espagne se seroient trouvés dès-lors entièrement renversés; d'autant plus que l'archiduc et le roi de Portugal attendoient avec la plus grande impatience ce convoi que la reine d'Angleterre leur envoyoit, pour les soulager un peu dans l'extrême détresse où ils étoient; et surtout le premier, depuis la bataille d'Almanza, qu'il avoit perdue quelques mois auparavant.

Impatient de voir que M. de Forbin ne se pressoit

(1) *Matelots de l'avant et de l'arrière* : Bâtimens destinés à se tenir sur la même ligne qu'un autre; l'un devant, et l'autre derrière.

pas d'arriver, et réfléchissant que la journée s'avançoit beaucoup, puisqu'il étoit près de midi, et que nous étions à la fin du mois d'octobre, je fis signal à tous les vaisseaux de mon escadre, de venir me parler les uns après les autres: J'ordonnai à M. le chevalier de Beauharnois d'aborder *le Royal-Oak*, à M. le chevalier de Courserac d'aborder *le Chester*, à M. de La Moinerie-Miniac d'aborder *le Ruby*; et comme je me réservois le commandant, je donnai ordre à M. de La Jaille de me suivre avec *la Gloire*, et de venir me jeter une partie de son équipage aussitôt qu'il m'y verroit accroché, afin de me trouver par ce renfort plus en état de secourir les vaisseaux de mon escadre que je verrois pressés, où même ceux de l'escadre de M. de Forbin qui pourroient être assez hardis pour oser se mesurer avec *le Devonshire*. Mais aussi comme il y avoit de l'équité à songer un peu aux intérêts de mes armateurs, et prévoyant que nous trouverions assez de difficultés à soumettre les vaisseaux de guerre, pour n'être pas en état de prendre et d'amariner les vaisseaux de transport, je chargeai M. le chevalier de Nesmond, qui commandoit la frégate *l'Amazone*, la meilleure de mon escadre, de donner au milieu de la flotte, pourvu cependant qu'aucun des vaisseaux du Roi ne se trouvât dans le cas d'avoir un besoin pressant de son secours.

Ces ordres donnés, j'arrivai sur les ennemis; et, faisant coucher tout mon équipage sur le pont, je donnai mon attention à bien manœuvrer. J'essuyai d'abord sans tirer la bordée du *Chester*, matelot de l'arrière du *Cumberland*; ensuite celle du *Cumberland* même, qui fût des plus vives. Je feignis dans cet instant de vouloir plier : il donna dans le piége ; et ayant voulu arriver pour me tenir sous son feu, je revins tout à coup au vent, et par ce mouvement son beaupré se trouva engagé dans mes grands haubans, avant que de lui avoir riposté d'un seul coup de canon ; en sorte que toute mon artillerie chargée à double charge, et ma mousqueterie l'enfilant de l'avant à l'arrière, ses ponts et ses gaillards furent dans un instant jonchés de morts. Aussitôt M. de La Jaille, mon fidèle compagnon d'armes, s'avança avec *la Gloire* pour exécuter ce que je lui avois ordonné ; mais ne pouvant m'aborder que très-difficilement, par rapport à la position où il me trouva, il eut l'audace d'aborder *le Cumberland* même de long en long. Il est vrai qu'il rompit son beaupré sur la poupe de mon vaisseau, dans le même moment que l'ennemi achevoit de rompre le sien dans mes grands haubans. Alors ceux de mes gens que j'avois nommés pour sauter à l'abordage du *Cumberland* s'efforcèrent de pénétrer à son bord ; mais très-peu y réussirent, à cause de son beaupré rompu, qui rendoit l'approche de ce vaisseau aussi difficile que dangereuse. Messieurs de La Calandre, de Blois, et Dumenaye, officiers sur *la Gloire*, furent les premiers qui s'élancèrent dedans, à la tête de quelques vaillans hommes. Ils tuèrent et mirent en fuite ce qui restoit d'Anglais sur le pont et sur les gaillards, et se rendirent les maîtres du vaisseau. Alors, voyant qu'ils me faisoient signe avec leurs mouchoirs, et que l'on baissoit le pavillon anglais, je fis cesser le feu, et j'empêchai qu'il ne sautât un plus grand nombre de mes gens à bord. Au même instant je fis pousser au large, pour me porter dans les lieux où je pourrois être de quelque utilité.

M. le chevalier de Beauharnois, qui montoit *l'Achille*, avoit abordé de son côté, avec toute l'audace possible, *le Royal-Oak;* et ses gens s'étant présentés pour sauter à l'abordage, il étoit prêt de s'en rendre maître, lorsque le feu prit dans son vaisseau à des gargousses pleines de poudre. Ses ponts et ses gaillards en furent enfoncés, et plus de cent hommes y perdirent la vie. Il fit pousser au large, et fut assez heureux pour éteindre cet embrasement après bien du travail; mais pendant ce temps-là *le Royal-Oak,* dont le beaupré se trouvoit rompu, avoit profité de l'occasion, et s'étoit servi de toutes ses voiles pour se sauver.

M. le chevalier de Courserac, qui commandoit *le Jason,* aborda aussi *le Chester;* et ses grappins s'étant rompus, les deux vaisseaux se séparèrent. M. le chevalier de Nesmond, qui le suivoit sur *l'Amazone,* voulut en profiter, et aborder à son tour ce vaisseau anglais; mais n'ayant pas modéré sa course assez à temps, il le dépassa malgré lui : alors M. de Courserac revint dessus, et l'enleva à ce dernier abordage; ce qui fit prendre à M. de Nesmond le parti d'exécuter l'ordre que je lui avois donné de fondre au milieu de la flotte, et il s'empara d'un assez grand nombre de ces bâtimens de transport.

Le Maure, commandé par M. de La Moinérie-Miniac, avoit, suivant sa destination, abordé *le Ruby;* et, dans le temps même qu'il y étoit accroché, M. le comte de Forbin vint à toutes voiles donner de son beaupré sur la poupe de cet anglais, qui se rendoit.

M. de Forbin prétendit que c'étoit à lui qu'il s'étoit rendu, quoiqu'il n'eût pas jeté un seul homme à son bord. Cette prétention lui fit d'autant moins d'honneur, que le témoignage des Anglais ne lui étoit pas favorable, et que ce brave général auroit pu trouver, s'il l'avoit voulu, des occasions plus glorieuses d'exercer son courage.

Aussitôt que j'eus fait pousser mon vaisseau au large du *Cumberland*, j'examinai avec attention la face du combat, et ma première pensée fut de courir sur *le Royal-Oak*, que je voyois fuir en très-mauvais état, et que j'aurois certainement enlevé d'emblée, sans beaucoup de danger, et sans effusion de sang. Cette action m'auroit peut-être fait plus d'honneur que le combat sanglant que je rendis contre *le Devonshire*.

Je crois pouvoir avancer hardiment que, dans cette occasion, l'intérêt de ma gloire particulière céda à un motif plus généreux. Je vis que M. le chevalier de Tourouvre, qui commandoit *le Blak-Owal*, vaisseau de cinquante-quatre canons, de l'escadre de M. de Forbin, osoit attaquer ce *Devonshire*, qui en portoit quatre-vingt-douze, et que, suivi du *Salisbury*, monté par M. Bart, il s'avançoit pour l'aborder avec une intrépidité héroïque. Je remarquai même qu'il avoit déjà brisé son beaupré sur la poupe de ce gros vaisseau, dont le feu, infiniment supérieur, et l'artillerie formidable, hachoient en pièces ces deux pauvres vaisseaux. Touché de cet exemple de valeur, je volai au secours de ce brave chevalier, et je pris la résolution d'aborder de long en long *le Devonshire*. J'avois déjà prolongé ma civadière, et j'étois sur le point de l'accrocher, quand je vis sortir de sa poupe une fumée si épaisse, que la crainte de brûler avec lui me fit le battre à portée du pistolet, jusqu'à ce que j'eusse vu ce commencement d'incendie éteint. Il me seroit difficile de tracer une peinture sensible du feu terrible de canon et de mousqueterie que j'en essuyai pendant trois quarts-d'heure, attendant toujours que la fumée de sa poupe fût un peu ralentie pour l'aborder. Il me mit dans cette attente plus de trois cents hommes hors de combat. Enfin, désespéré de voir périr tous mes gens l'un après l'autre, je me résolus à tout événement de l'accrocher, et fis pousser mon gouvernail à bord. Déjà nos vergues commençoient à se croiser lorsque M. de Brugnon, l'un de mes lieutenans, qui commandoit la mousqueterie et la manœuvre, vint précipitamment me faire remarquer que le feu qui s'étoit fomenté dans la poupe du *Devonshire* se communiquoit à ses haubans, et à ses voiles de l'arrière. Frappé d'un danger si pressant, je fis à l'instant changer la barre de mon gouvernail, appareiller tout ce qui me restoit de voiles, détachant des officiers pour aller sur le bout des vergues couper avec des haches mes manœuvres, qui étoient embarrassées avec celles de l'ennemi. A peine m'en étois-je éloigné de la portée du pistolet, que le feu se communiqua de l'arrière à l'avant de ce gros vaisseau avec tant de violence, qu'il fut consumé en moins d'un quart-d'heure. Tout son équipage périt au milieu des flammes et des eaux, à l'exception de trois de ses matelots, qui se trouvèrent après l'affaire à bord de mon vaisseau, où ils étoient passés de vergues en vergues, lorsqu'ils s'aperçurent du motif qui me faisoit abandonner mon abordage avec tant de précipitation. Ils m'assurèrent qu'il y avoit plus de mille hommes dans ce vaisseau, lequel portoit, outre son équipage, plus de trois cents officiers ou soldats passagers. Je n'eus pas de peine à le croire, vu la vivacité avec laquelle son canon et sa mousqueterie étoient servis.

Après ce sanglant combat, mon vaisseau resta tellement délabré, que je fus deux jours entiers sans pouvoir remuer. Le corps du vaisseau, les mâts, les voiles, les manœuvres, tout étoit haché : le gouvernail étoit de même, par deux balles barrées de trente-six livres. Je demeurai dans cette perplexité, ne sachant ce que les autres vaisseaux étoient devenus. Chacun d'eux avoit pris le parti de se rallier, ou de poursuivre les débris de cette flotte : je savois seulement que *le Royal-Oak* s'étoit sauvé, ayant bien remarqué que M. de Forbin n'avoit pas jugé cette conquête digne de son attention. J'avoue que si j'eusse été capable de me repentir d'une bonne action, et si je n'avois pas eu présente l'utilité qui devoit en revenir au roi d'Espagne, j'aurois eu quelque regret d'avoir laissé échapper un si beau vaisseau, qui étoit pour ainsi dire en mes mains, et d'avoir été me faire hacher en pièces, pour avoir la douleur de voir périr mille infortunés d'un genre de mort si affreux. Le souvenir de ce spectacle effroyable me fait encore frémir d'horreur.

Avant que de finir le récit de ce combat, je ne puis m'empêcher de parler de l'action d'un de mes contre-maîtres, qui sauta le premier à bord du *Cumberland* par dessus son beaupré rompu, et qui pénétra à son pavillon de poupe pour le baisser. Il étoit occupé à en couper la drisse, quand il vit quatre soldats anglais, qui s'étoient tenus ventre à terre, s'avancer sur lui le

sabre haut. Dans ce péril imprévû, il conserva assez
de jugement pour jeter à la mer le pavillon anglais,
et pour s'y lancer ensuite lui-même : il eut aussi la
présence d'esprit de ramasser le pavillon dans l'eau,
et de gagner à la nage une chaloupe que *le Cumberland* avoit à la remorque. Il en coupa le cablot; et, se
servant d'une voile qu'il trouva dedans, il arriva vent
arrière, et se rendit dans cet équipage à bord de *l'A-
chille*, qui étoit resté en travers sous le vent, pour
se rétablir du désordre où son abordage l'avoit mis.
Le pavillon dont je parle ici fut porté dans l'église de
Notre-Dame à Paris, avec ceux des autres vaisseaux
de guerre anglais ; et, sur le compte que je rendis de
cette action à M. le comte de Pontchartrain, le Roi,
sur son rapport, voulut la récompenser d'une mé-
daille d'or, et faire maître d'équipage ce vaillant
homme. Il s'appeloit Honorat Toscan, et naviguoit en
1712, en sa qualité de maître, avec M. le chevalier
de Fougeray, lorsqu'il fut pris par *le South-Seas-
Chastel*. Les matelots ou soldats anglais ayant su
que c'étoit lui qui avoit fait la belle action dont je
viens de parler, lui firent essuyer mille indignités. Je
n'ai pas voulu passer sous silence ni cette action, ni
la récompense que ce brave soldat en reçut du Roi.
Ce grand prince n'apprenoit jamais une action de valeur du moindre de ses sujets, qu'il ne lui en fît connoître sa satisfaction par quelque grâce.

Tous les vaisseaux de mon escadre et de celle de
M. de Forbin arrivèrent deux jours avant moi dans
la rade de Brest, avec *le Cumberland*, *le Chester* et
le Ruby. *Le Cumberland* étoit mené à la remorque
en triomphe par le vaisseau de ce général, de la

même manière que s'il en avoit été personnellement le vainqueur.

Outre les vaisseaux de transport dont j'ai dit que *l'Amazone* s'étoit emparée, et qu'elle conduisit à Brest, il y en eut plusieurs autres qui furent pris par différens corsaires qui se trouvèrent à portée de profiter de la déroute, et qui les firent entrer dans d'autres ports de France (1).

M. le comte de Forbin dépêcha, à son arrivée, M. le chevalier de Tourouvre, pour porter au Roi la nouvelle de ce combat. J'appris dans la suite que ce dernier m'avoit rendu, auprès de Sa Majesté, toute la justice que je pouvois attendre d'un caractère aussi généreux que le sien : je la lui rendis aussi tout entière quand j'eus l'honneur d'entretenir à mon tour le Roi sur les circonstances de cette action.

Je reçus alors une lettre très-obligeante de M. le comte de Pontchartrain, qui me témoignoit la satisfaction que Sa Majesté avoit de mes services, en considération desquels elle vouloit bien m'accorder une pension de mille livres sur son trésor royal. J'eus l'honneur de l'en remercier très-humblement; mais je lui demandai en grâce de faire tomber cette pension à M. de Saint-Auban, mon capitaine en second, qui avoit eu une cuisse emportée à l'abordage du *Cumberland*, et qui avoit plus besoin de pension que moi. J'ajoutai que je me trouverois trop récompensé, si je pouvois, par mes très-humbles supplications, obtenir

---

(1) Rapin Thoyras, ou son continuateur, convient, page 184 du douzième tome de son Histoire d'Angleterre, que ce convoi dissipé fit presque autant de tort aux affaires de l'archiduc qu'en avoit fait la bataille d'Almanza.

l'avancement des officiers qui m'avoient si valeureusement secondé ; mais que si le Roi me jugeoit digne de quelque grâce particulière, j'espérois de sa bonté qu'il voudroit bien m'accorder des lettres de noblesse pour mon frère aîné et pour moi, puisque je devois à son secours et à ses soins tout ce que j'avois fait d'estimable, et l'honneur que j'avois d'être connu de Sa Majesté, par les occasions qu'il m'avoit procurées de servir sans discontinuation. M. le comte de Pontchartrain trouva quelque difficulté à m'obtenir cette grâce, ou plutôt il jugea à propos de me la réserver pour récompense de quelque nouvelle action, croyant sans doute que cet objet me rendroit encore plus ardent : mais il est certain que je n'avois pas besoin d'être aiguillonné, et que le désir que j'avois de mériter les bontés du Roi, et d'être utile à l'Etat, étoit seul plus capable de m'animer que toutes les récompenses. Aussi ne m'étois-je porté à lui demander cette grâce que par rapport aux grandes obligations que j'avois à mon frère, dont le zèle pour le service du Roi étoit égal au mien. Malgré tous ces motifs, je n'insistai pas, et crus devoir me rendre auprès de Sa Majesté, pour lui représenter de vive voix les services des officiers qui s'étoient distingués sous mes ordres. Elle eut la bonté d'en avancer plusieurs, entre autres M. le chevalier de Beauharnois, M. le chevalier de Courserac, M. de La Jaille, M. de Saint-Auban, et quelques autres.

Ce fut alors qu'ayant le bonheur d'entretenir le Roi du détail de mon dernier combat, je profitai avec empressement de l'occasion pour lui faire connoître toute la valeur de M. le chevalier de Tourouvre. Je lui fis une peinture si vive de l'intrépidité de cet officier, que Sa Majesté se tournant vers M. de Busca, lieutenant des gardes du corps, qui avoit l'honneur de servir auprès d'elle, lui demanda si feu Ruyter, son bon ami, en auroit fait autant. Il répondit qu'on ne pouvoit rien ajouter au portrait que je venois de faire du mérite et de la bravoure de M. de Tourouvre; et qu'il n'en étoit pas surpris, ayant connu deux de ses frères dans les troupes de terre de Sa Majesté, qui n'étoient pas moins valeureux que celui-ci. M. le maréchal de Villars, qui étoit aussi présent, prit la parole, et ajouta des particularités de leurs services très-avantageuses, et qui faisoient connoître que la valeur et la probité étoient héréditaires dans la maison de Tourouvre. Il pouvoit encore y joindre la modestie; car je n'ai, de mes jours, vu de guerrier qui joignît à un si haut point cette dernière vertu à tant d'intrépidité. J'ai été bien aise de faire connoître, en rapportant tous ces détails, que l'émulation, entre gens d'honneur, ne les empêche point de se rendre réciproquement justice, avec une satisfaction intérieure que les faux braves ne connoissent pas.

[1708] J'étois si pénétré des bontés et des distinctions dont le Roi avoit daigné m'honorer, et j'avois un désir si pressant de m'en rendre digne de plus en plus, que je quittai bientôt le séjour de Versailles, pour aller chercher à combattre ses ennemis. J'avois demandé et j'obtins de Sa Majesté un plus grand nombre de ses vaisseaux, que je destinois à une expédition dont je ne fis confidence à personne, parce que le succès dépendoit d'un profond secret. Il s'agissoit d'aller attendre la nombreuse flotte du Brésil. J'avois reçu avis que les ennemis avoient envoyé sept vaisseaux de guerre au devant d'elle, et qu'ils croisoient sur les îles des Açores, où elle devoit passer nécessairement pour s'y rafraîchir, et y prendre escorte. Ainsi mon entreprise paroissoit immanquable à cet attérage, si je pouvois armer assez à temps pour me rendre sur ces côtes avant qu'elle y fût arrivée.

Je ne tardai donc pas à prendre congé du Roi; et je me rendis en poste à Brest, où je fis diligemment équiper les vaisseaux *le Lis* et *le Saint-Michel*, de soixante-quatorze canons chacun; *l'Achille*, de soixante-six; *la Dauphine*, de cinquante-six; *le Jason*, de cinquante-quatre; *la Gloire*, de quarante; *l'Amazone*, de trente-six; et *l'Astrée*, de vingt-deux. Ces vaisseaux furent montés par M. de Géraldin, M. le chevalier de Courserac, M. le chevalier de Nesmond, M. le chevalier de Goyon, M. de Miniac, M. de Courserac l'aîné, M. de La Jaille, et M. de Kerguelin. Presque tous avoient déjà servi sous mes ordres avec distinction. Je joignis à cette escadre une corvette de structure anglaise de huit canons, pour servir de découverte. Je la confiai à un jeune homme de mes parens; et j'engageai une autre frégate de Saint-Malo de trente canons, nommée *le Desmarets*, à venir me joindre dans la rade.

Nous mîmes à la voile, et nous fûmes nous placer à la hauteur de Lisbonne. Le capitaine d'un vaisseau suédois qui en sortoit me confirma ce que j'avois appris de la flotte du Brésil, et me dit que les sept vaisseaux de guerre que le roi de Portugal envoyoit au devant d'elle étoient partis depuis deux mois pour l'attendre sur les îles des Açores. Nous cinglâmes de ce côté; et, passant hors de la vue de ces îles, nous fûmes nous placer à l'ouest à quinze lieues d'elles, vers l'endroit où devoit passer la flotte, pour éviter que ces sept vaisseaux portugais, ou les habitans des îles, n'eussent connoissance de notre escadre, et n'envoyassent quelque vaisseau d'avis au devant de cette flotte, pour lui faire prendre une autre route. Je détachai en même temps ma corvette anglaise pour aller faire le tour des îles, et reconnoître les sept vaisseaux en question, avec ordre de les bien examiner, et de venir me rendre compte de leurs forces, et des parages où ils croiseroient. Elle les trouva à l'ouest du port de la Tercère, qui couroient bord à terre, et bord à la mer (1). Le capitaine me rapporta que cette escadre étoit composée de trois vaisseaux portugais, trois anglais, et un hollandais; qu'un des portugais étoit à trois ponts, et tous les autres depuis cinquante jusqu'à soixante-dix canons.

Nous demeurâmes constamment près de trois mois sur ces parages, fort étonnés de ne pas voir paroître la flotte, et renvoyant tous les quinze jours la corvette faire le tour des îles : elle me rapportoit toujours la même chose des sept vaisseaux de guerre. Enfin nous découvrîmes un vaisseau venant de l'ouest, qui faisoit route pour se rendre aux îles : nous le poursuivîmes, et ne pûmes le joindre, à cause d'un brouillard, et de la nuit qui survint. Je ne doutai pas qu'il n'informât les vaisseaux ennemis de notre croisière, et que ceux-ci ne se déterminassent à dépêcher un vaisseau d'avis au devant de la flotte, pour la détour-

---

(1) *Qui couroient bord à terre et bord à la mer*: Qui louvoyoient en allant de la pleine mer ver les rivage, et du rivage vers la pleine mer.

ner de sa route; et que par conséquent elle ne s'éloignât des îles, pour éviter d'être exposée à notre insulte. Cependant nos provisions d'eau commençoient à manquer; en sorte que nous ne pouvions demeurer plus de quinze jours à croiser sur ces parages. Cette considération me porta à assembler un conseil composé de tous les capitaines de l'escadre, auxquels je tâchai de faire connoître la nécessité où nous étions d'aller attaquer sans différer les sept vaisseaux de guerre ennemis, dans lesquels nous devions vraisemblablement trouver de l'eau, et assez de vivres pour prolonger notre croisière jusqu'à l'arrivée de la flotte. J'ajoutois que ces vaisseaux, même seuls, suffisoient pour payer l'armement, les Portugais étant dans l'usage d'avoir beaucoup de canons de fonte; et j'insistois sur ce qu'il étoit presque impossible qu'ils n'eussent été informés de notre croisière par ce dernier vaisseau, que la nuit nous avoit fait manquer: de manière que si nous tardions davantage à les aller chercher, il étoit indubitable que nous ne les trouverions plus, et que nous tomberions dans le cas de nous voir forcés, par la disette d'eau, à retourner en France sans avoir rien fait, et ainsi à perdre notre armement en entier.

Ce raisonnement étoit naturel; mais quelque démon, envieux de mon bonheur, empêcha tous les capitaines de l'escadre, sans exception, de le goûter. Ils se laissèrent aller à l'avis de M. de Géraldin, qui étoit d'attendre constamment la flotte sur cette croisière. Ils disoient, pour leurs raisons, que cette flotte ne pouvoit manquer d'arriver incessamment, le vent étant bon pour l'amener; qu'en attaquant les sept vaisseaux, il n'étoit point douteux qu'ils ne nous attendissent de pied ferme, étant pour le moins aussi forts que nous; que le sort des armes étoit incertain; que, supposant même que nous les réduisissions, cela ne pourroit se faire sans que plusieurs de nos vaisseaux ne se trouvassent désemparés, et peut-être hors d'état de tenir la mer; enfin qu'au pis aller, nous serions toujours à portée de les attaquer. Ils ajoutoient que mes armateurs auroient lieu de me reprocher d'avoir préféré, dans cette occasion, ma gloire particulière à leurs intérêts. Enfin ils m'ébranlèrent de façon que, pour ne pas paroître entier dans mes sentimens, je crus devoir leur accorder quelques jours. Mais cette condescendance ne m'empêchoit pas de sentir que je m'exposois, par leur conseil, à un malheur sans remède. C'est le seul conseil que j'aie tenu de ma vie pour savoir s'il étoit à propos de combattre; et si j'en suis le maître, ce sera le dernier.

Cependant je leur laissai un ordre de combat dans lequel étoient marqués les vaisseaux que chaque capitaine devoit aborder, leur recommandant à tous de se tenir préparés, et de me suivre au premier signal que je ferois. Chaque jour que je différois d'aller aux ennemis me paroissoit une année, et j'avois toujours dans l'esprit les suites malheureuses de notre retardement, que je regardois comme inévitables. Enfin au bout de quatre jours, n'y pouvant plus tenir, je mis le signal de combat, et fis route pour les îles. Aussitôt M. de Géraldin me dépêcha un officier, pour me demander encore trois jours en grâce; et les officiers de mon vaisseau, qui m'étoient les plus affidés, séduits par l'attente de la riche flotte du Brésil, et par l'espoir d'un butin immense, y joignirent des prières si pressantes, que j'eus encore la foiblesse d'y consentir.

Ces trois jours expirés, je fis route pour aller chercher les ennemis, et ne les trouvai plus, ainsi que je l'avois prévu. Mon embarras devint extrême : je ne savois si la flotte n'avoit point passé à la faveur de la nuit, et si, après avoir joint les vaisseaux de guerre, elle n'avoit point continué sa route pour Lisbonne, sans s'arrêter aux îles. Pour m'en éclaircir, je résolus d'y faire une descente; et pour cet effet ayant passé entre les îles de Fayal, de Pico et de Saint-Georges, je remarquai, en rangeant cette dernière, un port au fond duquel étoit une assez jolie ville, et quelques forts qui dominoient sur la marine. Cet endroit me parut très-propre à mon dessein; et j'ordonnai un détachement de toutes nos chaloupes, chargées de sept cents soldats sous le commandement de M. le comte d'Arquien, mon capitaine en second, avec ordre de descendre à terre, et de se rendre maître de la ville. Avant que de faire partir ces chaloupes, j'avois envoyé tous nos canots faire une fausse attaque de l'autre côté, pour y attirer une partie de ces insulaires. La véritable descente se fit; et ceux des ennemis qui voulurent s'y opposer furent mis en fuite, et poursuivis si chaudement, que nos troupes entrèrent presque aussitôt qu'eux dans la ville, qui étoit la capitale de l'île de Saint-Georges. La plupart des habitans l'avoient déjà abandonnée, et les religieuses même s'étoient sauvées, et avoient gagné les montagnes. Alors je fis porter à terre un grand nombre de futailles, pour les remplir d'eau; et je fis en même temps enlever tout ce qui m'étoit nécessaire en grains et en vins, dont les magasins de cette ville regorgeoient.

Les prisonniers portugais que l'on fit me dirent que les sept vaisseaux de guerre ayant eu avis, par ce vaisseau que nous avions manqué, et de notre croisière et de nos forces, avoient quitté ces parages depuis trois jours, et étoient retournés à Lisbonne; mais que la flotte du Brésil n'étoit pas encore passée, et qu'on ne savoit ce qui pouvoit la retarder si long-temps. Ce rapport me donna une lueur d'espérance qui s'évanouit bientôt. Nos vaisseaux furent pris tout à coup d'une tempête qui en mit plusieurs en danger de périr contre ces îles, et tous dans la nécessité de gagner le large. Cette tempête continua si long-temps, que j'eus beaucoup de peine à retirer les troupes de cette ville, dont nous nous étions emparés, et que je me vis forcé d'abandonner nos futailles, pour faire promptement route vers les côtes d'Espagne. Mon unique espoir étoit de gagner le port de Vigo assez à temps pour y faire de l'eau, et pour revenir attendre la flotte du Brésil à la hauteur de Lisbonne. J'y donnai rendez-vous à tous les vaisseaux de l'escadre, en cas de séparation; mais nous fûmes si contrariés par les vents et si pressés de la soif, que chaque vaisseau chercha à gagner le port qui lui parut le plus à sa portée. *La Dauphine*, *le Desmarets* et la corvette se séparèrent les premiers de l'escadre, et retournèrent en France; *le Saint-Michel*, *le Jason*, *la Gloire* et *l'Amazone* furent à Cadix; et pour moi, j'arrivai à Vigo avec mon seul vaisseau et *l'Achille*.

Cette flotte du Brésil avoit attéré aux îles des Açores huit jours après que j'en étois parti; et c'est une chose bien surprenante que mon escadre, composée d'excellens vaisseaux, ayant ces huit jours d'avance sur une flotte qui n'alloit pas bien, n'ait pu, malgré tous mes efforts, arriver devant elle sur les côtes de Portugal; car la plus grande partie de la flotte étoit entrée dans Lisbonne ou dans les ports voisins à peu près dans le même temps que j'entrai dans celui de Vigo. J'étois occupé à y faire de l'eau, lorsqu'un vaisseau de cette flotte, poussé par la tempête, vint échouer à quatre lieues de nous dans le port de Pontenedro, et fut pris par les Espagnols. Je sortis de Vigo le plus promptement qu'il me fut possible, et je fis deux petites prises de cette même flotte : tout le reste étoit déjà rentré dans ses ports, comme je viens de le dire. Ainsi mon armement fut entièrement perdu; et mes vivres étant consommés, je revins désarmer à Brest avec *le Lis* et *l'Achille*.

M. de Géraldin, qui, par notre séparation, se trouva commandant des vaisseaux *le Saint-Michel*, *le Jason*, *la Gloire* et *l'Amazone*, étant arrivé dans Cadix, et s'y étant muni d'eau et de vivres, fit, en retournant à Brest, trois autres petites prises anglaises, qui ne payèrent pas la dépense de sa relâche.

La perte entière de cet armement, dans lequel nous avions risqué mon frère et moi une bonne partie de notre petite fortune, nous mit hors d'état de continuer des armemens aussi considérables.

[1709] Cependant je remis en mer avec le vaisseau *l'Achille*, et les frégates *l'Amazone*, *la Gloire* et *l'Astrée*, montées par M. le chevalier de Courserac, M. de La Jaille, et M. de Kerguelin. J'étois informé qu'une flotte de soixante voiles devoit bientôt sortir de

Kinsale, sous l'escorte de trois vaisseaux de guerre anglais de soixante-dix, soixante et cinquante-quatre canons, pour se rendre en différens ports d'Angleterre. J'allai croiser sur son passage, et je la découvris à la vue du cap Lézard. La mer étoit trop agitée et le vent trop fort, pour hasarder de les aborder; d'un autre côté, les ennemis étoient si supérieurs en artillerie, qu'il y auroit eu de la témérité à prétendre de les réduire par le canon. Cependant je considérai que, pareilles occasions ne se rencontrant pas fréquemment, il falloit les saisir quand elles se présentoient; que la fortune aidoit souvent la valeur un peu téméraire; et qu'enfin le vent pourroit s'apaiser pendant l'action.

Ces réflexions faites, je fis signal à *l'Astrée* de donner dans la flotte; et je m'avançai avec *l'Achille*, *l'Amazone* et *la Gloire*, pour livrer le combat aux trois vaisseaux qui m'attendoient en ligne au vent de leur flotte. Je donnai, en passant, ma bordée de canon et de mousqueterie au vaisseau de l'arrière du commandant; et, poussant ma pointe, j'abordai ce dernier de long en long. L'agitation des vagues ne me permit pas de jeter un seul homme à son bord; et même les deux vaisseaux abordés se séparèrent, malgré mes précautions. Je revins jusqu'à trois fois tenter cet abordage, sans pouvoir y tenir, ni faire sauter personne de mon équipage dans ce vaisseau; mais le feu de mon canon et de ma mousqueterie, et d'un très-grand nombre de grenades, fut exécuté si vivement, que ses ponts et gaillards furent couverts de morts, et même abandonnés; ses vergues de misaine et de petit hunier coupées; en un mot, je le mis hors d'état de manœuvrer et de se défendre.

Dans cet intervalle, *l'Amazone* et *la Gloire* combattoient de leur côté les deux autres vaisseaux anglais : elles étoient trop foibles de bois, pour les aborder par un si mauvais temps sans courir un risque évident de périr. Ce combat d'ailleurs étoit trop désavantageux pour elles au canon : aussi furent-elles fort maltraitées; et elles l'auroient été bien davantage, si je ne les avois secourues par intervalles, en partageant mon feu sur les vaisseaux qui les combattoient. Cette attention ne put empêcher que *la Gloire* ne demeurât tout-à-fait désemparée, avec perte d'un grand nombre d'hommes. M. de La Jaille, qui la commandoit, vint me passer à poupe, et me pria de le couvrir, afin qu'il pût travailler à se rétablir.

Je n'étois guère moins maltraité, ayant reçu entre autres un boulet qui traversoit ma soute (1) aux poudres, lesquelles commençoient à se mouiller. L'inquiétude que j'en devois avoir ne m'empêcha pas de répondre à mon camarade qu'il eût à se placer à une portée de fusil sous le vent de mon vaisseau, et qu'il pouvoit travailler en sûreté à se bien rétablir. En effet, les trois vaisseaux ennemis étoient battus et délabrés de façon à n'en devoir rien craindre. Comme *l'Amazone* me parut encore en assez bon état, je fis signal à M. le chevalier de Courserac, qui la montoit, de donner dans la flotte. Il le fit, et amarina cinq bons vaisseaux chargés de tabac, sans que les vais-

(1) *Soute* : Retranchement, petit cabinet, caveau, fermant à clef. Il y en a plusieurs dans un vaisseau pour différens usages.

seaux de guerre ennemis osassent faire aucun mouvement pour l'en empêcher. J'étois à demi portée de canon d'eux, avec la frégate *la Gloire*, prêt à donner dessus s'ils avoient branlé : j'eus même l'audace de faire baisser les voiles à quatorze navires marchands de leur flotte, que je plaçai entre *la Gloire* et moi, à dessein de les amariner aussitôt que nos chaloupes, criblées de coups de canon, pourroient se trouver un peu rajustées. Mais il survint tout à coup un si violent orage, que *la Gloire* en fut démâtée, et mon vaisseau couché, le plat-bord à l'eau, en danger évident d'être abymé, si les écoutes de mes huniers ne s'étoient pas rompues. Au moyen de cet incident, les quatorze vaisseaux que j'avois à ma disposition ne balancèrent pas à arriver vent arrière sur la côte d'Angleterre, et passèrent sous mon beaupré, sans que je pusse les en empêcher. Les trois vaisseaux de guerre les imitèrent ; et ce qu'il y eut de plus fâcheux, c'est que *l'Astrée*, qui dès le commencement avoit donné dans la flotte, avoit brisé sa chaloupe en la mettant à la mer, et n'avoit pu, à cause de la grosse vague, aborder une seule de plusieurs prises qu'elle avoit arrêtées : ainsi ces prises n'étant point amarinées profitèrent de l'orage, et se sauvèrent avec les autres. Après ce combat, la tempête devint encore plus affreuse, et nous sépara tous. Deux de nos prises arrivèrent à Saint-Malo avec *l'Amazone* et *l'Astrée* ; une autre se sauva dans Calais, et deux firent naufrage sur la côte d'Angleterre. Je fus aussi sur le point de périr, et j'eus toutes les peines du monde à gagner le port de Brest avec la frégate *la Gloire*, tous deux en fort mauvais état.

Après les y avoir fait raccommoder, nous retournâmes en croisière à l'entrée de la Manche, et nous y vîmes, comme la nuit se formoit, un gros vaisseau qui couroit vent arrière vers les côtes d'Espagne. J'observai sa manœuvre; et, réglant les miennes dessus, je le joignis à onze heures du soir. Je le conservai toute la nuit, et mis un feu à poupe, afin que *la Gloire*, qui n'alloit pas si bien que mon vaisseau, ne me perdît pas de vue. Dès que le jour parut, je m'avançai sur ce vaisseau étranger : il arbora pavillon anglais; et ayant établi une batterie de six canons à l'arrière de sa poupe, j'en essuyai plusieurs décharges qui tuèrent quantité de mes gens, et incommodèrent fort mes mâts et mes voiles, parce que, fuyant toujours, et allant aussi bien que moi, je fus assez long-temps sans pouvoir le joindre à portée du pistolet. Quand il me vit prêt à l'aborder, il brasseya tout d'un coup ses voiles de l'arrière; et, bordant son artimon, poussa son gouvernail à venir au vent, dans la vue de mettre mon beaupré dans ses grands haubans. Attentif à sa manœuvre et à son gouvernail, je fis orienter mes voiles avec la même promptitude, et, venant aussi tout d'un coup au vent, j'évitai cet abordage dangereux, et je l'abordai lui-même de long en long. Mes grappins furent accrochés au milieu de nos bordées de canon, de mousqueterie et de grenades, et ce vaisseau fut enlevé en moins de trois quarts-d'heure; mais, par le mouvement qu'il avoit fait de mettre mon beaupré dans ses haubans, et par celui que j'avois fait moi-même pour l'éviter, il étoit arrivé que les deux vaisseaux, en présentant le côté au vent, avoient plié davantage, de manière que tous mes canons se trouvèrent pointés à couler bas; et mes canonniers n'ayant pas le temps d'en laisser tomber la culasse, tous leurs coups donnèrent dans la carène du vaisseau ennemi. Quand son pavillon fut baissé, je fis pousser au large; et un instant après il vint passer à ma poupe, pour m'avertir qu'il alloit couler bas, si je ne lui envoyois un prompt secours. Je fis mettre sur-le-champ la chaloupe à la mer avec deux bons officiers, et un nombre suffisant de calfas et de charpentiers pour sauver ce vaisseau, qui étoit de soixante canons, et tout neuf: il s'appeloit *le Bristol.*

Dans ce même instant *la Gloire* me joignit, et se mit en devoir d'envoyer aussi sa chaloupe; mais au milieu de cette occupation, il parut tout d'un coup une escadre de quatorze vaisseaux de guerre anglais à trois lieues sur nous, avec tant de vitesse que je n'eus pas même le temps de retirer mes gens du *Bristol* : il fut dans un moment entouré d'ennemis, et coula bas au milieu d'eux. La moitié des Français et des Anglais qui étoient dedans fut noyée; le reste fut sauvé par les chaloupes des Anglais. M. de Sabrevois, premier lieutenant de mon vaisseau, officier plein de mérite, fut du nombre des malheureux; et messieurs de Cussy et de Noilles, enseignes, se sauvèrent à la nage. Outre cette perte, j'eus dans cette action quatre-vingts hommes hors de combat; M. de La Harteloire, fils du lieutenant général de ce nom, jeune homme plein de valeur, fut tué en se présentant des premiers à l'abordage; et il y eut encore deux autres officiers blessés.

Du moment que j'eus connoissance de cette escadre, j'arrivai vent arrière avec *la Gloire* : mes mâts et mes voiles étoient fort maltraités, mes deux vergues de civadière brisées, mon grand mât de hune percé de deux boulets, et mes deux basses voiles si hachées, que je fus obligé de les changer en présence des ennemis. Ils nous joignirent bientôt à portée du canon. M. de La Jaille, qui connoissoit la situation où sa frégate alloit le mieux, jugea à propos de prendre chasse entre les deux écoutes (1). La connoissance que j'avois aussi de mon vaisseau m'engagea à tenir un peu plus le vent (2). Notre sort fut bien différent : tout délabré que j'étois, j'eus le bonheur d'échapper aux ennemis; mais trois ou quatre de leurs vaisseaux les plus vites joignirent *la Gloire*. M. de La Jaille résista jusqu'à l'extrémité, et remplit tous ses devoirs avec sa valeur ordinaire : il fut enfin contraint de céder à des forces si supérieures. Le lendemain de ce combat et de cette chasse, je trouvai une frégate anglaise qui sortoit de la Manche : je m'en rendis maître, et la conduisis dans le port de Brest, où je désarmai.

A peu près dans ce temps-là, le feu Roi, satisfait de la continuation de mon zèle, se porta de lui-même à nous accorder, à mon frère et à moi, des lettres de noblesse les plus distinguées; et cette grâce nous fit d'autant plus de plaisir, que nous n'osions presque plus nous y attendre. Nous avions même pris des mesures pour recouvrer des titres et des papiers que mon frère avoit été obligé de laisser, en s'enfuyant avec précipitation de Malaga en Espagne, où il étoit consul de France, lors de la déclaration de la guerre en 1689. Ce consulat avoit été possédé de père en fils par ma

---

(1) *De prendre chasse entre les deux écoutes :* De fuir vent arrière.
— (2) *Tenir un peu plus le vent :* Faire route en obéissant un peu moins au vent.

famille pendant plus de deux cents ans; et nous nous flattions de trouver dans ces papiers de quoi prouver et faire renaître la noblesse de notre extraction, dont j'avois souvent entendu parler dans mon enfance. Quoi qu'il en soit, la bonté du Roi nous épargna des soins peut-être inutiles; et nous nous tenons plus glorieux, mon frère et moi, d'avoir pu mériter notre noblesse de la bonté d'un si grand monarque, que si nous la devions à nos ancêtres; d'autant plus que Sa Majesté voulut qu'on insérât dans ces lettres les services de mon frère, et la plupart des miens. Je ne tardai pas à me rendre auprès d'elle pour lui en rendre mes très-humbles actions de grâces, et pour avoir l'honneur de lui faire en même temps ma cour : mais cela ne m'empêcha pas de faire armer *le Jason, l'Amazone* et *l'Astrée,* sous le commandement de M. de Courserac, qui s'en acquitta fort dignement, fit plusieurs prises, et revint désarmer à Brest.

[1710] Mon séjour à Versailles ne fut pas long. J'étois persuadé qu'en cherchant les ennemis du Roi, je lui faisois infiniment mieux ma cour qu'en faisant le personnage de courtisan, auquel je n'étois pas propre. Ainsi je pris congé de Sa Majesté, et je retournai à Brest, où je fis armer *le Lis, l'Achille, la Dauphine, le Jason* et *l'Amazone.* Je montai *le Lis;* et les quatre autres furent montés par M. le comte d'Arquien, M. le chevalier de Courserac, M. de Courserac l'aîné, et M. de Kerguelin.

J'avois reçu avis que cinq vaisseaux anglais, venant des Indes orientales, devoient aborder à la côte d'Irlande, sous l'escorte de deux vaisseaux de guerre de soixante-dix canons. La richesse immense de ces cinq vaisseaux avoit porté l'amirauté d'Angleterre à en faire partir deux autres de soixante-six canons chacun, pour aller au devant d'eux. Je mis à la voile avec ces instructions, et j'établis ma croisière un peu au large de la côte d'Irlande. Je ne tardai pas à y rencontrer un des vaisseaux dépêchés par l'amiral d'Angleterre : je le joignis avant qu'aucun de mes camarades pût arriver à sa portée, et je m'en rendis maître en moins d'une heure de combat. Ce vaisseau, nommé *le Glocester*, que je trouvai effectivement monté de soixante-six canons, comme on me l'avoit marqué, étoit tout neuf ; et comme il alloit fort bien, il me parut propre à croiser avec nous. Je choisis, pour le commander, M. de Nogent, capitaine en second sur mon vaisseau ; officier de mérite et de valeur, s'il en fut jamais ; et je le fis armer d'un bon nombre d'officiers, de soldats et de matelots, afin qu'il fût en état de combattre avec nous dans l'occasion. J'avois trouvé dans ce vaisseau les instructions de l'amiral d'Angleterre touchant sa destination.

Peu de jours après je vis son camarade, que je poursuivis, et qui se sauva à la faveur de la nuit. Ce début me fit espérer que ces riches vaisseaux des Indes ne m'échapperoient pas ; mais j'eus le malheur de tomber malade d'une dyssenterie qui me mit à l'extrémité. Pour comble d'infortune, nous essuyâmes pendant quinze jours un brouillard si épais, que tous les vaisseaux de l'escadre, ne se voyant plus, étoient obligés de se conserver par des signaux continuels de canons, de fusils, de cloches et de tambours. Les vaisseaux des Indes furent assez heureux pour passer justement dans ce temps-là ; de sorte que nous n'en eûmes aucune connoissance. Le pressentiment que j'en avois me tourmentoit encore plus que mon mal. Dès que ce malheureux brouillard fut dissipé, je courus à toutes voiles sur la côte d'Irlande, et j'arrivai précisément à la vue du cap de Clare le même jour que les vaisseaux des Indes attéroient à cette côte. Nous les vîmes, du haut de nos mâts, qui entroient dans les ports de Cork et de Kinsale. Il étoit même resté de l'arrière d'eux un vaisseau de guerre de trente-six canons, que *le Jason* approcha à la portée du canon. Il lui tira plusieurs bordées, sans pouvoir l'empêcher de se réfugier parmi des écueils qui nous étoient inconnus, et de pénétrer dans le fond d'un port dont l'entrée paroissoit très-dangereuse. Tant de contre-temps nous ayant fait manquer une si belle occasion, le reste de la campagne se passa à peu près de même : je fis seulement une prise chargée de tabac ; et mes vivres étant finis, j'allai désarmer à Brest. On m'y débarqua mourant, et je fus très-long-temps sans pouvoir me rétablir. Enfin la nature surmonta le mal, et me remit en état d'aller à Versailles pour y faire ma cour au Roi.

[1711] Ce fut dans ce voyage que je commençai à former une entreprise sur la colonie de Rio-Janeiro, l'une des plus riches et des plus puissantes du Brésil (1). M. Du Clerc, capitaine de vaisseau, avoit déjà tenté cette expédition avec cinq vaisseaux du Roi, et environ mille soldats des troupes de la marine ; mais ces forces n'étant pas, à beaucoup près, suffisantes pour exécuter un tel projet, il y étoit demeuré prisonnier avec six ou sept cents hommes : le surplus

(1) Depuis 1703, le roi de Portugal avoit rompu avec Louis XIV, et étoit entré dans la grande alliance formée contre la France.

avoit été tué à l'assaut qu'il avoit donné à la ville et aux forteresses de Rio-Janeiro.

Depuis ce temps-là, le roi de Portugal en avoit fait augmenter les fortifications, et y avoit envoyé en dernier lieu quatre vaisseaux de guerre de cinquante-six à soixante-quatorze canons, et trois frégates de trente-six à quarante canons, chargés d'artillerie, de munitions de guerre, et de cinq régimens composés de soldats choisis, sous le commandement de don Gaspard d'Acosta, afin de mettre cet important pays absolument hors d'insulte.

Les nouvelles par lesquelles on avoit appris la défaite de M. Du Clerc et de ses troupes disoient que les Portugais, insolens vainqueurs, exerçoient envers ces prisonniers toutes sortes de cruautés; qu'ils les faisoient mourir de faim et de misère dans des cachots; et même que M. Du Clerc avoit été assassiné, quoiqu'il se fût rendu à composition. Toutes ces circonstances, jointes à l'espoir d'un butin immense, et surtout à l'honneur qu'on pouvoit acquérir dans une entreprise si difficile, firent naître dans mon cœur le désir d'aller porter la gloire des armes du Roi jusque dans ces climats éloignés, et d'y punir l'inhumanité des Portugais par la destruction de cette florissante colonie. Je m'adressai pour cela à trois de mes meilleurs amis, qui de tout temps m'avoient aidé de leurs bourses et de leur crédit dans les différentes expéditions que j'avois formées. C'étoit M. de Coulanges, aujourd'hui maître d'hôtel ordinaire du Roi, et contrôleur général de la maison de Sa Majesté; messieurs de Beauvais et de La Sandre-le-Fer, de Saint-Malo, tous trois fort estimés et très-accrédités. Je leur confiai mon entreprise, et les engageai à être directeurs de cet armement. Mais l'importance et l'étendue de l'expédition exigeant des fonds très-considérables, nous fûmes obligés de nous confier à trois autres riches négocians de Saint-Malo, qui étoient messieurs de Belille-Pepin, de L'Espine-Danican, et de Chapdelaine; ce qui faisoit, y compris mon frère, sept directeurs. Je leur fis voir un état des vaisseaux, des officiers, des troupes, des équipages, des vivres, et de toutes les munitions nécessaires, suivant lequel la mise hors de cet armement, non compris les salaires payables au retour, devoit monter à douze cent mille livres.

M. de Coulanges vint me joindre à Versailles, afin d'arrêter un traité en forme, et d'obtenir du ministre les conditions essentiellement nécessaires au succès de mon projet. Il eut besoin d'une patience à l'épreuve, et d'une grande dextérité, pour lever toutes les difficultés qui s'y opposoient. A la fin il y réussit, et M. le comte de Toulouse, amiral de France, ne dédaigna pas d'y prendre un assez gros intérêt; en sorte que, sur le compte que ce prince et M. de Pontchartrain en rendirent au Roi, Sa Majesté l'approuva, et voulut bien me confier ses vaisseaux et ses troupes pour aller porter le nom français dans un nouveau monde.

Aussitôt que cette résolution eut été prise, nous nous rendîmes à Brest mon frère et moi, et nous y fîmes diligemment équiper les vaisseaux *le Lis* et *le Magnanime*, de soixante-quatorze canons chacun; *le Brillant*, *l'Achille* et *le Glorieux*, tous trois de soixante-six canons; la frégate *l'Argonaute*, de quarante-six canons; *l'Amazone* et *la Bellone*, autres frégates de trente-six canons chacune. *La Bellone* étoit équipée en galiote, avec deux gros mortiers ; *l'Astrée,* de vingt-deux canons ; et *la Concorde,* de vingt. Cette dernière étoit de quatre cents tonneaux, et devoit servir de vivandier à la suite de l'escadre : elle étoit principalement chargée de futailles pleines d'eau.

Je choisis, pour monter les vaisseaux, M. le chevalier de Goyon, M. le chevalier de Courserac, M. le chevalier de Beauve, M. de La Jaille, et M. le chevalier de Bois de La Mothe. M. de Kerguelin monta la frégate *l'Argonaute;* et les trois autres furent confiées à messieurs de Chenais-le-Fer, de Rogon, et de Pradel-Daniel, tous trois de Saint-Malo, et parens des principaux directeurs de l'armement.

Je fis en même temps armer à Rochefort *le Fidèle,* de soixante canons, sous le commandement de M. de La Moinerie-Miniac, sous prétexte d'aller en course, comme il lui étoit ordinaire. *L'Aigle,* frégate de quarante canons, y fut aussi équipée et montée par M. de La Mare-Decan, comme pour aller aux îles de l'Amérique ; et je fis préparer sous main deux traversiers de La Rochelle, équipés en galiotes, avec chacun deux mortiers.

Le vaisseau *le Mars,* de cinquante-six canons, fut pareillement armé à Dunkerque, et monté par M. de La Cité-Danican, sous prétexte d'aller en course dans les mers du Nord ; comme il faisoit ordinairement, me servant pour tous ces armêmens de personnes que je faisois agir indirectement.

Je donnai toute mon attention à faire préparer de bonne heure, avec tout le secret possible, les vivres, munitions, tentes, outils, enfin tout l'attirail nécessaire pour camper, et pour former un siége. J'eus soin aussi de m'assurer d'un bon nombre d'officiers choisis, pour mettre à la tête des troupes, et pour bien armer tous ces vaisseaux. M. de Saint-Germain, major de la marine à Toulon, fut nommé par la cour pour servir de major sur l'escadre; et son activité, jointe à son intelligence, me fut d'un secours infini pendant le cours de cette expédition.

Indépendamment de ces préparatifs, et de tous les vaisseaux que nous faisions armer mon frère et moi, nous en engageâmes deux autres de Saint-Malo, qui étoient relâchés aux rades de La Rochelle, *le Chancelier*, de quarante canons, monté par M. Danican-du-Rocher; et *la Glorieuse*, de trente, par M. de La Perche. Les soins que nous prîmes pour accélérer toutes choses furent si vifs et si bien ménagés, que, malgré la disette où étoient les magasins du Roi, tous les vaisseaux de Brest et de Dunkerque se trouvèrent prêts à mettre à la voile dans deux mois, à compter du jour de mon arrivée à Brest.

J'avois eu avis qu'on travailloit en Angleterre à mettre en mer une forte escadre; et, ne doutant pas que ce ne fût pour venir me bloquer dans la rade de Brest, je changeai le dessein où j'étois d'y attendre le reste de mon escadre en celui de l'aller joindre aux rades de La Rochelle, ne voulant pas même donner à mes vaisseaux le temps d'être entièrement prêts. En effet, je mis à la voile le 3 du mois de juin; et, deux jours après, il parut à l'entrée du port de Brest une escadre de vingt vaisseaux de guerre anglais, dont quelques-uns s'avancèrent jusque sous les batteries, et prirent deux bateaux de pêcheurs, qui les informèrent de ma sortie : d'où il est aisé de juger que, sans l'extrême diligence qui fut apportée à cet armement, et le parti que je pris de mettre tout d'un coup à la voile, l'entreprise étoit échouée.

J'arrivai le sixième aux rades de La Rochelle : j'y trouvai *le Fidèle,* les deux traversiers à bombes, et les deux frégates de Saint-Malo prêtes à me suivre.

Le neuvième du mois, je remis à la voile avec tous les vaisseaux rassemblés, à l'exception de la frégate *l'Aigle,* qui avoit besoin d'un soufflage (1) pour être en état de tenir la mer. Je lui donnai rendez-vous à l'une des îles du Cap-Vert, où je devois, suivant les mémoires que l'on m'avoit donnés, faire aisément de l'eau, et trouver des rafraîchissemens.

Le 21, je fis une petite prise anglaise sortant de Lisbonne, que je jugeai propre à servir à la suite de l'escadre.

Le 2 juillet, je mouillai à l'île Saint-Vincent, l'une de celles du Cap-Vert, où la frégate *l'Aigle* vint me joindre. J'y trouvai beaucoup de difficulté à faire de l'eau, et très-peu d'apparence d'y avoir des rafraîchissemens. Ainsi je remis à la voile le sixième, avec le seul avantage d'avoir mis toutes les troupes à terre, et de leur avoir fait connoître l'ordre et le rang qu'elles devoient observer à la descente.

Je passai la ligne le 11 du mois d'août, après avoir essuyé pendant plus d'un mois des vents si contraires

(1) *Soufflage*: Opération dont le but est de corriger, dans un vaisseau, le vice de construction qui l'expose à chavirer. Elle consiste à renfler les côtés aux environs de la flottaison, par le revêtement de planches sous lesquelles on laisse quelquefois un espace vide. Le soufflage est un faux ventre du bâtiment de mer, qui le dispose à mieux porter la voile.

et si frais, que tous les vaisseaux de l'escadre, les uns après les autres, démâtèrent de leur mât de hune.

Le 19, j'eus connoissance de l'île de l'Ascension; et le 27, me trouvant à la hauteur de la baie de tous les Saints, j'assemblai un conseil, dans lequel je proposai d'y aller prendre ou brûler, chemin faisant, ce qui s'y trouveroit de vaisseaux ennemis. Pour cet effet, je me fis rendre compte de la quantité d'eau qui restoit dans tous les vaisseaux de l'escadre; mais il s'en trouva si peu, qu'à peine suffisoit-elle pour nous rendre à Rio-Janeiro. Ainsi il fut décidé que nous continuerions notre route, pour aller en droiture à notre destination.

Le 11 septembre, on trouva fond, sans avoir cependant connoissance de terre. Je fis mes remarques là-dessus, et sur la hauteur que l'on avoit observée; après quoi, profitant d'un vent frais qui s'éleva à l'entrée de la nuit, je fis forcer de voiles à tous les vaisseaux de l'escadre, malgré la brume et le mauvais temps, afin d'arriver, comme je fis, à la pointe du jour précisément à l'entrée de la baie de Rio-Janeiro. Il étoit évident que le succès de cette expédition dépendoit de la promptitude, et qu'il ne falloit pas donner aux ennemis le temps de se reconnoître. Sur ce principe, je ne voulus pas m'arrêter à envoyer à bord de tous les vaisseaux les ordres que chacun devoit observer en entrant : les momens étoient trop précieux. J'ordonnai donc à M. le chevalier de Courserac, qui connoissoit un peu l'entrée de ce port, de se mettre à la tête de l'escadre; et à messieurs de Goyon et de Beauve, de le suivre. Je me mis après eux, me trouvant, de cette façon, dans la situation la plus conve-

nable pour observer ce qui se passoit à la tête et
à la queue, et pour y donner ordre. Je fis en même
temps signal à messieurs de La Jaille et de La Moinerie-Miniac, et ensuite à tous les capitaines de l'escadre, suivant le rang et la force de leurs vaisseaux,
de s'avancer les uns après les autres. Ils exécutèrent
cet ordre avec tant de régularité, que je ne puis assez
élever leur valeur et leur bonne conduite: je n'en ex-
cepte pas même les maîtres des deux traversiers et de
la prise anglaise, qui, sans changer de route, essuyèrent le feu continuel de toutes les batteries, tant est
grande la force du bon exemple. M. le chevalier de
Courserac surtout se couvrit, dans cette journée, d'une
gloire éclatante par sa bonne manœuvre, et par la fierté
avec laquelle il nous fraya le chemin; en essuyant le
premier feu de toutes les batteries.

Nous forçâmes donc de cette manière l'entrée de ce
port, qui étoit défendue par une quantité prodigieuse
d'artillerie, et par les quatre vaisseaux et les trois frégates de guerre que j'ai marqué ci-dessus avoir été
envoyés par le roi de Portugal pour la défense de la
place. Ils s'étoient tous traversés à l'entrée du port;
mais voyant que le feu de leur artillerie, soutenu
de celui de tous leurs forts, n'avoit pas été capable
de nous arrêter, et que nous allions bientôt être à
portée de les aborder, et de nous emparer d'eux, ils
prirent le parti de couper leurs câbles, et de s'échouer
sous les batteries de la ville. Nous eûmes, dans cette
action, environ trois cents hommes hors de combat;
et afin qu'on puisse juger sainement du mérite de cette
entrée, j'exposerai ici quelle est la situation de ce port,
et j'y joindrai celle de la ville et de ses forteresses.

La baie de Rio-Janeiro est fermée par un goulet, d'un quart plus étroit que celui de Brest : au milieu de ce détroit, est un gros rocher qui met les vaisseaux dans la nécessité de passer à portée du fusil des forts qui en défendent l'entrée des deux côtés.

A droite est le fort de Sainte-Croix, garni de quarante-huit gros canons, depuis dix-huit jusqu'à quarante-huit livres de balles ; et une autre batterie de huit pièces, qui est un peu en dehors de ce fort.

A gauche est le fort de Saint-Jean, et deux autres batteries de quarante-huit pièces de gros canons, qui font face au fort de Sainte-Croix.

Au dedans, à l'entrée à droite, est le fort de Notre-Dame-de-Bon-Voyage, situé sur une presqu'île, et muni de seize pièces de canon de dix-huit à vingt-quatre livres de balles.

Vis-à-vis est le fort de Villegagnon, où il y a vingt pièces du même calibre.

En avant de ce dernier fort, est celui de Sainte-Théodore, de seize canons qui battent la plage. Les Portugais y ont fait une demi-lune.

Après tous ces forts, on voit l'île des Chèvres, à portée du fusil de la ville, sur laquelle est un fort à quatre bastions, garni de dix pièces de canon ; et sur un plateau au bas de l'île, une autre batterie de quatre pièces.

Vis-à-vis de cette île, à une des extrémités de la ville, est le fort de la Miséricorde, muni de dix-huit pièces de canon, qui s'avance dans la mer. Il y a encore d'autres batteries de l'autre côté de la rade, dont je n'ai pas retenu le nom. Enfin les Portugais, avertis, avoient placé du canon et élevé des retranchemens partout où ils avoient cru qu'on pouvoit tenter une descente.

La ville de Rio-Janeiro est bâtie sur le bord de la mer, au milieu de trois montagnes qui la commandent, et qui sont couronnées de forts et de batteries. La plus proche, en entrant, est occupée par les jésuites; celle qui est à l'opposite, par les bénédictins; et la troisième, par l'évêque du lieu.

Sur celle des jésuites est le fort de Saint-Sébastien, garni de quatorze pièces de canon et de plusieurs pierriers; un autre fort nommé de Saint-Jacques, garni de douze pièces de canon; et un troisième nommé de Sainte-Aloysie, garni de huit; et, outre cela, une batterie de douze autres pièces de canon.

La montagne occupée par les bénédictins est aussi fortifiée de bons retranchemens et de plusieurs batteries, qui voient de tous côtés.

Celle de l'évêque, nommée la Conception, est retranchée par une haie vive, et munie de distance en distance de canons qui en occupent le pont.

La ville est fortifiée par des redans et par des batteries dont les feux se croisent; du côté de la plaine, elle est défendue par un camp retranché, et par un bon fossé plein d'eau. Au dedans de ces retranchemens, il y a deux places d'armes qui peuvent contenir quinze cents hommes en bataille. C'étoit en cet endroit que les ennemis tenoient le fort de leurs troupes, qui consistoient en douze ou treize mille hommes au moins, en y comprenant cinq régimens de troupes réglées nouvellement amenées d'Europe par don Gaspard d'Acosta, sans compter un nombre prodigieux de Noirs disciplinés.

Surpris de trouver cette place dans un état si différent de celui dont on m'avoit flatté, je cherchai à m'instruire de ce qui pouvoit y avoir donné lieu ; et j'appris que la reine Anne d'Angleterre avoit fait partir un paquebot pour donner avis de mon armement au roi de Portugal, lequel, n'ayant aucun vaisseau prêt pour en aller porter la nouvelle au Brésil, avoit dépêché le même paquebot pour Rio-Janeiro ; et que le hasard l'avoit si bien favorisé, qu'il y étoit arrivé quinze jours avant moi. C'est sur cet avertissement que le gouverneur avoit fait de si grands préparatifs.

Toute la journée s'étant passée à forcer l'entrée du port, je fis avancer pendant la nuit la galiote et les deux traversiers à bombes pour commencer à bombarder ; et à la pointe du jour je détachai M. le chevalier de Goyon avec cinq cents hommes d'élite, pour aller s'emparer de l'île des Chèvres. Il l'exécuta dans le moment ; et en chassa les Portugais si brusquement, qu'à peine eurent-ils le temps d'enclouer quelques pièces de leur canon. Ils coulèrent à fond, en se retirant, deux gros navires marchands entre la montagne des Bénédictins et l'île des Chèvres, et firent sauter en l'air deux de leurs vaisseaux de guerre, qui étoient échoués sous le fort de la Miséricorde. Ils voulurent en faire autant d'un troisième, échoué sous la pointe de l'île des Chèvres ; mais M. le chevalier de Goyon y envoya deux chaloupes commandées par messieurs de Vauréal et de Saint-Osman, lesquels, malgré tout le feu des batteries de la place et des forts, s'en rendirent maîtres, et y arborèrent le pavillon du Roi. Ils ne purent cependant mettre ce vaisseau à flot, parce qu'il s'étoit rempli d'eau par les ouvertures que le canon y avoit faites.

M. le chevalier de Goyon m'ayant rendu compte de la situation avantageuse de l'île des Chèvres, j'allai visiter ce poste; et, le trouvant tel qu'il me l'avoit dit, j'ordonnai à messieurs de La Ruffinière, de Kerguelin et Elian, officiers d'artillerie, d'y établir des batteries de canons et de mortiers. M. le marquis de Saint-Simon, lieutenant de vaisseau, fut chargé du soin de soutenir les travailleurs, avec un corps de troupes que je lui laissai. Les uns et les autres y servirent avec tout le zèle et toute la fermeté que je pouvois souhaiter, quoiqu'ils fussent exposés à un feu continuel et très-vif de canon et de mousqueterie.

Cependant nos vaisseaux manquant d'eau, il n'y avoit pas un moment à perdre pour descendre à terre, et pour s'assurer d'une aiguade(1). J'ordonnai pour cet effet à M. le chevalier de Beauve de faire embarquer la plus grande partie des troupes dans les frégates l'*Amazone*, l'*Aigle*, l'*Astrée* et *la Concorde*; et je le chargeai de s'emparer de quatre vaisseaux marchands portugais, mouillés près de l'endroit où je comptois faire ma descente. Cet ordre fut exécuté pendant la nuit si ponctuellement, que le lendemain matin notre débarquement se fit sans confusion et sans danger. Il est vrai que j'avois tâché d'en ôter la connoissance aux ennemis par d'autres mouvemens, et par de fausses attaques qui attirèrent toute leur attention.

Le 14 septembre, toutes nos troupes, au nombre de deux mille deux cents soldats et sept à huit cents

(1) *Aiguade* : Source d'eau douce.

matelots armés et exercés, se trouvèrent débarquées ; ce qui forma, y compris les officiers, les gardes de la marine et les volontaires, un corps d'environ trois mille trois cents hommes. Nous avions, outre cela, près de cinq cents hommes attaqués du scorbut, qui débarquèrent en même temps : ils furent, au bout de quatre ou cinq jours, en état d'être incorporés avec le reste des troupes.

De tout cela joint ensemble, je composai trois brigades de trois bataillons chacune. Celle qui servoit d'avant-garde étoit commandée par M. le chevalier de Goyon; celle de l'arrière-garde, par M. le chevalier de Courserac ; et je me plaçai au centre avec la troisième, dont je donnai le détail à M. le chevalier de Beauve. Je formai en même temps une compagnie de soixante caporaux choisis dans toutes les troupes, avec un certain nombre d'aides de camp, de gardes de la marine et de volontaires, pour me suivre dans l'action, et se porter avec moi dans tous les lieux où ma présence pourroit être nécessaire.

Je fis aussi débarquer quatre petits mortiers portatifs, et vingt gros pierriers de fonte, afin d'en former une espèce d'artillerie de campagne. M. le chevalier de Beauve inventa à ce sujet des chandeliers de bois à six pates ferrées, qui se fichoient en terre, et sur lesquels les pierriers se plaçoient assez solidement. Cette artillerie marchoit dans le centre au milieu du plus gros bataillon ; et quand on jugeoit à propos de s'en servir, le bataillon s'ouvroit.

Toutes nos troupes et toutes nos munitions étant débarquées, je fis avancer M. le chevalier de Goyon et M. le chevalier de Courserac, tous deux à la tête de leurs brigades, pour s'emparer de deux hauteurs d'où l'on découvroit toute la campagne, et une partie des mouvemens qui se faisoient dans la ville. M. d'Auberville, capitaine des grenadiers de la brigade de Goyon, chassa quelques partis des ennemis d'un bois où ils étoient embusqués pour nous observer; après quoi nos troupes campèrent dans cet ordre. La brigade de Goyon occupa la hauteur qui regardoit la ville; celle de Courserac s'établit sur la montagne à l'opposite; et je me plaçai au milieu, avec la brigade du centre. Par cette situation, nous étions à portée de nous soutenir les uns et les autres, et nous demeurions les maîtres du bord de la mer, où les chaloupes faisoient de l'eau, et apportoient continuellement de nos vaisseaux les munitions de guerre et de bouche dont nous avions besoin. M. de Ricouart, intendant de l'escadre, avoit soin de ne nous en point laisser manquer, et de faire fournir tous les matériaux nécessaires à l'établissement de nos batteries.

Le 15 septembre, voulant examiner si je ne pourrois pas couper la retraite aux ennemis, et leur faire voir que nous étions maîtres de la campagne, j'ordonnai que toutes les troupes se missent sous les armes, et je les fis avancer dans la plaine, détachant jusqu'à la portée du fusil de la ville des partis qui tuèrent des bestiaux et pillèrent des maisons, sans trouver d'opposition, et même sans que les ennemis fissent aucun mouvement. Leur dessein étoit de nous attirer dans leurs retranchemens, qui étoient les mêmes où ils avoient engagé et défait M. Du Clerc. Je pénétrai sans peine ce dessein; et voyant qu'ils continuoient à être immobiles, je fis retirer les troupes en bon ordre.

Cependant je donnai toute mon attention à bien reconnoître le terrain : je le trouvai si impraticable, que quand j'aurois eu quinze mille hommes, il m'auroit été impossible d'empêcher ces gens-là de sauver leurs richesses dans les bois et dans les montagnes. J'en fus encore mieux convaincu lorsqu'ayant remarqué un parti ennemi au pied d'une montagne, et ayant fait couler des troupes à droite et à gauche pour le couper, elles trouvèrent un marais et des broussailles qui les arrêtèrent tout-court, et les forcèrent de revenir sur leurs pas.

Le 16, un de nos détachemens s'étant avancé, les ennemis firent jouer un fourneau avec tant de précipitation, qu'il ne nous fit aucun mal. Le même jour, je chargeai messieurs de Beauve et de Blois d'établir une batterie de dix canons sur une presqu'île qui prenoit à revers les batteries et une partie des retranchemens de la hauteur des Bénédictins.

Le 17, les ennemis brûlèrent quelques magasins qu'ils avoient au bord de la mer, et qui étoient remplis de caisses de sucre, d'agrès et de munitions. Ils firent aussi sauter en l'air le troisième vaisseau de guerre qui étoit demeuré échoué sous les retranchemens des Bénédictins; ils brûlèrent aussi les deux frégates du roi de Portugal.

Dans l'intervalle de tous ces mouvemens, quelques partis ennemis, connoissant les routes du pays, se coulèrent le long des défilés et des bois qui bordoient notre camp; et, après avoir tenté quelques attaques de jour, ils surprirent pendant la nuit trois de nos sentinelles, qu'ils enlevèrent sans bruit. Il y eut aussi quelques-uns de nos maraudeurs qui tombèrent entre leurs mains : cela leur fit naître l'idée d'un stratagême assez singulier.

Un Normand, nommé Du Bocage, qui, dans les précédentes guerres, avoit commandé un ou deux bâtimens français armés en course, avoit depuis passé au service du Portugal : il s'y étoit fait naturaliser, et il étoit parvenu à monter de leurs vaisseaux de guerre. Il commandoit à Rio-Janeiro le second de ceux que nous y avions trouvés; et, après l'avoir fait sauter, il s'étoit chargé de la garde des retranchemens des Bénédictins. Il s'en acquitta si bien, et fit servir ses canons si à propos, que nos traversiers à bombes en furent très-incommodés, et plusieurs de nos chaloupes furent très-maltraitées; une entre autres, chargée de quatre gros canons de fonte, fut percée de deux boulets; et elle alloit couler bas, si je ne m'en fusse aperçu par hasard en revenant de l'île des Chèvres, et si je ne l'avois pas prise à la remorque avec mon canot. Ce Du Bocage voulant faire parler de lui, et gagner la confiance des Portugais, auxquels, comme Français, il étoit toujours un peu suspect, imagina de se déguiser en matelot, avec un bonnet, un pourpoint, et des culottes goudronnées. Dans cet équipage, il se fit conduire par quatre soldats portugais à la prison où nos maraudeurs et nos sentinelles enlevées étoient enfermés. On le mit aux fers avec eux, et il se donna pour un matelot de l'équipage d'une des frégates de Saint-Malo, qui, s'étant écarté de notre camp, avoit été pris par un parti portugais. Il fit si bien son personnage, qu'il tira de nos pauvres Français, trompés par son déguisement, toutes les lumières qui pouvoient lui faire connoître le fort et le foible de nos troupes;

sur quoi les ennemis prirent la résolution d'attaquer notre camp.

Ils firent pour cet effet sortir de leurs retranchemens, avant que le jour parût, quinze cents hommes de troupes réglées, qui s'avancèrent, sans être découverts, jusqu'au pied de la montagne occupée par la brigade de Goyon. Ces troupes furent suivies par un corps de milices qui se posta à moitié chemin de notre camp, à couvert d'un bois, et à portée de soutenir ceux qui nous devoient attaquer.

Le poste avancé qu'ils avoient dessein d'emporter étoit situé sur une éminence à mi-côte, où il y avoit une maison crénelée qui nous servoit de corps-de-garde ; et quarante pas au-dessus régnoit une haie vive, fermée par une barrière. Les ennemis firent passer, lorsque le jour commença à paroître, plusieurs bestiaux devant cette barrière. Un de nos sergens et quatre soldats avides les ayant aperçus, ouvrirent, pour s'en saisir, la barrière, sans en avertir l'officier; mais à peine eurent-ils fait quelques pas, que les Portugais embusqués firent feu sur eux, tuèrent le sergent et deux des soldats : ils entrèrent ensuite, et montèrent vers le corps-de-garde. M. de Liesta, qui gardoit ce poste avec cinquante hommes, quoique surpris et attaqué vivement, tint ferme, et donna le temps à M. le chevalier de Goyon d'y envoyer M. de Boutteville, aide-major, avec les compagnies de M. de Droüalin et d'Auberville. Il me dépêcha en même temps un aide-de-camp, pour m'informer de ce qui se passoit ; et, en attendant mes ordres, il fit mettre toute sa brigade sous les armes, et prête à charger. A l'instant je fis partir deux cents grenadiers par un chemin creux, avec ordre de prendre les ennemis en flanc aussitôt qu'ils verroient l'action engagée ; et je fis mettre toutes les autres troupes en mouvement. Je courus ensuite vers le lieu du combat avec ma compagnie de caporaux : j'y arrivai assez à temps pour être témoin de la valeur et de la fermeté avec laquelle messieurs de Liesta, de Droualin et d'Auberville soutenoient, sans s'ébranler, tous les efforts des ennemis. A l'approche des troupes qui me suivoient, ils se retirèrent précipitamment, en laissant sur le champ de bataille plusieurs de leurs soldats tués, et quantité de blessés. J'interrogeai ces derniers ; et, apprenant d'eux les circonstances que je viens de rapporter, je ne jugeai pas à propos de m'engager dans ce bois et dans ces défilés. Ainsi je fis faire halte aux grenadiers et à toutes les autres troupes qui étoient en marche. En prenant un autre parti, je donnois au milieu de l'embuscade, où le corps des milices étoit posté.

M. de Pontlo-de-Coëtlogon, aide-de-camp de M. le chevalier de Goyon, fut blessé en cette occasion, et nous eûmes trente soldats tués ou blessés. Ce même jour, la batterie dont j'avois laissé le soin à messieurs de Beauve et de Blois commença à tirer sur les retranchemens des Bénédictins.

Le 19, M. de La Ruffinière, commandant de l'artillerie, me manda qu'il avoit sur l'île des Chèvres cinq mortiers et dix-huit pièces de canon de vingt-quatre livres de balles, prêtes à battre en brèche, et qu'il attendoit mes ordres pour démasquer les batteries. Je crus qu'il étoit temps de sommer le gouverneur, et j'envoyai un tambour lui porter cette lettre :

« Le Roi mon maître voulant, monsieur, tirer rai-
« son de la cruauté exercée envers les officiers et les
« troupes que vous fîtes prisonniers l'année dernière ;
« et Sa Majesté étant bien informée qu'après avoir fait
« massacrer les chirurgiens, à qui vous aviez permis de
« descendre de ses vaisseaux pour panser les blessés,
« vous avez encore laissé périr de faim et de misère
« une partie de ce qui restoit de ces troupes, les re-
« tenant toutes en captivité, contre la teneur du car-
« tel d'échange arrêté entre les couronnes de France
« et de Portugal, elle m'a ordonné d'employer ses vais-
« seaux et ses troupes à vous forcer de vous mettre à
« sa discrétion, et de me rendre tous les prisonniers
« français ; comme aussi de faire payer aux habitans
« de cette colonie des contributions suffisantes pour
« les punir de leurs cruautés, et qui puissent dédom-
« mager amplement Sa Majesté de la dépense qu'elle
« a faite pour un armement aussi considérable. Je n'ai
« point voulu vous sommer de vous rendre que je ne
« me sois vu en état de vous y contraindre, et de ré-
« duire votre pays et votre ville en cendres, si vous ne
« vous rendez à la discrétion du Roi mon maître, qui
« m'a commandé de ne point détruire ceux qui se sou-
« mettront de bonne grâce, et qui se repentiront de
« l'avoir offensé dans la personne de ses officiers et de
« ses troupes. J'apprends aussi, monsieur, que l'on a
« fait assassiner M. Du Clerc, qui les commandoit : je
« n'ai point voulu user de représailles sur les Portu-
« gais qui sont tombés en mon pouvoir, l'intention de
« Sa Majesté n'étant point de faire la guerre d'une fa-
« çon indigne d'un roi très-chrétien ; et je veux croire
« que vous avez trop d'honneur pour avoir eu part à

« ce honteux massacre. Mais ce n'est pas assez : Sa
« Majesté veut que vous m'en nommiez les auteurs,
« pour en faire une justice exemplaire. Si vous diffé-
« rez d'obéir à sa volonté, tous vos canons, toutes vos
« barricades ni toutes vos troupes ne m'empêcheront
« pas d'exécuter ses ordres, et de porter le fer et le
« feu dans toute l'étendue de ce pays. J'attends, mon-
« sieur, votre réponse ; faites-la prompte et décisive:
« autrement vous connoîtrez que si jusqu'à présent je
« vous ai épargné, ce n'a été que pour m'épargner à
« moi-même l'horreur d'envelopper les innocens avec
« les coupables.

« Je suis, monsieur, très-parfaitement, etc. »

Le gouverneur renvoya mon tambour avec cette réponse :

« J'ai vu, monsieur, les motifs qui vous ont en-
« gagé à venir de France en ce pays. Quant au trai-
« tement des prisonniers français, il a été suivant
« l'usage de la guerre : il ne leur a manqué ni pain
« de munition, ni aucun des autres secours, quoi-
« qu'ils ne le méritassent pas, par la manière dont
« ils ont attaqué ce pays du Roi mon maître, sans en
« avoir de commission du roi Très-Chrétien, mais fai-
« sant seulement la course. Cependant je leur ai ac-
« cordé la vie au nombre de six cents hommes, comme
« ces mêmes prisonniers le pourront certifier ; je les
« ai garantis de la fureur des Noirs, qui les vouloient
« tous passer au fil de l'épée; enfin je n'ai manqué en
« rien de tout ce qui les regarde, les ayant traités
« suivant les intentions du Roi mon maître. A l'égard

« de la mort de M. Du Clerc, je l'ai mis, à sa sollici-
« tation, dans la meilleure maison de ce pays, où il
« a été tué. Qui l'a tué? C'est ce que l'on n'a pu vérifier,
« quelques diligences que l'on ait faites, tant de mon
« côté que de celui de la justice. Je vous assure que
« si l'assassin se trouve, il sera châtié comme il le mé-
« rite. En tout ceci, il ne s'est rien passé qui ne soit
« de la pure vérité, telle que je vous l'expose. Pour
« ce qui est de vous remettre ma place, quelques me-
« naces que vous me fassiez, le Roi mon maître me
« l'ayant confiée, je n'ai point d'autre réponse à vous
« faire, sinon que je suis prêt à la défendre jusqu'à la
« dernière goutte de mon sang. J'espère que le Dieu
« des armées ne m'abandonnera pas dans une cause
« aussi juste que celle de la défense de cette place,
« dont vous voulez vous emparer sur des prétextes
« frivoles, et hors de saison. Dieu conserve Votre Sei-
« gneurie!

« Je suis, monsieur, etc.

« *Signé* Don Francisco de Castro-Morés. »

Sur cette réponse, je résolus d'attaquer vivement la place ; et j'allai avec M. le chevalier de Beauve tout le long de la côte, pour reconnoître les endroits par où nous pourrions le plus aisément forcer les ennemis. Nous remarquâmes cinq vaisseaux portugais mouillés près des Bénédictins, qui me parurent propres à servir d'entrepôt aux troupes que je pourrois destiner à l'attaque de ce poste. Je fis avancer, par précaution, le vaisseau *le Mars* entre nos deux batteries et ces cinq vaisseaux, afin qu'il se trouvât tout porté pour les soutenir quand il en seroit question.

Le 20, je donnai ordre au *Brillant* de venir mouiller près du *Mars*. Ces deux vaisseaux et nos batteries firent un feu continuel, qui rasa une partie des retranchemens; et je disposai toutes choses pour livrer l'assaut le lendemain à la pointe du jour.

Pour cet effet, aussitôt que la nuit fut fermée, je fis embarquer dans des chaloupes les troupes destinées à l'attaque des retranchemens des Bénédictins, avec ordre de s'aller loger, avec le moins de bruit qu'il seroit possible, dans les cinq vaisseaux que nous avions remarqués. Elles se mirent en devoir de le faire; mais un orage qui survint les ayant fait apercevoir à la lueur des éclairs, les ennemis firent sur ces chaloupes un très-grand feu de mousqueterie. Les dispositions que j'avois vues dans l'air m'avoient fait prévoir cet inconvénient, et pour y remédier j'avois envoyé ordre avant la nuit, au *Brillant* et au *Mars*, et dans toutes nos batteries, de pointer de jour tous leurs canons sur les retranchemens, et de se tenir prêts à tirer dans le moment qu'ils verroient partir le coup d'une pièce de la batterie où je m'étois posté. Ainsi, dès que les ennemis eurent commencé à tirer sur nos chaloupes, je mis moi-même le feu au canon qui devoit servir de signal, lequel fut suivi dans l'instant d'un feu général et continuel des batteries et des vaisseaux, qui, joint aux éclats redoublés d'un tonnerre affreux, et aux éclairs qui se succédoient les uns aux autres sans laisser presque aucun intervalle, rendoit cette nuit affreuse. La consternation fut d'autant plus grande parmi les habitans, qu'ils crurent que j'allois leur donner assaut au milieu de la nuit.

Le 21, à la petite pointe du jour, je m'avançai à la

tête des troupes pour commencer l'attaque du côté de la Conception ; et j'ordonnai à M. le chevalier de Goyon de filer le long de la côte avec sa brigade, et d'attaquer les ennemis par un autre endroit. J'envoyai en même temps ordre aux troupes postées dans les cinq vaisseaux de donner l'assaut aux retranchemens des Bénédictins.

Dans le moment que tout alloit s'ébranler, M. de La Salle, qui avoit servi à M. Du Clerc d'aide de camp, et qui étoit resté prisonnier dans Rio-Janeiro, parut, et vint me dire que la populace et les milices, effrayées de notre grand feu dès qu'il avoit commencé, et ne doutant point qu'il ne fût question d'un assaut général, avoient été frappées d'une terreur si grande, que dès ce temps-là même elles avoient abandonné la ville avec une confusion que la nuit et l'orage avoient rendue extrême, et que cette terreur s'étant communiquée aux troupes réglées, elles avoient été entraînées par le torrent; mais qu'en se retirant elles avoient mis le feu aux magasins les plus riches, et laissé des mines sous les forts des Bénédictins et des Jésuites, pour y faire périr du moins une partie de nos troupes; qu'ayant vu de quelle importance il étoit de m'en avertir à temps, il n'avoit rien négligé pour cela, et qu'il avoit profité du désordre pour s'échapper.

Toutes ces circonstances, qui me parurent d'abord incroyables, et qui pourtant se trouvèrent bien vraies, me firent presser ma marche. Je me rendis maître sans résistance, mais avec précaution, des retranchemens de la Conception, et de ceux des Bénédictins ; ensuite, m'étant mis à la tête des grenadiers, j'entrai dans la place, et je m'emparai de tous les forts, et des autres postes qui méritoient attention. Je donnai en même temps ordre d'éventer les mines : après quoi j'établis la brigade de Courserac sur la montagne des Jésuites, pour en garder tous les forts.

En entrant dans cette ville abandonnée, je fus surpris de trouver d'abord sur ma route les prisonniers qui étoient restés de la défaite de M. Du Clerc. Ils avoient, dans la confusion, brisé les portes de leurs prisons, et s'étoient répandus de tous côtés dans la ville, pour piller les endroits les plus riches. Cet objet excita l'avidité de nos soldats, et en porta quelques-uns à se débander : j'en fis faire, sur-le-champ même, un châtiment sévère qui les arrêta; et j'ordonnai que tous ces prisonniers fussent conduits et consignés dans le fort des Bénédictins.

J'allai après cela rejoindre messieurs de Goyon et de Beauve, auxquels j'avois laissé le commandement du reste des troupes, étant bien aise de conférer avec eux sur les mesures que nous avions à prendre afin d'empêcher, ou tout au moins afin de diminuer, le pillage dans une ville ouverte, pour ainsi dire, de toutes parts. Je fis ensuite poser des sentinelles et établir des corps-de-garde dans tous les endroits nécessaires, et j'ordonnai que l'on fît jour et nuit des patrouilles, avec défense, sous peine de la vie, aux soldats et aux matelots, d'entrer dans la ville. En un mot, je ne négligeai aucunes de toutes les précautions praticables; mais la fureur du pillage l'emporta sur la crainte du châtiment. Ceux qui composoient les corps-de-garde et les patrouilles furent les premiers à augmenter le désordre pendant la nuit; en sorte que, le lendemain matin, les trois quarts des magasins et des maisons se trouvèrent enfoncés, les vins répandus, les vivres, les marchandises et les meubles épars au milieu des rues et de la fange; tout enfin dans un désordre et dans une confusion inexprimable. Je fis, sans rémission, casser la tête à plusieurs qui se trouvèrent dans le cas du ban publié. Mais tous les châtimens réitérés n'étant pas capables d'arrêter cette fureur, je pris le parti, pour sauver quelque chose, de faire travailler les troupes, depuis le matin jusqu'au soir, à porter dans des magasins tous les effets que l'on put ramasser; et M. de Ricouart y plaça des écrivains [1], et des gens de confiance.

Le 23, j'envoyai sommer le fort de Sainte-Croix, qui se rendit. M. de Beauville, aide-major général, en prit possession, ainsi que des forts de Saint-Jean et de Villegagnon, et des autres de l'entrée. Il fit, par mon ordre, enclouer tous les canons des batteries qui n'étoient pas fermées.

Sur ces entrefaites, j'appris, par différens Noirs transfuges, que le gouverneur de la ville, et don Gaspard d'Acosta, commandant de la flotte, avoient rassemblé leurs troupes dispersées, et qu'ils s'étoient retranchés à une lieue de nous, où ils attendoient un puissant secours des mines, sous la conduite de don Antoine d'Albuquerque, général d'un grand renom chez les Portugais. Ainsi je trouvai à propos de me précautionner contre eux. J'établis, pour cet effet, la brigade de Goyon à la garde des retranchemens qui regardoient la plaine; et je me plaçai avec la brigade du centre sur les hauteurs de la Conception et des Bé-

---

[1] *Écrivains :* Employés qui ont été remplacés depuis par les commis aux approvisionnemens.

nédictins, me mettant par là à portée de donner du secours à ceux qui en auroient besoin. La brigade de Courserac étoit déjà postée, comme je l'ai dit, sur la montagne des Jésuites.

Ayant l'esprit tranquille de ce côté-là, je donnai mon attention aux intérêts du Roi et à ceux des armateurs. Les Portugais avoient sauvé leur or dans les bois, brûlé ou coulé à fond leurs meilleurs vaisseaux, et mis le feu à leurs magasins les plus riches : tout le reste étoit en proie à l'avidité des soldats, que rien ne pouvoit arrêter. D'ailleurs il étoit impossible de garder cette place, à cause du peu de vivres que j'avois trouvés, et de la difficulté de pénétrer dans les terres pour en recouvrer. Tout cela bien considéré, je fis dire au gouverneur que, s'il tardoit à racheter sa ville par une contribution, j'allois la mettre en cendres, et en saper jusqu'aux fondemens. Afin de lui rendre même cet avertissement plus sensible, je détachai deux compagnies de grenadiers, pour aller brûler toutes les maisons de campagne à demi-lieue à la ronde. Ils exécutèrent cet ordre; mais étant tombés dans un corps de Portugais fort supérieur, ils auroient été taillés en pièces, si je n'eusse eu la précaution de les faire suivre par deux autres compagnies commandées par messieurs de Brugnon et de Cheridan, lesquelles, soutenues de ma compagnie de caporaux, enfoncèrent les ennemis, en tuèrent plusieurs, et mirent le reste en fuite. Leur commandant, nommé Amara, homme en réputation parmi eux, demeura sur la place. M. de Brugnon me présenta ses armes, et son cheval, l'un des plus beaux que j'aie vus. Cet officier s'étoit fort distingué dans cette action : ils avoient, lui et M. de

Cheridan, percé les premiers, la baïonnette au bout du fusil. Cependant comme je vis que l'affaire pouvoit devenir sérieuse, par rapport au voisinage du camp des ennemis, je fis avancer deux bataillons sous le commandement de M. le chevalier de Beauve. Il pénétra plus avant, brûla la maison qui servoit de demeure à ce commandant, et se retira.

Après cet échec, le gouverneur m'envoya le président de la chambre de justice avec un de ses mestres de camp, pour traiter du rachat de la ville. Ils commencèrent par me dire que le peuple les ayant abandonnés pour transporter ses richesses bien avant dans les bois et dans les montagnes, il leur étoit impossible de trouver plus de six cent mille cruzades : encore demandoient-ils un assez long terme pour faire revenir l'or appartenant au roi de Portugal, qu'ils disoient aussi avoir été porté très-loin dans les terres. Je rejetai la proposition, et congédiai ces députés, après leur avoir fait voir que je faisois ruiner tous les lieux que le feu ne pourroit pas entièrement détruire.

Ces gens partis, je n'entendis plus parler du gouverneur; j'appris au contraire, par des Nègres déserteurs, que cet Antoine d'Albuquerque s'approchoit, et devoit le joindre incessamment avec un puissant secours; et qu'il lui avoit dépêché un exprès pour l'en avertir. Inquiet de cette nouvelle, je compris la nécessité où j'étois de faire un effort avant leur jonction, si je voulois tirer parti d'eux. Ainsi j'ordonnai que toutes mes troupes, que j'avois recrutées d'environ cinq cents hommes restés de la défaite de M. Du Clerc, décampassent, et se missent en marche sans tambour et à la sourdine; quand la nuit seroit un peu avancée. Cet ordre fut exécuté, malgré l'obscurité et la difficulté des chemins, avec tant d'ardeur et de régularité, que je me trouvai à la pointe du jour en présence des ennemis. L'avant-garde, commandée par M. le chevalier de Goyon, ne fit halte qu'à demi-portée de fusil de la hauteur qu'ils occupoient, et sur laquelle leurs troupes parurent en bataille : elles avoient été renforcées de douze cents hommes arrivés depuis peu du quartier de l'Ile-Grande. Je fis ranger tous nos bataillons en front de bandière, autant que le terrain put le permettre, prêt à leur livrer combat; et j'eus soin de faire occuper les hauteurs et les défilés, détachant en même temps divers petits corps pour aller faire un assez grand tour, avec ordre de tomber sur le flanc des ennemis aussitôt qu'ils auroient connoissance que l'action seroit engagée.

Le gouverneur surpris envoya un jésuite, homme d'esprit, avec deux de ses principaux officiers, pour me représenter qu'il avoit offert pour racheter sa ville tout l'or dont il pouvoit disposer, et que, dans l'impossibilité où il étoit d'en trouver davantage, tout ce qu'il pouvoit faire étoit d'y joindre dix mille cruzades de sa propre bourse, cinq cents caisses de sucre, et tous les bestiaux dont je pourrois avoir besoin pour la subsistance de nos troupes; que si je refusois d'accepter ces offres, j'étois le maître de les combattre, de détruire la ville et la colonie, et de prendre tel autre parti que je jugerois à propos.

J'assemblai le conseil là-dessus, lequel conclut unanimement que si nous passions sur le ventre de ces gens-là, bien loin d'en tirer avantage, nous perdrions l'unique espoir qui nous restoit de les faire contribuer ; et qu'il ne falloit pas balancer d'accepter cette proposition. J'en compris aussi la nécessité. Je me fis donner en conséquence sur-le-champ douze des principaux officiers pour otages ; et je pris une soumission de payer les six cent mille cruzades dans quinze jours, et de me fournir tous les bestiaux dont j'aurois besoin. On arrêta en même temps qu'il seroit permis à tous les marchands portugais de venir à bord de nos vaisseaux et dans la ville, pour y racheter les effets qui leur conviendroient, en payant comptant.

Le lendemain 11 octobre, don Antoine d'Albuquerque arriva au camp des ennemis avec trois mille hommes de troupes réglées, moitié cavalerie et moitié infanterie. Pour s'y rendre plus promptement, il avoit fait mettre l'infanterie en croupe, et il s'étoit fait suivre par plus de six mille Noirs bien armés, qui arrivèrent le jour suivant. Ce secours, quoique venant un peu tard, étoit trop considérable pour que je ne redoublasse pas mes attentions : je me tins donc continuellement sur mes gardes, d'autant plus que les Noirs qui se rendoient à nous assuroient que, malgré les otages livrés, les Portugais vouloient nous surprendre et nous attaquer pendant la nuit ; mais cela ne m'empêcha pas de faire travailler à porter dans nos vaisseaux toutes les caisses de sucre, et à remplir nos magasins de ce que l'on put rassembler d'autres effets. La plus grande partie, n'étant propre que pour la mer du Sud, auroit tombé en pure perte, si on les avoit apportés en France. La difficulté étoit d'avoir des bâtimens capables d'entreprendre un tel voyage : il ne s'en trouva qu'un seul de six cents tonneaux en état d'y aller, encore ne pouvoit-il contenir qu'une partie des marchandises ; de manière que, pour sauver le reste, nous jugeâmes à propos, M. de Ricouart et moi, d'y joindre *la Concorde*.

J'ordonnai en conséquence qu'on travaillât jour et nuit à charger ces deux vaisseaux ; et comme il restoit encore cinq cents caisses de sucre, je les fis mettre dans la moins mauvaise de nos prises, que chaque vaisseau contribua à équiper, et dont M. de La Ruffinière prit le commandement. Les autres vaisseaux pris furent vendus aux Portugais, ainsi que les marchandises gâtées, dont on tira le meilleur parti que l'on put.

Le 4 novembre, les ennemis ayant achevé leur dernier paiement, je leur remis la ville, et je fis embarquer les troupes, gardant seulement le fort de l'île des Chèvres et celui de Villegagnon, ainsi que ceux de l'entrée, afin d'assurer notre départ.

Je fis ensuite mettre le feu au vaisseau de guerre portugais que l'on n'avoit pu relever, et à un autre vaisseau marchand que l'on n'avoit pas trouvé à vendre.

Dès le premier jour que j'étois entré dans la ville, j'avois eu un très-grand soin de faire rassembler tous les vases sacrés, l'argenterie et les ornemens des églises ; et je les avois fait mettre, par nos aumôniers, dans de grands coffres, après avoir fait punir de mort tous les soldats ou matelots qui avoient eu l'impiété de les profaner, et qui s'en étoient trouvés saisis. Lorsque je fus sur le point de partir, je confiai ce dépôt aux jésuites, comme aux seuls ecclésiastiques de ce pays-là qui m'avoient paru dignes de ma confiance ; et je les chargeai de le remettre à l'évêque du lieu. Je dois rendre à ces pères la justice de dire qu'ils contribuèrent beaucoup à sauver cette florissante colonie, en portant le gouverneur à racheter sa ville; sans quoi je l'aurois rasée de fond en comble, malgré l'arrivée d'Antoine Albuquerque et de tous ses Noirs. Cette perte, qui auroit été irréparable pour le roi de Portugal, n'auroit été d'aucune utilité à mon armement.

Avant que de parler de mon retour en France, il est bien juste de témoigner ici que le succès de cette expédition est dû à la valeur de la plupart des officiers en général, et à celle des capitaines en particulier; mais surtout à la fermeté et à la bonne conduite de messieurs de Goyon, de Courserac, de Beauve et de Saint-Germain. Ces quatre officiers me furent d'une ressource infinie dans tout le cours de cette entreprise; et j'avoue avec plaisir que c'est par leur activité, par leur courage et par leurs conseils que je suis parvenu à surmonter un grand nombre d'obstacles qui me paroissoient au-dessus de nos forces.

Le 13, toute l'escadre mit à la voile; et le même jour les bâtimens destinés pour la mer du Sud partirent aussi, bien équipés de tout ce qui leur étoit nécessaire. J'embarquai sur nos vaisseaux un officier, quatre gardes de la marine, et près de cinq cents soldats restant de l'aventure de M. Du Clerc : tous les autres officiers avoient été envoyés à la baie de tous les Saints. J'avois formé la résolution de les y aller délivrer; et il est certain que je l'aurois exécutée, et même que j'aurois tiré de cette colonie une autre contribution, si je n'avois eu le malheur d'être cruellement traversé par les vents contraires pendant plus de quarante jours : de sorte qu'il nous restoit à peine des vivres suffisamment pour nous conduire en France.

Dans cette situation, il y auroit eu de la témérité et même de la folie à s'exposer aux plus grandes extrémités.

Ce défaut de vivres nous fit délibérer si nous irions relâcher aux îles de l'Amérique : la seule incertitude de pouvoir y en trouver assez pour un si grand nombre de vaisseaux m'empêcha de prendre ce parti. Nous fûmes même dans l'obligation de laisser la prise chargée de sucre, parce qu'elle nous faisoit perdre trop de chemin, et que, dans l'état où nous étions, le moindre retardement nous exposoit à de fâcheux événemens. La frégate *l'Aigle* eut ordre de conserver cette prise, et de l'escorter jusque dans le premier port de France.

Le 20 décembre, après avoir essuyé bien des vents contraires, nous passâmes la ligne équinoxiale ; et, le 29 janvier 1712, nous nous trouvâmes à la hauteur des Açores. Jusque là toute l'escadre s'étoit conservée ; mais nous fûmes pris sur ces parages de trois coups de vent consécutifs, et si violens qu'ils nous séparèrent tous les uns des autres. Les gros vaisseaux furent dans un danger évident de périr : *le Lis*, que je montois, quoique l'un des meilleurs de l'escadre, ne pouvoit gouverner, par l'impétuosité du vent ; et je fus obligé de me tenir en personne au gouvernail pendant plus de six heures, et d'être continuellement attentif à prévenir toutes les vagues qui pourroient faire venir le vaisseau en travers. Mon attention n'empêcha pas que toutes mes voiles ne fussent emportées, que toutes mes chaînes de haubans ne fussent rompues les unes après les autres, et que mon grand mât ne rompît entre les deux ponts : nous faisions d'ailleurs de l'eau à trois pompes; et ma situation devint si pressante au milieu de la nuit, que je me trouvai dans le cas d'avoir recours aux signaux d'incommodité, en tirant des coups de canon, et mettant des feux à mes haubans. Mais tous les vaisseaux de mon escadre, étant pour le moins aussi maltraités que le mien, ne purent me conserver; et je me trouvai avec la seule frégate *l'Argonaute*, montée par M. le chevalier Du Bois de La Mothe, qui dans cette occasion voulut bien s'exposer à périr, pour se tenir à portée de me donner du secours.

Cette tempête continua pendant deux jours avec la même violence; et mon vaisseau fut sur le point d'en être abymé, en faisant un effort pour joindre trois de mes camarades, que je découvrois sous le vent. En effet, ayant voulu faire vent arrière sur eux avec les fonds de ma misaine (1) seulement, une grosse vague vint de l'arrière, qui éleva ma poupe en l'air; et dans le même instant il en vint une autre encore plus grosse de l'avant, qui, passant par dessus mon beaupré et ma hune de misaine, engloutit tout le devant de mon vaisseau jusqu'à son grand mât. L'effort qu'il fit pour déplacer cette épouvantable colonne d'eau dont il étoit affaissé nous fit dresser les cheveux, et envisager pendant quelques instans une mort inévitable au milieu des abymes de la mer. La secousse des mâts et de toutes les parties du vaisseau fut si grande, que c'est une espèce de miracle que nous n'y ayons pas péri; et je ne le comprends pas encore. Cet orage apaisé, je rejoignis *le Brillant*, *l'Argonaute*, *la*

---

(1) *Les fonds de ma misaine* : Le milieu de la partie basse de cette voile, tous les ris étant pris (*voyez* la note 1 de la page 375), et les angles inférieurs plus ou moins retroussés.

Bellone, *l'Amazone* et *l'Astrée*. Nous mîmes plusieurs fois en travers, pour attendre le reste de l'escadre; et n'en ayant pas eu connoissance, nous entrâmes dans la rade de Brest le 6 février 1712. *L'Achille* et *le Glorieux* s'y rendirent deux jours après nous. *Le Mars* ayant été démâté de tous ses mâts, se trouva dans un danger évident, faute de vivres; et, après avoir infiniment souffert, il arriva dans le port de la Corogne, d'où il se rendit au Port-Louis.

L'Aigle relâcha à l'île de Cayenne avec la prise qu'il escortoit : il y périt à l'ancre, et son équipage s'embarqua dans cette prise, pour repasser en France.

A l'égard du *Magnanime* et du *Fidèle*, je me flattai long-temps de jour en jour de les voir arriver : mais on n'en a eu depuis aucunes nouvelles; et on ne peut douter à présent que, dans cette horrible tempête, il ne leur soit arrivé quelque aventure à peu près pareille à celle du *Lis*, dont ils ont eu le malheur de ne se pas tirer comme moi.

Ces deux vaisseaux avoient près de douze cents hommes d'équipage, et quantité d'officiers et de gardes de la marine, gens de mérite et de naissance, que je regretterai toujours infiniment; mais entre autres M. le chevalier de Courserac, mon fidèle compagnon d'armes, qui, dans plusieurs de mes expéditions, m'avoit secondé avec une valeur peu commune, et qui rapportoit en France la gloire distinguée de nous avoir frayé l'entrée du port de Rio-Janeiro, comme je l'ai dit. La tendre estime qui nous unissoit depuis très-long-temps, et qui n'avoit jamais été traversée par un moment de froideur, m'a fait ressentir sa perte aussi vivement que celle de mes frères. Ma confiance en lui étoit si grande, que j'avois fait charger sur *le Magnanime*, qu'il montoit, plus de six cent mille livres en or et en argent. Ce vaisseau étoit, outre cela, rempli d'une grande quantité de marchandises. Il est vrai que c'étoit le plus grand de l'escadre, et le plus capable, en apparence, de résister aux efforts de la tempête et à ceux des ennemis. Presque toutes nos richesses étoient embarquées sur ce vaisseau, et sur celui que je montois.

Les retours du chargement des deux vaisseaux que j'avois envoyés à la mer du Sud, joints à l'or et aux autres effets apportés de Rio-Janeiro, payèrent la dépense de mon armement, et donnèrent quatre-vingt-douze pour cent de profit à ceux qui s'y étoient intéressés. Il est encore resté à la mer du Sud plus de cent mille piastres de mauvais crédits, par la friponnerie de ceux auxquels on s'est confié. Cette perte, jointe à celle des vaisseaux *le Magnanime, le Fidèle* et *l'Aigle*, fit manquer encore cent pour cent de bénéfice : ce sont de ces malheurs que toute la prudence humaine ne peut empêcher.

Les avantages que l'on a retirés de cette expédition sont petits, en comparaison du dommage que les Portugais en ont souffert, tant par la contribution à laquelle je les forçai, que par la perte de quatre vaisseaux et de deux frégates de guerre, et de plus de soixante vaisseaux marchands ; outre une prodigieuse quantité de marchandises brûlées, pillées, ou embarquées sur nos vaisseaux. Le seul bruit de cet armement causa une grande diversion et beaucoup de dépense aux Hollandais et aux Anglais. Ces derniers mirent d'abord en mer une escadre de vingt vaisseaux de guerre, dans le dessein de me bloquer dans la rade de Brest ; et, appréhendant que mon armement ne fût destiné à porter le Prétendant en Angleterre, ils rappelèrent de Flandre six mille hommes de leurs troupes, et se donnèrent de grands mouvemens pour se mettre en état de s'opposer à une descente sur leurs côtes. Ils envoyèrent en même temps des vaisseaux d'avis et des navires de guerre dans leurs principales colonies, avec une inquiétude d'autant plus grande qu'ils ignoroient absolument la destination de mon armement.

Deux mois après mon arrivée à Brest, je me rendis à Versailles pour faire ma cour au Roi : il eut la bonté de me témoigner beaucoup de satisfaction de ma conduite, et une grande disposition à m'en accorder la récompense. M. le comte de Pontchartrain me protégea ouvertement dans cette occasion, et me rendit auprès de Sa Majesté de si bons offices, que, malgré les brigues et la malignité des jaloux et des envieux, elle fut sur le point de me nommer dès-lors chef d'escadre, par une promotion particulière. Mais comme il y avoit nombre d'anciens capitaines de vaisseaux distingués par leurs services et par leur naissance, Sa Majesté jugea à propos de différer jusqu'à une promotion générale ; et, en attendant, elle eut la bonté de me gratifier d'une pension de deux mille livres sur l'ordre de Saint-Louis.

[1715] J'étois à Versailles lorsque le Roi voulut bien m'honorer de la cornette (1) : c'étoit au commen-

---

(1) *Cornette* : Pavillon carré qui est terminé par deux pointes, et qu'on déploie à la tête du mât d'artimon (du mât de l'arrière). C'est une marque de distinction qui n'est arborée que dans les vaisseaux commandés par des chefs d'escadre.

cement du mois d'août 1715. Un jour que j'étois dans la foule des courtisans sur son passage lorsqu'il alloit à la messe, il s'arrêta en m'apercevant, fit un pas comme pour s'approcher de moi, et daigna m'annoncer lui-même cette nouvelle, dans des termes si pleins de bonté, et de cette douceur majestueuse qui accompagnoit jusqu'aux moindres de ses actions, que j'en fus pénétré : mais je remarquai, avec une douleur qui égaloit ma reconnoissance, à sa voix affoiblie et à tout son maintien, que le mal qui le minoit depuis quelque temps avoit fait de grands progrès ; et je ne distinguai que trop les efforts que son grand courage lui faisoit faire pour le surmonter. Peu de jours après, il fut contraint de céder. Je ne quittai point les avenues de sa chambre, jusqu'au moment où la mort enleva à la France un si bon maître, et à l'univers son plus grand ornement. On peut juger de la profonde affliction où je me trouvai. Dès ma tendre jeunesse, j'avois eu pour sa personne et pour ses vertus des sentimens d'amour et d'admiration ; et j'aurois sacrifié mille fois ma vie pour conserver ses jours. Je ne pus soutenir un spectacle si touchant : je partis brusquement en poste, et je vins me confiner dans un coin de ma province, pour y donner un libre cours à mes pleurs et à mes regrets.

MAXIMES (1).

En terminant ces Mémoires, j'ai cru devoir ajouter ici certaines maximes qui n'ont pas peu contribué au succès de mes différens combats et de mes expédi-

(1) Ces fragmens sont tirés de l'édition de 1730.

tions, afin que les bons sujets du Roi qui les liront puissent en tirer quelques lumières, et quelque avantage pour son service.

Je commencerai par assurer que mon désintéressement a beaucoup servi à me gagner les cœurs des officiers et des soldats. Il est vrai que, bien loin de m'attacher, sur l'exemple de plusieurs autres, à piller les prises que je faisois, et m'enrichir de ce qui ne m'étoit pas dû, j'ai souvent employé ce qui m'appartenoit légitimement à gratifier, au sortir d'une action, les officiers, soldats ou matelots, quand ils s'y étoient distingués, ne leur promettant jamais récompense ou punition que cela n'ait été suivi d'un prompt effet.

J'ai toujours été fort attentif à faire observer une exacte discipline, ne souffrant jamais qu'on se relâchât sur ses devoirs ou sur la régularité du service, et que l'on éludât, sous quelque prétexte que ce fût, les ordres que j'avois une fois donnés.

D'ailleurs, par l'arrangement, le bon ordre et la disposition que j'établissois avant le combat, j'ai toujours mis mes équipages dans le cas d'être braves par nécessité, et dans une espèce d'impossibilité d'abandonner leurs postes; prévoyant en même temps tous les accidens qui pouvoient arriver dans une action, et mettant toujours les choses au pis, afin de n'en être pas troublé, et de prendre des mesures d'avance, pour y apporter remède autant qu'il étoit possible.

Je joignis encore à ces précautions une grande attention à conserver mes équipages, et à ne les jamais exposer mal à propos : aussi en étoient-ils si bien persuadés, qu'ils ne manquoient presque jamais d'exécuter avec activité, soit à la mer, soit à terre, les ordres et les mouvemens que je leur avois marqués. Etoit-il question de joindre ou d'éviter avec plus de vitesse les vaisseaux ennemis? je ne craignois pas de faire mettre tous mes gens à fond de cale, parce que j'étois assuré qu'à mon premier signal ils se mettroient à leurs postes sans y manquer. Souvent même je les ai fait coucher tout d'un coup, le ventre sur le pont, dans la vue de les épargner; et j'ai toujours remarqué qu'ils en combattoient après cela avec plus d'ardeur et de confiance.

Quoique ces différentes maximes soient d'elles-mêmes assez estimables, j'avouerai, à ma honte, que je les ai quelquefois un peu ternies par une vivacité trop outrée, dans les occasions où j'ai cru qu'on n'avoit pas bien rempli son devoir. Ce premier mouvement m'a souvent emporté à des procédés trop vifs, et des termes peu convenables à la dignité d'un commandant, qui doit se posséder, et n'employer jamais son autorité qu'avec modération et de sang froid : mais comme ce défaut est dans le sang, tous mes efforts, joints à une longue expérience, n'ont pu que le modérer, et non le détruire entièrement.

Ceux qui liront ces Mémoires, et qui réfléchiront sur la multitude de combats, d'abordages et de dangers de toute espèce que j'ai essuyés, me regarderont peut-être comme un homme en qui la nature souffre moins à l'approche du péril que dans la plupart des autres. Je conviens que mon inclination est portée à la guerre; que le bruit des fifres, des tambours, celui du canon et du fusil, tout enfin ce qui en retrace l'image, m'inspire une joie martiale : mais je suis obligé d'avouer en même temps que, dans beaucoup d'occa-

sions, la vue d'un danger pressant m'a souvent causé
des révolutions étranges, quelquefois même des trem-
blemens involontaires dans toutes les parties de mon
corps. Cependant le dépit et l'honneur surmontant ces
indignes mouvemens, m'ont bientôt fait recouvrer
une nouvelle force, et dans ma plus grande foiblesse :
et c'est alors que, voulant me punir moi-même de
m'être laissé surprendre à une frayeur si honteuse,
j'ai bravé avec témérité les plus grands dangers. C'est
après ce combat de l'honneur et de la nature que mes
actions les plus vives ont été poussées au-delà de mes
espérances. Je n'en parle ici que dans la vue de porter ceux auxquels pareil accident peut arriver à faire
de généreux efforts sur eux-mêmes, et à les redoubler à proportion de leurs foiblesses.

C'est ici que finissent les Mémoires de M. Duguay.
Quoique le reste de sa vie ait été rempli d'époques
honorables, qui ont toujours fait voir le cas que le
ministère faisoit de lui, il n'en avoit point écrit l'histoire, et on ne l'a tirée que de quelques pièces qu'on
a trouvées parmi ses papiers après sa mort. On a cru
que le public auroit pris assez d'intérêt dans la personne de M. Duguay, par toutes les actions qu'on vient
de lire, pour être curieux de l'histoire de son repos,
et des dernières années de sa vie.

La paix que Louis XIV laissa en mourant ôta bien à
M. Duguay les moyens qu'on regarde comme les plus
éclatans de faire valoir son zèle pour le bien de l'Etat ;
mais ce zèle ne demeura pas inutile. Il ne seroit en
effet guère possible qu'un homme qui possède tous

les talens d'un art aussi difficile que celui de la guerre n'en eût pas plusieurs de ceux qui servent pendant la paix. Les soins et l'intelligence pour perfectionner la construction des vaisseaux, la vigilance et l'ordre pour entretenir la discipline dans les ports où M. Duguay commandoit, sont des choses moins brillantes que des combats, mais dont il s'acquittoit avec la même ardeur, parce qu'il savoit qu'elles ne sont pas moins importantes.

La confiance qu'avoit en lui le grand prince qui gouverna la France pendant la minorité parut dans une occasion qui avoit un rapport très-immédiat au bien de l'Etat. M. le Régent jugea qu'un homme tel que M. Duguay seroit fort utile dans le conseil des Indes; et il le nomma à la tête de quelques officiers de marine qui devoient former une partie de ce conseil. Sa santé ne lui permettoit guère alors ni d'assister aux assemblées, ni de s'appliquer à des matières qui pourroient demander une forte attention. D'un autre côté, il ne pouvoit se résoudre à refuser ses soins dans une occasion où on les croyoit utiles. On verra quelles étoient ses dispositions sur cela par la lettre qu'il écrivit à M. le cardinal Dubois; et on connoîtra, par la réponse que lui fit ce ministre, combien il jugeoit nécessaires les conseils et les lumières de M. Duguay, puisque, malgré tout l'intérêt qu'il prenoit à son rétablissement, il l'engageoit à employer les heures que ses indispositions pourroient lui donner à faire des Mémoires, et suspendoit le réglement et l'arrangement du conseil des Indes jusqu'à ce qu'il eût eu son avis.

« A Paris, le .... 1723.

« Monseigneur, je dois à Votre Eminence mille re-
« mercîmens très-humbles des marques d'estime dont
« elle m'honore, en me faisant choisir pour membre
« du conseil des Indes. J'ai tant de fois sacrifié ma
« santé et je me suis livré à tant de périls pour le ser-
« vice du Roi, que je ne balancerai jamais sur l'o-
« béissance que je dois à ses ordres : ainsi, monsei-
« gneur, vous êtes le maître de disposer de moi en
« tout ce qui regarde son service et le bien de l'Etat.
« Cependant je me trouve dans la rude nécessité de
« représenter à Votre Eminence que depuis long-
« temps je suis attaqué d'une maladie très-grave, la-
« quelle m'a fait venir à Paris, où je suis dans les trai-
« temens, sans savoir quand je pourrai en sortir : sitôt
« qu'ils seront terminés, je serai obligé, pour raffer-
« mir ma santé, de prendre le lait d'ânesse à la cam-
« pagne, et ensuite les eaux minérales. D'ailleurs tous
« mes meubles et mes domestiques sont à Brest; et si,
« dans l'état fâcheux où se trouve ma santé, il faut
« encore les transporter, ce sera pour moi un surcroît
« d'embarras et de chagrin très-sensible. Après cela,
« monseigneur, disposez de mon sort, si vous m'esti-
« mez assez pour croire que le sacrifice de ma santé et
« du repos, dont j'ai grand besoin, soit nécessaire au
« bien de l'Etat : ordonnez, et vous serez obéi avec
« toute l'ardeur et le zèle dont je suis capable. Un
« accident qui m'est arrivé ce matin m'empêche,
« monseigneur, d'aller prendre vos ordres : aussitôt
« qu'il sera calmé, j'aurai cet honneur.

« Je suis, etc. »

Réponse.

« A Versailles, le .... 1723.

« Votre zèle, monsieur, pour le service du Roi,
« votre politesse et votre complaisance pour tout ce
« qu'on peut désirer de vous sont autant connus que
« vos talens et vos actions. Je suis sensiblement tou-
« ché de la manière dont vous m'écrivez : elle m'en-
« gage à vous répondre sur-le-champ qu'il faut préfé-
« rer votre santé à tout. Je vous estime trop pour ne
« pas penser que votre guérison est un soin qui inté-
« resse l'Etat. Ne pensez donc qu'au rétablissement de
« votre santé, auquel je voudrois pouvoir contribuer;
« et pour cet effet si les secours des habiles gens que
« nous avons ici vous sont utiles, ils vous aideront de
« leurs conseils et de leurs soins. S'il vous convenoit
« même de vous transporter à Versailles, ils seroient
« auprès de vous, et vous auriez tous les jours leurs
« secours, l'air de la campagne, et le lait. Il suffira,
« jusqu'à ce que votre santé soit bien affermie et vos
« affaires arrangées, que vous aidiez la compagnie des
« Indes de vos conseils, ou ici ou à Paris. Je n'ai pas
« voulu non-seulement donner au public, mais même
« j'ai arrêté les réglemens qui doivent fixer l'arran-
« gement du conseil des Indes, et ce qu'il convient
« mieux que chacun y fasse, jusqu'au temps où vous
« serez en état de me donner votre avis. Ainsi je vous
« prie, aux heures que vos indispositions vous pour-
« ront donner, de me faire un petit mémoire de ce
« que vous croyez qu'on peut faire de mieux pour
« faire prospérer le commerce de la compagnie, qui

« est le principal du royaume. Faites-moi part de vos
« réflexions sur ce sujet tout à votre aise; car, encore
« une fois, je préfère votre santé à tout le reste, et je
« souhaite de faire connoître, par les attentions que
« j'aurai pour vous, monsieur, le cas que je veux faire
« du mérite dans tout mon ministère.

« *Signé* le cardinal Dubois. »

M. Duguay vit, par cette réponse, que M. le cardinal Dubois, malgré toutes les attentions qu'il avoit pour sa santé, souhaitoit qu'il acceptât la proposition qu'il lui avoit faite, et qu'il le croyoit nécessaire au conseil des Indes. Aussitôt il oublia toutes ses incommodités, et ne pensa plus qu'à répondre à la confiance qu'avoit en lui le ministre. Il alloit assidûment toutes les semaines lui porter les réflexions qu'il faisoit tant sur l'administration générale de la compagnie, que sur tous les détails.

La première chose que M. Duguay proposa à M. le cardinal Dubois, qui venoit de lui donner une place si honorable dans le conseil des Indes, fut de supprimer ce conseil, du moins d'en changer la forme, qu'il jugea trop fastueuse pour une assemblée de commerce. Il croyoit la simplicité et la confiance que demande le commerce peu compatibles avec un si grand appareil, et pensoit qu'une compagnie de négocians habiles et d'une probité reconnue, qui travailleroient sous les yeux du ministère, seroit plus propre à entretenir cette confiance que toute autre administration. M. Duguay fit sur cela un mémoire dans lequel il proposoit un plan qu'on peut croire d'autant meilleur, qu'il ressembloit davantage à celui qu'on voit aujourd'hui établi dans la compagnie des Indes, et qui est si bien justifié par le succès.

Cependant M. le cardinal Dubois, quoiqu'il approuvât ce plan, ne jugea pas à propos de changer si promptement la forme de la compagnie, après tant de changemens qu'elle avoit déjà éprouvés ; et il arriva ici ce qui arrive quelquefois, qu'on remit à un autre temps une chose qui étoit bonne dès-lors. En effet, tout changement a toujours quelques désavantages ; et quoique l'état nouveau qu'on envisage soit préférable, il n'est pas toujours facile de peser juste le dommage et l'avantage qu'apportera le changement.

M. Duguay tourna alors toutes ses vues vers le commerce de la compagnie des Indes, c'est-à-dire vers le nombre de vaisseaux qu'elle devoit envoyer, et la quantité des marchandises qu'elle devoit rapporter, afin que non-seulement elle fournît le royaume de tout ce qui étoit nécessaire pour sa consommation, mais encore afin que toutes les marchandises des Indes fussent assez communes et à un assez bas prix pour faire cesser tout le profit que pourroient faire les étrangers en introduisant en France ces marchandises.

M. le cardinal Dubois témoigna jusqu'à la fin les mêmes sentimens pour M. Duguay. Les bontés de ce ministre étoient telles, qu'il l'appeloit souvent son ami, même en plein conseil ; et sa confiance étoit si grande, qu'il ne bornoit pas les conversations qu'il avoit avec lui à ce qui regardoit la marine : il vouloit souvent savoir ce qu'il pensoit sur d'autres matières qui n'y avoient point de rapport. M. Duguay lui disoit presque toujours que ces matières étoient au-dessus de sa portée ; mais le ministre en jugeoit autrement.

La mort enleva M. le cardinal Dubois dans le temps où M. Duguay pouvoit beaucoup attendre de l'estime et de l'amitié qu'il avoit pour lui.

Son Altesse Royale s'étant chargée de la place de premier ministre, ce grand prince, protecteur déclaré de tous les talens, connoissoit trop ceux de M. Duguay pour n'en pas faire tout le cas qu'ils méritoient. La première grâce que M. Duguay lui demanda fut de le dispenser d'assister au conseil des Indes. Son Altesse Royale la lui accorda, mais à condition qu'il viendroit une fois par semaine lui dire librement ce qu'il pensoit sur le commerce : entretiens que M. le duc d'Orléans jugeoit apparemment encore plus utiles que la présence de M. Duguay dans le conseil des Indes. M. Duguay, flatté d'être consulté par un prince si éclairé, tâcha de mériter cet honneur par son assiduité à ces entretiens, et par toutes les réflexions qu'il y apportoit. Il ne cessoit surtout de représenter l'utilité dont il étoit pour la France d'entretenir une marine toujours prête et capable d'inspirer aux nations voisines la même idée de grandeur que la puissance de la France leur inspire. Mais la mort de Son Altesse Royale fit bientôt perdre à M. Duguay le plus grand protecteur qu'il pût avoir; et il ressentit la confiance dont ce prince l'avoit honoré avec tant de reconnoissance qu'il auroit pu avoir pour tous les autres bienfaits, qu'on regarde d'ordinaire comme ayant plus de réalité.

Cependant on ne l'oublioit pas à la cour : le Roi le fit commandeur de l'ordre de Saint-Louis le premier mars 1728, et lieutenant général dans la promotion du 27 du même mois.

M. le comte de Maurepas, qui a toujours honoré

M. Duguay d'une estime particulière, lui procura en 1731 le commandement d'une escadre que le Roi envoya dans le Levant, qui étoit composée des vaisseaux *l'Espérance*, de soixante-douze canons, monté par M. Duguay; *le Léopard*, de soixante, par M. de Camilly; *le Toulouse*, de soixante, par M. de Voisins; et *l'Alcyon*, de cinquante-quatre, par M. de La Valette-Thomas. Cette escadre, destinée à soutenir l'éclat de la nation française dans toute la Méditerranée, partit le 3 juin : elle arriva bientôt à Alger, où M. Duguay fit rendre par le Dey plusieurs esclaves italiens pris sur nos côtes. De là, elle alla à Tunis, où M. Duguay ayant marqué au Dey que la cour n'étoit pas contente de ses corsaires, l'affaire fut aussitôt terminée, à l'honneur de la nation et à l'avantage du commerce. Passant ensuite à Tripoli de Barbarie, M. Duguay affermit la bonne intelligence qui est entre notre nation et son Dey, dont il reçut les plus grands honneurs.

M. Duguay jugea à propos, pour abréger la campagne, de détacher *le Léopard* et *l'Alcyon*, qui furent visiter Alexandrie, Saint-Jean-d'Acre et Saïde, tandis qu'il alloit, avec *l'Espérance* et *le Toulouse*, à Alexandrette, et à Tripoli de Syrie. L'escadre se rejoignit à l'île de Chypre ; et, après avoir mouillé dans différentes îles de l'Archipel, vint à Smyrne. M. Duguay y parut avec beaucoup de dignité, et y régla toutes les affaires avec autant de succès. De là il fit voile vers Toulon, où il arriva le premier novembre. Le principal mérite d'une expédition de cette espèce, qui ne présentoit pas à M. Duguay d'occasions d'exercer sa valeur, étoit d'inspirer du respect pour la nation, de régler les affaires d'une manière avantageuse pour le commerce, et d'y parvenir de la manière la plus prompte, et qui coûtât le moins de dépense au Roi. Toutes ces choses furent remplies.

Après cette campagne, M. Duguay demeura dans l'inaction; mais la guerre avec l'Empereur s'étant allumée en 1733, et les armemens considérables que les Anglais faisoient étant suspects, la cour donna à M. Duguay le commandement d'une escadre qu'elle fit armer à Brest.

Après tant d'années de paix, l'espoir prochain de signaler son zèle pour le service de l'Etat lui fit oublier tous les accidens qui menaçoient sa santé depuis long-temps. Jamais officier dans la fleur de son âge, dans la soif la plus forte de réputation, n'a montré plus d'ardeur ni plus d'activité que M. Duguay en montroit, allant continuellement visiter les vaisseaux, faisant faire à ses troupes tous les jours de nouveaux exercices, et tous les mouvemens auxquels il les destinoit, surtout les exerçant pour les descentes, qu'il regardoit comme celles de toutes les opérations maritimes qui demandent le plus d'ordre et de précaution.

Cependant tous ces préparatifs furent inutiles. Les vaisseaux, sans être sortis de la rade, rentrèrent dans le port; et la paix, qui se fit bientôt après avec l'Empereur, fit perdre à M. Duguay toutes les espérances qu'il avoit conçues. Il ressentit alors ses incommodités, qu'il n'y avoit que ses projets qui fussent capables de suspendre. Il fut bientôt dans un état si triste, que, s'étant fait transporter avec grande peine à Paris, les médecins jugèrent que tout leur art lui seroit inutile. Sentant lui-même approcher sa fin, il écrivit à M. le cardinal de Fleury une lettre à laquelle Son Eminence, qui connoissoit tout son mérite, voulut bien faire la réponse suivante, qu'on nous permettra de rapporter, comme un monument précieux pour sa mémoire.

« A Versailles, le.... septembre 1736.

« Si j'ai différé, monsieur, de répondre à votre
« lettre du 17, ce n'a été que pour la pouvoir lire au
« Roi, qui en a été attendri; et je n'ai pu moi-même
« m'empêcher de répandre des larmes. Vous pouvez être
« assuré que Sa Majesté sera disposée, en cas que Dieu
« vous appelle à lui, à donner des marques de sa bonté
« à votre famille; et je n'aurai pas de peine à faire va-
« loir auprès d'elle votre zèle et vos services. Dans le
« triste état où vous êtes, je n'ose vous écrire une plus
« longue lettre, et je vous prie d'être persuadé que
« je connois toute l'étendue de la perte que nous fe-
« rons, et que personne au monde n'a pour vous des
« sentimens plus remplis d'estime et de considération
« que ceux avec lesquels je fais profession, monsieur,
« de vous honorer. — *Signé* le cardinal DE FLEURY. »

Après avoir reçu ce dernier témoignage des bontés du Roi et de l'estime de M. le cardinal de Fleury, il ne pensa plus qu'à la mort; et cette mort méprisée dans les combats, mais qui a effrayé quelquefois les plus grands capitaines qui l'attendoient dans leur lit, ne parut pas à M. Duguay différente de ce qu'il l'avoit vue si souvent, et ne lui causa pas plus d'alarmes. Il l'attendit avec toute la fermeté qu'un grand courage peut donner; et, après avoir rempli tous les devoirs de la religion, il mourut le 27 septembre 1736.

M. Duguay-Trouin avoit une de ces physionomies

qui annoncent ce que sont les hommes, et la sienne n'avoit rien que de grand à annoncer. Il étoit d'une taille avantageuse et bien proportionnée, et il avoit pour tous les exercices du corps un goût et une adresse qui l'avoient servi dans plusieurs occasions. Son tempérament le portoit à la tristesse, ou du moins à une espèce de mélancolie qui ne lui permettoit pas de se prêter à toutes les conversations ; et l'habitude qu'il avoit de s'occuper de grands projets l'entretenoit dans cette indifférence pour les choses dont la plupart des gens s'occupent. Souvent, après lui avoir parlé long-temps, on s'apercevoit qu'il n'avoit ni écouté ni entendu. Son esprit étoit cependant vif et juste ; personne ne sentoit mieux que lui tout ce qui étoit nécessaire pour faire réussir une entreprise, ou ce qui pouvoit la faire manquer ; aucune des circonstances ne lui échappoit. Lorsqu'il projetoit, il sembloit qu'il ne comptât pour rien sa valeur, et qu'il ne dût réussir qu'à force de prudence ; lorsqu'il exécutoit, il paroissoit pousser la confiance jusqu'à la témérité.

M. Duguay avoit, comme on a pu voir dans ses Mémoires, certaines opinions singulières sur la prédestination et les pressentimens. S'il est vrai que ces opinions peuvent contribuer à la sécurité dans les périls, il est vrai aussi qu'il n'y a que les ames très-courageuses chez qui elles puissent s'établir assez pour les faire agir conséquemment.

Le caractère de M. Duguay étoit tel qu'on auroit pu le désirer dans un homme dont il auroit fait tout le mérite : jamais homme n'a porté les sentimens d'honneur à un plus haut point ; et jamais homme n'a été d'un commerce plus sûr et plus doux. Jamais ni ses actions ni leurs succès n'ont changé ses mœurs. Dans sa plus grande élévation, il vivoit avec ses anciens amis comme il eût fait s'il n'eût eu que le même mérite et la même fortune qu'eux : il seroit cependant subitement passé de cette simplicité à la plus grande hauteur, avec ceux qui auroient voulu prendre sur lui quelque air de supériorité qu'ils n'auroient pas méritée. Il étoit prêt alors à regarder sa gloire comme une partie du bien de l'Etat, et à la soutenir de la manière la plus vive. C'est par ces qualités qu'il s'est toujours fait aimer et considérer dans le corps de la marine, où il y a un si grand nombre d'officiers distingués par leur valeur et par leur naissance.

On a reproché à M. Duguay un peu de dureté dans la discipline militaire. Connoissant combien cette discipline est importante, et craignant trop de ne pas parvenir à son but, peut-être avoit-il tiré un peu au-dessus pour l'atteindre.

M. Duguay possédoit une vertu que nous devons d'autant moins passer sous silence, qu'on ne la croit peut-être pas assez liée aux autres vertus des héros. Il étoit d'un tel désintéressement, qu'après tant de vaisseaux pris, et une ville du Brésil réduite sous sa puissance, il n'a laissé qu'un bien médiocre, quoique sa dépense ait toujours été bien réglée.

Il n'a jamais aimé ni le vin ni la table; il eût été à souhaiter qu'il eût eu la même retenue sur un des autres plaisirs de la vie; mais ne pouvant résister à son penchant pour les femmes, il ne s'étoit attaché qu'à éviter les passions fortes et longues, capables de trop occuper le cœur.

LETTRES DE NOBLESSE

DE L. TROUIN DE LA BARBINAIS, ET R. TROUIN-DUGUAY.

(*Voyez* page 399 de ces Mémoires.)

Louis, par la grâce de Dieu roi de France et de Navarre, à tous présens et à venir, salut. Aucune récompense ne touchant plus ceux de nos sujets qui se distinguent par leur mérite que celles qui sont honorables, et passent à leur postérité, nous avons bien voulu accorder nos lettres d'anoblissement à nos chers et bien amés Luc Trouin de La Barbinais et René Trouin-Duguay, capitaine de vaisseau. Ces deux frères, animés par l'exemple de leur aïeul et de leur père, qui ont utilement servi pendant longues années dans la place de consul de la nation française à Malgue, n'ont rien oublié pour mériter la grâce que nous voulons aujourd'hui leur départir. Le sieur Luc Trouin de La Barbinais, après nous avoir aussi servi dans la même place de consul à Malgue, et y avoir soutenu nos intérêts et ceux de la nation avec tout le zèle et la fidélité qu'on pouvoit désirer, s'adonna particulièrement, en notre ville et port de Saint-Malo, à armer des vaisseaux, tant pour l'avantage du commerce de nos sujets que pour troubler celui de nos ennemis; et ces armemens ont été portés jusqu'à un tel point, qu'étant commandés par ses frères, ils ont eu tous les succès qu'on devoit attendre de braves officiers, deux de sesdits frères ayant été tués en combattant glorieusement pour l'honneur de la nation; ce que ledit sieur de La Barbinais a soutenu avec une grande dépense, préférant toujours le bien de notre service à ses intérêts : en sorte que jusqu'à présent il a, par ses soins, par son propre bien et son crédit, tenu en mer des escadres considérables de vaisseaux, tant pour le commerce que pour faire la guerre aux ennemis. C'est dans le commandement de ces vaisseaux et de ces escadres entières que ledit René Trouin-Duguay son frère a montré qu'il est digne des grâces les plus honorables; car en 1689, n'ayant encore que quinze ans, il commença à servir volontaire sur un vaisseau corsaire de dix-huit canons. Il donna les premières preuves de sa valeur à la prise d'un vaisseau flessinguois de même force, dont ledit corsaire se rendit maître après deux heures de combat. Il se distingua de même en servant, sur un autre corsaire de vingt-six canons, à l'attaque d'une flotte de quatorze navires anglais de différentes forces, que le commandant dudit vaisseau se résolut d'attaquer, sur les vives instances dudit sieur Duguay. Aussi, étant rempli d'ardeur et de bonne volonté, il sauta le premier à bord du commandant ennemi, qui fut enlevé; et son activité en cette occasion fut telle, qu'après la prise de celui-là il se trouva encore le premier à l'abordage d'un des plus gros navires de la même flotte. Ses campagnes de 1691, 1693 et 1694 furent marquées par une descente qu'il fit dans la rivière de Limerick, où il prit un brûlot, trois bâtimens, et enleva deux vaisseaux anglais qui escortoient une flotte, et prit aussi un vaisseau de quatre hollandais, qu'il attaqua avec une de nos frégates, dont nous lui avions confié le commandement. Il acquit même beaucoup de gloire dans le commandement de cette même frégate, quoiqu'il se vît réduit à céder et se rendre à quatre vaisseaux anglais, contre lesquels il combattit pendant quatre heures, et y fut dangereusement blessé : et s'étant évadé des prisons d'Angleterre par une entreprise hardie, cette même année 1694 ne se passa pas sans qu'il donnât de nouvelles marques de sa valeur, ayant, avec un de nos vaisseaux de quarante-huit canons, attaqué et pris deux vaisseaux anglais de trente-six et quarante-six canons, après un combat de deux jours; et peu de temps après il prit trois vaisseaux venant des Indes, richement chargés. En 1695, se servant d'un vaisseau qu'il avoit pris la campagne précédente, et d'une autre frégate commandée par un de ses frères, il fit une descente près du port de Vigo, brûla un gros bourg, enleva deux prises considérables qu'il amena en France, après avoir perdu son frère en cette occasion, et avoir défendu ces deux prises contre l'avant-garde des ennemis. Le baron de Wassenaër, à présent vice-amiral d'Hollande, qui commandoit en 1696 trois vaisseaux hollandais, escortant une flotte de vaisseaux marchands de la même nation, éprouva la valeur dudit sieur Trouin-Duguay, qui le combattit à forces inégales, et cependant se rendit maître du vaisseau que ledit sieur de Wassenaër commandoit, et d'une partie de la flotte qui étoit sous son escorte. La guerre présente ayant commencé, il eut le commandement d'une de nos frégates de trente-six canons, et prit un vaisseau hollandais de pareille force. L'année 1704 fut encore marquée par la prise qu'il fit d'un vaisseau anglais de soixante-douze canons, n'ayant qu'un vaisseau de cinquante-quatre qu'il montoit, et prit encore un autre vaisseau de cinquante-quatre canons. En 1705, il se rendit maître d'un vaisseau flessinguois de trente-huit canons, après un rude combat; et un de ses frères étant à la poursuite de ceux qui lui avoient échappé, il reçut une blessure dont il mourut quatre jours après. Pour l'attacher encore plus particulièrement à notre service, nous l'honorâmes d'une commission de capitaine de vaisseau; et peu de temps après il attaqua une flotte de treize navires, escortée par une frégate de trente-quatre canons, se rendit maître de la frégate, et de presque tous les vaisseaux de la flotte; et ayant en 1707 joint une escadre de nos vaisseaux armée à Dunkerque, il sut y servir si utilement avec quatre vaisseaux qu'il avoit sous son commandement, que notre escadre ayant attaqué une flotte escortée par cinq gros vaisseaux de guerre anglais, ledit sieur Duguay-Trouin eut le bonheur d'attaquer et prendre à l'abordage le commandant, de quatre-vingt-deux canons, et de contribuer beaucoup aux autres avantages que l'escadre de nos vaisseaux remporta, tant sur les vaisseaux de guerre anglais que sur la flotte. Enfin, en la présente année 1709, ayant le commandement de quatre vaisseaux de soixante, de quarante et de vingt canons, il attaqua une autre flotte escortée par trois vaisseaux anglais de cinquante, soixante et soixante-dix canons, en prit plusieurs, et peu de temps après prit encore à l'abordage un autre vaisseau anglais de soixante canons, qu'il n'abandonna que quand il s'y vit contraint à la vue de dix-sept vaisseaux de guerre ennemis : en sorte que ledit sieur Duguay-Trouin peut compter qu'il a pris, depuis qu'il s'est adonné à la marine, plus de trois cents navires marchands, et vingt vaisseaux de guerre ou corsaires ennemis. Toutes ces actions considérables, et le zèle dudit sieur de La Barbinais son frère, dont nous sommes pleinement satisfait, nous ont excité à leur en donner des marques. A ces causes, et autres considérations à ce nous mouvant, de notre propre mouvement, grâce spéciale, pleine puissance et autorité royale, nous avons lesdits Luc Trouin de La Barbinais et René Trouin-Duguay, leurs enfans et postérité nés et à naître en légitime mariage, anoblis et anoblissons par ces présentes, signées de notre main; et du titre et qualité de nobles et d'écuyers les avons décorés et décorons. Voulons et nous plaît qu'en tous lieux et endroits, tant en jugement que dehors, ils soient tenus, censés, réputés nobles et gentilshommes; et comme tels, qu'ils puissent prendre la qualité de nobles et d'écuyers, et parvenir à tous degrés de chevalerie, et autres dignités, titres et qualités réservées à la noblesse; jouir et user de tous les honneurs, priviléges, prérogatives, prééminences, franchises, libertés et exemptions dont jouissent les autres nobles de notre royaume, tout ainsi que s'ils étoient issus de noble et ancienne race ; tenir et posséder tous fiefs, terres et seigneuries nobles, de quelque titre et qualité qu'elles soient : leur permettons en outre de porter armoiries timbrées, telles qu'elles seront réglées et blasonnées par le sieur d'Hozier, juge d'armes de France, et ainsi qu'elles seront peintes et figurées dans ces présentes, auxquelles son acte de réglement sera attaché, sous le contre-scel de notre chancellerie; icelles faire mettre et peindre, graver et insculper en leurs maisons et seigneuries, ainsi que font et peuvent faire les autres nobles de notre royaume. Et pour leur donner un témoignage honorable de la considération que nous faisons de leurs services, nous leur permettons d'ajouter à leurs armes deux fleurs de lis d'or, et d'y mettre, au cimier, pour devise : *Dedit hæc insignia virtus*. Sans que, pour raison des présentes, lesdits sieurs Trouin et leurs descendans soient tenus de nous payer, ni à nos successeurs rois, aucune finance ni indemnité, dont nous leur avons fait et faisons don par cesdites présentes, à la charge de vivre noblement, et de ne faire aucun acte dérogeant à noblesse [1].

Si donnons en mandement, à nos amés et féaux conseillers les gens tenant nos cours de parlement et chambre des comptes de Bretagne, que ces présentes ils aient à faire registrer; et du contenu en icelles faire jouir et user lesdits sieurs Trouin, leurs enfans et postérité nés et à naître en loyal mariage, pleinement, paisiblement et perpétuellement, cessant et faisant cesser tous troubles et empêchemens, nonobstant toutes ordonnances, arrêts et réglemens à ce contraires, auxquels, et aux dérogatoires y contenus, nous avons dérogé et dérogeons par cesdites présentes; car tel est notre plaisir. Et afin que ce soit chose ferme

[1] Les armoiries sont un écu d'argent à une ancre de sable, et un chef d'azur chargé de deux fleurs de lis d'or; cet écu timbré d'un casque de profil, orné de ses lambrequins d'or, d'azur, d'argent et de sable; et au-dessus, en cimier, pour devise : *Dedit hæc insignia virtus*.

et stable à toujours, nous avons fait mettre notre scel à cesdites présentes.

Donné à Versailles au mois de juin l'an de grâce mil sept cent neuf, et de notre règne le soixante-septième.

Signé Louis.

Et plus bas :

Par le Roi, *Phelipeaux*.

FIN DES MÉMOIRES DE DUGUAY-TROUIN.

TABLE DES MATIÈRES

CONTENUES

DANS LE SOIXANTE-QUINZIÈME VOLUME.

MÉMOIRES DU COMTE DE FORBIN.

Seconde partie.   Page 261

MÉMOIRES DE DUGUAY-TROUIN.

Avis du Libraire.	284
Mémoires de Duguay-Trouin.	285
Lettres de noblesse.	453

FIN DU TOME SOIXANTE-QUINZIÈME.

Paris, imprimerie de DECOURCHANT, rue d'Erfurth, n° 1.

www.ingramcontent.com/pod-product-compliance
Lightning Source LLC
Chambersburg PA
CBHW070534230426
43665CB00014B/1686